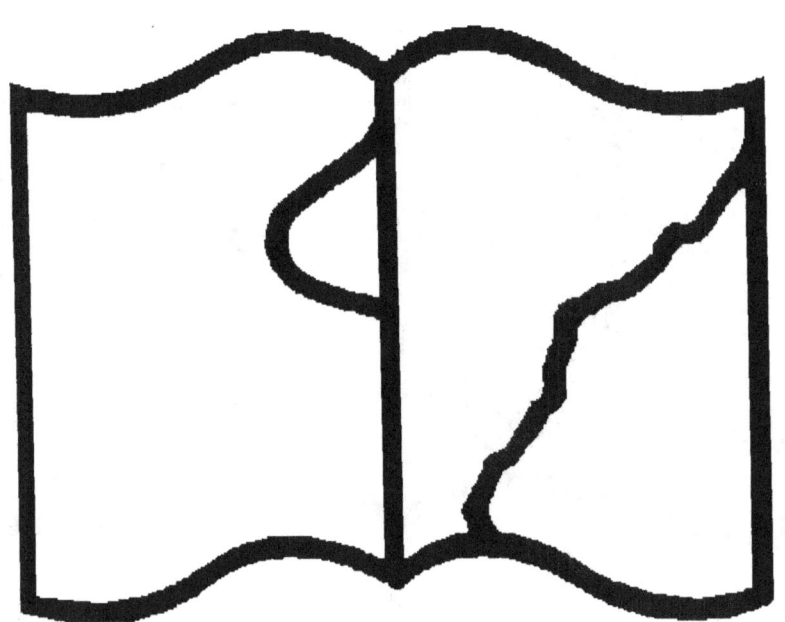

Texte détérioré - reliure défectueuse

NF Z 43-120-11

Contraste insuffisant

NF Z 43-120-14

OEUVRES MÊLÉES

DE

SAINT-EVREMOND

IMPRIMERIE GÉNÉRALE DE CH. LAHURE
Rue de Fleurus, 9, à Paris.

OEUVRES MÊLÉES

DE

SAINT-EVREMOND

REVUES, ANNOTÉES
ET PRÉCÉDÉES D'UNE HISTOIRE DE LA VIE
ET DES OUVRAGES DE L'AUTEUR

PAR CHARLES GIRAUD

de l'Institut

TOME PREMIER

PARIS

J. LÉON TECHENER FILS, LIBRAIRE

RUE DE L'ARBRE-SEC, 52

PRÈS LA COLONNADE DU LOUVRE

M DCCC LXV

A SON ALTESSE IMPÉRIALE

LA PRINCESSE

MATHILDE

MADAME,

Je *puis enfin mettre aux pieds de* Votre Altesse Impériale *les volumes si attendus de cet écrivain célèbre qui a rempli de sa renommée la*

France et l'Angleterre, au dix-septième siècle, et dont vous m'avez encouragé à faire une publication nouvelle, que des circonstances imprévues ont retardée jusqu'à ce jour. En effet, depuis longtemps, une académie de l'Institut, à laquelle j'ai l'honneur d'appartenir, a reçu la communication des fragments principaux de l'histoire de Saint-Evremond destinée à précéder ce recueil de ses œuvres choisies; et le suffrage indulgent de la savante Compagnie a pu me persuader que l'hommage de ce livre ne seroit pas indigne d'être offert à Votre Altesse Impériale. *Mais si votre bienveillance m'a fait espérer un accueil favorable, le public ne m'accusera pas moins, peut-être, de témérité. Permettez-moi,* Princesse, *de déclarer, pour me faire ab-*

soudre, que je vous étois redevable de cet humble tribut; car, c'est dans votre salon qu'est né, il y a trois ans, le projet et le plan de la présente édition. Depuis lors, un retour d'intérêt pour un auteur spirituel qui paroissoit oublié, s'est manifesté par de nombreux témoignages; et tout a confirmé le bon augure du succès que vous aviez prédit à l'entreprise. Une autre académie de l'Institut, l'Académie françoise, a voulu même s'associer à ce mouvement littéraire, en proposant pour sujet de prix l'éloge de Saint-Evremond.

Ce n'est pas que le scepticisme de l'ingénieux philosophe ait repris aujourd'hui de la faveur. On seroit tenté, sans doute, de pardonner à cette erreur de son esprit, *quelquefois même de l'aimer, en voyant le charme gracieux dont elle embellit les ouvrages de Saint-Evremond, et la sérénité qu'elle a répandue sur les douleurs de sa disgrâce. Mais la philosophie d'Épicure est d'un temps qui ne sauroit revivre, et le cortége de politesse, de bienséance et de respect, qui l'accompagne, chez Saint-Evremond, en atténue assurément le danger. Ce qui frappe surtout l'attention réveillée d'un public de bon goût; ce qui a touché* **Votre Altesse Impériale,** *dans le personnage qu'elle a souhaité de voir revivre à ses yeux : c'est l'élégance de son langage et la finesse de sa pensée, qui ont fait de ses ouvrages les chefs-d'œuvre de notre prose légère; c'est l'originalité de ses observations morales, et l'indépendance* de sa critique littéraire; c'est le monde délicat, et trop peu connu, qu'il représente dans l'ancienne société françoise; c'est enfin son caractère privé, si noble, pendant un exil de quarante années; si honnête, dans des attachements qui appartiennent à l'histoire, et qui ont intéressé jadis deux grands royaumes.

La tâche d'un éditeur nouveau de Saint-Evremond étoit malaisée : non à cause du texte même, qui sembloit la moindre des difficultés. Mais les anciens éditeurs ayant entassé, sans goût, sans ordre, et sans méthode, et dans une série purement chronologique, des compositions de caractères très-divers, et de mérites encore plus différents : mêlant ainsi le sérieux au badin, la poésie et la prose ; confondant le beau dans le médiocre, et quelquefois dans le mauvais, sans discernement et sans choix : il paroissoit préférable d'adopter une classification, et de faire un triage, au milieu de ce chaos d'œuvres trop complètes, qui fut si nuisible autrefois à la réputation de Saint-Evremond. Je n'ose me flatter d'avoir réussi ; mais, avoir essayé seulement, est peut-être un service littéraire. Les lettres, que Vous cultivez, PRINCESSE, autant que les beaux-arts, seront reconnoissantes de cette pensée d'un choix, dont l'honneur tout entier revient à VOTRE ALTESSE IMPÉRIALE. La défectuosité de l'exécution restera seule mon partage. J'en ai bravé le péril, parce que, tout imparfait qu'il est, ce travail garde un mérite considérable, à mes *yeux : celui d'être entrepris pour Vous plaire, et de montrer qu'il n'y a point de limite au dévouement respectueux avec lequel je suis,*

PRINCESSE,

De Votre Altesse Impériale,

Le très-fidèle

et très-attaché serviteur,

Ch. Giraud.

TABLEAU GÉNÉALOGIQUE

DE LA FAMILLE ET DES ALLIANCES DE CHARLES DE SAINT-EVREMOND.

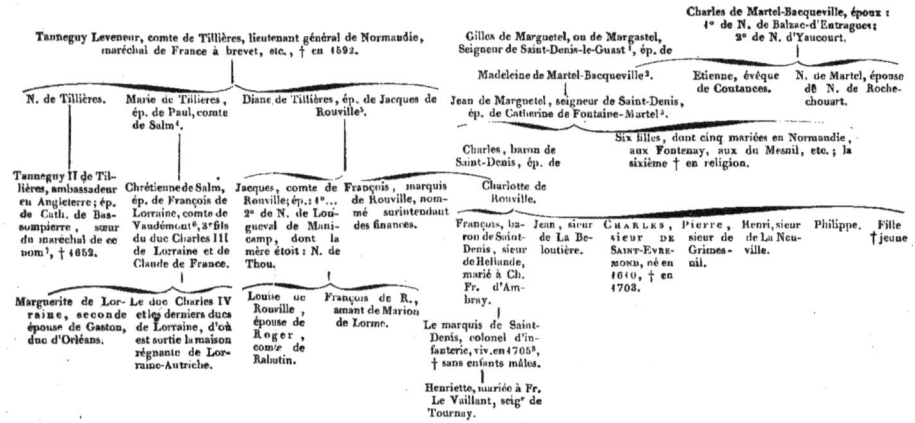

1. Des Maizeaux nous apprend que la terre et châtellenie de Saint-Denis étoit venue de la maison de Bacqueville aux Margastel, qui en avoient pris le nom.
2. Moréri fait erreur quand il appelle l'époux de Madeleine de Martel, Jean au lieu de Gilles; il a confondu le père avec le fils. (Moréri, v° *Martel*.)
3. Moréri ne nomme point Catherine de Fontaine-Martel; mais le témoignage de Des Maizeaux est irrécusable, ou ce point. Cette Catherine ne peut être qu'une fille de François de Martel, chef de la branche de Fontaine-Martel. Jean de Saint-Denis auroit ainsi, épousé sa nièce à la mode de Bretagne.
4. Voy. Des Maizeaux, *Vie de Saint-Evremond*, et la Chenaye des Bois, tome IX, page 730.
5. Voy. Moréri, v° *Rouville*.
6. Moréri, v° *Salm* et v° *Lorraine*, page 401.
7. C'est l'auteur des *Mémoires* récemment publiés par M. Hippeau. Son arrière-petite-fille est entrée, par mariage, dans la maison des ducs d'Harcourt.
8. « Le marquis de Saint-Denis fait aujourd'hui une figure considérable en Normandie. » (M. Silvestre, préface des *OEuvres* de Saint-Evremond.)

HISTOIRE
DE
LA VIE ET DES OUVRAGES
DE
SAINT-EVREMOND.

PREMIERE PARTIE.
CHAPITRE I.

SAINT-EVREMOND. — SA FAMILLE. — SA NAISSANCE.

Parmi les beaux esprits dont s'honore le dix-septième siècle, il en est peu qui aient joui, de leur vivant, d'une aussi grande célébrité que Charles de Saint-Evremond. Joignant à la réputation que donne le talent, la considération qui s'attache au caractère, « il fut recherché, dit Saint-Simon, par tout ce qu'il y avoit de plus considérable en esprit, en naissance et en places. Il vécut en philosophe, et mourut de même, honoré jusqu'à la fin, comme il l'avoit été toute sa vie. » *Faites-nous du Saint-*

Evremond, étoit le cri des libraires, à la fin du dix-septième siècle, comme ils dirent plus tard : *Faites-nous des* LETTRES PERSANES. Puis, tout à coup, cette célébrité s'est éteinte. Depuis 1753, date de la dernière publication de ses *OEuvres complètes*, si souvent reproduites à la fin du dix-septième siècle et au commencement du dix-huitième, l'attention refroidie ne s'est plus reportée que fugitivement sur un si important personnage. Voltaire a donné le signal du retour de l'opinion. Laharpe, enchérissant sur la malveillance dissimulée du maître, a fort maltraité Saint-Evremond. Lémontey n'a vu en lui qu'un homme de cour, qui daignoit faire des vers détestables; et, de nos jours, un homme de beaucoup d'esprit a pu écrire qu'on ne s'expliquoit pas, à la lecture des ouvrages de cet écrivain, la renommée qui l'avoit entouré de son vivant.

Si l'enthousiasme de son siècle a été exagéré, l'oubli de la postérité ne seroit pas moins injuste. En ce temps, où le dix-septième siècle est l'objet de plus de curiosité, de plus d'intérêt, de plus de sympathie que jamais; où l'histoire des hommes d'État, des philosophes, des poëtes, des grands écrivains, des femmes illustres de cette époque mémorable, est approfondie avec l'ardeur savante qu'un autre âge avoit consacrée à l'étude de l'antiquité grecque et romaine; il semble que les œuvres et la personne de Saint-Evremond doivent trouver une heure de justice et de faveur. L'influence qu'il a exercée sur ses contemporains, le rang qu'il a tenu dans le monde et dans les lettres; une disgrâce foudroyante, telle qu'on n'en voit que sous les gouvernements absolus, et qui dévoua sa vie à un exil de quarante années noblement supporté; son style élégant, coloré, qui se ressent des origines de notre littérature, du goût italien et du goût espagnol; la liberté de sa pensée, qui reflète l'allure indépendante de la première moitié du dix-septième siècle, et qu'on ne trouve plus que chez Molière, parmi les écrivains soumis à l'influence personnelle de Louis XIV; son esprit ironique, délicat, ingénieux, précurseur de l'esprit de Voltaire; sa manière piquante, que Fontenelle a souvent essayé d'imiter, sans l'avouer : tout doit protéger Saint-Evremond contre l'indifférence et l'oubli.

Du reste, il faut reconnoître que, parmi les causes qui ont fait perdre à Saint-Evremond la faveur dont il a joui, sa négligence même est pour beaucoup. Si la nature l'avoit doué du sentiment de l'art d'écrire, son indolence épicurienne l'a constamment éloigné de tout effort; et la postérité en exige beaucoup pour arriver à elle : elle ne garde que les œuvres travaillées jusqu'à la perfection, même quand elles lui viennent du génie. Jeté de bonne heure dans la carrière des armes, il en subit l'inévitable conséquence. La composition n'étoit alors pour lui qu'un passe-temps. Même après sa disgrâce, elle n'obtint qu'une part de ses moments : l'autre et la meilleure étant donnée aux jouissances du monde. Saint-Evremond n'a jamais écrit que pour son délassement, ou pour plaire à ses amis. La liberté de sa plume est, il est vrai, un de ses charmes; mais il en est resté inégal et négligé.

Un plus grand tort a été de n'accorder jamais à la publication de ses ouvrages l'importance qu'exige le soin de la publicité. Rarement les libraires tenoient les manuscrits de ses mains mêmes. Imprimés souvent, à son insu, en France ou en Hollande, après avoir couru, sur copie, les salons et les ruelles de Paris, comme c'étoit l'usage du temps, leur reproduction échappoit à la surveillance de l'auteur, empêché plus tard par l'exil, de se défendre contre les fraudes et les suppositions. Les libraires s'arrachoient les ouvrages présentés sous son nom, les arrangeoient comme ils vouloient, et lui en supposoient, quand il n'en fournissoit pas. Il écrivoit à Ninon de Lenclos, en 1685 : « J'ai un grand désavantage, en ces petits traités qu'on imprime sous mon nom. Il y en a de bien faits que je n'avoue point, parce qu'ils ne m'appartiennent pas ; et, parmi les choses que j'ai faites, on a mêlé beaucoup de sottises, que je ne prends pas la peine de désavouer. A l'âge où je suis, une heure de vie bien ménagée m'est plus considérable que l'intérêt d'une médiocre réputation. »

On vendoit ces opuscules en forme de petits livrets, introuvables aujourd'hui. En 1668, Barbin en réunit, sans l'aveu de l'auteur, quelques-uns, en un volume rapidement épuisé. Il se donna une plus ample liberté, en 1670 et années suivantes ; et, enhardi par le succès, il y mêla du faux Saint-Evremond. Les contrefaçons hollandoises multiplièrent ces publications subreptices, malgré les réclamations de l'exilé, impuissant pour s'opposer à la reproduction de l'abus, non-seulement à Paris, mais à l'étranger. Est-il étonnant qu'à la longue, cet alliage fâcheux ait émoussé le goût du public abusé ? Les citations même qu'on a faites de ses ouvrages, de son vivant, pour autoriser l'emploi de certains mots, dans l'usage de la langue, sont empruntées a des éditions altérées, ou à des ouvrages faussement attribués à l'auteur; par exemple, dans le *Dictionnaire* de Furetière.

Il est résulté de ces diverses causes, que, au rebours de ce qui se passe pour d'autres écrivains, les éditions anciennes de Saint-Evremond, et surtout celles qui ont été publiées en France, au dix-septième siècle et au commencement du dix-huitième, ne méritent, en général, aucune confiance, et n'ont aucune valeur. Elles sont composées, en partie, d'œuvres apocryphes ; et les œuvres authentiques qui s'y trouvent, sont falsifiées. L'altération est quelquefois grossière ; et l'on comprend, en effet, que les écrits philosophiques de Saint-Evremond n'aient pu obtenir licence d'imprimer et liberté de circuler, en France, sans de nombreuses corrections : l'auteur n'y a pris aucune part, et a toujours désavoué ces éditions. Ainsi donc, l'immense réputation que les salons avoient faite à Saint-Evremond n'étoit appuyée, pour un petit nombre de personnes, que sur une circulation manuscrite ; et pour la majorité du public, pendant tout le dix-septième siècle, que sur des compilations d'œuvres supposées ou altérées. C'est un phénomène littéraire, qu'il est curieux de constater.

Enfin, aux derniers jours de sa vie, cédant à de pressantes instances, Saint-Evremond consentit à préparer les matériaux d'une édition exacte de ses ouvrages véritables; mais lorsque, après sa mort, deux amis dévoués à sa mémoire, et dignes d'ailleurs de toute confiance, par leur honnêteté, se sont appliqués, pour satisfaire à l'empressement du public, à faire imprimer la collection de ses œuvres originales; Silvestre et Des Maizeaux, trop scrupuleux à leur office, ont grossi, sans choix et sans mesure, le nombre des productions qu'ils livroient à la publicité. Une foule de bluettes que Saint-Evremond auroit sagement laissé mourir dans l'oubli, ont été recueillies et ravivées ; et l'absence de critique de ses éditeurs a porté un nouveau tort à sa renommée. Saint-Evremond a été la victime de la passion des modernes pour les *OEuvres complètes;* le médiocre y a nui, comme toujours, à l'excellent. Saint-Evremond, qui avoit judicieusement critiqué la compilation indiscrète des *OEuvres* de Malherbe, donnée par Ménage, et celle des *OEuvres* de Voiture, donnée par son neveu Pinchène, n'auroit pas, à coup sûr, approuvé que Silvestre et Des Maizeaux réunissent, à côté de chefs-d'œuvre qui assurent la gloire de son nom, tant d'insignifiants opuscules, fournis par des seigneurs anglois, qui avoient vécu, à Londres, dans l'intimité des salons fréquentés par notre auteur. Poussant plus loin encore la complaisance pour les curieux, Silvestre et Des Maizeaux ont voulu reproduire, à la suite des œuvres avouées, les œuvres supposées de Saint-Evremond ; de sorte que, sur les douze volumes de la bonne édition de 1753, il y en a six d'ouvrages apocryphes, qui, pour la plupart, ne supportent pas la lecture. Le remède à la falsification a donc été pire, peut-être, que la falsification même, parce que le public y a trouvé une nouvelle déception; et la réputation du plus délicat et du plus spirituel des écrivains de ce temps-là est restée compromise par la sotte curiosité des éditeurs sincères de ses *OEuvres.*

Cependant, l'édition des *OEuvres de Saint-Evremond*, donnée à Londres en 1705, par Silvestre et Des Maizeaux, avoit produit cet avantage, de mettre le public en possession d'un texte correct et pur, collationné sur des originaux annotés et vérifiés par Saint-Evremond lui-même, et d'offrir la pensée vraie, avec la forme intacte, de cet écrivain aimable et fécond. Mais, lorsque cette leçon authentique a été publiée, elle n'a pu pénétrer en France qu'avec difficulté, à cause des doctrines philosophiques qu'on y trouvoit exprimées : les éditions falsifiées de Barbin avoient seules le privilége de la circulation libre et publique à Paris ; et plus tard, quand enfin les bonnes éditions ont pu se répandre avec plus de facilité, le temps avoit amené, dans l'opinion, un autre aspect des choses et d'autres goûts littéraires. L'élan philosophique et novateur emportoit alors les esprits. La critique fine et de bon goût de Saint-Evremond n'étant plus au niveau de l'audace du siècle, les éditions répandues alors de Silvestre et Des Maizeaux ont trouvé l'enthousiasme refroidi ; vainement essayoit-on de le réchauffer. Les voiles que la bienséance avoit jetés, au dix-septième siècle, sur les hardiesses du scepticisme épicurien, ne convenoient plus à la passion agressive du dix-huitième ; le langage respectueux et mesuré de Saint-Evremond condamnoit les témérités de l'école de Voltaire.

Quoi qu'il en soit, une ère de réparation semble être ouverte. M. Sainte-Beuve a voit donné, plusieurs fois, l'exemple d'une appréciation plus juste de Saint-Évremond, notamment dans l'*Histoire de Port-Royal*, à propos du spirituel d'Aubigny, un des amis les plus chers de notre auteur. Un des grands écrivains de notre époque n'a rencontré malheureusement que deux fois Saint-Evremond, sur son passage, dans ses études brillantes sur le dix-septième siècle ; mais, en le coudoyant, avec rapidité, il le reconnoît pour émule de la Rochefoucauld, et de la Bruyère même. Dès 1842, un article remarquable de M. Macé, publié dans la *Revue des deux Mondes*, avoit rappelé l'attention sur la personne et les écrits, si négligés alors, de notre philosophe. Depuis cette époque, M. Hippeau, dans des *OEuvres choisies* ; l'estimable historien de *la Littérature françoise à l'étranger* (1853), et l'auteur du volume piquant qui a pour titre, *la Littérature indépendante et les écrivains oubliés* (1862), ont suivi la même voie ; et l'équité veut que nous reconnoissions ce qui leur est dû à cet égard.

Saint-Evremond est, avant tout, l'homme de la délicatesse. Il est moins nerveux que la Bruyère, moins profond que la Rochefoucauld, mais il est plus délicat. Sa manière nous charme, parce qu'elle ne tourne pas à l'affectation, comme chez Fontenelle ; et sa sérénité nous enchante, parce qu'elle dévoile un cœur droit et bon, pour lequel on éprouve de l'attrait. Ne cherchez pas dans ses ouvrages la majesté simple et forte de Pascal, la magnificence entraînante de Bossuet, la limpidité délicieuse de Fénelon. Mais, si votre âme est sensible aux agréments de ce beau monde du dix-septième siècle, aux finesses ingénieuses de l'esprit de ce temps, et à l'expression gracieuse des sentiments, des opinions d'une société cultivée et choisie ; si votre philosophie s'accommode des analyses discrètes d'un sensualisme doux, civil, mesuré, en quelque sorte intime, et des conclusions indulgentes d'un scepticisme aimable et de bon goût, revêtues des formes les plus souples et les plus élégantes de la langue, Saint-Evremond sera votre auteur favori.

Bien qu'on lui reproche d'être inégal et négligé, il y a de l'art dans son style, et beaucoup d'art; toutefois, son allure dégagée sent le gentilhomme, plutôt que l'homme de lettres. Il n'a jamais écrit à la façon d'un auteur de profession, avec le public devant les yeux; mais par occasion, par complaisance, pour amuser sa société. La sollicitation, la curiosité, ou l'indiscrétion ont fait la publicité de ses ouvrages. Tels nous voyons les grands seigneurs et les grandes dames de cette époque, toujours la plume à la main, sans avoir l'air de se douter qu'il y a un art d'écrire, ni un métier d'écrivain; et, en effet, ce qui distingue leurs ouvrages, c'est une teinte inimitable de simplicité négligente, et de bon goût naturel. Si Saint-Evremond est quelquefois un homme de lettres consommé, il s'applique à ne jamais le paroître.

Doué d'une heureuse flexibilité, tour à tour philosophe, historien, moraliste : la critique littéraire et historique, la poésie légère, l'art épistolaire ont exercé son talent, avec un égal succès. Alliant le scepticisme de Montaigne au sensualisme d'Épicure, il a préparé les voies aux libres penseurs du dix-huitième siècle, tout en se préservant de leurs écarts. L'épicuréisme agréable qui se remarque en ses ouvrages, fut un des traits caractéristiques de la société françoise, sous la régence d'Anne d'Autriche. Il disoit lui-même, dans ses vieux jours et sous un ciel étranger, qui n'avoit point assombri ses idées :

> J'ai vu le temps de la bonne régence :
> Temps où régnoit une heureuse abondance :
> Temps où la ville, aussi bien que la cour,
> Ne respiroient que les jeux de l'amour.
>   Une politique indulgente
>   De notre nature innocente
>   Favorisoit tous les désirs ;
>   Tout goût paroissoit légitime ;
> La douce erreur ne s'appeloit point crime ;
> Les vices délicats se nommoient des plaisirs.

Après le triomphe du cartésianisme, Épicure conserva discrètement son empire, dans quelques salons de Paris, où se réunissoit le monde le plus lettré, le plus brillant, le plus poli. On retrouve même encore l'épicuréisme autour du trône du grand roi ; dans les habitudes et les conversations de seigneurs tels que les Créqui, les d'Olonne, les Clérembaut, les Ruvigny, les Lionne, les d'Albret et les Grammont, dont l'enjouement et l'esprit rappeloient à Louis XIV le souvenir du salon de la comtesse de Soissons, où il avoit passé de si beaux jours, dans sa jeunesse. Saint-Evremond a transporté cette philosophie en Angleterre, à la cour élégante et spirituelle de Charles II, et dans le salon de la duchesse Mazarin, dont il fut l'ami constant et dévoué, pendant vingt-cinq ans. Propagateur du scepticisme épicurien, dans ce grave dix-septième siècle, son rôle semble avoir été d'en répandre la doctrine dans la bonne compagnie. Il ne démontre pas à la façon des docteurs ; il ne tient pas école, mais il cause, il entraîne et l'on diroit que sa parole fait loi.

Nous devons à Des Maizeaux une *vie* fort étendue de Saint-Évremond, laquelle satisfit peu les contemporains, si ce n'est Bayle à qui elle est adressée. « Elle m'a paru mauvaise, froide, allongée, dit Marais; ce n'est pas là l'homme qu'il nous faut, pour parler du plus grand homme du monde. » Toutefois, malgré sa sécheresse et ses défauts, cette biographie est encore le document le plus important que nous ayons sur l'histoire de Saint-Évremond. Des Maizeaux a puisé à d'excellentes sources ; il est véridique et sincère ; c'est à nous de compléter ce qui lui manque, en profitant des utiles matériaux qu'il nous a laissés : bien heureux de l'avoir pour guide, car Saint-Evremond n'a point laissé de *Mémoires*, quoique ce fût assez l'habitude des personnes de sa condition et de son temps, qui avoient joué un rôle dans le monde. Mais il n'avoit, disoit-il, pas de mystères politiques à révéler, et pas la moindre vanité d'entretenir les hommes de sa personne ou de ses affaires.

La famille qui lui donna le jour étoit une vieille et bonne race normande, aujourd'hui éteinte ; illustre au dix-septième siècle, par le rang, les emplois et les alliances. Elle étoit connue dans le monde, sous le nom de Saint-Denis, qu'elle avoit reçu de la châtellenie ou baronnie de Saint-Denis-le-Guast, située à trois lieues de Coutances, dans la basse Normandie, et dont elle avoit hérité des Martel-Bacqueville, qui la possédoient depuis le quatorzième siècle. Son nom patronymique étoit celui de *Marguetel*, qu'on écrit quelquefois *Margastel*, *Margotelle* ou *le Marquetel*, et qu'avoient porté avec honneur ses aïeux les plus reculés ; ce nom est inscrit, au treizième siècle, sur les rôles de l'échiquier de Normandie. La maison de Marguetel étoit divisée en plusieurs branches, dont une avoit alliance avec le comte de Tourville, le héros du combat de la Hogue. Par sa mère, Saint-Evremond étoit proche allié de maisons puissantes, dans la robe et dans l'épée, ainsi que dans le monde politique : les De Thou, les Rabutin, les Rouville ; par son aïeule, Diane de Tillières, il étoit parent si rapproché de la maison de Lorraine, que le duc Charles IV et la seconde épouse de Gaston, duc d'Orléans, avoient un aïeul commun avec lui, dans Tanneguy Leveneur, comte de Tillières, lieutenant général de Normandie, maréchal de France à brevet, mort en 1592. Sa mère, fille du surintendant des finances, marquis de Rouville, étoit cousine-germaine de notre ambassadeur en Angleterre, au temps de Charles Ier, Leveneur de Tillières, dont nous avons des *Mémoires*, et dont la postérité s'est éteinte dans la maison des ducs d'Harcourt. Son aïeule paternelle étoit du nom de Fontaine-Martel, famille ancienne en Normandie, illustrée à la cour, aux dix-septième et dix-huitième siècles ; et sa seconde aïeule du même côté, étoit un rejeton de la branche de Martel-Bacqueville, dont les deux héritières prirent leur époux, l'une chez les Rochechouart, et l'autre chez les Marguetel de Saint-Denis [1].

1. Voy. le tableau généalogique ci-joint ; les *Notices généal.* indiquées dans le P. Lelong, t. III, p. 726-27 ; le P. Anselme, t. II, p. 408, t. VII, p. 630, et t. VIII, p. 211, 260 et 712 ; la Chenaye des Bois, t. IX, p. 563 et t. XII, p. 730 ; et les *Grands rôles des échiquiers de Normandie*, publiés par M. d'Anisy. Des Maizeaux, qui a rédigé ses notes généalogiques, d'après des mémoires

Charles de Marguetel de Saint-Denis, sieur de Saint-Evremond, naquit le 1er avril 1610 [1], au château de Saint-Denis-le-Guast, le troisième des sept enfants du seigneur de Saint-Denis, commandant des gendarmes de Henri de Bourbon, dernier duc de Montpensier et gouverneur de Normandie. Son aïeul avoit accompagné Henri III, en Pologne. Saint-Évremond reçut le nom qu'il a rendu célèbre, d'une terre dépendante de la seigneurie paternelle, *Saint-Evremond-sur-l'Osin* ; et il montra de si heureuses dispositions dès son enfance, qu'on l'avoit surnommé l'*esprit*, dans sa famille.

Sans être opulent, son père jouissoit d'une fortune convenable à son rang ; et, à sa mort, la légitime des cadets fut réglée à dix mille livres, plus une pension de deux cents écus : ce qui, pour le

---

a lui fournis par l'abbé Fraguier, a commis plusieurs inexactitudes que j'ai relevées. Voy. aussi la préface de Silvestre, dans le t. I de l'édit. de 1753.

1. Des Maizeaux a fait naître Saint-Evremond en 1613 ; mais c'est une erreur reconnue par Silvestre, t. 1er de l'édit. de 1753, p. 276 ; et Saint-Évremond lui-même nous a donné son âge, dans une lettre à Ninon, dont la date précise est assurée par un événement historique, celui de l'arrivée du duc de Tallard, en Angleterre, comme ambassadeur extraordinaire de Louis XIV, après la paix de Riswyck. Le duc est arrivé, en 1698, en même temps que le duc de Portland, ambassadeur du roi Guillaume, arrivoit à Versailles. Voy. M. de Flassan, *Hist. de la diplomatie*, t. IV, p. 178-180. Or, à cette époque, Saint-Evremond a écrit à Ninon, qu'il avoit 88 ans : assertion qui recule l'année de sa naissance à 1610. Voy. cette lettre, t. III, de notre édition, n° 112 de la *Correspondance* ; le porteur en fut l'abbé Dubois, plus tard cardinal, alors secrétaire d'ambassade du duc de Tallard, et l'un des jeunes habitués du salon de Ninon, laquelle avoit alors, elle-même, 78 ans.

temps, et vu le nombre des enfants, ainsi que le régime alors usité dans les familles normandes, fait supposer un patrimoine considérable. Saint-Evremond, comme cadet, fut destiné à la magistrature. Après avoir reçu les premiers rudiments, au foyer paternel, il fut l'envoyé, vers l'âge de neuf ans, continuer ses études à Paris.

CHAPITRE II.

SAINT-EVREMOND AUX JÉSUITES. — L'ACADÉMIE. — PREMIÈRES ARMES. — LES CAMPAGNES DE CONDÉ.

E collége de Clermont étoit alors dans tout l'éclat de sa prospérité. Malgré la puissance de l'Université qui leur avoit disputé le droit d'enseigner la jeunesse; malgré le peu de sympathie que leurs doctrines ultramontaines inspiroient à l'ancienne Église gallicane, et la résistance constante que la magistrature françoise avoit opposée à leur introduction en France, les Jésuites surmontant tous les obstacles, avoient fondé dans Paris l'un des plus grands établissements qu'ils aient eu dans le monde. Ils s'étoient, presque furtivement, logés d'abord rue des Carmes, dans les bâtiments abandonnés du vieux collége des Lombards; puis, rue de la Harpe, dans l'hôtel même de Guillaume Duprat, évêque de Clermont, leur opulent et zélé protecteur. Mais lorsqu'ils eurent recueilli les libéralités que ce dernier leur laissa, par son testament, en 1560, et

qu'ils eurent triomphé de l'opposition de l'Université soulevée à l'occasion de ce legs fameux, ils achetèrent rue St-Jacques, en face de la rue des Poirées, un hôtel, ou local, appelé *la Cour de Langres*, où ils firent approprier un collége, que, du nom de leur protecteur, ils appelèrent *Collége de Clermont*[1]. Les vicissitudes de cet établissement furent diverses, comme celles que subit la Société de Jésus elle-même, dans ces temps difficiles. Mais, à partir de 1603, où les jésuites furent rappelés, après un bannissement de neuf années, le *Collége de Clermont* prit un rapide essor, et s'éleva au plus haut degré de faveur, dans l'opinion. Les enfants de la haute noblesse et de la riche bourgeoisie, furent confiés à ce collége, pour leur éducation. Précurseur de Voltaire, Saint-Evremond fut, comme Voltaire, élevé aux Jésuites.

Entré en cinquième au *Collége de Clermont*, Saint-Evremond y parvint, en quatre années, aux classes supérieures d'humanités, et fit sa rhétorique sous le père Canaye : personnage qu'il a rendu célèbre, et dont il avoit gardé un souvenir qui s'est retrouvé sous sa plume piquante, dans la *Conversation du maréchal d'Hocquincourt*[2]. M. de Saint-Denis, homme éclairé, n'ayant pas voulu que l'éducation tout entière de son fils fût dirigée par les jésuites, lui fit étudier la philosophie, à l'université

---

1. Cet ancien bâtiment ne subsiste plus ; il fut démoli, en 1628, pour faire place à des constructions nouvelles, et plus considérables, qui, sous Louis XIV, reçurent le nom de *Collége Louis-le-Grand*. C'est le lycée impérial de ce nom, qui existe encore de nos jours.

2. Voy. pag. 38 de ce vol.

de Caen, puis au collége de Harcourt, autre collége renommé de Paris, fondé au treizième siècle, par un gentilhomme de Normandie, et dont nous avons vu naguère disparoître les vieux murs, pour faire place aux constructions nouvelles du *Lycée Saint-Louis*. En même temps, Saint-Evremond suivoit ce qu'on appeloit l'*Académie* : école de gentilshommes, où l'on apprenoit à monter à cheval, à faire des armes ; le blason, un peu de mathématiques et d'histoire militaire.

Ces *académies* étoient ordinairement établies dans un vaste enclos. On y exécutoit, avec appareil, des courses de bague, et divers exercices de chevalerie. Une année ou deux y étoient consacrées, et l'on disoit du jeune homme, pendant ce temps, qu'*il faisoit ses exercices*. Il y avoit au dix-septième siècle plusieurs *académies* renommées. Loret raconte une fâcheuse aventure, arrivée le 25 mars 1651, chez Mémont, *grand académiste*, où de belles dames étoient venues assister à une course de bague. La *Cour du Dragon*, objet d'effroi pour ceux qui la traversent aujourd'hui, étoit alors une *académie* célèbre, qui recevoit des élèves internes et externes, sous la direction de M. de Longpré. Cette école fut un moment sans rivale. L'*académie* de M. de Benjamin jouissoit aussi de beaucoup de réputation, et le grand Condé y reçut l'instruction du gentilhomme.

Le plan de Comboust indique encore d'autres *académies* : celle de del Campo, entre la rue du Four et la rue du Vieux-Colombier ; celle de Forestier, rue de Sorbonne ; celle de M. de Toise, rue Saint-Honoré, joignant le célèbre *manége* qui occupoit la place actuelle de la rue de Rivoli, entre la rue de la Paix et les Tuileries.

Pluvinel, premier écuyer du roi, et gentilhomme de la chambre, avoit sous Henri IV, établi, au Louvre même, une *académie* qui servit de modèle aux autres, et dont M. de Benjamin fut le second directeur.

Loret (31 janvier 1654), qualifie de *Manége royal*, l'académie tenue par Arnolfini, au Petit-Bourbon [1], et où le jeune roi Louis XIV, alloit apprendre à monter à cheval [2]. Pluvinel avoit donné ce même titre, au livre curieux qu'il composa, pour l'instruction de ses élèves. Saint-Evremond, dit Des Maizeaux, « ne se distingua pas moins dans ses « *exercices* que dans ses études, et particulièrement « dans celui de faire des armes, de sorte qu'on « parloit de *la botte de Saint-Evremond.* »

Mais, destiné par sa famille à la magistrature, il commença, vers 1628, l'étude du droit, peu com-

---

1. Ancien et vaste hôtel du connétable de Bourbon, confisqué, comme ses autres biens, après sa rébellion, et démoli, en 1660, pour faire place a l'aile du Louvre actuel, où nous admirons la colonnade. Au dix-septième siècle, on voyoit encore, peinte en jaune, en signe d'infamie, sa porte d'entrée qui donnoit sur l'ancienne rue des Poulies. La galerie de cet hôtel, où Louis XIV, dans sa jeunesse, a dansé des ballets célèbres, se prolongeoit jusqu'à la Seine. Molière y a joué la comédie. Voy. le livre curieux de M. Ed. Fournier : *Paris démoli*. — Cf. Cousin, J. *de Long.*, p. 69.

2. On trouve des détails intéressants au sujet de l'instruction que l'on recevoit à l'*académie*, dans l'ouvrage rare de Nemeitz, intitulé : *Séjour de Paris.... pour les voyageurs de condition*. Leide, 1727, 2 vol. in-12. — Sur le livre recherché de Pluvinel, voy. Brunet, *hoc V°*.

patible, en apparence, avec ses penchants, mais à laquelle, cependant, il appliqua sérieusement son attention, pendant un an : l'estimant déjà comme la plus digne d'un homme qui veut ou doit prendre une part active à la direction des affaires de son pays. Il s'en expliquoit encore en ces termes, quarante ans après, dans une épitre célèbre adressée au maréchal de Créqui.

Bientôt après, cédant à un entraînement irrésistible, Saint-Evremond embrassa la carrière des armes, pour laquelle il avoit plus d'inclination (1629). La Rochelle venoit de se rendre, et Richelieu, après avoir réduit à l'obéissance la rébellion des réformés, tournoit ses regards vers un autre et grand objet de sa politique, l'abaissement de la maison d'Autriche. Il préparoit une expédition, que Louis XIII devoit commander en personne, pour relever en Italie le crédit de la France, atteint dans sa considération. En haine du nom françois et du patronage de la France, Charles, duc de Nevers, étoit repoussé de la principauté de Monferrat et du duché de Mantoue, dont il étoit l'héritier légitime, par la coalition de l'Espagne, qui soutenoit d'autres prétendants à l'héritage, et de l'Autriche qui prétendoit occuper à titre de sequestre, les États en litige, jusqu'à la fin du débat. Une armée de 40,000 François alloit passer les monts, destinée à soutenir le duc de Nevers ; et au nombre des généraux qui la commandoient, sous le roi, se trouvoit le maréchal de Bassompierre, beau-frère du comte de Tillières, et proche allié de Saint-Evremond. La réputation du maréchal, son esprit, et l'occasion de se distinguer avec éclat, sous les yeux du prince lui-même, tout séduisit notre jeune homme, qui s'enrôla dans les troupes dirigées vers le pas de Suze; il y fut reçu en qualité d'enseigne. En tête de cette armée, se trouvoit aussi le premier maréchal de Créqui, célèbre par sa valeur, par ses duels avec don Philippe de Savoie[1], et dont le fils, qui fut depuis un des plus habiles généraux du dix-septième

---

1. Don Philippe ou Philippin, bâtard de Savoie, craignant d'être reconnu, dans une retraite précipitée, remit à un soldat son écharpe, dont lui avoit fait présent une belle dame. Le soldat fut pris par Créqui, ainsi que l'écharpe, dont ce dernier connut ainsi l'histoire. Créqui ayant fait dire à don Philippin d'avoir plus de soin, à l'avenir, des faveurs de sa belle, Don Philippin envoya un cartel à Créqui, mais oublia de se trouver au rendez-vous. Créqui fut fait prisonnier, à son tour, par le duc de Savoie, et Don Philippin étant allé lui rendre visite, Créqui ne demeura pas en reste de coups de bec avec lui. Après l'échange des prisonniers, Philippin appela de nouveau Créqui en duel, et les deux champions s'étant rencontrés, tout se passa en explications dont Créqui fit imprimer un récit qui déplut à don Philippin. Le combat étoit inévitable. Don Philippin y fut dangereusement blessé. Créqui lui donna la vie, mais il eut le tort de s'en vanter, et Philippin exaspéré, provoqua de nouveau Créqui à se battre. Au rendez-vous, près la frontière, les adversaires ne purent s'entendre sur la forme du duel, et Créqui publia une nouvelle relation, peu gracieuse pour don Philippin, lequel, après avoir riposté par un autre imprimé, envoya un dernier défi, qui ramena les deux champions en présence. Ils se battirent en chemise et en caleçons, à l'épée et au poignard. La lutte fut acharnée, désespérée. Philippin eut un moment le dessus; on crut Créqui perdu. Mais celui-ci ayant gardé plus de sang-froid, finit par l'emporter et frappa Philippin de trois coups mortels, dont le dernier le cloua contre terre.

(Voy. Tallemant, I, p. 138, avec la note de M. Paulin Paris; la Colombière, Chorier, Brantôme, etc.)

siècle, étoit déjà connu de Saint-Evremond, qui l'avoit rencontré à l'*Académie*. On sait quel fut le résultat de cette guerre, terminée par le traité de Chérasque, et par la paix de Saint-Germain, qui donna Pignerol à la France. Saint-Evremond y gagna une lieutenance (1632).

On étoit, alors, en pleine guerre de Trente ans. Tout le monde connoît, et la part qu'y prit la France, dès sa première période; et le traité passé par Richelieu avec Gustave-Adolphe, pour s'assurer la coopération de ce prince; et la mort du roi de Suède, dans sa victoire de Lutzen; et comment Richelieu, poursuivant ses profonds desseins, fut conduit à porter activement la guerre en Allemagne. Saint-Evremond fit, sur le Rhin et dans les Pays-Bas, les campagnes de 1632 à 1636, et s'y montra bon officier. Il se distingua surtout, en 1637, à la prise de Landrecies, où sa belle conduite lui fit obtenir une compagnie. Il y servoit sous le cardinal de la Valette, et ce fut la première occasion de ses rapports avec le duc de Candale, frère cadet du cardinal, avec le vicomte de Turenne, dont Saint-Evremond fut heureux d'être remarqué; et avec le comte de Guiche, devenu plus tard le maréchal de Grammont, frère aîné du célèbre chevalier illustré par Hamilton.

Mais la vie militaire, où Saint-Evremond se trouvoit engagé, n'absorba point les facultés de son esprit; la profession des armes fut, au contraire, pour lui, et par un heureux concours de circonstances, un complément d'éducation, qui n'a pas été sans influence sur sa destinée. Le métier de la guerre, alors, n'exigeoit point le sacrifice de la vie entière, comme aujourd'hui; et le service des armées permanentes n'étoit point ce qu'il est devenu. En quartier d'hiver, peu d'officiers restoient au régiment. Ils revenoient dans leurs foyers, et le monde et la guerre avoient ainsi chacun leur temps; la noblesse partageoit son année entre les salons et les camps. La guerre avoit sa saison, le salon avoit la sienne. Les gentilshommes entroient en campagne au printemps, livroient des combats, assiégeoient des places; et retournoient, l'hiver, cultiver leurs affections et leur esprit, dans leurs châteaux ou dans la société parisienne. Telle étoit alors la vie de la noblesse françoise. Pendant les mois de trève, elle s'adonnoit aux arts de l'intelligence, et aux relations du monde; et, les mois de la guerre revenus, elle couroit batailler aux frontières, enflammée de l'amour de la gloire, et de l'ambition de la renommée. Tous les rapports sociaux se ressentoient de ce mélange de préoccupations, chez les hommes comme chez les femmes.

On comprend sans peine quelle supériorité d'esprit un jeune homme aussi bien élevé, aussi bien préparé, que l'étoit Saint-Evremond, dut porter dans l'exercice de la profession militaire; et quelle influence, à son tour, la vie indépendante des camps, l'habitude journalière des privations et des périls, dut exercer sur une âme qui avoit reçu de la nature même un rare talent. Cette admirable école de l'ancien officier françois a fourni aux lettres Brantôme, Descartes, la Rochefoucauld, Bussy-Rabutin, Saint-Evremond, Saint-Simon, Vauvenargues, Tracy; sans compter Malherbe, Racan, Parny, et bien d'autres.

Saint-Evremond en rapporta l'émancipation de sa pensée, un esprit pratique et vrai, un tact délicat et sûr, que ne sauroient donner les leçons du collége. Il lut Montaigne, dont le P. Canaye avoit oublié de lui parler, et il en fit le livre de toute sa vie. Il nous apprend lui-même que, vers cette époque, son esprit se porta vers les matières philosophiques, avec une curiosité profonde et réfléchie. Il examina s'il étoit bien vrai que les maîtres lui eussent fait connoître la nature des choses. Ce qu'ils lui avoient fait recevoir comme évident, dit Des Maizeaux, lui paroissoit à peine vraisemblable. Le scepticisme avoit en lui déjà l'un de ses adeptes. Les conversations qu'il eut avec Gassendi datent de ce temps (1639). Elles portèrent leur fruit et fixèrent sa vocation pour le doute philosophique. Alors, dit-il, « la philoso- « phie qui m'étoit déjà suspecte, me parut trop « vaine, pour m'y assujétir plus longtemps : je « rompis tout commerce avec elle, et commençai « d'admirer comme il étoit possible à un homme « sage de passer sa vie à des recherches inutiles. »

Non content d'employer ses facultés supérieures à l'analyse de la certitude et à l'observation générale des phénomènes de la vie humaine, il voulut assouplir son intelligence par les exercices les plus variés : tantôt, animant son imagination, par la poésie; et tantôt, reportant vers la critique littéraire les jugements de son esprit.

Le goût de la littérature italienne, introduit par les Médicis, avoit encore la vogue, dans les salons. Anne d'Autriche y ajouta celui de la littérature espagnole, jusqu'alors peu connue à Paris. Saint-

Evremond dut s'appliquer à l'étude de ces deux littératures, qui, au début du dix-septième siècle, offroient à l'esprit françois des modèles, dont notre langue étoit encore dépourvue. Le génie, le tour, l'agrément et les défauts de ces deux littératures se retrouvent dans Saint-Evremond.

Il porta donc, dans les camps, la politesse de l'homme du monde, et l'esprit cultivé de l'homme de lettres; et ces avantages se joignant à l'aptitude militaire, lui valurent l'estime et l'amitié des personnages les plus distingués de cette époque. Il avoit été remarqué, à l'expédition de Trèves, par le maréchal d'Estrées, qui, malgré la distance des âges, l'honora de sa bienveillance et fut charmé d'une liberté d'esprit qui convenoit à la sienne[1]. Il se fit de plus particuliers amis, au siége d'Arras, de 1640, où la plus belle jeunesse de France fit assaut de bravoure, d'aventures et d'exploits chevaleresques. Il s'y acquit l'affection demeurée inviolable du comte de Miossens, connu depuis sous le nom de maréchal d'Albret; et du comte de Palluau, qui fut ensuite le maréchal de Clérembaut.

Mais ce qui le flatta le plus, ce fut d'être distingué par le duc d'Enghien, jeune général d'héroïque espérance, qui s'éprit pour Saint-Évremond d'un goût justifié par son talent, sa valeur et ses belles manières. Saint-Evremond étoit de ceux avec qui le prince aimoit à se retirer et à s'entretenir fa-

---

[1]. Voy. sur le maréchal d'Estrées, ses curieux *Mémoires de la régence de Marie de Médicis*, dans la Collection de Michaud et Poujoulat; et l'*Historiette* de Tallemant, I. Pag. 383.

milièrement ; on le mettoit même assez souvent des parties de plaisir du prince ; et celui-ci étoit si charmé de sa conversation, qu'il lui donna la lieutenance de ses gardes (1642), afin de l'avoir toujours auprès de lui [1]. Il voulut aussi qu'il assistât à ses lectures, auxquelles on sait que le prince donnoit tout le temps qu'il pouvoit dérober aux soins du commandement. Saint-Evremond ne s'y borna point au rôle d'assistant passif ; il prenoit une part active aux discussions qui les suivoient, et il n'oublia rien pour rendre ces lectures intéressantes et utiles au duc d'Enghien, aux côtés duquel il combattit à Rocroi (1643). Je ne redirai point ici cette bataille, sur laquelle la relation de Lenet, et une savante dissertation de M. Cousin ont jeté un jour lumineux : bataille que Schiller n'a pas daigné mentionner, dans l'*Histoire de la Guerre de Trente ans,* bien que ce fait d'armes en ait été l'un des plus brillants épisodes. Je remarquerai seulement que la compagnie des gardes, où servoit Saint-Evremond, faisoit partie du corps d'élite confié à Gassion, la veille de l'affaire, pour faire pointe dans la plaine de Rocroi, et préparer, par cette périlleuse manœuvre, l'exécution des plans arrêtés par le prince pour la belle journée du lendemain [2]. De cette année 1643 datent les relations particulières de Saint-Evremond avec Fouquet. Ce dernier étoit alors intendant de l'armée, et en sa qualité de chef du service des approvisionnements, il avoit des rapports multipliés avec la maison militaire du

1. Voy. Des Maizeaux, et la préface de Silvestre.
2. Lenet, édit. de Champollion, pag. 479.

prince, dont Saint-Evremond faisoit partie. Fouquet étoit un homme de beaucoup d'esprit : on ne sera pas étonné qu'il ait trouvé celui de Saint-Evremond à son gré.

Lorsque l'armée eut pris ses quartiers d'hiver, Saint-Evremond revint, avec le duc d'Enghien, à Paris ; il y fut témoin de la réception enthousiaste que la cour et la ville firent au vainqueur. Admis dans les salons de l'hôtel de Condé, rendez-vous de la plus grande et de la plus spirituelle compagnie, Saint-Evremond y trouva un nouveau théâtre de succès ; je le soupçonne même d'y avoir fait partie de la fameuse cabale des *petits maîtres*.

Après la reprise des hostilités, vint la bataille de Fribourg en Brisgau (1644), si sanglante et si disputée, du moins au début, et où Saint-Evremond combattant encore auprès du duc d'Enghien, partagea tous les périls auxquels le prince fut exposé. L'année suivante (1645), il se trouvoit à la bataille de Nordlingen, où il fut grièvement blessé. Ayant reçu l'ordre de se mettre à la tête d'une troupe choisie, pour prendre à revers une hauteur occupée par les ennemis, et d'où ils incommodoient l'armée françoise, il essuya pendant trois heures le feu de leur mousqueterie et d'une batterie de campagne. Il opéra, sans doute, une diversion puissante, mais il y perdit presque tout son monde, et il fut blessé lui-même, au genou gauche, d'un coup de fauconneau. On demeura quelques semaines dans l'incertitude sur le sort de ses jours. Sa bonne constitution et l'habileté d'un chirurgien le sauvèrent de la mort.

CHAPITRE III.

LA COMÉDIE DES ACADÉMISTES.

Pendant l'hiver qui précéda la campagne de Rocroi, et tandis que Richelieu se mouroit, une pièce satirique et mordante couroit, en manuscrit, dans les salons de Paris; c'étoit *la Comédie des académistes, pour la réformation de la langue françoise.* Elle fit du bruit, et obtint un certain succès dans le monde. Aujourd'hui même encore, on en peut lire quelques pages avec plaisir. Chacun des membres fondateurs de l'Académie françoise y étoit, sous son nom personnel, affublé d'un ridicule assez piquant, et notre grand poëte comique y a pris, à coup sûr, l'idée d'une de ses meilleures scènes. L'auteur n'en étoit pas avoué; mais on murmuroit le nom de Saint-Evremond, déjà placé au rang des beaux esprits du temps.

La correction de la langue et le soin de la fixer ont été l'une des préoccupations dominantes de la première moitié du dix-septième siècle; et l'on doit s'étonner que, au milieu des agitations si profondes de cette époque mémorable, l'esprit françois ait pu s'adonner, avec tant de constance et d'application, au perfectionnement paisible et réfléchi de la manifestation de la pensée. Si l'on considère, en effet, les progrès de la langue, depuis la mort d'Henri IV jusqu'en 1656, où l'on possédoit les meilleures pièces de Corneille, en même temps que les *Provinciales*, on a peine à comprendre qu'une littérature ait été ainsi transformée, en quarante-cinq ans. On ne rencontre, d'ailleurs, dans aucune autre histoire, le phénomène d'un dessein prémédité de réformer la langue. Ni dans la Grèce, ni à Rome, ni à la cour de Ferrare, ni à la cour de Weymar, on ne vit rien de pareil. Et pourtant, je n'en ferai pas un mérite à Richelieu, pour qui les lettres ne furent qu'un instrument de publicité, au compte de sa politique; je n'en ferai pas plus d'honneur aux esprits médiocres qui composèrent les premiers cadres de l'Académie françoise. Le véritable auteur de cette grande réforme, poursuivie avec tant de résolution, et achevée avec tant de succès, fut tout le monde. L'impulsion étoit donnée, bien avant la fondation de l'Académie. Il faut, en effet, compter Malherbe pour quelque chose dans cette révolution, et Malherbe est mort en 1628. Avant la fondation de l'Académie, Balzac avoit publié *le Prince* (1631), où l'on trouve des pages, rares si l'on veut, mais qui peuvent rester parmi les monuments du beau langage; et en dehors de l'Académie, Corneille avoit écrit *le Cid*, qui est de 1636; et en dehors de l'Académie, la langue a été fixée par Pascal, en 1656, dans les *Provinciales*. La *Conversation du maréchal d'Hocquincourt* est de la même date. Conrart, Vaugelas, Chapelain, Godeau, Desmarets, Voiture, Balzac, et Richelieu à leur tête, ne furent donc que les instruments d'une révolution générale. Leur mérite est de s'être donné la mission de régler ce mouvement et de l'avoir accomplie ; mais le merveilleux développement de la société françoise au dix-septième siècle, entraînoit la nécessité du perfectionnement de la langue, laquelle est restée la plus vive image du caractère françois.

Toutefois, dans l'œuvre même de la réforme, que d'entraves et d'obstacles il a fallu surmonter ! Pellisson ne nous a laissé que le récit sommaire de ces difficultés ; tous les écrits du temps en sont remplis ; et dans ce débat mémorable, solennellement ouvert devant le tribunal de l'opinion, le bon sens et le bon goût furent souvent en péril. Il y avoit, parmi les lettrés, des ennemis de tout changement, à qui suffisoit la langue d'Amyot, de Montaigne et de Charron, et qui vouloient en rester là. Pour d'autres, de moins bon goût, la langue de Ronsard demeuroit, en plein dix-septième siècle, *un objet de vénération*; et, parmi ceux même qui reconnoissoient la nécessité de corriger la langue, une divergence profonde se manifestoit. L'esprit d'érudition étoit en présence de l'esprit indépendant [1]. L'esprit d'érudition, qui vouloit mouler la langue françoise sur les langues classiques, en les accommodant aux tendances modernes, avoit un représentant obstiné, très-autorisé, dans La Mothe le Vayer, homme considérable alors, oublié aujourd'hui. Ses ouvrages, et surtout ses *Dialogues d'Orasius Tubero*, sont le monument le plus curieux de la résistance d'un parti puissant, dans l'affaire de la réforme de la langue. L'esprit indépendant avoit Balzac en tête :

1. Voy. le remarquable ouvrage de M. Étienne : *Essai sur La Mothe le Vayer*. Rennes, 1849, in-8°.

Balzac de qui Loret disoit, en annonçant sa mort (février 1654) :

> Tous les François en alarmes
> Devroient s'écrier avec larmes,
> Le grand Balzac est décédé.

Il étoit ennemi de l'inversion, que repoussoit l'esprit national, avant tout ami de la clarté. Il défendoit le langage de la nature, indiqué par l'usage du monde, mais il le surchargeoit des ornements de l'art. Il y avoit, du reste, quelque scission dans le camp de l'indépendance, et la couleur du drapeau même y convioit. Une jeunesse dorée, qui brilloit dans les salons du quartier du Temple et du Louvre, et à l'hôtel de Condé, se déclaroit pour une allure à la fois plus simple, plus vive, plus libre, plus vraie, que celle de Balzac[1]. A côté d'eux, l'école persistante de Rabelais avoit des sectateurs influents et nombreux. Ainsi ce n'étoit qu'anarchie et dissidence ; et comme tout étoit mis en question par la réforme, il se trouvoit que les deux grandes règles de conduite, en fait de langue, à savoir l'usage et l'autorité, à ce moment étoient fort ébranlées. Balzac décrioit ceux qui se servoient de l'esprit d'autrui, au lieu du leur ; mais la pente de son esprit le menoit à un écueil, celui de l'affectation. Notre langue avoit, en effet, subi, au contact de l'Italie et de l'Espagne, l'influence profonde des deux langues espagnole et italienne ; et notre littérature adolescente avoit tourné aux *conceptos* et aux *concetti*. Les produc-

---

[1]. Voy. les *Conversations du chevalier de Méré avec le maréchal de Clérembaut*.

tions littéraires de ce temps en sont infectées; nous n'en avons que des traces atténuées, dans Voiture et dans Balzac. De là ce raffinement, cette *préciosité*, cette recherche, à la mode dans quelques salons, et qui, si leur mauvais goût avoit prévalu, auroient perdu la langue, au moment même où elle passoit de l'enfance à la virilité.

Telle étoit la situation, lorsque fut fondée l'Académie françoise, dont les membres, en se réunissant, *ne pensoient presque à rien moins*, comme l'avoue Pellisson, *qu'à ce qui arriva depuis*. La question de la langue étoit donc posée, et passionnoit déjà les esprits, lorsque l'Académie fut constituée par la célèbre ordonnance de 1635; mais, il faut le reconnoître, l'Académie nouvelle eut une grande influence sur la solution définitive du problème; non qu'elle y ait porté un esprit supérieur, à ses débuts du moins; mais parce que, malgré des difficultés de toute espèce, tenant aux personnes et aux choses, elle a, par son sens droit, fait pencher, en fin de compte, la balance du bon côté.

Les *Académies littéraires* étoient déjà, depuis longtemps, connues à Paris, et nos relations avec l'Italie les avoient accréditées. Les rois Charles IX et Henri III avoient autorisé plusieurs associations de ce genre, dont Bayf et Ronsard avoient été les personnages principaux. Au commencement du dix-septième siècle, les *Cercles* ou *Académies* furent multipliés à Paris. Tallemant a tourné en dérision l'*Académie* de Charlotte des Ursins, vicomtesse d'Auchy. La réunion de Mme des Loges eut meilleur renom. Le *cercle* qui s'étoit formé depuis plusieurs années, chez Conrart, devint en 1635 l'*Académie françoise*, dont

Richelieu, puis Séguier, puis Louis XIV, ont été les protecteurs. D'autres *Académies* privées existoient en même temps : l'abbé Bourdelot en avoit fondé une à l'hôtel de Condé, vers 1641. Le grand Condé, qui avoit refusé, après la mort de Richelieu, le protectorat de celle de Conrart, assistoit aux séances de celle de Bourdelot, dont il est probable que Saint-Evremond a fait partie. Il y avoit en outre une *Académie* spéciale pour la numismatique, science fort à la mode au dix-septième siècle, à Paris. Il en est parlé plus d'une fois dans Bayle, qui cite encore l'*académie* du premier président de Lamoignon. L'*Académie* protégée par Richelieu fut livrée à tous les sarcasmes des ennemis du cardinal. Il faut voir comme parle l'abbé de Saint-Germain de ces *pauvres ardelions*, et des *petites assistances* que leur jetoit le cardinal, pour leur *apprendre à composer des fards, à plâtrer ses laides actions*.

La charge officielle que s'attribua l'*Académie* naissante, de procéder, en quelque sorte par voie d'autorité, à la réforme du langage, et à la publication du Dictionnaire, lui suscita, de plus, beaucoup d'adversaires intéressés et d'embarras nouveaux ; d'autant que, parmi ses membres, un très-grand nombre avoient peu de célébrité personnelle, et que l'*Académie* elle-même dépassa la limite du juste et du vrai, dans la critique du Cid, qu'elle se laissa imposer par Chapelain, le complaisant de Richelieu. En dehors de ses rangs, on comptoit des personnages de grande réputation, tels que Naudé, Mairet et Rotrou : Pierre Corneille n'y est entré qu'en 1647. Les secondes élections, et l'influence directe de Louis XIV, rehaussèrent beaucoup la dignité de la compagnie, que Cotin, Faret, Colletet et Boisrobert avoient peu illustrée.

Ce fut en 1643 qu'apparut, avec une publicité restreinte, mais qui n'en fit pas moins un certain bruit, *la comédie des Académistes*. Saint-Evremond, admirateur passionné de Corneille, avoit, un des premiers de son temps, rompu avec l'esprit d'érudition, encore en honneur chez tant de lettrés du règne de Louis XIII ; mais il étoit l'homme du bon sens élégant et délicat, modèle de grâce dans les assemblées, indépendant surtout et libre dans ses jugements ; et il n'avoit pu se résoudre à courber la tête devant ce tribunal prétendu souverain de la langue, qui, nous devons l'avouer, n'étoit point encore, alors, la grande Académie françoise, et dont les salons de Paris ne reconnoissoient pas, à ce moment, en fait d'usage, la compétence règlementaire. Il composa donc, en société avec quelques amis, une satire dialoguée, espèce de Proverbe, dépourvu de toute intrigue dramatique, mais où étoit tournée en ridicule la façon de procéder, un peu pédantesque, de la nouvelle *Académie*, et la chasse aux mots à laquelle elle se livroit, au dire des malins.

Les personnages en étoient : le chancelier Séguier, protecteur ; Serizay, directeur ; Desmarets, chancelier ; Godeau, évêque de Grasse ; Gombaud, Chapelain, Habert, Faret, Boisrobert, Silhon, Gomberville, Saint-Amant, Colomby, Baudoin, L'Estoile, Porchères et Mlle de Gournay. Au premier acte, Saint-Amant entroit en scène par ces vers :

Faret, qui ne riroit de notre ACADÉMIE ?
Passer huit ou dix ans à réformer six mots !
Pardieu, mon cher Faret, nous sommes de grands sots !

Puis étoit reproduite, entre Godeau et Colletet, une scène que Tallemant assure avoir eu lieu réellement, entre Chapelain et Godeau, chez Mme de Rambouillet; dont une seconde représentation a été donnée plus tard, au Luxembourg, chez Mademoiselle, par Ménage et Cotin; et qui a été le type évident de la scène mordante de Trissotin et Vadius, dans le troisième acte des *Femmes savantes*[1] de Molière, pour qui probablement le nom de *Vadius* a été une réminiscence de Godeau à l'hôtel de Rambouillet, comme le nom de *Trissotin* rappeloit au public le petit abbé ridicule du palais du Luxembourg.

GODEAU.

Bon-jour, cher Colletet.

COLLETET *se jette à genoux*.

     Grand évêque de Grasse,
Dites-moi, s'il vous plaît, comme il faut que je fasse.
Ne dois-je pas baiser votre sacré talon ?

GODEAU.

Nous sommes tous égaux, étant fils d'Apollon;
Levez-vous, Colletet.

COLLETET.

     Votre magnificence
Me permet, Monseigneur, une telle licence ?

GODEAU.

Rien ne sauroit changer le commerce entre nous :
Je suis *Évêque* ailleurs, ici *Godeau* pour vous.

COLLETET.

Très-révérend seigneur, je vais donc vous complaire.

---

1. Voy. Tallemant, *Hist.* de Chapelain, III, pag. 269 ; et d'Olivet, *Hist. de l'Acad. françoise*, à la suite de celle de *Pellisson*, publiée par M. Livet, tom. II, pag. 161.

GODEAU.

Attendant nos Messieurs, que nous faudra-t-il faire?

COLLETET.

Je suis prêt d'obéir à votre volonté.

GODEAU.

Parlons comme autrefois, avecque liberté.
Vous savez, Colletet, à quel point je vous aime!

COLLETET.

Seigneur, votre amitié m'est un honneur extrême.

GODEAU.

Oh bien! seul avec vous ainsi que je me voi,
Je vais prendre le temps de vous parler de moi.
Avez-vous lu mes vers?

COLLETET.

Vos vers! Je les adore;
Je les ai lus cent fois, et je les lis encore:
Tout en est excellent, tout est beau, tout est net,
Exact et régulier, châtié tout-à-fait.

GODEAU.

Manqué-je, en quelque endroit, à garder la césure?
Y peut-on remarquer une seule *hiature*:
Suis-je pas scrupuleux à bien choisir les mots?
Ne fais-je pas parler chacun fort à propos?
Le *Decorum* latin, en françois *Bienséance*,
N'est si bien observé nulle part, que je pense.
Colletet, je me loue, il le faut avouer;
Mais c'est fort justement que je me puis louer.

COLLETET.

Vous êtes de ceux-là qui peuvent, dans la vie,
Mépriser tous les traits de la plus noire envie:
Vous n'aviez pas besoin de votre dignité,
Pour vous mettre à couvert de la malignité.

GODEAU.

On se flatte souvent : mais, si je ne m'abuse,
S'attaquer à Godeau, c'est se prendre à la Muse.
Et le plus envieux se verroit transporté,
S'il lisoit une fois mon BENEDICITE [1].
O l'ouvrage excellent!

COLLETET.
　　　　　O la pièce admirable!

GODEAU.
Chef-d'œuvre précieux!

COLLETET.
　　　　　Merveille incomparable!

GODEAU.
Que peut-on désirer après un tel effort?

COLLETET.
Qui n'en sera content, aura, ma foi, grand tort.
Mais, sans parler de moi, trop à mon avantage,
Suis-je pas, Monseigneur, assez grand personnage?

GODEAU.
Colletet, mon ami, vous ne faites pas mal.

COLLETET.
Moi! je prétens traiter tout le monde d'égal,
En matière d'écrits : le bien est autre chose;
De richesse et de rang la fortune dispose.
Et que pourriez-vous donc reprendre dans mes vers?

GODEAU.
Colletet, vos discours sont obscurs et couverts.

COLLETET.
Il est certain que j'ai le style magnifique.

1. Godeau a paraphrasé en vers le cantique des trois enfants : BENEDICITE *omnia opera Domini*, etc.

GODEAU.

Colletet parle mieux qu'un homme de boutique....

COLLETET.

Ah! Le respect m'échappe: et mieux que vous aussi!

GODEAU.

Parlez bas, Colletet, quand vous parlez ainsi.

COLLETET.

C'est vous, monsieur Godeau, qui me faites outrage.

GODEAU.

Voulez-vous me contraindre à louer votre ouvrage?

COLLETET.

J'ai tant loué le vôtre!

GODEAU.

Il le méritoit bien.

COLLETET.

Je le trouve fort plat, pour ne vous céler rien.

GODEAU.

Si vous en parlez mal, vous êtes en colère.

COLLETET.

Si j'en ai dit du bien, c'étoit pour vous complaire.

GODEAU.

Colletet, je vous trouve un gentil violon [1].

COLLETET.

Nous sommes tous égaux, étant fils d'Apollon.

GODEAU.

Vous, *enfant d'Apollon?* Vous n'êtes qu'une bête.

---

1. Expression ironique, pour dire *un plaisant poëte*.

COLLETET.

Et vous, Monsieur Godeau, vous me rompez la tête.

Une autre scène, fort spirituelle, se lit au second acte, où Chapelain est représenté seul, et, dans le feu de la composition, exprimant dans ces vers son ardeur ridicule :

Tandis que je suis seul, il faut que je compose
Quelqu'ouvrage excellent, soit en vers, soit en prose.
La prose est trop facile ; et son bas naturel
N'a rien qui puisse rendre un auteur immortel :
Mais d'un sens figuré la noble allégorie
Des sublimes esprits sera toujours chérie.
Par son divin pouvoir, nos écrits triomphants
Passent de siècle en siècle, et bravent tous les ans.
Je quitte donc la prose et la simple nature,
Pour composer des vers où règne la figure.
   Qui vit jamais rien de si beau,

(Il me faudra choisir, pour la rime, *flambeau*.)

   Que les beaux yeux de la Comtesse ?

(Je voudrois bien ici mettre en rime, *Déesse*.)

Qui vit jamais rien de si beau,
Que les beaux yeux de la Comtesse ?
Je ne crois pas qu'une Déesse
Nous éclairât d'un tel flambeau.
Aussi, peut-on trouver une âme
Qui ne sente la vive flamme
Qu'allume cet œil radieux ?

Radieux me plaît fort : un œil plein de lumière,
Et qui fait sur nos cœurs l'impression première,
D'où se forment enfin les tendresses d'amour.
Radieux ! J'en veux faire un terme de la Cour.

Sa clarté qu'on voit sans seconde,
Éclairant peu à peu le monde,
Luira même un jour pour les Dieux.

Je ne suis pas assez maître de mon génie ;
J'ai fait, sans y penser, une cacophonie :
Qui me soupçonneroit d'avoir mis *peu à peu* ?
Ce désordre me vient pour avoir trop de feu.

Qui vit jamais rien de si beau,
Que les beaux yeux de la Comtesse ?
Je ne crois point qu'une Déesse
Nous éclairât d'un tel flambeau.

Aussi, peut-on trouver un âme,
Qui ne sente la vive flamme
Qu'allume cet œil radieux ?
Sa clarté qu'on voit sans seconde
S'épand déjà sur tout le monde,
Et luira bientôt pour les Dieux.

Voilà ce qui s'appelle écrire avec justesse !
Et ce qui m'en plaît plus, tout est fait sans rudesse :
Car tout ouvrage fort a de la dureté,
Si par un art soigneux il n'est pas ajusté.

Chacun admire en ce visage,
La lumière de deux soleils :
Si la nature eût été sage,
Le ciel en auroit deux pareils.

Que voilà de beaux vers ! L'auguste poésie !
Phœbus, éclaire encore un peu ma fantaisie !
Divin père du jour, qui maintiens l'univers,
Donne-moi cette ardeur, qui fait faire des vers !
Ranime mes esprits, et dans mon sang rappelle
La féconde chaleur, qui forma la Pucelle [1] !

1. La Pucelle de Chapelain n'étoit point encore imprimée en 1643 ; sa première édition est de 1656. Mais l'auteur en lisoit, depuis bien des années, des frag-

Par l'épithète alors je me rendis fameux.
Alors le Mont Olympe à son pied sablonneux;
Alors, *hideux, terrible, affreux, épouvantable,*
Firent dans mes écrits un effet admirable.
Divin père du jour, qui maintiens l'univers,
Redonne-moi l'ardeur, qui fit faire ces vers !

> *Le teint qui paroît sur sa face,*
> *Est plus uni que n'est la glace,*
> *Plus clair que le ciel cristallin.*
> *Où trouver un pinceau qui touche*
> *Les charmes de sa belle bouche,*
> *Et l'honneur du nez aquilin ?*

Cette comparaison me semble assez bien prise.
Il n'est rien plus uni qu'un *cristal de Venise;*
Et les cieux qui ne sont formés d'aucun métal,
Pourroient, à mon avis, être faits de *cristal.*
Aquilin ne vient pas fort souvent en usage,
Mais il convient au nez du plus parfait visage :
Tous les peintres fameux veulent qu'un nez soit tel.
Oublier *aquilin* est un péché mortel.

> *Chacun admire en ce visage,*
> *La lumière de deux soleils :*
> *Si la nature eût été sage,*
> *Le ciel en auroit deux pareils.*

Ainsi peignoient les Grecs des beautés achevées
De l'injure des ans par leurs écrits sauvées.
Je n'ai fait que vingt vers, mais tous vers raisonnés,
Magnifiques, pompeux, justes et bien tournés.
Par un secret de l'art, d'une grande *Déesse,*
J'oppose les appas à ceux de ma Comtesse;
Et des charmes divins, dans l'opposition,
> Je fais voir la confusion.

ments, dans les salons de Paris, et surtout à l'hôtel de Longueville où Saint-Evremond a pu les entendre. Il est plus probable que ces vers ont été ajoutés, en 1680, après la publication de la Pucelle.

Quant à l'autre couplet, j'y reprens la nature,
Qui des corps azurés a formé la structure,
De n'avoir su placer à ce haut firmament
    Qu'un *soleil* seulement.
La Comtesse en a deux : c'est au *ciel* une honte
Qu'un *visage* ici-bas en *soleils* le surmonte.

Plus loin, c'est Mlle de Gournay, la fille adoptive de Montaigne, qui s'indigne contre les profanateurs de la langue de son père, et qui apostrophe ainsi Boisrobert :

Montaigne s'employoit à corriger le vice ;
Et bien connoitre l'homme étoit son exercice.
Il n'auroit pas *cuidé* pouvoir tirer grand *los*
Du stérile *labeur* de réformer des mots.

La *Comédie des académistes* tiroit donc sur tous les partis, sur celui des rétrogrades, comme sur le parti plus avancé du mauvais goût.

Dans une autre scène, s'agite la discussion assez comique des mots à supprimer dans la langue. Gomberville dit [1] :

Que ferons-nous, Messieurs, de CAR et de POURQUOI ?

Et Desmarets répond :

Que deviendroit sans CAR [2] l'autorité du roi ?
. . . . . .
Du CAR viennent les loix : sans CAR point d'ordonnance ;
Et ce ne seroit plus que désordre et licence.

1. Gomberville s'étoit vanté de ne pas avoir employé une seule fois le mot CAR, dans les cinq volumes de son roman de POLEXANDRE, où Pellisson remarque cependant qu'il se trouve trois fois.
2. On sait que les ordonnances royales se terminoient par cette formule : *Car tel est notre plaisir.*

Le chancelier intervient et décide gravement :

Laissez le CAR en paix; il n'en faut plus parler.

Puis c'est le tour de L'Estoile :

Je ne saurois souffrir le vieux AUPARAVANT,
Qui se trouve cent fois à la place d'AVANT.

BAUDOIN.

Pour mes traductions c'est un mot nécessaire;
Et si l'on s'en sert mal, je n'y saurois que faire.

L'ESTOILE.

Peut-être voudrez-vous garder encor JADIS?

BAUDOIN.

Sans lui, comment rimer si bien à *Paradis?*

L'ESTOILE.

Paradis est un mot ignoré du Parnasse,
Et les *cieux*, dans nos vers, auront meilleure grâce.

SERIZAY.

Que dira Colletet?

COLLETET.

    Le plus grand de mes soins
Est d'ôter NONOBSTANT, et casser NEANMOINS.

HABERT.

Condamner NÉANMOINS! D'où vient cette pensée?
Colletet, avez-vous la cervelle blessée?
NEANMOINS! Qui remplit et coule doucement,
Qui met dans le discours un certain ornement....
Pour casser NONOBSTANT, c'est un méchant office,
Que nous nous rendrions dans les Cours de Justice [1].

---

1. Le mot NONOBSTANT est fréquemment employé dans les formules judiciaires.

La pièce se termine par la déclaration suivante de Desmarets, en sa qualité de chancelier :

Les Auteurs assemblés pour régler le Langage,
Ont enfin décidé dans leur Aréopage.
Voici les Mots soufferts, voici les Mots cassés....
Monsieur de Serizay, c'est à vous : Prononcez.

SERIZAY.

Grâce à Dieu, compagnons, la divine assemblée
A si bien travaillé, que la langue est réglée.
Nous avons retranché ces durs et rudes mots,
Qui sembloient introduits par les barbares Gots;
Et s'il en reste aucun, en faveur de l'usage,
Il fera désormais un méchant personnage.
OR, qui fit l'important, déchu de tous honneurs,
Ne pourra plus servir qu'à de vieux raisonneurs.
COMMBIEN-QUE, POUR CE-QUE, font un son incommode;
Et D'AUTANT et PARFOIS, ne sont plus à la mode.
IL CONSTE, IL NOUS APPERT, sont termes de Barreau,
Mais le plaideur François aime un air plus nouveau.
IL APPERT, étoit bon pour Cujas et Barthole.
IL CONSTE, ira trouver le parlement de Dole [1].

. . . .

Aux stériles esprits, dans leur fade entretien,
On permet A RAVIR, lequel n'exprime rien.
JADIS est conservé par respect pour Malherbe.
Dans l'Ode il a marché, JADIS, grave et superbe;
Et de là s'abaissant, en faveur de Scarron,
Il a pris l'air burlesque et le comique ton;
Mais il demeure exclus du discours ordinaire.
Vieux JADIS, c'est pour vous tout ce que l'on peut faire!
Il faudra modérer cet indiscret POURQUOI,
Et révérer le CAR, pour l'intérêt du Roi.

---

1. Ces vers sont évidemment du nombre des additions de Saint-Evremond, en 1680. L'ancien parlement de Franche-Comté avoit été transféré de Dole à Besançon, après la conquête de 1674, seulement.

En toutes nations la coutume est bien forte;
On dira cependant que l'on POUSSE LA PORTE [1].
Nous souffrons NEANMOINS; *et craignant le palais,*
Nous laissons NONOBSTANT *en repos pour jamais.*

. . . .

Auteurs, mes compagnons, qui réglez le langage,
Avons-nous assez fait? En faut-il davantage?

LA TROUPE.

Voilà ce qu'à peu près nous pensions réformer.
Anathème sur ceux qui voudront le blâmer!
Et soit traité chez nous plus mal qu'un hérétique,
Qui ne reconnoîtra la troupe académique!

DESMARETS.

A ce divin arrêt, des arrêts le plus beau,
Je m'en vais tout à l'heure apposer le grand sceau.

D'autres critiques du même genre, écrites en prose, circulèrent en ce temps-là, dans le monde. Je n'en citerai qu'une, assez piquante, intitulée : *Rôle des présentations, faites aux Grands Jours de l'éloquence françoise, pour la réformation de la langue :* pamphlet qui est de Sorel. A une première Assise, *se sont présentés les procureurs des Pères de l'oratoire, et quelques dévots à la mode, requérant que tous les mots de spiritualité, qui sont dans les livres du feu sieur cardinal de Berulle, soient tenus pour bons françois.* A une autre Assise, *se présente la dame marquise de Monelay, requérante que pour éviter les occasions de mal penser, que donnent les paroles ambiguës, l'on usera du mot* PENSÉE, *au lieu de* CONCEPTION. Il paroît, en effet, d'après les *Advis* de Mlle de Gournay, qu'on avoit sérieuse-

---

1. Au lieu de : *Fermer la porte*, dont l'usage fut alors condamné.

ment proposé de substituer, dans l'usage, PENSÉ à CONÇU. A une autre Assise, se présente Mlle de Gournay, demandant le rétablissement des mots : AINS, PIEÇA et JAÇOIT. A une autre Assise, se présentent les nourrices de Paris, se plaignant que la première chose qu'on leur demande, à présent, ce n'est plus si elles ont du bon lait à fournir, mais si elles savent correctement parler françois[1] : scène comique dont celle de Martine, dans les *Femmes savantes*, reproduit quelques traits.

Ces petits pamphlets pleuvaient sur l'Académie, sans parler de la *Requête des dictionnaires*, ni des *Sentiments de l'Académie françoise sur le mot* RABOUGRI : plaisanterie un peu vive, à laquelle l'Académie avoit prêté le flanc, en donnant sur ce mot : RABOUGRI, une *consultation* officielle, et en quelque sorte juridique, où son innocence avoit été prise au piége, par un questionneur perfide et caustique, le célèbre Naudé.

L'Académie demeura impassible, au milieu de ce feu roulant de publications joyeuses, qui sentoient les approches de la liberté de la Fronde ; et, par son attitude calme, elle racheta des ridicules quelque peu mérités. Pellisson a raconté l'effet que produisit la *Comédie des académistes*, et il en parle sans aigreur, comme d'une débauche d'esprit *qui a des endroits forts plaisants*. L'Académie en fit donc son profit, et poursuivit sa tâche, avec di-

---

1. Cette pièce eut plusieurs éditions. Voy. celle qu'a donnée M. Livet, à la suite de l'*Hist. de l'Acad. franç.* de Pellisson ; et celle de M. Ed. Fournier, avec notes, dans le 1er vol. des *Variétés hist. et littér.*, de la collect. elzévirienne de Jannet.

gnité. Saint-Evremond étoit, certes, partisan de la réforme de la langue, et il y prit une part considérable[1]; mais il préféroit la discipline de l'opinion à celle de l'autorité; et la médiocrité prétentieuse de la plupart des membres d'une société littéraire qui se donnoit un si grand pouvoir, lui paroissoit aussi peu supportable, que l'entêtement sénile de Mlle de Gournay pour ses vieux mots. La forme seule du travail de l'académie lui sembloit prêter à raillerie; et la raillerie étant fort à la mode en ce temps-là, il ne s'en fit pas faute.

La *Préciosité* rendit alors de grands services. Toute négligence de langage fut réputée de mauvais goût. Il y eut un soin de la parole, égal à celui de la propreté. Mais il y eut aussi une vanité générale de se distinguer par le discours, et de s'écarter de l'habitude commune; et l'influence des salons tourna facilement les esprits au raffinement et à la frivolité, au lieu de les maintenir dans la justesse et le bon goût, qui sont la première des distinctions. Les deux voies se touchoient; celle de l'afféterie prévalut quelquefois, par la crainte puérile qu'on eut de suivre le chemin de tout le monde. L'attrait de la nouveauté, piquant pour les salons, servit donc la cause de la réforme, mais au risque de la jeter dans le faux. Il y eut un entraînement d'affectation qui emporta les esprits les mieux doués (le jeune Racine, qui débutoit par ces vers adressés à l'Aurore : *Et toi, fille du Jour, qui nais avant ton père!* etc.); et, contre ce courant, les esprits sen-

---

1. Voy. ce qu'il dit lui-même, de l'enfance de notre langue, *infra*.

sés durent se roidir, au péril de leur popularité dans le monde. La lutte fut d'autant plus difficile, qu'il y eut un moment, où *précieux* et *précieuses*, se liguèrent, par une sorte d'affiliation, répandue non-seulement dans Paris, mais encore dans les provinces, où le goût des lettres et de la bonne compagnie commençoit à s'établir, par imitation. Il faut avoir vu de près les livres en faveur, à ce moment, pour juger le pitoyable abus d'esprit où l'on étoit tombé. On ne sauroit apprécier les services qu'a rendus, alors, la critique armée du fouet du ridicule, et soutenue de la puissance de la publicité.

La *Comédie des académistes* eut un autre mérite : celui de défendre la prose, à cet instant attaquée avec une sorte de succès, par une coterie de poëtes détestables, et à leur tête par Chapelain, dans la bouche duquel la *comédie* met ces deux vers si bien frappés :

La prose est trop facile ; et son bas naturel
N'a rien qui puisse rendre un auteur immortel.

Il est avéré que, sur ces divers points, il y eut momentanément un excès de recherche académique donnant une juste prise à la censure ; et ceux même qui soutenoient la bonne cause, eurent peine à se défendre de céder quelque chose au goût dominant [1]. La fermeté inflexible de Port-Royal, presque seule y résista ; mais ce qui a tout sauvé, mieux que Port-Royal encore, c'est l'opinion [2].

[1]. Voy., à ce sujet, quelques bonnes pages de l'*Hist. de la littér. franç.*, de M. Nisard, tome II.
[2]. Voy. les *Mémoires* de Mme de Maintenon, redigés par La Baumelle, tome I, page 133.

En vain contre LE CID un ministre se ligue ;
Tout Paris pour Chimène a les yeux de Rodrigue.
L'Académie en corps a beau le censurer ;
Le public révolté s'obstine à l'admirer.

L'indépendance du public a été défendue par Molière ; mais Molière a été, sans le vouloir peut-être, injuste envers Vaugelas, le véritable directeur, le meneur sensé, le promoteur autorisé de la réforme de la langue. Ces quelques malheureux vers de Molière, que tout le monde sait, ont répandu sur le personnage de Vaugelas un ridicule dont il ne s'est pas relevé ; cependant, les services qu'il a rendus sont immenses. Il a été infatigable à l'œuvre ; ses *Remarques* ont mis tous les bons esprits du côté de la réforme. Elles furent publiées en 1647 ; il n'y avoit pas une faute, pas une puérilité à lui reprocher : et quand il a remplacé Chapelain, dans la direction du mouvement, à l'académie, la face des choses a changé. Il a fait un fonds des exemples fournis par l'usage et par les monuments littéraires ; et puis, procédant sur cette masse incohérente, éclairé par la science et la raison, il a éliminé sans pitié tout ce que n'autorisoit pas le bon sens et le goût. Les *Remarques* de Vaugelas sont la pierre fondamentale de cette construction merveilleuse, qu'on appelle la langue françoise. Montaigne, Amyot, Rabelais, étoient de grands écrivains ; mais il leur a manqué l'art de coordonner les idées, la vigueur soutenue du discours, la propriété raisonnée des expressions, quelquefois même la clarté. Vaugelas a dit : *C'est par les beaux côtés qu'il faut leur ressembler* ; et de ces beaux côtés il a tiré la règle littéraire. Habile interprète de l'opinion publique, il a proclamé l'usage, le régulateur des langues, et il a, ainsi, rendu au public la part qui lui revenoit dans la réforme. Il n'a rien inventé; mais il a écarté, sacrifié des expressions impropres et trompeuses; et il n'a pas craint d'appauvrir, en apparence, le répertoire du langage, en limitant son choix à ce qui étoit autorisé par une expérience éclairée, par un discernement délicat, et par la vérité qui est la première des lois en toute chose. Grâce à Vaugelas, l'Académie est devenue une magistrature; elle a même motivé ses arrêts. Le réformateur a rendu compte de ses actes, et le François qui aime assez l'autorité, quand elle sait avoir raison, a fini par être de l'avis de l'Académie. La noble ambition d'avoir à son tour une grande littérature nationale, animoit alors la France entière.

Ce qui frappe, il est vrai, dans notre langue réformée, c'est la difficulté de l'écrire, même simplement. Aussi, combien de gens de goût, qui n'étant pas obligés d'écrire, renoncent à le faire! Mais cette difficulté même est un élément de perfection littéraire, par la discipline et l'effort qu'elle impose à l'esprit. La difficulté n'existoit point pour Amyot, ni pour Montaigne, qui écrivoient comme ils vouloient, *secundum ingenium*; elle est l'ouvrage des réformateurs de la langue, de Vaugelas surtout, qui a obligé tout écrivain à suivre une règle. C'est contre cette difficulté, que s'insurgèrent et Molière et Saint-Evremond. Saint-Evremond, plus que Molière encore, s'est trompé; mais la thèse de l'indépendance étoit, de son temps, fort soutenable, à quarante ans de distance de Charron, et à cinquante ans seulement de Montaigne, que la langue réformée ne produira plus.

Quant à la publication de la *Comédie* par la presse, on considère, comme première édition, celle qui parut en 1650, et qui est décrite exactement par M. Brunet. Elle n'a point d'indication de lieu, ni d'imprimeur, ni d'année, ni d'auteur; elle est datée seulement de *l'an de la réforme*; précédée d'une épître, signée du nom inconnu *des Cavenets*, adressée *aux auteurs de l'Académie qui se mêlent de réformer la langue*; et suivie du *Rôle des présentations faites aux Grands Jours de la dite Académie*, bien que Saint-Evremond soit complétement étranger à cette dernière composition. Cette édition de 1650, probablement imprimée en Hollande, est connue des curieux, et M. Livet l'a reproduite, à la suite de sa réimpression de l'*Histoire de l'Académie françoise*, par Pellisson[1]. Des Maizeaux parle de cette édition de 1650, comme d'une édition *princeps*, et Pellisson affirme également que cette pièce, après avoir couru longtemps manuscrite, *fut enfin imprimée en* 1650.

Cependant un bibliographe instruit, exact et laborieux, M. Quérard, donne à la première édition la date de 1646, et avec des détails qui semblent prouver qu'il a vu l'exemplaire même dont il parle. Selon lui, l'édition de 1646 porte, en titre, et sa date et le nom de *des Cavenets*, lequel n'est qu'en souscription, au bas de l'épître dédicatoire, dans

---

1. Elle avoit été déjà reproduite en 1826, in-32, mais sur le texte remanié qu'a publié Des Maizeaux. Ce petit volume accompagné de notes, fait partie du *Répertoire du Théâtre françois*, en miniature.

l'édition de 1650. Si M. Quérard n'a pas vu, de ses yeux, l'édition de 1646, d'après quels renseignements a-t-il rédigé une note si catégorique? Je l'ignore. Ce qui est certain, c'est que M. Quérard imprimoit le 8ᵉ volume de *la France littéraire*, en 1836, et que M. Brunet réimprimant la lettre S, de son *Manuel*, en 1863, n'en a pas moins persisté à donner la date de 1650, comme celle de l'édition originale. Plus d'une fois ce dernier petit volume de 72 pages m'est tombé entre les mains; je n'ai jamais vu l'édition de 1646. La date de 1643, n'est contestée par personne, comme date véritable de la composition.

Une question plus importante est celle de savoir si Saint-Evremond est l'auteur de cette satire spirituelle, qui lui est généralement attribuée. Pour la pièce, telle qu'elle fut imprimée en 1650, et telle qu'elle est reproduite, à la suite du Pellisson de M. Livet, il est certain que Saint-Evremond l'a désavouée. Indépendamment des corrections et réductions qu'il a indiquées, vers 1680, sur un exemplaire appartenant à Mme de Mazarin, et de ce qu'il a dit à Des Maizeaux à ce sujet, nous avons de Bayle un témoignage qui a échappé aux biographes de Saint-Evremond. Bayle écrivant à La Monnoye, au mois d'août 1698, lui disoit : J'ai fait consulter M. de Saint-Evremond, touchant *la* COMÉDIE DES ACADÉMISTES, *dont j'ai un exemplaire depuis longtemps; il a répondu qu'il fit cette pièce étant au collége*. Évidemment, la réponse de Saint-Evremond avoit été mal rendue à Bayle, à moins de supposer que Saint-Evremond eût complétement perdu la mémoire; car Saint-Evremond avoit quitté le collége depuis bien des années, lorsque la *Comédie des académistes* commençoit à courir les ruelles. Il est probable que La Monnoye en fit l'observation à Bayle, car ce dernier lui mandoit trois mois après (le 16 décembre 1698) : « Il faut, monsieur, que « je vous fasse part d'une réponse plus précise « que M. de Saint-Evremond a faite à la question « que je lui avois fait proposer (s'il étoit l'auteur « de la *Comédie*). Deux personnes m'ont fait savoir « ce qu'il a répondu. La première se contente de « m'écrire qu'il se reconnoissoit l'auteur de la *Co-* « *médie*; mais la seconde a usé de distinction. Voici « ses termes : Monsieur de Saint-Evremond a ré- « pondu qu'il est vrai qu'au sortir du collége, il « *avoit travaillé à la pièce intitulée les Académistes;* « *qu'il n'y avoit pas travaillé seul; que le comte* « *d'Etlan, dont parle le* CHEVRÆANA, *y avoit eu* « *plus de part que lui; que d'autres encore y avoient* « *contribué; que la comédie étoit fort mauvaise;* « *mais qu'il y a* 18 *ou* 20 *ans, on la lui renvoya;* « *qu'il la retoucha et la refit*, etc. [1]. »

Et, en effet, nous voyons, dans le *Chevræana*, Chevreau affirmant que le comte d'Etlan, fils du maréchal de Saint-Luc, *est l'auteur de la Comédie des Académistes*. Or, Urbain Chevreau, avoit vécu, à Paris, dans les mêmes sociétés que Saint-Evremond, et avoit été à portée de savoir bien des choses. Le comte d'Estelan, que probablement on prononçoit Etlan, étoit Louis d'Espinay, gentil-

---

1. Voy. les *OEuvres* de Bayle, tom. IV, pag. 770 et 779. Des Maizeaux paroît contrarié de ces affirmations, et sans motif plausible, *ibid.*

homme normand, comme Saint-Evremond; tous deux avoient beaucoup d'esprit, mais d'Estelan étoit de plus fort débauché. Il mourut en 1644, ce qui expliqueroit comment la *Comédie des académistes* est restée, après sa mort, pendant sept ans, en manuscrit. Tallemant nous apprend encore que le comte d'Estelan écrivit beaucoup de petites satires, dont il répandoit des copies manuscrites, avec variantes; il ne lui attribue point, cependant, la comédie dont il s'agit[1]. Au contraire, dans l'*Historiette* de Boisrobert, il attribue la pièce à Saint-Evremond même; et tel fut aussi le sentiment des contemporains, car Boisrobert, l'un des moins maltraités dans la *Comédie*, chercha querelle à Saint-Evremond, lequel lui répondit avec assez de hauteur[2]. La *Comédie des académistes* fut aussi attribuée à Saint-Amant, comme nous l'apprenons par Pellisson et d'Olivet[3]. Il paroît même que dans l'Académie, on trouvoit que le style de l'ouvrage se rapportoit beaucoup au style de Saint-Amant, à son esprit et à son humeur.

Mais ce qui tranche toute difficulté pour nous, c'est le témoignage de Saint-Evremond, recueilli par Bayle et par Des Maizeaux lui-même. On peut s'assurer que la comédie imprimée en 1650, *en*

1. Voy. l'*historiette* du tome IV, pag. 247 et suiv. Saint-Evremond avoit des relations avec la maison de Saint-Luc, comme on le voit par la *Retraite du duc de Longueville*.
2. Voy Tallemant, tom. II, pag. 414: et Livet, *Précieux et précieuses*, pag. 375.
3. Tome I de l'édit. de Livet, pag. 48; et Livet, *Notice sur Saint-Amant*, en tête de l'édit. elzévirienne de Jannet.

cinq actes, est autre que la pièce *en trois actes* recueillie par Des Maizeaux, sur l'exemplaire de Mme de Mazarin. Il est facile de les comparer, dans l'édition de M. Livet. Saint-Evremond n'a presque laissé subsister du texte de 1650, que les scènes retouchées qu'on vient de lire; les personnages y sont différents. Je crois donc que Saint-Evremond a dit le vrai, à Bayle. Cette comédie a été composée comme l'*Apologie du duc de Beaufort*, dont nous parlerons plus tard, en pique-nique. Saint-Evremond y a fourni et plus tard corrigé quelques pages que nous avons rapportées; le reste n'est pas de lui. Remarquons qu'il n'avoit pas compris cette pièce dans le dossier de ses OEuvres qu'il remit à Des Maizeaux, avant de mourir. Celui-ci nous apprend que cette comédie « avoit couru longtemps « manuscrite; et, comme il arrive, dans ces occa- « sions, dit-il, on s'étoit donné la liberté d'y ajouter « ou d'en retrancher ce qu'on avoit jugé à propos; « de sorte que, quand elle fut imprimée, M. de « Saint-Evremond ne s'y reconnoissoit plus. Lors- « que je la lui demandai, il m'apprit qu'en 1680 « Mme la duchesse de Mazarin souhaita de voir « cette pièce, telle qu'il l'avoit écrite; et que, son « manuscrit s'étant perdu en France, il se trouva « obligé de retoucher l'imprimé, *ou plutôt de le* « *refondre*; mais qu'il ne savoit ce que cela étoit « devenu. J'eus le bonheur de déterrer cet ouvrage, « chez la veuve d'un copiste de Mme Mazarin. »

C'est d'après cet exemplaire que Des Maizeaux a publié le texte qu'on lit dans toutes ses éditions.

CHAPITRE IV.

MALADIE DU DUC D'ENGHIEN. — CAMPAGNE DE 1646-47.
LA SOCIÉTÉ PARISIENNE EN 1647.

E duc d'Enghien avoit eu trois chevaux tués sous lui, à la bataille de Nordlingue (3 août 1645) et il y avoit été blessé. On l'avoit vu partout, au plus fort de la mêlée, entraîné par cette valeur bouillante, qui lui faisoit braver tous les périls; et la France admiroit ce capitaine de vingt-quatre ans, qui venoit de vaincre, dans trois batailles, les généraux les plus renommés de l'Europe, lorsqu'elle apprit que, succombant aux fatigues de la guerre, il étoit attaqué d'une maladie si grave, qu'on désespéroit de le sauver. Le jeune prince remit le commandement de l'armée à M. de Turenne et se fit transporter en litière à Philipsbourg, où les funestes symptômes du mal disparurent peu à peu. On connoît les appréhensions de la population émue, à la nouvelle du danger que couroit le héros. « Tout le monde, dit Voiture[1], se rappela les courtes et précipitées prospérités de Gaston de Foix; la mort du duc de Weymar, au milieu de ses triomphes, et celle du roi de Suède, qui fut tué comme entre les bras de la fortune et de la gloire. »

Saint-Evremond, à peine remis lui-même de sa

---

1. Voy. les *OEuvres* de Voiture, édit. d'Ubicini, tom. I, pag. 25.

blessure, accourut auprès du prince, et lui offrit des soins qui furent reçus avec satisfaction. Le prince lui confia comme l'intendance de son esprit, et Saint-Evremond remplit avec succès la charge de le distraire, pendant sa convalescence, par des lectures intéressantes, agréables, ou profitables. Voulant d'abord le divertir, il lui lut Rabelais; mais ce prince, qui étoit tout grandeur, y prit peu de plaisir; son esprit fut révolté des grossièretés qui déparent dans Rabelais tant de traits inimitables et un talent si original. Saint-Evremond réussit mieux en présentant Pétrone, parce qu'avec la joyeuseté du sujet, qui ne déplaisoit point, il y avoit une bonne part de délicatesse et de goût. Pétrone a été l'un des auteurs anciens pour lesquels l'aristocratie lettrée de cette époque a montré le plus d'affection. Bussy adoroit ce bel esprit libertin de l'ancienne Rome, et il l'a souvent traduit ou imité avec bonheur. Saint-Evremond nous a laissé lui-même une étude critique où l'on voit toute l'inclination des beaux esprits de son temps pour le peintre piquant des débauches romaines sous l'Empire.

Indépendamment de ses qualités militaires, le duc d'Enghien étoit doué d'une intelligence vive, délicate, et très-cultivée; il aimoit les lettres, non-seulement pour les goûter, mais encore pour s'y exercer heureusement. « Il avoit beaucoup d'esprit et de gaieté, dit M. Cousin, et il faisoit très-volontiers la partie des beaux esprits qui l'entouroient. Au milieu de la Fronde, quand la guerre se faisoit aussi avec des chansons, il en avoit composé plus d'une, marquée au coin de son humeur libre et moqueuse. » N'y eût-il que le fameux triolet :

> C'est un tigre affamé de sang
> Que ce brave comte de Maure;
> Quand il combat au premier rang,
> C'est un tigre affamé de sang.
> Mais il n'y combat pas souvent,
> C'est pourquoi Condé vit encore.
> C'est un tigre affamé de sang
> Que ce brave comte de Maure.

Il est d'une touche fine, poétique, et de la plus aimable causticité[1]. Le commerce d'un homme comme Saint-Evremond devoit être d'un agrément inappréciable pour le duc d'Enghien. Aussi le prince accorda-t-il au gentilhomme son estime et son amitié; il le chargea même, avec confiance, des affaires les plus importantes.

Ayant recouvré la santé, le duc d'Enghien revint en France et reparut à la cour : on sait l'accueil qu'il y reçut, et l'état dans lequel il trouva les esprits. Le mois de mai revenu (1646), il ne souhaita point retourner en Allemagne. Il aima mieux aller servir en Flandre, en qualité de lieutenant général du duc d'Orléans, Gaston : prince à qui étoit venue tard l'ambition de la gloire militaire, mais qui, à la tête d'une armée excellente, où servoient La Meilleraye, Gassion et Rantzaw, avoit eu des succès dans les campagnes de 1644-45, et qui s'en promettoit de nouveaux, pour celle de 1646. Saint-Evremond assistoit à l'entretien que les deux grands capitaines du siècle eurent ensemble, à Paris, au moment de retourner à leurs armées, et il a rendu compte des conseils que Turenne donna au jeune duc, en

---

1. Voy. dans Tallemant, III, pag. 161 et suiv., les autres Triolets qui sont de Bachaumont et de Bautru.

cette occasion[1]. Il suivit encore le duc d'Enghien
dans cette campagne et joignit l'armée à Arras,
toujours plus avancé dans l'intimité du prince. Il
prit part au siége et à la prise de Courtrai; au
siége de Mardyk, où le duc d'Enghien eut le visage
brûlé; et bientôt après il vit Gaston d'Orléans quitter l'armée, par un secret dépit de jalousie, abandonnant la place au duc d'Enghien, dont l'habileté, le brillant courage, et les allures héroïques
enthousiasmoient tous les esprits. Dans cette campagne de Flandre, Saint-Evremond rencontra pour
la première fois Bussy-Rabutin, qui commandoit un
régiment : officier de la plus haute distinction,
qui a consigné dans ses *Mémoires* le récit instructif
des événements dont nous venons de parler, ainsi
que les services qu'y rendit Saint-Evremond, dont
plus tard il épousa la cousine germaine.

Mardyk rendu, on assiégea Furnes, qui ne résista
point; et comme toutes ces opérations n'avoient été
dirigées que dans la vue d'entreprendre, avec
succès, le siége de Dunkerque, affaire capitale par
les difficultés qu'elle présentoit, et par les résultats
qu'on en devoit recueillir, le duc d'Enghien, qui
avoit besoin de faire approuver ses plans par le
cardinal Mazarin, chargea Saint-Evremond de la
mission apparente d'aller porter à la cour la nouvelle de la prise de Furnes, et de la mission secrète
de faire comprendre au cardinal l'importance de
l'entreprise sur Dunkerque, et de concerter avec
le puissant ministre les moyens d'exécution. Ce
n'étoit pas la première fois que le duc d'Enghien

1. Voy., *infra*.

confioit des messages analogues à Saint-Evremond[1], qui s'en tira cette fois comme toujours, avec intelligence, discrétion et succès. Ce mémorable siége de Dunkerque, qui a tant honoré le duc d'Enghien et dont l'histoire est aujourd'hui si bien connue, a donc eu Saint-Evremond parmi ses promoteurs et ses acteurs les plus distingués! La ville se rendit le 10 octobre 1646; après quoi l'on prit les quartiers d'hiver, et nos guerriers victorieux revinrent à Paris, où ils trouvèrent, en récompense de leur gloire, des déceptions et des intrigues.

A cette époque remonte la première froideur qui se produisit entre le duc d'Enghien et la cour, à l'occasion de la charge de surintendant des mers, que le beau-frère du prince, Armand de Brezé, tué au siége d'Orbitello, laissoit vacante par sa mort, et que le cardinal retint pour la reine régente elle-même, craignant de donner trop de puissance au jeune duc, que sa renommée élevoit déjà si haut. Le prince de Condé, père du duc d'Enghien, en éprouva surtout le plus violent dépit, et, en accusant Anne d'Autriche d'ingratitude, il excitoit son fils à témoigner son déplaisir, par sa retraite du service; il s'éloigna lui-même de la cour, et s'exila dans son gouvernement de Bourgogne, où il mourut le 26 décembre 1646. Le duc d'Enghien s'appela dès lors le prince de Condé; et livré à ses inspirations personnelles, son mécontentement ne résista point aux caresses de Mazarin, qui fit tout pour l'apaiser.

1. Voy. Silvestre, *préface citée*; Des Maizeaux, *Vie de Saint-Evremond*; Bussy-Rabutin, *Mémoires*, sur 1646.

Saint-Evremond passa l'hiver de 1646-47 à Paris et n'accompagna point le nouveau prince de Condé, que la mort de son père appeloit à Dijon, où il resta plusieurs mois, occupé à régler la succession paternelle et à prendre possession du gouvernement de la province, qui lui avoit été substitué. Ce fut alors que Monsieur le Prince, comme on le nomma depuis, s'attacha un serviteur en qui le prince mort avoit mis toute sa confiance, et qui demeura invariablement dévoué aux intérêts du fils, dans toutes les fortunes : un ami véritable trouvé, par occasion, dans l'héritage, Lenet, procureur général au parlement de Bourgogne, plus tard conseiller d'État, qui a joué un rôle si actif dans les affaires des Condé, et qui nous a laissé des papiers et *Mémoires* fort importants pour l'histoire de cette maison[1]. On peut s'étonner de ne trouver dans ces *Mémoires* aucune mention de Saint-Evremond. Mais ce silence s'explique facilement. La partie des *Mémoires* de Lenet qui se rapporte aux années 1645-46, pendant lesquelles les relations de Saint-Evremond avec le prince ont été les plus étroites, n'a pas été rédigée ; elle est restée en simples notes et fort incomplètes. Lenet n'a été employé auprès de la personne même du grand Condé qu'à partir de 1650. Jusqu'alors il est resté à Dijon, chargé des affaires privées du prince. Or, comme Saint-Evremond a quitté le service du prince en 1648, ainsi que nous le verrons bientôt ; et comme, depuis cette dernière

---

1. Voy. l'édition des *Mémoires* donnée par M. Aimé Champollion, pour la collection de Michaud et Poujoulat, tom. II de la 3ᵉ série.

époque, où ont commencé les troubles de la Fronde, Saint-Evremond a suivi le parti de la cour, tandis que Lenet a suivi les Condé, dans les rangs opposés, il n'y a jamais eu de rapports, ni même de rencontre, entre ces deux personnages.

Pendant cet hiver de 1647, que le prince employait à Dijon aux affaires de la succession paternelle, Saint-Evremond occupoit la société parisienne de trois compositions qui sont parvenues jusqu'à nous, et dont il est bon d'entretenir nos lecteurs. Mais il importe de connoître, auparavant, le public d'élite au milieu duquel ces ouvrages furent lancés.

C'étoit la plus brillante compagnie du temps, dans laquelle Saint-Evremond étoit fort répandu. Il étoit allié des meilleures maisons du royaume : les de Pons, les Fontaine-Martel, les Tillières. Ces derniers avoient une grande existence à Paris; Loret parle de la mort de la comtesse de Tillières, qui étoit Bassompierre, comme d'une affliction publique. Par les Tillières, Saint-Evremond étoit issu de germain avec le duc de Lorraine, Charles IV; sa position dans le grand monde parisien, étoit donc excellente. Or, dans cette première moitié du dix-septième siècle, le grand seigneur est, presque toujours, homme de lettres en même temps qu'homme de guerre. Dans la seconde moitié, l'homme de lettres proprement dit se dégage du tiers état, s'élève, et sort du rang de serviteur précaire où il avoit vécu jusqu'alors; le grand seigneur garde son rang, toutefois, et reste au pair avec l'homme de lettres, en ce qui touche l'esprit. Au dix-huitième siècle, l'homme de lettres monte en dignité, son influence publique s'accroît; et le grand seigneur est subal-

terné, au simple point de vue du grand art d'écrire.
Ainsi, à tout prendre, le grand seigneur est demeuré le maître, en fait d'esprit, dans la société
du dix-septième siècle. Un autre genre de supériorité lui assuroit alors une influence dominante :
je veux parler de la conversation, et de l'esprit de
salon.

Avec le seizième siècle, finit, à vrai dire, la vie
de château, et commence la vie de salon. L'idée de
la société même, c'est-à-dire du commerce du
monde, par l'échange des idées, la politesse de l'esprit et des manières, se produit, au début du dix-septième siècle. Pendant les guerres civiles, l'ancienne noblesse françoise s'étoit passionnée tout à la
fois pour la discussion religieuse, et pour l'antiquité classique : l'une provoquée par la réforme,
l'autre remise en nouveauté par la découverte de
l'imprimerie. Dans cette participation vive et profonde à la discussion religieuse, et à la culture
littéraire, la noblesse avoit acquis une finesse d'esprit, autrefois inconnue dans la vie féodale. Les
gentilshommes de ce temps tiennent la plupart,
d'une main aussi ferme, la plume que l'épée.
Voyez Montluc, d'Aubigné, Brantôme et Sully. D'un
autre côté, la vénalité des offices avoit changé la
haute bourgeoisie, née du barreau et du négoce,
en aristocratie parlementaire. La réputation d'avocat, acquise au parlement, conduisoit, alors, aux
plus grandes charges de l'État. En outre, la centralisation monarchique avoit fait naître la spéculation financière. De là venoit une notabilité d'ordre
nouveau, composée de parvenus par la fortune et
les emplois, qui rivalisoit d'intelligence et de dis-

d

tinction avec la noblesse d'épée; et ce cortége d'officiers civils, de fonctionnaires et d'agents financiers, sortis de la bourgeoisie des villes, et quelquefois du peuple, entouroit la monarchie administrative qui avoit remplacé la royauté féodale, et créoit un foyer particulier de lumières, d'activité, de politesse, dans la capitale du royaume. Tout cela étoit représenté dans les salons du dix-septième siècle.

Une France transformée étoit donc sortie de la tourmente du seizième siècle; tout avoit changé avec l'avénement de la maison de Bourbon au trône de France. Ce premier siècle des Bourbons ne ressembloit pas plus au siècle des Valois que la France née de la révolution ne ressemble à la France du dix-huitième siècle; et le temps avoit marché si vite, qu'on se moqua de Sully et du duc d'Épernon, jadis si importants personnages, lorsqu'ils reparurent dans le monde, après une éclipse de dix ans. La résidence à Paris des deux derniers Valois, et le séjour constant de Henri IV et de Louis XIII, dans cette ville, hâtèrent cette révolution de la vie parisienne, en donnant à la capitale le spectacle continu d'une cour polie, dont l'accès n'étoit fermé à personne, et où la bourgeoisie de judicature, tout comme celle de l'hôtel de ville, se confondoient avec la noblesse d'armes, sortie de ses châteaux. On y voyoit une société choisie, constamment réunie; et bientôt la courtoisie italienne, mêlée à la bienséance espagnole, y répandirent un charme inconnu jusqu'alors. La France et Paris offrent pour la première fois cet aspect, vers le milieu du dix-septième siècle.

Les Médicis avoient apporté en France le goût de l'architecture qu'on pourroit appeler privée. Il se développa, lorsqu'on fut sorti des émotions, et de la misère, où la guerre civile avoit plongé le pays, avant et après la mort de Henri III. L'administration, les finances, le commerce, tout se raviva, se ranima, sous le gouvernement réparateur de Henri IV, avec une promptitude incroyable; et la France reprit, en peu de temps, à l'extérieur, le rang que lui assurent sa force et sa puissance, quand elle est bien gouvernée. A l'intérieur, la vie matérielle s'amélioroit; on apprenoit à se loger avec grandeur, et commodément. Le mouvement de rénovation que les Valois avoient imprimé à tous les arts, s'étoit tout d'abord appliqué à l'architecture des résidences royales et princières. Le logement du roi n'étoit plus le vieux palais des Thermes, qui des Césars avoit passé aux deux premières races de nos rois ; ni cette forteresse de Hugues Capet ou de Robert, bâtie dans l'ancienne cité, sur la rive même du fleuve, comme pour la défendre contre les invasions du Nord ; palais aux tours crénelées, aux voûtes sombres, dont les salles d'armes, presque à niveau du fleuve, étoient tous les hivers inondées, tant on avoit peu songé à l'agrément du logis de la royauté féodale. Ce n'étoit plus cet hôtel Saint-Paul, bâti par le sage Charles V (1364), sur un terrain plus plaisant, sans doute, entouré de vastes jardins fruitiers, dont quelques rues retiennent encore les noms aujourd'hui, mais dont les fenêtres garnies de vitraux peints, comme celles de nos anciennes églises, recevoient un jour encore assombri par le voisinage de la Bastille. Ce n'étoit plus le palais des Tournelles, siége du gouvernement, pendant l'occupation angloise, et où résidèrent après le duc de Bedfort, Charles VII, et ses successeurs, jusqu'à la mort de Henri II : palais rasé par Catherine de Médicis, pour abolir la mémoire de la mort funeste de son époux. C'étoit le Louvre, alors *nouveau*, *vieux* aujourd'hui, édifié sur les fondations des vieilles tours des comtes de Paris ou de Philippe Auguste; commencé par François Ier, continué, de règne en règne, avec un luxe royal; orné de toutes les élégances de l'art du seizième siècle. La vie rude et militante des temps anciens avoit cessé; et pour vivifier cette belle habitation, la porte du roi s'étoit ouverte à tout le monde. Une société, composée de tous honnêtes gens qui portoient une cotte ou un chaperon, dans Paris, s'y réunissoit, par habitude, et le respect s'y concilioit avec la familiarité, dans les relations paternelles du monarque avec ses sujets; relations faciles qui ont duré jusqu'au mariage de Louis XIV, avec l'infante d'Espagne.

Auprès de la résidence royale, on admiroit la ravissante galerie du Louvre, qui fait encore l'orgueil de Paris, et où la tradition absurde, s'obstine à voir, dans les chiffres enlacés de Catherine et de Henri III, constructeurs de l'édifice, les chiffres de Henri II et de Diane de Poitiers. Passant aux demeures princières, l'œil se portoit, de l'autre côté du Louvre, sur le bel hôtel de Soissons, ancienne habitation de la reine Blanche, rebâtie par Catherine de Médicis, et dont le marteau du dix-huitième siècle n'a respecté que quelques pierres, celles de la colonne astrologique de Ruggieri; hôtel alors embelli par de magnifiques jardins ouverts au public, et représentés aujourd'hui par le quartier le plus entassé de Paris, et les contructions les plus indignes d'une grande capitale. Plus loin, s'élevoit le délicieux château des Tuileries, encore bâti par Catherine, que Henri IV relia au Louvre, et qu'habita Louis XIII ; mais qui primitivement, étoit hors de l'enceinte de Paris ; chef-d'œuvre de Philibert Delorme, déparé, au point de vue de l'art, par les constructions juxtaposées d'une autre époque. Son jardin étoit alors bien différent toutefois, de ce qu'il est aujourd'hui, soit pour l'étendue, soit pour l'ornement. Une rue, longeant le palais, le séparoit des Tuileries.

Après l'exemple donné par les princes, étoit venu le tour de l'imitation des sujets. Le riche financier Zamet, amené par les Médicis, avoit comme donné le signal, à la fin du seizième siècle, en faisant bâtir ce bel hôtel de la rue de la Cérisaye, où venoit s'ébattre Henri IV, où mourut tragiquement Gabrielle d'Estrées, où logea royalement Pierre le Grand, dans son voyage à Paris, et qui est aujourd'hui divisé en lambeaux méconnaissables.

L'activité des constructions, pendant les premières cinquante années du dix-septième siècle, ne se ralentit pas d'un instant. Allez voir ces demeures monumentales, désertes aujourd'hui, alors si animées, qui entourent la place Royale, qui peuplent les rues voisines, dorénavant abandonnées aux pensionnats, au commerce encombrant, aux menues fabriques : alors quartiers neufs de Paris, habités par la fleur de la belle compagnie ; saluez l'hôtel de Carnavalet, qu'une administration publique avoit dégradé, que conserve un propriétaire éclairé ; l'hôtel de Sully, rue Saint-Antoine, l'hôtel de Beauvais, dont parle si souvent Mme de Motteville ; les hôtels en ruine du quai des Célestins ; les magnifiques résidences, encore subsistantes, de la rue du Chaume, de la rue de Jouy, de la rue Culture Sainte-Catherine, de la rue Paradis, de la rue du Parc-Royal, de la rue Vieille du Temple, de la rue Sainte-Avoie, de la rue de Braque, de la rue des Francs-Bourgeois, de la rue Barbette, de la rue Thorigny, dégradées par le changement de leur destination ; souvenez-vous du palais Mazarin et des autres hôtels de la rue Richelieu dont nous avons vu les derniers restes ; voyez l'hôtel Tubeuf aujourd'hui trop restauré, voyez les débris des hôtels qui commençoient à peupler les rues Neuve des Petits-Champs et Neuve Saint-Augustin, le Palais Royal enfin, dont les constructions du dix-huitième siècle ont tant altéré le caractère primitif, en aveuglant les belles maisons qui bordoient son jardin, sur les rues de Valois et de Montpensier ; et où Anne d'Autriche avec le jeune roi furent s'établir, à la mort de Louis XIII. Telles étoient, avec de belles habitations aujourd'hui démolies, telles que l'hôtel de Condé, l'hôtel de la Rochefoucauld, et bien d'autres, les demeures, alors riantes et seigneuriales, que peuploit la société parisienne ; elles étoient dignes d'une population riche, attentive au soin de la vie, et polie dans ses habitudes. Il est facile de se figurer, en parcourant ce qui reste du Paris démoli, par exemple, les quartiers du Temple et du Marais, ce que devoit être l'aspect de ces hôtels, tous bâtis entre cour et jardin, sur des rues dont l'étroite dimension ne choquoit pas, avant qu'on eût monté six étages sur toutes les portes cochères, pour augmenter le produit des locations.

Paris n'avoit pas alors plus de 500 000 habitants; parmi lesquels, la masse plébéienne encombroit les vieux quartiers de l'Hôtel de Ville, des Halles, de la Cité et de la Montagne Sainte-Geneviève, dont heureusement il reste quelques hideux débris, pour nous faire apprécier les bienfaits de la ivilisation moderne. L'enceinte de Paris, en 1650, sur la rive droite, étoit formée, à peu près, par le demi-cercle des boulevards jusqu'à la rue Royale, alors simple fossé, qu'on franchissoit en entrant par la porte Saint-Honoré, et se dirigeant vers le quai des Tuileries, barré plus tard par la porte de la Conférence. La Bastille d'un côté, le jardin des Tuileries de l'autre, fermoient ce demi-cercle. Sur la rive gauche, l'enceinte partoit de la porte Saint-Bernard, au quai de la Tournelle, et suivoit les rues des Fossés Saint-Bernard, des Fossés Saint-Victor, des fossés Saint-Jacques; trouvoit la porte de ce nom, à l'entrée du faubourg; prenoit la rue Saint-Hyacinthe, aujourd'hui à demi disparue; la rue des Fossés Monsieur le Prince, celle des Fossés Saint-Germain, plus tard de la Comédie-Françoise, et celle des Fossés de Nesle, aujourd'hui Mazarine, au bout de laquelle étoit la fameuse tour qui faisoit face à celle du Louvre. Ce n'est qu'après la pacification des troubles de la Fronde que la ville a franchi ces limites.

La location des maisons étoit déjà, cependant, une source importante de revenus pour les bourgeois; mais les principaux propriétaires de loyers étoient les couvents, que l'on comptoit par centaines, dans Paris; ils possédoient des terrains considérables qu'ils songèrent de bonne heure à couvrir de constructions pour locataires. Nous voyons les Augustins en discussion avec Henri IV, au sujet des rues Dauphine et d'Anjou, nouvellement percées, et qui changeoient les points de vue de leurs terrains à bâtir. Les carmes déchaussés ont bâti une partie de la rue de Vaugirard et des rues environnantes, où ils avoient, au dernier siècle, pour plus de cent mille livres de rente en loyers de maisons. Si l'on en croit Saint-Foix, le total des loyers des maisons de Paris se montoit à la somme de 312 000 livres, sous François Ier. Au témoignage de Germain Brice, il étoit de 20 millions, au commencement du dix-huitième siècle. On avoit alors un petit hôtel, à porte cochère, pour 2000 livres de loyer annuel. Les loyers des maisons avoient beaucoup augmenté après la Fronde.

La circulation en voiture étoit impossible à Paris, dans la plupart des rues du seizième siècle. La chaise à porteurs n'y a même pénétré qu'au siècle suivant. La mule, le pied du marcheur, étoient les moyens de locomotion les plus usuels. On offroit la croupe de sa mule ou de son cheval, comme aujourd'hui on offre une place dans sa voiture. Mais, au dix-septième siècle, si au milieu de la cour du Palais, on voyoit encore *le montoir* de Messieurs les conseillers, il est certain qu'on n'en usoit plus. A cette époque, le docteur médecin voyage bien en mule dans Paris; mais l'avocat ne se rend plus à pied et en robe au palais, suivi du cortége de ses clients; le nombre des carrosses est devenu si considérable qu'il excite l'étonnement. C'est une nouveauté qui émerveille l'exact et véridique Pierre Petit, collaborateur de Comboust, et auteur de notices curieuses, jointes au célèbre plan de Paris, de 1652. « Les carrosses y sont si communs, dit Pierre Petit, que plusieurs maisons en ont deux ou trois ; quantité d'avocats, de marchands et de simples bourgeois s'en servent ordinairement, et l'on a même quelque pudeur d'aller à cheval ou à pied par les rues, dans lesquelles le menu peuple est fort insolent. »

Pour ce menu peuple lui-même, on imagina les *carrosses à cinq sous*, précurseurs avortés de l'*omnibus*, où grimpa plus d'une fois, avec bonheur, le vicomte de Turenne, et dont l'édilité parisienne laissa tomber l'entreprise, pour deux siècles, par défaut d'encouragement[1].

Le seizième siècle, il faut le reconnoître, avoit dû certains avantages aux conditions anciennes et sévères de la vie privée, en ce temps-là : de fortes études, d'énergiques caractères, des travaux prodigieux d'érudition, la discipline du foyer domestique. Les grands magistrats, les grands avocats, comme les Brisson, les Molé, les Pasquier, les Dumoulin, passoient leur soirée d'hiver au coin du feu, à lire un *Corpus juris*, à méditer sur Aristote, ou à écrire de gros livres, en face de leurs femmes qui tournoient le rouet ; il n'y avoit point de temps perdu, pour les agréments et les politesses de la vie. Vers le début du dix-septième siècle, la scène change.

---

1. Voy. les *carrosses à cinq sous*, de M. de Monmerqué. Paris, 1828, 62 pag. in-8°.

Le salon s'ouvre à l'esprit françois, qui est celui de la conversation, de la libre discussion, et de la sociabilité élégante. Ce fut d'abord une innovation, autant dans la disposition des logements, que dans les habitudes de la vie : mais elle fit révolution dans les mœurs, et se tourna graduellement en une habitude universelle. Son influence sur le génie national ne tarda point à se manifester, et fut aussi heureuse que prompte en ses effets. Les applications diverses de l'intelligence devinrent plus actives. En gagnant de la clarté, la science parut plus familière et plus accessible. Les conceptions de l'esprit se dépouillèrent des formes du pédantisme et revêtirent une expression plus nette, plus correcte et plus facile. On échangea ses idées, sur toute chose, dans les conférences du salon; et, par cet exercice habituel, l'esprit acquit plus de souplesse et de vigueur. Si le fonds national de la littérature étoit pauvre, on emprunta et l'on s'appropria les richesses de deux littératures voisines; et la politesse des manières, comme celle de l'esprit, étant désormais la condition nécessaire du bien-vivre, leur réunion s'appela *l'honnêteté*. L'ajustement du langage aux besoins nouveaux de l'intelligence devenue plus cultivée, occupa surtout l'attention des salons. Le raffinement fut quelquefois poussé à l'excès; mais la langue devint ce qu'elle n'avoit jamais été, un art. On s'étudia curieusement à la polir, à la régler; et l'usage du beau monde fut reconnu comme la meilleure de ses lois. Le discours de Méré, *de la Justesse*, malgré son *chien de style*, ainsi que dit Mme de Sévigné, prouve combien l'analyse subtile du langage étoit à la mode dans les salons; nous en avons un autre mémorable exemple, dans la dissertation de Saint-Evremond sur l'acception du mot VASTE, qu'avoit employé la duchesse Mazarin, en l'appliquant à l'esprit de Richelieu [1].

Mais ce seroit une erreur de croire, avec M. Rœderer, dans son *Histoire de la société polie*, livre toujours fort agréable à lire, qu'au début du dix-septième siècle, l'esprit cultivé s'est exclusivement appliqué, soit à l'hôtel de Rambouillet, soit dans les autres salons des Précieuses, aux délicatesses de la parole et aux recherches de la galanterie.

La discussion philosophique, ainsi que les théories diverses de la politique, ont pris une grande place dans la littérature et dans les conversations de la première moitié du dix-septième siècle. Aucune époque n'est plus féconde en écrits politiques du premier ordre. Je ne citerai que le *Prince*, de Balzac, le *Testament politique*, de Richelieu, et la correspondance de nos plénipotentiaires à Munster : monument admirable, qui restera comme un modèle achevé du style diplomatique. La conversation des salons n'a point été au-dessous de cette élévation de la littérature politique. La conversation philosophique, en particulier, a été le triomphe des beaux esprits du temps. Les femmes de cette époque, merveilleusement élevées, déployoient dans leur parole la même supériorité qui nous étonne dans les ouvrages de leur plume. Elles donnoient beaucoup au sentiment, à la passion, au plaisir; elles lisoient aussi Platon, discutoient Épi-

---

1. Voy. *infra*.

cure, Aristote et Descartes. Aucun des grands intérêts de la vie publique ou de la vie intellectuelle ne leur étoit indifférent. Tout, dans leurs actions, avoit un caractère d'élévation généreuse : les sacrifices du salut, les abandons du cœur, les libertés de la pensée et jusqu'aux témérités de la conduite.

Au dix-septième siècle, la conversation s'éleva donc tout à coup, des petits riens de la futilité, à l'analyse ingénieuse des formes du langage, et bientôt à l'essence même de la pensée : à la religion, à la philosophie, à la méditation de la destinée de l'homme. Ces graves sujets d'entretien étoient alors dans toutes les bouches, et préoccupèrent les personnes les plus adonnées à la dissipation du monde. Je ne veux point retracer ici l'influence du christianisme en général, des doctrines de Port Royal en particulier, et surtout de la philosophie cartésienne, sur la société françoise du dix-septième siècle. Après avoir lu les livres de M. Cousin, il ne reste qu'à se taire. Mais là n'est pas toute l'histoire du dix-septième siècle : il faut, pour être complet et vrai, y tenir compte d'autres influences marquées, et par exemple de celle du scepticisme du siècle précédent. Nous rencontrons, en effet, en plein dix-septième siècle, à côté ou à la suite d'autres philosophes sceptiques comme lui, Saint-Evremond, procédant à la fois de Montaigne et de Gassendi, c'est-à-dire représensant Épicure et Pyrrhon, en un seul homme; Épicure et Pyrrhon vêtus à la françoise, et vivant à côté de Pascal et de Descartes. Nous découvrons, à quatre pas des grands jésuites et de la prison de Saint-Cyran, un coin de société, païenne au fond, chrétienne par bienséance, avec ses doctrines indépendantes, sa littérature leste, et une influence incontestable sur la direction des idées et des esprits. A côté des salons des Précieuses, où tout étoit affectation, d'autres salons non moins attrayants, non moins recherchés avoient pour devise la liberté de penser et l'esprit fort. Quoique signalé déjà par La Bruyère, cet aspect de la société françoise n'a point encore été, ce me semble, l'objet d'une attention proportionnée à son importance.

Au milieu du mouvement si animé du dix-septième siècle, les femmes ont conquis la prééminence sociale, désormais assurée à leur sexe, dans nos mœurs. La femme règne dans nos salons. En prenant part à toutes les conversations, elle y porte le goût, la finesse et le tour délicat qui est propre à son génie. Le savant, pour lui plaire, sera clair, élégant; l'homme de guerre sera courtois et poli; l'homme de lettres dépouillera les formes du pédantisme. Il n'y a point de langue, en Europe, sur laquelle les femmes aient exercé autant d'influence que sur la nôtre, parce qu'il n'est pas de pays où la femme ait un empire pareil à celui de nos salons. *De par tous les diables, on ne sait comment parler céans*, disoient les mal-appris, chez Mme de Rambouillet. Du langage aux manières il n'y a qu'un pas, et l'harmonie s'est ainsi établie entre la langue et les usages.

La conversation, telle que nous l'entendons, étoit chose inconnue, en général, au seizième siècle. On étoit fort pédant, à l'*assemblée* du conseiller Gillot, bien que la satire Ménippée en soit sortie[1].

---

1. Jacques Gillot logeoit rue de Jérusalem. Voy. le

C'est avec lui-même que Montaigne cause, et non avec autrui. Voyez, lorsqu'il trace les règles de l'institution des enfants : il n'a garde d'oublier *l'eschole du commerce des hommes;* mais ce qu'il trouve de mieux à recommander, en ce commerce, c'est *le silence et la modestie;* et pour *la pratique des hommes*, il la met bien au-dessous de *la mémoire des livres.* N'est-ce pas à son insu que, par le charme de son esprit, et l'application de sa morale facile, il prépare à la société du salon un incomparable agrément? Avant les constructions du dix-septième siècle, on ne pouvoit pas réunir commodément une *assemblée;* le conseiller Gillot recevoit la sienne dans sa chambre à coucher. Personne n'avoit été logé comme Mme de Beauvais, au seizième siècle; et tout Paris vint admirer, comme une curiosité, son hôtel de la rue Saint-Antoine, qu'Anne d'Autriche honora, plus d'une fois, de sa présence. Dans ces réunions, les diverses classes de la société polie ont commencé à se mêler, sans se confondre : la noblesse de l'esprit avec la noblesse de robe ou d'épée, et même la noblesse de fortune, née des affaires et de la spéculation. Mlle Paulet étoit reçue à la cour, comme au Marais. La commodité du logement est pour beaucoup dans le développement du goût des sociétés; et le salon a naturellement fait ressortir des qualités personnelles, dont la lecture des anciens n'avoit donné aucune idée. En effet, la conversation qui auroit le ton didactique du livre, feroit périr d'ennui.

Paris démoli, de M. Édouard Fournier. 1855, in-12, pag. 116 et suiv.

Ce fut, au reste, avec le concours empressé des contemporains que cette influence de la conversation sur l'esprit se produisit et se propagea. Le dix-septième siècle apprécia le bienfait dès qu'il put en jouir. Nous voyons, dans les mémoires du temps et dans les correspondances, combien étoient fréquentés les *cercles* et les salons qu'ouvroient d'opulents personnages, ou même de pauvres femmes de lettres, comme Mlle de Scudéry; et quelle supériorité y prenoient, sans contradiction, l'intelligence et l'esprit, sur les avantages de convention dans la société, tels que la fortune et la naissance. On demeure étonné des privautés que s'arrogeoient les gens de lettres chez Mme de Rambouillet et à la place Royale, ou chez le cardinal de Richelieu, et même au Louvre. Nul homme de lettres n'auroit osé, peut-être, au dix-huitième siècle prendre les libertés que s'y donnoit Voiture, à la vérité le plus impertinent des hommes. La disgrâce de Voltaire, à la cour de Berlin, commença au madrigal que tout le monde connoît, adressé à la sœur du grand Frédéric, et bien autrement délicat[1] que des vers dont Anne d'Autriche permit la lecture, en tête-à-tête, au bel esprit à la mode, à Voiture[2]. L'influence des hommes de lettres sur la société

1. Souvent un peu de vérité
    Se mêle au plus grossier mensonge.
    Cette nuit, dans l'erreur d'un songe,
    Au rang des rois j'étois monté.
   Je vous aimois, princesse, et j'osois vous le dire.
   Les dieux à mon réveil ne m'ont pas tout ôté :
    Je n'ai perdu que mon empire.

2. Voy. dans les *OEuvres* de Voiture, édit. Ubicini, tom. II, p. 306 et suiv.

françoise a commencé dès ce temps-là. L'opinion des salons acquit même une telle autorité, que Richelieu voulut la subjuguer, et Mazarin l'acheter. Le salon étoit une forme anticipée de la discussion publique, et chacun y cherchant un appui, appliqua ses soins à s'en rendre maître. Il étoit naturel que les hommes d'État voulussent disposer d'une force aussi active et aussi digne de considération.

Saint-Evremond connoissoit bien les ressorts puissants de la conversation, quand il écrivoit ces paroles : « L'étude est la plus solide nourriture de l'esprit ; c'est la source de ses plus belles lumières. Elle féconde les talents donnés par la nature ; mais c'est la conversation qui les met en œuvre, qui les polit, qui les épure. C'est le grand livre du monde qui apprend le bon usage des autres livres, et qui d'un homme savant peut faire un honnête homme. » L'on a donc vu les esprits ingénieux de ce temps étudier, analyser les qualités que doit avoir l'homme du monde, et les défauts dont il doit se défendre. La Bruyère a écrit un chapitre, *de la Société et de la conversation*, qui est comme le résumé des observations de tout le siècle à ce sujet. On n'y eût point songé au siècle précédent ; et il ne se peut pas que cette analyse soit une pensée singulière du moraliste. Le grand écrivain est évidemment l'interprète de son temps, le traducteur de la pensée de tout le monde. Paris n'étoit pas, au reste, le seul théâtre de cette révolution dans les habitudes. Les provinces y participoient ; et leurs capitales, surtout celles où siégeoient des gouverneurs et des parlements, avoient des salons, des précieuses et des académies. Sur ces précieuses de province, le *Dictionnaire* de Somaize fournit de curieux renseignements.

On fit même des *Conversations* en forme de compositions littéraires, qui avoient certes leur modèle dans les *Dialogues* de l'antiquité, mais qui gardèrent la couleur moderne, avec le nom même de la chose qu'elles représentoient : à savoir, une causerie de salon. Les *Conversations* furent une littérature à la mode, dans certains salons, chez Mme Scarron, chez Mlle de Scudéry, et ailleurs; comme les *Portraits* chez Mademoiselle, comme les *Caractères* à l'hôtel de Condé, comme les *Maximes* chez Mme de Sablé, comme les *Contes de fées* chez Mme de Murat. Saint-Evremond, si brillant causeur au salon, s'est illustré entre bien d'autres, par la *Conversation du maréchal d'Hocquincourt*, par la *Conversation de M. d'Aubigny*, par la *Conversation du duc de Candale*. Le chevalier de Meré, bel esprit de ce temps, et normand comme Saint-Evremond, nous a laissé les *Conversations du maréchal de Clérembaut*. Ainsi, le talent de conversation occupoit les hommes du monde, inspiroit les moralistes, les philosophes; dominoit dans les assemblées de l'époque. La conversation tenoit lieu, au dix-septième siècle, des *journaux* d'un autre temps. Le chevalier de Meré dans son *Discours de la conversation* ose dire que *le plus grand usage de la parole, parmi les hommes, c'est la conversation*. Par elle, en effet, le salon est devenu, dans la société moderne, une puissance. L'un des mémorables effets de la civilisation françoise, est même d'avoir propagé, de proche en proche, l'influence des salons dans les autres pays de l'Europe; et bien que la supériorité sociale qui se manifeste par les succès de la conversation échappe, en dehors du salon, à l'appréciation du commun des hommes et de la postérité, puisqu'il n'en reste rien ni pour l'un ni pour l'autre (que reste-t-il du célèbre Tréville?), cependant son œuvre survit à la conversation, car elle se traduit presque toujours en opinion générale.

CHAPITRE V.

MADAME DE SABLÉ. — TROIS ÉCRITS DE SAINT-EVREMOND, EN 1647.

La littérature du dix-septième siècle est marquée d'un caractère particulier : elle est à l'adresse des salons; c'est là qu'elle a cherché, c'est là qu'elle trouve encore ses plus assurés succès. Sous une forme qui diffère de la parole, la pensée y respire encore le bon air des salons du dix-septième siècle. Elle n'a pas l'ambition de frapper la multitude; on diroit que le suffrage d'un public choisi lui est plus cher que le suffrage de tout le monde : pour avoir celui-ci, peut-être faudroit-il trop abaisser le niveau. C'est pourquoi les principaux monuments de la littérature de ce temps sont de petits ouvrages, travaillés à la perfection, comme ceux des anciens, et dont un goût très-délicat peut seul apprécier toute la valeur. Il est telle pensée de Pascal qui, dans un cercle étroit, renferme une œuvre achevée. Ces ouvrages si parfaits étoient lus, approuvés, critiqués, dans les salons, bien avant que le gros du public fût admis à les connoître. L'auteur, à cette époque, employoit la presse avec discrétion, et la circulation manuscrite d'une œuvre littéraire précédoit le plus souvent sa circulation imprimée. La publicité restreinte est aussi la seule qu'aient connue les anciens, et l'esprit humain n'y a pas beaucoup perdu. Un mode pareil et si réservé de production n'est que la représentation fidèle des habitudes et de l'esprit du dix-septième siècle.

A partir de Montaigne, les gros volumes sont abandonnés aux gens qu'il avoit nommés des pédants; on en publia beaucoup encore : toutefois le nombre en diminua chaque jour. Après avoir enlevé la littérature proprement dite à cet effrayant format, on essaya de lui arracher l'histoire. Le cardinal de Retz, Sarrazin, et après eux Saint-Réal et Vertot écrivirent de petits volumes qui sont restés d'agréables lectures. Racine mit, en quelques pages, l'*Histoire de Port-Royal*, qui est une perle littéraire; l'abbé Fleury, une petite *Histoire du droit françois*, que nos lourdes publications sont encore condamnées à délayer. La vraie littérature de ce temps étoit *folliculaire*. Tout Boileau a paru de cette façon, et en pièces détachées. Les grands seigneurs, hommes de lettres, faisoient désirer pendant dix ans l'impression de leurs ouvrages, et le public attendoit patiemment. Les libraires étoient alors aux genoux de cette qualité d'auteurs, ou de ces auteurs de qualité. O siècle d'or!

Dans le développement graduel et caractérisé de l'urbanité françoise, Saint-Evremond personnifie un progrès de délicatesse, de bon ton, de goût et de raison. Quelle distance du *gentil Voiture*, comme on l'appeloit, au chevalier de Saint-Evremond ! mais ce que celui-ci représente, surtout, c'est l'esprit critique du grand monde de son temps : esprit poli, discret et fin, qui voit de haut et d'un œil juste, qui ne commerce qu'avec gens de facile entendement et de bonnes manières ; esprit que la même idée ne captive pas longtemps ; avec lequel il faut surtout être clair et résumé ; qu'on attache par des traits vifs, prompts, rapides. Nous en avons un modèle remarquable dans ce petit chef-d'œuvre de Saint-Evremond, intitulé : *Lettre à M. le maréchal de Créqui, qui m'avoit demandé en quelle situation étoit mon esprit, et ce que je pensois sur toutes choses, en ma vieillesse*[1]. Toutes les applications de l'intelligence y sont successivement et brièvement appréciées ; c'est une revue encyclopédique des connoissances humaines, réduite en quelques feuilles d'impression, écrite avec une liberté d'esprit, avec une originalité de jugement, et une finesse de touche, d'autant plus faites pour nous plaire qu'elles s'allient avec la simplicité même du langage. Ouvrage exquis de la critique françoise ! style et manière inimitables, qu'on ne retrouve plus jusqu'à Voltaire !

Saint-Evremond débutoit en ce genre de compositions, dès 1647, entre le siége de Dunkerque et la campagne de Catalogne, près de dix ans avant les *Lettres provinciales*, dans trois légères compositions, fine fleur de la littérature de salon, dont la première est le manifeste d'une opinion philosophique

---

1. Voy. *infra*, pag. 85 et suiv.

à laquelle nous rendrons bientôt la part d'importance qui lui revient dans l'histoire intellectuelle de notre pays; la seconde est une profession de foi politique, honnête et modérée, à laquelle Saint-Evremond est resté fidèle toute sa vie; la troisième est l'analyse ingénieuse d'un sentiment délicat qui a beaucoup occupé le dix-septième siècle, celui de l'amitié. Ces trois ouvrages, à ne les considérer qu'au point de vue littéraire, ont une valeur singulière, par leur date même, comme monuments de la prose françoise.

Cette date (1647) est attestée par Des Maizeaux, qui est ici l'organe de Saint-Evremond lui-même, à qui on ne peut refuser créance en ce point. Hésitât-on à l'en croire, ces opuscules portent leur date en eux-mêmes et sont unis entre eux par un lien qui est visible aux yeux les moins clairvoyants. Ils ont été destinés au salon de Mme de Sablé, alors établie à la place Royale. Je viens d'écrire un nom qui brûle ma plume. Je demande, très-humblement, à un grand écrivain, la permission de courir un moment ici sur ses terres, et d'y recueillir, s'il se peut, quelques épaves échappées de ses mains, dans le voyage charmant où il convie ses lecteurs, à travers le dix-septième siècle. Tout me prouve la destination des trois opuscules de Saint-Evremond: une dédicace, écrite par l'éditeur Barbin en 1668; le genre particulier d'ouvrage dont il s'agit; enfin, les relations intimes qui ont dû exister entre Saint-Evremond et la marquise de Sablé.

On connoît le goût du temps, et spécialement de la société de Mme de Sablé, pour les *Maximes* ou *Pensées*. Dans les trois compositions dont il s'agit,

Saint-Evremond examine : 1° la *maxime qu'on ne doit jamais manquer à ses amis;*

2° Cette autre maxime, que *l'homme qui veut connoître toutes choses ne se connoît pas lui-même;*

3° Et enfin une maxime qui couroit, savoir : *qu'il faut mépriser la fortune, et ne se point soucier de la cour.*

Elles circuloient encore en manuscrit, dans les salons de Paris, comme celles de La Rochefoucauld et de l'académicien Jacques Esprit, lorsque Saint-Evremond fut obligé brusquement de prendre le chemin de l'exil en 1661. Barbin les recueillit en 1668, à l'insu de l'auteur, en un volume in-12, où il réunit quelques autres opuscules, mais sans oser les imprimer avec le nom de Saint-Evremond. Les bibliophiles ont pu voir ce rarissime volume, dont j'ai découvert et feuilleté jadis le seul exemplaire connu [1]. Les trois maximes y sont reproduites, mais avec beaucoup d'altérations, qui furent un sujet de chagrin pour le noble exilé; et Barbin, qui savoit sans doute que ces pages avoient été écrites pour le salon de Mme de Sablé, les fit précéder d'une dédicace à la marquise, dans laquelle il lui disoit que son suffrage étoit le moyen le plus infaillible pour avoir la voix publique. Et il ajoutoit : « Je me sers de ce moyen, Madame, pour élever la gloire d'un *auteur inconnu;* il avouera peut-être son ouvrage, quand il saura que vous l'avez approuvé. Cependant, le hasard m'ayant rendu maître de son bien, je prends la liberté d'en disposer, sans son aveu. »

---

1. Voy. Brunet, *Manuel*, v° *Saint-Evremond.*

Trompé par ces apparences, qui n'auroit pris au pied de la lettre la dédicace de Barbin? et un concours singulier de circonstances aidant à l'illusion, n'étoit-il pas naturel de croire que la modestie d'un auteur débutant se cachoit en effet sous le voile dont Barbin couvroit Saint-Evremond. On a pu penser encore, que l'auteur s'exerçoit à imiter La Rochefoucauld, et recherchoit l'appui de Mme de Sablé, pour se ménager un accueil favorable dans le monde. De là toute une série d'appréciations, qui nous paroissent susceptibles d'être éclairées d'un jour nouveau.

En effet, si Barbin parle d'un *auteur inconnu*, dans sa dédicace, c'est qu'il n'étoit pas permis, ou prudent, de le nommer, à Paris, en cette année 1668, car il avoit encouru la colère du roi, et il expioit cette disgrâce par un dur exil, comme nous le verrons plus tard. Mais Saint-Evremond étoit alors connu de tout le monde. La *Comédie des académistes* avoit fait le bruit qu'on sait, et le nom de son auteur principal a retenti à toutes les oreilles dès 1643. La *Conversation du maréchal d'Hocquincourt* étoit écrite en 1656. La *Retraite de M. de Longueville*, imprimée en 1650, avoit comblé de joie la société du cardinal Mazarin. Elle étoit reproduite dans toutes les éditions des *Mémoires* de La Rochefoucauld, depuis 1662; l'*Apologie du duc de Beaufort* amusoit tout Paris, pendant la Fronde; les *Réflexions sur les divers génies du peuple romain* avoient été imprimées en partie dès 1665; enfin la *Lettre sur la paix des Pyrénées* avoit tant fait d'éclat, au vu et au su du monde dont faisoit partie Mme de Sablé, que l'auteur avoit été obligé de se soustraire au courroux du roi par la fuite et l'expatriation. Dès 1661, les libraires de Hollande avoient imprimé cette pièce satirique, reproduite plusieurs fois, par la presse, depuis cette époque[1]. En 1659, Saint-Evremond étoit inscrit parmi les auteurs du volume des *Divers portraits*, de Mademoiselle : livre qui étoit dans les mains de Mme de Sablé, comme de toute la société parisienne. Enfin, rien n'étoit plus connu de la marquise, que la personne de Saint-Evremond, vieux ami et hôte familier de la maison de Souvré. Le nom de Saint-Evremond avoit donc eu du retentissement bien avant 1668, surtout pour Mme de Sablé; et si Barbin en parloit à celle-ci comme d'un inconnu, ce ne pouvoit être que par des motifs particuliers. A la ville et à la cour, en France, en Hollande et en Angleterre, le chevalier de Saint-Evremond avoit presque autant de célébrité que le chevalier de Grammont, comme le témoigne Hamilton lui-même. Le mot d'*inconnu*, dans l'épître de Barbin, n'étoit donc qu'à l'adresse de la police, et ne pouvoit tromper personne chez Mme de Sablé.

Le goût régnant à la place Royale, et principalement chez Mme de Sablé, étoit déjà celui des *Maximes*, comme au Luxembourg ce fut plus tard le goût des *Portraits*, comme chez Mme de Rambouillet ce fut celui des *Lettres*, où Voiture avoit donné le ton. La Rochefoucauld avoit commencé à écrire dès *Maximes*, et communiqué ses premières ébauches aux grands salons de Paris, bien longtemps avant de les livrer à l'impression. Un académicien,

---

1. Voy. la *Biblioth.* du P. Le Long, III, n° 30924.

oublié aujourd'hui, mais qui méritoit peut-être de ne l'être pas, M. Esprit, y excelloit, et même il y faisoit autorité. Mme de Sablé s'y est appliquée toute sa vie et y recueilloit des succès de société; Saint-Evremond, intimement lié avec le frère et les deux fils de Mme de Sablé, paya aussi son tribut à la mode régnante. Un déluge de *Maximes* parut vers ce temps-là[1]. L'invention et la rédaction des *Maximes* fit longtemps partie de la belle éducation, et Mme de Maintenon ne manqua pas d'y former le jeune duc du Maine, son élève. On en trouve de la façon de ce prince, dans les *OEuvres diverses d'un auteur de sept ans*, si connues des curieux. Bayle vante cet exercice comme donnant beaucoup de solidité à l'esprit. Dans les salons où régnoit le goût de ces bluettes littéraires, les formules de *Maximes* passoient de main en main; chacun y mettoit sa part d'esprit, d'observation et même de rédaction, et l'œuvre finissoit par appartenir à tout le monde. C'est ainsi qu'on rencontre, dans plusieurs ouvrages contemporains, des sentences toutes faites, dont on peut constater l'identité avec les *Maximes* de divers auteurs, arrivées jusqu'à nous, et même avec celles de La Rochefoucauld[2].

Mme de Sablé étoit, de naissance, Madeleine de Souvré, d'une grande et ancienne famille. Son père avoit été gouverneur de Louis XIII. Un de ses frères étoit le célèbre commandeur de Souvré, gourmet raffiné, immortalisé à ce titre par Boileau,

---

1. Voy. M. Cousin, *Madame de Sablé*, pag. 180 et suiv.; et M. Paulin Paris, sur Tallemant, III, pag. 155.
2. Voy., par exemple, les *Mémoires de Hollande*.

constructeur du bel hôtel du Temple, aujourd'hui démoli, chez lequel Saint-Evremond dînoit souvent, et dont on voit encore au Louvre le tombeau sculpté par Anguier, transporté naguère, de l'église de Saint-Jean de Latran, au musée des Petits-Augustins. Mme de Sablé avoit été accordée d'abord au marquis de Fontenay-Mareuil, allié de la famille de Saint-Evremond; puis elle épousa le marquis de Sablé, fils du maréchal de Boisdauphin, de la maison de Montmorency-Laval : époux qu'elle perdit en 1640. Un de ses fils étoit Guy de Laval, connu dans le monde sous le nom de chevalier de Boisdauphin, puis de marquis de Laval : beau cavalier, héroïque officier, compagnon d'armes de Saint-Evremond à Nordlingue, fort attaché, comme ce dernier, à la personne du duc d'Enghien, et qui fut tué au fameux siége de Dunkerque, en 1646, en laissant des regrets consignés dans l'histoire[1]. Malgré quelque différence d'âge, Guy de Laval et Saint-Evremond ont été liés d'une étroite amitié, en tiers avec le comte d'Olonne, de la maison de la Tremoille, soldat de Nordlingue comme eux[2], et proche parent du marquis de Noirmoutier, qui fit avec Guy de Laval des prodiges de valeur à Dunkerque. Indépendamment de la fraternité des armes et des champs de bataille, il y avoit, entre ces gentilshommes, une communauté de goût, peu héroïque peut-être, mais dont il faut bien dire quelque chose, puisqu'au dix-septième

---

1. Voy. M. Cousin, *Sablé*, p. 17 et *alibi*; Tallemant et Paulin Paris, V, p. 257 et suiv.; et Sarrazin, *Hist. du siége de Dunkerque*.
2. Voy. Moréri, v° *La Tremoille*.

siècle tout le monde en a parlé. Ils étoient les gourmands les plus déterminés de leur époque.

Guy de Laval avoit de qui tenir ; il étoit le neveu du commandeur de Souvré ; et, disons-le tout bas, pour n'être pas entendu de M. Cousin, il étoit le fils de cette grande dame marquise de Sablé, connue elle-même de tout Paris par un goût pour la bonne chère, dont ce drôle de Tallemant a raconté des traits qui ne peuvent être de son invention. Saint-Evremond ne le cédoit en rien à la race sensuelle des Souvré, et, pécheur moins pénitent que Mme de Sablé, gourmand il est resté jusqu'à sa mort. Il suffiroit pour juger de ses vices délicats, à cet égard, de lire une charmante lettre qu'on trouvera dans notre troisième volume, à l'adresse du comte d'Olonne, illustré par une autre réputation, commune hélas ! à bien d'honnêtes gens, mais amateur très-déclaré de bonne table, comme ses deux amis. Tous trois se rendirent célèbres, à Paris, par leur sensualité en fait de mets. N'attribuons pas, toutefois, leur recherche à un grossier appétit ; c'étoit de l'art, c'étoit l'application de la finesse de l'esprit à la finesse de la bouche ; c'étoit le côté gastronomique de la philosophie épicurienne, dont ces trois amis faisoient profession, et à laquelle je soupçonne Mme de Sablé d'avoir elle-même sacrifié, en son temps, comme bien d'autres, avant que Port-Royal eût pieusement transformé son âme. Quoi qu'il en soit, on nomma nos trois gourmets *les trois coteaux*, nom qui a fait bruit dans le dix-septième siècle ; et voici comment Des Maizeaux, le plus instruit de tous ceux qui en ont parlé, parce qu'il a été le mieux placé pour l'être, raconte l'origine du nom et de la chose.

« M. de Saint-Evremond, dit-il, étoit très-sensible à la joie et au plaisir de la table, et il se rendit fameux par son raffinement sur la bonne chère. Mais, dans la bonne chère, il recherchoit moins la somptuosité et la magnificence, que la délicatesse et la propreté. Tels étoient les repas du commandeur de Souvré, du comte d'Olonne, et de quelques autres seigneurs qui tenoient table; il y avoit entre eux une espèce d'émulation à qui feroit paroître un goût plus fin et plus délicat. M. de Lavardin, évêque du Mans et cordon bleu, s'étoit mis aussi sur les rangs. Un jour que M. de Saint-Evremond mangeoit chez lui, cet évêque se prit à le railler sur sa délicatesse, et sur celle du comte d'Olonne, et du marquis de Boisdauphin. *Ces messieurs*, dit le prélat, *outrent tout, à force de vouloir raffiner sur tout; ils ne sauroient manger que du veau de rivière; il faut que leurs perdrix viennent d'Auvergne; que leurs lapins soient de la Rocheguyon, ou de Versine; ils ne sont pas moins difficiles sur le fruit; et pour le vin, ils n'en sauroient boire que des trois coteaux d'Ay, d'Haut-Villiers et d'Avenay.* M. de Saint-Evremond ne manqua pas de faire part à ses amis de cette conversation, et ils en plaisantèrent si souvent qu'on les appela LES TROIS COTEAUX. — Voilà l'origine véritable des COTEAUX.... M. de Saint-Evremond lui-même me l'a apprise. Il me dit aussi que l'abbé de Boisrobert.... avoit fait contre eux une espèce de satire intitulée LES COTEAUX. »

Ce dernier fait est confirmé par Tallemant, dans l'historiette de Boisrobert. Plus tard, en 1665, il parut une comédie intitulée : *les Costeaux, ou les marquis frians*, et qui fut attribuée à de Villiers. C'est aujourd'hui une pièce fort rare, payée assez cher à la vente de Soleinne[1], et récemment à la vente Favart.

De là vient donc ce fameux *ordre des Coteaux*, célébré par Boileau, par le P. Bouhours, par Tallemant, et plusieurs autres auteurs ; ordre nouveau dans lequel on n'étoit admis qu'après avoir fait ses preuves de friandise, comme ailleurs on faisoit preuve de noblesse, ou de piété, et dont je ne dirai rien de plus, après tant de gens qui en ont parlé[2], sinon qu'il est possible que celui des fils de Mme de Sablé, qui fut *Coteau*, ne soit pas Guy, mais Urbain, qu'on appeloit *le marquis de Boisdauphin*, lequel est en effet celui que nomme Des Maizeaux. Comme la chose est indifférente, en ce qui touche les relations de Saint-Evremond avec Mme de Sablé, je n'insisterai pas sur ce détail, du cadet ou de l'ainé des deux frères, et je m'y dispenserai de frais d'érudition.

---

1. Imprimée chez Quinet, 36 pag. in-12 M. de Monmerqué en a cité quelques vers dans sa préface des *Mém. de Villette*, à la suite de ceux de Saligny.

2. Voy. la satire III° de Boileau ; Tallemant, *Histor. de Sablé*, tom. III, pag. 130-145-153-156 ; *Histor. de Boisrobert*, tom. II, pag. 412 et 429, 430 ; Desnoiresterres, *les Cours galantes*, I, pag. 268 et suiv. Brossette et Cizeron-Rival, sur Boileau, ont exclu Saint-Evremont de l'ordre des Coteaux, pour mettre à sa place Villarceaux ; mais le témoignage de Tallemant, la satire de Boisrobert, l'affirmation de Des Maizeaux, et Saint-Evremond lui-même, qui se qualifie *Coteau*, dans une lettre à la duchesse Mazarin, ne peuvent laisser aucun doute.

Saint-Evremond avoit, avec Mme de Sablé, une autre communauté de goût d'un genre plus élevé. La noble dame étoit aussi sensée que spirituelle et délicate ; et, dès les premières fermentations de la Fronde, elle avoit jugé, avec droiture, cette folie de la société parisienne, où la plupart de ses amis se laissèrent entraîner : elle sut être fidèle à la raison, sans se brouiller avec eux. Mme de Sablé resta donc attachée à la cause de la reine et du cardinal, mais avec cette indépendance d'esprit qui ne satisfait point les partis, lorsqu'on n'entre pas dans la complicité de toutes leurs passions. Son salon royaliste, quoique indépendant, fut souvent, pour Mazarin, un objet d'inquiétude, qu'a démêlé M. Cousin avec son incomparable sagacité. Saint-Evremond suivit exactement la ligne politique de Mme de Sablé. Il se prononça contre les mécontents dès 1647 ; mais la tournure libre de son esprit gênoit autant le parti qu'il soutenoit que celui qu'il combattoit ; aussi, malgré les services qu'il en tira, Mazarin finit, à certain jour, par mettre à la Bastille cet ami fort incommode.

Il faut être initié dans l'histoire intime des divisions de la société parisienne, en 1647, et avoir approfondi les causes qui ont préparé l'explosion de la Fronde, pour comprendre, et pour apprécier le petit ouvrage de Saint-Evremond, intitulé : *Observation sur la maxime, qu'il faut mépriser la fortune, et ne se point soucier de la cour.* Cette maxime, attribuée à La Rochefoucauld, circuloit dans les salons de Paris. On y affichoit une aversion profonde et patriotique pour le *ministeriat*, comme disoit le cardinal de Retz : le *ministeriat*, dans lequel on s'obstinoit à ne voir qu'une forme du favoritisme; le *ministeriat*, dont avoit tant abusé Richelieu, et pour sa fortune, et pour ses vengeances; le *ministeriat*, qu'on voyoit se relever dans Mazarin, avec des défauts qu'il n'avoit pas sous Richelieu, et qui reportoient l'imagination vers le souvenir de Luynes, ou du maréchal d'Ancre. Tel a été le premier sujet des agitations de l'opinion, et de la révolte des esprits, dans les salons, vers l'année 1647; et telle est la clef de cet opuscule de Saint-Evremond, qui porte avec lui le cachet de son époque, qui ne peut avoir une autre date que celle de 1647, et dont l'âge, au reste, est attesté par Saint-Evremond et par Des Maizeaux. La haine du *ministeriat* survécut même aux manifestations de la Fronde; elle a favorisé l'établissement du gouvernement personnel de Louis XIV après la mort du cardinal Mazarin, et a jeté la France, à la fois fatiguée du pouvoir ministériel et de la lutte anarchique des indépendants, dans un excès contraire, celui de l'applaudissement au pouvoir royal absolu, dont il a fallu supporter tous les caprices, grands ou petits, pendant deux règnes, avec la perte de la monarchie en fin de compte.

Saint-Evremond a donc voulu répondre avec l'arme des salons, celle de l'esprit et du beau langage, à l'attaque des salons contre le favori de la reine Anne d'Autriche. Il discute les griefs des mécontents, fait la part de la liberté, de la dignité, reconnoît certains abus et conclut en bon citoyen.

« Je vais finir ce discours, dit-il, par le sentiment qu'on doit avoir pour les favoris. Il me semble que leur grandeur ne doit jamais éblouir; qu'en son âme on peut juger d'eux comme du reste des hommes; les estimer ou les mépriser, selon leur mérite ou leurs défauts; les aimer ou les haïr, selon le bien ou le mal qu'ils nous font; ne manquer, en aucun temps, à la reconnoissance qu'on leur doit, cacher soigneusement les déplaisirs qu'ils nous donnent; et, quand l'honneur ou l'intérêt nous veulent porter à la vengeance, respecter l'inclination du maître, dans la personne de l'ennemi; ne confondre pas le bien public avec le nôtre, et ne faire jamais une guerre civile d'une querelle particulière.

« Qu'on les méprise, qu'on les haïsse, ce sont des mouvements libres, tant qu'ils sont secrets; mais du moment qu'ils nous portent à des choses où l'État se trouve intéressé, nous lui devons compte de nos actions, et la justice a ses droits sur des entreprises si criminelles. »

Voilà la *contre-Maxime* que Saint-Evremond oppose aux formules séditieuses qui faisoient déjà pressentir la guerre civile : la révolte étoit dans l'air. Mais, vienne une victoire de Lens, et la reine n'hésitera pas à faire arrêter Broussel et Blancménil, et de revendiquer *les droits de sa justice*, que préconise Saint-Evremond. Je suis bien assuré que son ouvrage a eu l'approbation de Mme de Sablé, habitante alors de la place Royale, où sa belle-fille, la marquise de Boisdauphin, première épouse d'Urbain de Laval-Boisdauphin, frère aîné de Guy, avoit de son côté un salon de grande réputation, à coup sûr ouvert à Saint-Evremond, et qu'a regretté Scarron dans son *Adieu au marais* :

> La non pareille Boisdauphine
> Entre dames perle très-fine.

Conrart nous a laissé les archives des *samedis* de

Mme de Scudéry. Je lui en demande pardon, mais rien n'étoit plus pédantesque, ni plus ennuyeux. Quelle différence d'intérêt avec cette histoire du salon de Mme de Sablé, à *Port-Royal*, que nous devons à M. Cousin, et dont il a trouvé les précieux matériaux dans les portefeuilles inexplorés de Valant. Quant à l'histoire de Mme de Sablé, *à la place Royale*, nous n'avons encore que peu de documents. A cette période appartient la composition de la *Maxime* ou *contre-Maxime* politique, dont je viens de parler, et de l'autre ouvrage de Saint-Evremond, dédié par Barbin à Mme de Sablé en 1668. Je veux parler de la *Maxime* : *Qu'on ne doit pas manquer à ses amis.* Sur ce dernier point, j'ai tout un procès à soutenir contre M. Cousin, mon maître. Je le perdrai, à coup sûr, et je m'y résigne ; qu'il me soit permis, du moins, de le plaider.

La *Maxime* dont je viens de parler a été composée en 1647. Voilà mon point de départ. Cette date est attestée par le véridique Des Maizeaux, et revendiquée par Saint-Evremond lui-même. Leur affirmation est confirmée par les allusions qu'on remarque dans la Réponse à la *Maxime* de la Fronde, dont la date est incontestable ; et l'une et l'autre font corps avec une troisième *Maxime*, tout épicurienne, dont il sera question plus tard. Elles furent lancées dans le monde au même moment, et on lit en tête de l'une d'elles : *Il est plus difficile de persuader cette Maxime-ci que les autres* ; c'est ce qui forme lien de la première à la dernière. On n'a qu'à lire ; l'évidence saute aux yeux[1]. Seule-

---

1. Voy. *inf.*, pag. 3, 13 et 19, et mes notes.

ment, lorsque Barbin a voulu imprimer ces trois pièces, en 1668, et sans l'aveu de l'auteur, il n'a obtenu de l'indiscret possesseur qui les lui a livrées, qu'un texte altéré par les copistes, et c'est celui qu'on lit dans toutes les anciennes éditions. L'altération est telle que Saint-Evremond ne s'y reconnut plus, lorsqu'on lui montra son ouvrage imprimé. Il voulut bien alors remettre à Des Maizeaux le texte original de la *Maxime* politique, et celui de la *Maxime* philosophique; mais, pour celle de l'amitié, il ne voulut aucunement la corriger, quoiqu'il en avouât la plus grande partie : je dirai bientôt pourquoi. Il aima mieux que son éditeur la reléguât parmi ses ouvrages non authentiques. Des Maizeaux a exécuté ses ordres; cette maxime est *inter spuria*, au tome VII de l'édition de 1753. C'est là que je l'ai prise, en préférant cependant la leçon de Barbin, qui indique, avec bonne foi, les lacunes, et jusqu'à un certain point les altérations. Mais le cachet de Saint-Evremond y est trop reconnoissable pour tromper personne, là où le texte primitif est respecté, et le tact exquis de M. Cousin ne s'y est pas trompé.

« En 1647, dit Des Maizeaux, M. de Saint-Evremond composa deux ou trois petits ouvrages, à l'occasion de quelques conversations qu'il avoit eues avec ses amis. C'étoient des réflexions sur les maximes suivantes : *Que l'homme qui veut connoître toutes choses ne se connoît pas lui-même; qu'il faut mépriser la fortune, et ne pas se soucier de la cour; qu'il ne faut jamais manquer à ses amis.* On imprima ces trois pièces à Paris, en 1668, mais toutes changées. M. de Saint-Evremond a rétabli les deux premières, et vous les trouverez dans le tome II de ses ouvrages[1]. » Pour ce qui touche la troisième, Des Maizeaux l'a reproduite, au tome VII, telle que Barbin l'imprima, en 1668, avec cette note qui n'a pas été remarquée : « Quoique la pièce suivante ait été défigurée, dans les éditions des *OEuvres* de M. de Saint-Evremond, jusqu'au point que l'auteur a marqué qu'il n'y reconnoissoit rien, cependant, puisqu'il n'a pas voulu se donner la peine de la refaire, on a cru ne pas désobliger le public en la mettant ici, telle qu'on la trouve imprimée dans les anciennes éditions. » Et dans la préface du même volume, Des Maizeaux dit de notre Maxime *qu'elle étoit originairement de M. de Saint-Evremond, mais qu'il la désavouoit de la manière qu'on l'avoit imprimée. Sur mon exemplaire*, ajoute Des Maizeaux, *il a écrit* : « *Tout est changé ici, je n'y reconnois rien; ce n'est point la même chose que j'ai faite.* »

Me voilà loin de l'hypothèse du grand écrivain qui attribue la *Maxime*, telle qu'elle est, à Saint-Evremond ; qui en a cru la composition postérieure à l'édition des *Maximes* de La Rochefoucauld ; et qui, par conséquent, fait du premier un imitateur, un écolier du second. Je crois que le fond de l'ouvrage est en effet de Saint-Evremond, et que s'il n'a pas voulu le retoucher, ou lui rendre sa couleur originale, c'est qu'il avoit changé d'opinion sur la nature de l'amitié. Son matérialisme s'étoit épuré, en vieillissant, et auprès de la du-

---

[1]. *La Vie de M. de Saint-Evremond*, pag. 16, tom. I de l'édition de 1753.

chesse Mazarin; et dans de charmantes pages [1] qu'on peut lire en ces volumes, l'amitié ne lui apparoissoit plus, comme en 1647, au milieu des intrigues de la Fronde naissante, un trafic, mais une vertu, mais la plus délicieuse des affections humaines, bien préférable à l'amour lui-même. Voilà sans doute pourquoi il a dit à Des Maizeaux qu'il ne s'y reconnoissoit plus, et qu'il n'a pas voulu corriger les altérations de Barbin.

Il est probable qu'en 1647 il a écrit ces paroles : *Il est certain que l'amitié est un commerce ; le trafic en doit être honnête; mais enfin c'est un trafic*[2]. Cette maxime avoit été discutée dans le salon de Mme de Sablé, et y avoit soulevé des tempêtes. Les âmes délicates s'en étoient révoltées, et la noble nature de Mme de Sablé la première. C'est pour répondre à Saint-Evremond qu'elle ne nomme pas, et non pas à La Rochefoucauld, que M. Cousin croit reconnoître à travers le papier de Mme de Sablé; c'est pour répondre à Saint-Evremond, qu'elle composa cet écrit sur *l'amitié :* écrit perdu, pendant longtemps, et retrouvé et publié par M. Cousin, dans son ravissant volume de *Madame de Sablé;* j'en suis à ses genoux, de reconnoissance. « Il y faut voir, dit M. Cousin, dans son style inimitable[3], une réponse à quelqu'un de la société de Mme de Sablé qui devant elle avoit exprimé de basses pensées sur l'amitié. *Ce quelqu'un-là est, à n'en pouvoir douter, La Rochefoucauld.* Il avoit communiqué à

1. Voy. *inf.*, p. 140 et suiv., et surtout tom. II, pag. 451 et suiv.
2. Voy. pag. 4 de ce volume.
3. *Madame de Sablé*, pag. 115.

Mme de Sablé sa maxime sur l'amitié : *L'amitié la plus désintéressée n'est qu'un trafic, où notre amour-propre se propose toujours quelque chose à gagner.* »

Je crois que *ce quelqu'un-là* est plutôt Saint-Evremond que La Rochefoucauld ; et je crois de plus, ce qui est un moyen de me raccommoder, sur-le-champ, avec M. Cousin, que La Rochefoucauld, quinze ans plus tard, n'a fait que copier Saint-Evremond.

Il est prouvé que Mme de Sablé avoit composé son écrit sur l'amitié, bien longtemps avant la publication des *Maximes* de La Rochefoucauld, laquelle est de l'année 1665. En 1660, Mme de Sablé communiquoit cet écrit à d'Andilly, dont la réponse, datée du 28 janvier 1661, est rapportée par M. Cousin. On voit, par là, quelles étoient les habitudes de la société de ce temps. Toute une littérature y circuloit en manuscrit, et à petit bruit, à l'usage d'un petit nombre de lecteurs, qui ne souhaitoient pas d'autre publicité. C'étoit, pour les auteurs, une sorte de distinction littéraire que de n'être pas dans les mains de tout le monde. La littérature de la bonne compagnie restoit alors longtemps sous clef ; aussi, quel butin y a recueilli M. Cousin, quand il a pu fouiller dans ces papiers.

On est informé, d'un autre côté, que Mme de Sablé s'employa beaucoup, pour assurer le succès des *Maximes* de La Rochefoucauld, qui étoit de sa société la plus intime ; elle le défendit envers et contre tous ; elle envoya même au *Journal des Savants* un article approbatif, qu'elle avoit communiqué à La Rochefoucauld. Est-il vraisemblable qu'elle ait écrit tout à la fois l'éloge et la critique? elle étoit moins gênée avec Saint-Evremond, ami intime de ses deux fils, il est vrai, mais qu'elle ne voyoit plus, depuis qu'elle étoit à Port-Royal. Lorsque parut l'opuscule de Saint-Evremond, dans le volume de Barbin, en 1668, personne n'a crié au plagiat; et remarquez que Barbin étoit l'éditeur même de La Rochefoucauld. La société de ce temps savoit à quoi s'en tenir sur la propriété des *Maximes*. Depuis vingt ans, elles étoient discutées, retournées en tout sens, dans les salons. Tout le monde y avoit mis la main. La Rochefoucauld avoit été un intime ami de Saint-Evremond[1]; il connoissoit parfaitement le petit écrit de ce dernier; il ne se gêna pas pour reprendre les mêmes idées. Saint-Evremond n'étoit pas à Paris, pour réclamer; car c'étoit le moment le plus rigoureux de son exil. La Rochefoucauld ne peut même être tenu plagiaire, pour ce fait; car les *Maximes* étoient, à vrai dire, l'ouvrage de toute une société; nul ne les avoit inventées. C'étoit une observation fine et délicate, dont la formule étoit en quelque sorte arrêtée en commun, et à laquelle chacun ajoutoit un trait, un tour particulier. La Rochefoucauld s'est mis tellement à l'aise, à cet égard, que, non content de l'expression de *trafic*, prise de Saint-Evremond en 1665, il l'a développée, dans sa dernière édition de 1678, en copiant un autre mot de Saint-Evremond, celui de *commerce*, qui depuis dix ans étoit imprimé dans le volume de Barbin, et même dans deux éditions

---

1. Voy. la *Conversation du duc de Candale*, INFRA, t. II, pag. 187.

différentes, celle de 1668 et celle de 1671 ; et de même que personne n'accusa Saint-Evremond de plagiat, en 1668 ; de même personne n'accusa La Rochefoucauld de plagiat, en 1678. D'autres *Maximes* de La Rochefoucauld se retrouvent ainsi dans des livres contemporains. La célèbre *Maxime* que *l'hypocrisie est un hommage rendu à la vertu*, est lettre pour lettre, dans les *Mémoires de Hollande*, attribués à Mme de La Fayette, et dont le manuscrit couroit aussi le monde, avant 1665. Dans un volume d'*Œuvres inédites* de La Rochefoucauld, récemment publié, on lit une lettre où il s'agit d'un volume imprimé par Barbin, et qui ne peut être que le Saint-Evremond de 1668. La Rochefoucauld n'y élève aucune réclamation pour revendiquer la propriété de sa pensée.

La *Maxime* de Saint-Evremond *qu'on ne doit jamais manquer à ses amis*, ne pouvoit échapper au coup d'œil de M. Cousin, par son air de parenté avec celles de La Rochefoucauld, et par sa liaison avec les discussions du salon de Mme de Sablé. « Il semble en vérité, dit-il, que Saint-Evremond ait assisté aux débats du salon de Mme de Sablé, sur la nature et les causes de l'amitié. » M. Cousin a même soupçonné que c'étoit Saint-Evremond qui, sous le nom de son libraire, s'étoit plu à offrir à la spirituelle marquise l'hommage de son talent. Cette supposition s'évanouit devant les explications que je viens de donner, mais le fond de la remarque de M. Cousin est parfaitement juste. De son œil pénétrant, il a vu la vérité, quoiqu'il ne s'y soit point arrêté, faute d'avoir eu sous la main les notes et les dates de Des Maizeaux.

Pour fixer la vérité, il ne s'agit que de rétablir la chronologie de tous ces divers écrits. Si l'on songe que bientôt après la composition des trois petits ouvrages de Saint-Evremond, la guerre civile a éclaté; que la société parisienne a été dispersée; que la plupart des salons ont été fermés; que chacun a pris parti, pour ou contre Mazarin; que la politique a tout absorbé, jusqu'à la paix de 1652; que même après cette paix, La Rochefoucauld est resté, dans sa retraite de Verteuil, éloigné de Paris; et que pendant longtemps encore subsistèrent, dans la société, les traces des dissentiments politiques; qu'un nouveau monde a succédé à celui d'avant la Fronde; que les belles et galantes dames de la place Royale, ou de la rue Saint-Thomas du Louvre, ont été se consoler à Port-Royal, où ne les a pas suivies Saint-Evremond; qu'enfin, en 1661, est survenue la disgrâce accablante de Fouquet et de Saint-Evremond, qui a livré le bien de celui-ci au pillage universel : l'on aura l'explication complète de ce mystère d'une composition de l'an 1647, restée près de vingt ans inédite, et publiée à l'insu de son auteur, en 1668 : mystère qui peut nous surprendre, aujourd'hui où nos habitudes de publicité s'éloignent tant de celles de l'époque en question, mais qui se dévoile avec clarté, quand on entre dans le détail précis des événements et des preuves.

On peut même expliquer comment, malgré ses aperçus si vrais, M. Cousin a été induit à ne voir dans Saint-Evremond qu'un imitateur de La Rochefoucauld. En effet, en même temps qu'il est l'un de nos premiers écrivains, M. Cousin est l'un de nos premiers bibliophiles. Or, il n'avoit trouvé la *Maxime* de Saint-Evremond que dans l'édition rarissime de Barbin, de 1671. Il a donc cru tenir l'édition originale et vraie de Saint-Evremond ; et la date étant de 1671, il a fait naturellement, de ce dernier, un commentateur de La Rochefoucauld, dont le livre étoit imprimé depuis 1665. Son sentiment plausible a été corroboré par cette circonstance, qu'il n'a plus retrouvé la *Maxime* dans les *OEuvres complètes* de Saint-Evremond, qu'il a consultées, et qu'avoient publiées, à Londres, Silvestre et Des Maizeaux. Elle en avoit, en effet, disparu par les ordres de Saint-Evremond ; mais Des Maizeaux lui a donné place, parmi les œuvres supposées ou altérées, au tome VII de 1753, pages 271 et suivantes, après avoir expliqué, dans la préface de ce volume, page xiii, et au tome I, page 16, et au tome II, page 7, comment et pourquoi cet opuscule avoit cessé de figurer aux *OEuvres authentiques*. Déjà, dans l'édition de 1740, sur laquelle est faite celle de 1753, Des Maizeaux avoit donné les mêmes explications.

Ainsi, les causes de l'erreur seroient, si je ne m'abuse : 1° que l'illustre historien de *Madame de Sablé* n'a pu connoître notre édition de 1668 ; 2° qu'il a dû croire que Barbin avoit l'aveu de Saint-Evremond, tandis qu'il est prouvé que ce dernier a désavoué son imprimeur : indépendamment de l'observation de Des Maizeaux, il y en a une lettre formelle à Ninon de Lenclos, que nous avons déjà rapportée ; 3° qu'on ne pouvoit, en effet, s'expliquer la disparition de notre *Maxime* dans les *OEuvres authentiques* publiées par Des Maizeaux. Du reste M. Cousin lui-même nous fournit nos meilleurs arguments, car il nous apprend que les *Maximes* de La

Rochefoucauld sont sorties du salon de Mme de Sablé. « La Rochefoucauld, dit-il, n'y a pas introduit le goût de ce genre d'occupation, il l'y a trouvé établi. » Ailleurs, M. Cousin nous dit qu'il y a des pensées de Pascal qu'on diroit appartenir à La Rochefoucauld. Telle est celle du nez de Cléopatre. En effet, en fréquentant le salon de Mme de Sablé, à Port-Royal, Domat et Pascal y trouvèrent tellement en faveur le goût des *Sentences* et *Maximes*, qu'ils n'échappèrent point à l'influence régnante. Les *Pensées* de Pascal ne sont qu'une forme des *Maximes* à la mode. Or, c'est en 1654, M. Cousin a démontré cette date, que Mme de Sablé quittoit le Marais pour Port-Royal. Pascal étoit alors dans le voisinage, car les *Provinciales* ont été composées rue des Poirées, en face même du collége de Clermont. Et, à cette date de 1654, ou 1655, Saint-Evremond composoit la *Conversation du maréchal d'Hocquincourt*, après laquelle il ne pouvoit plus se présenter chez des jansénistes qu'il avoit persiflés, à l'égal des jésuites. D'ailleurs, la cessation des assiduités de Saint-Evremond chez Mme de Sablé, pourroit bien dater de l'époque (1648-1650) où elle fit à M. de Maisons cette vente simulée de Sablé qui la brouilla avec son fils le marquis de Boisdauphin, l'un des amis particuliers de Saint-Evremond[1]. Quoi qu'il en soit, le rapport **intime** de la *Maxime* de Saint-Evremond avec ce qui se passoit au salon de Mme de Sablé, nous étant démontré, il faut que la composition de la *Maxime* soit antérieure à l'année 1654,

---

1. Voy. Tallemant, III, p. 139, et cf. M. Paulin Paris *ibid.*, p. 152, avec M. Cousin, *Madame de Sablé*.

où Mme de Sablé a quitté le Marais. Cette conséquence étant admise, nous nous trouvons bien près de la dislocation de la société parisienne par la Fronde, et de l'année 1647, indiquée par Saint-Evremond, par Des Maizeaux, et par un ensemble irrécusable de preuves. La Rochefoucauld n'en est pas amoindri, mais Saint-Evremond est rendu à lui-même. En 1668, il n'étoit donc pas un inconnu pour Mme de Sablé.

Quant à l'altération de la *Maxime* de Saint-Evremond, c'est le sort de tout ouvrage qui circule en manuscrit. Le *Dialogue des héros de roman* de Boileau fut répandu en cette forme, pendant longtemps, parmi les curieux ; et Boileau nous apprend lui-même qu'à la fin il ne s'y connoissoit plus[1]. Les portefeuilles de Conrart sont remplis de compositions apocryphes ou altérées ; on ne peut les consulter qu'avec précaution.

Il ne nous reste qu'à dire pourquoi, dans tout ce débat si curieux de 1665, ouvert à propos des *Maximes* de La Rochefoucauld, dans le grand monde parisien, et dont M. Cousin a rendu compte avec tant d'éclat et d'intérêt, le nom de Saint-Evremond n'a pas été prononcé. Un mot suffit à cet égard ; il est triste, mais il est vrai. Saint-Evremond étoit exilé ; il étoit l'objet de toute la colère du souverain : peu de monde osoit alors s'avouer son ami, ni l'avoir connu. Qui a prononcé le nom de Fouquet, depuis le jour de son départ pour Pignerol, jusqu'à sa mort, c'est-à-dire pendant vingt ans?

---

1. Voy. la *Corresp. de Brossette avec Boileau*, publ. par M. Laverdet, pag. 175, 176.

Personne : l'élégie de la Fontaine est de 1661, antérieure au jugement. Le poëte a eu le courage de revenir sur le même sujet, en 1663 ; et puis le silence s'est fait sur Fouquet, qui n'est plus nommé, dans la Correspondance même de Mme de Sévigné, jusqu'au jour où la mort du malheureux fut annoncée au public, dix-sept ans après. Voilà ce que le pouvoir absolu de Louis XIV avoit fait d'un pays, le plus noble de l'univers. Barbin se garda bien de mettre un nom d'auteur au volume de 1668. Il n'y en a pas davantage au volume de 1671.

CHAPITRE VI.

CAMPAGNE DE CATALOGNE. — MUNSTER. — DISGRACE DE SAINT-EVREMOND AUPRÈS DU PRINCE DE CONDÉ.

PENDANT que Saint-Evremond composoit et répandoit dans la société parisienne les trois opuscules de 1647, les négociations de la paix générale se poursuivoient, avec diverses vicissitudes, à Munster et à Osnabrück. La guerre continuoit en même temps qu'on négocioit, et le succès de nos plénipotentiaires (nous avions là les plus habiles qu'ait eus notre diplomatie) suivoit le bonheur de nos armes. En Allemagne et en Flandre, la position étoit bonne. Mais en Catalogne, un capitaine, pourtant éprouvé, le comte d'Harcourt, avoit échoué devant Lérida ; il y falloit relever la réputation des troupes françoises. Cette nécessité d'État avoit déterminé, plus que toute autre considération, le choix qu'avoit fait Mazarin du nouveau prince de Condé pour commander l'armée de Catalogne. Il partit de Paris, au mois de mars 1647, emmenant avec lui Saint-Evremond, qui n'avoit pas été compris dans l'arrangement de personnes arrêté par le prince, à Dijon, de concert avec son frère le prince de Conti, après la mort de leur père, et d'après lequel les domestiques du défunt avoient passé au service de ses deux fils, et l'ancienne maison du nouveau prince de Condé avoit passé au service du nouveau duc d'Enghien, encore enfant. « Le prince de Condé, dit Lenet, prit à son service la compagnie des gendarmes et des chevau-légers de son père, et fit passer les siennes au jeune duc son fils. Il fit de même pour ses régiments. Les domestiques du prince défunt restèrent au service de ses deux fils. » Le mérite militaire de Saint-Evremond, et l'agrément de sa personne, avoient dû décider le vainqueur de Nordlingue et de Dunkerque à le retenir auprès de lui. Le témoignage de M. Silvestre, bien informé, nous assure que Saint-Evremond a suivi le prince de Condé en Catalogne[1].

Mais là se bornent nos renseignements positifs sur la participation spéciale de Saint-Evremond aux événements qui se sont passés au delà des Pyrénées depuis l'entrée en campagne du prince de Condé. On sait ce qui arriva. Le prince hardi, qui avoit pris Furne, Mardyck et Dunkerque, ne fut pas plus

---

1. Voy. la préface de Silvestre, dans le Ier volume, pag. 263, de l'édit. de 1753.

heureux que d'Harcourt, dans l'entreprise du siége de Lérida, et il épuisa la campagne en manœuvres et en mesures de conservation, qui ajoutèrent à sa renommée le mérite de la prudence, mais sans éclat nouveau pour sa gloire. Il repartit pour la France, au mois de novembre, assez maître de lui-même pour sauver les formes avec le cardinal, mais au fond mécontent du personnage qu'il avoit joué et dont il faisoit remonter la faute au cardinal. Après s'être arrêté quelques jours en Bourgogne, il vint rejoindre la cour ; et cajolé par Mazarin, il reçut le commandement de l'armée de Flandre, pour la campagne suivante, illustrée par la journée de Lens, sans se douter de la secrète pensée d'Anne d'Autriche et de Mazarin, lorsqu'ils lui en offrirent les honneurs.

Le 24 octobre 1648, fut signé l'acte final du congrès de Westphalie, et la politique du cardinal Mazarin, en ce qui touche la conduite des affaires de la France avec l'Europe, y obtint un triomphe éclatant. Jamais la diplomatie françoise n'avoit eu de plus grand succès. La gloire en revient tout entière à l'habileté du cardinal; Saint-Evremond est du petit nombre de ceux qui rendirent justice au ministre envers qui le pays fut si peu reconnoissant.

Qu'il me soit permis, à ce sujet, de rectifier une erreur dans laquelle sont tombés quelques écrivains qui ont retracé les divers événements de la guerre de la Fronde. Cette révolte étourdie auroit, selon eux, compromis les intérêts de la France à Munster; et notamment elle auroit empêché l'Espagne de signer le traité, dans l'espoir de profiter des embarras du cardinal. A Dieu ne plaise que je veuille justifier la Fronde, mais il m'est facile de montrer qu'en ce point le reproche est purement imaginaire, et que les mouvements de Paris, en 1648, n'ont pas eu la moindre influence sur les négociations de la paix de Westphalie.

Lorsque les congrès de Munster et d'Osnabrück furent ouverts en 1643, après vingt-cinq ans accomplis de cette guerre sanglante qui a désolé l'Europe pendant trente ans, cinq grandes puissances s'étoient rapprochées pour traiter des conditions de la paix. C'étoit l'Empire et les divers États dont il étoit formé : l'Empire déchiré par la discorde intérieure, ravagé, ruiné par la guerre étrangère, humilié dans son chef, le petit-fils abaissé du puissant Charles V. C'étoit l'Espagne, affoiblie par sa longue lutte avec les Provinces-Unies révoltées contre elle, prise à revers par la France dans les Flandres, et sur le territoire espagnol lui-même obligée de guerroyer contre le Portugal et contre la Catalogne soulevés. En un mot, c'étoient les deux branches de la maison d'Autriche réduites par la fortune de la guerre aux plus dures extrémités. En face d'elles étoient la France, victorieuse à Rocroi, où elle avoit détruit l'infanterie espagnole, et bientôt maîtresse des Flandres, du Luxembourg, de Trèves, du Brisgau, de l'Alsace, des passages des Alpes, du Roussillon et de la Catalogne ; la Suède, promenant ses armées triomphantes du nord au midi de l'Empire ; enfin, les Provinces-Unies, élevées au rang de grande puissance maritime, et poursuivant, devant l'Europe, la reconnoissance publique de leur émancipation et de leur souveraineté. L'Angleterre, occupée chez elle par la guerre civile, étoit en dehors de ce grand débat européen ; Venise et le pape assistoient au congrès en qualité de médiateurs.

Toutefois ces diverses puissances n'avoient pas un égal intérêt à la paix. Tous les peuples la désiroient, mais tous les cabinets n'y portoient pas un même empressement. Aux yeux des uns, le succès n'étoit pas encore assez complet pour satisfaire leurs vues ambitieuses; à l'égard des autres, l'adversité étoit trop grande pour qu'on pût espérer un traité avantageux. Améliorer la bonne fortune, ou se relever de la mauvaise, étoit donc le conseil donné par la politique ; mais les populations, obérées, épuisées, écrasées, n'étoient pas en mesure de le suivre. L'opinion européenne, qui commençoit alors à dicter des lois aux gouvernements, imposa donc la réunion d'un congrès. Les évêchés souverains de Munster et d'Osnabrück furent neutralisés, et toutes les puissances belligérantes furent invitées à y envoyer leurs représentants. Régler les conditions nouvelles de l'équilibre européen, au dix-septième siècle, et rétablir la paix de religion dans l'Allemagne divisée depuis cent ans, tel étoit le but offert aux louables efforts de la diplomatie. Cinq ans de discussion y furent consacrés, pendant que la guerre continuoit tout à l'entour des plénipotentiaires.

Les premiers arrivés au congrès furent les Impériaux. Ils étoient les plus pressés, et ne s'en cachoient guère. La légation espagnole et la légation suédoise arrivèrent peu de temps après. Les médiateurs suivirent de près, avec les représentants des

Provinces-Unies; mais les plénipotentiaires françois n'arrivèrent que le 17 mai 1644, et leur lenteur étoit parfaitement calculée. Ils avoient le moins d'intérêt à la paix, et les choses n'étoient point encore au degré de maturité où les vouloit Mazarin pour l'accomplissement de ses projets, qui n'étoient autres que l'acquisition des Pays-Bas espagnols, du Luxembourg, d'une partie du Palatinat, et du Brisgau, à joindre aux trois Évêchés et à l'Alsace; la conservation de Pignerol, et l'échange de la Catalogne pour la Navarre, en gardant le Roussillon; en un mot, Mazarin poursuivoit la sanction diplomatique de l'occupation par nos armes des pays limitrophes, qui étendoient, rectifioient ou assuroient nos frontières.

Nos plénipotentiaires, arrivés si tard à Munster, laissèrent voir clairement qu'ils avoient peu de hâte de traiter de la paix. MM. d'Avaux et de Servien, après avoir épuisé tous les moyens dilatoires, adressèrent à leurs collègues une circulaire si violente qu'elle faillit dissoudre le congrès. La division qui éclata bientôt entre M. d'Avaux et M. Servien parut un calcul de la ruse, pour traîner les choses en longueur. Les médiateurs en témoignèrent leur déplaisir, et les Suédois eux-mêmes menacèrent de traiter sans la France, si celle-ci persistoit dans son système de temporisation.

Au mois de décembre 1644 seulement, les plénipotentiaires françois remirent aux médiateurs leurs premières propositions, qui étoient tellement vagues qu'elles répandirent une inquiétude profonde au lieu de faire espérer une solution rassurante.

Cette situation motiva, au mois de mai 1645,

une scène peu connue qu'on me permettra de rapporter ici. C'étoit le jour de Pâques. Le plénipotentiaire impérial, le comte de Volmar, étoit venu se confesser à l'église des Capucins de Munster, et il s'agenouilloit à l'autel, au moment même où parut le comte d'Avaux, qui s'agenouilla de l'autre côté, pour remplir le même devoir religieux. Le comte de Volmar se leva aussitôt et salua le comte d'Avaux, qui lui rendit poliment le salut et lui souhaita, en françois, un bon jour de Pâques. « Puisque nous nous trouvons ici réunis, répondit le comte de Volmar en latin, pour consacrer ce jour à l'adoration d'un Dieu de paix, efforçons-nous d'amener plus d'esprit de concorde dans nos conférences. » Et le comte d'Avaux, ému de cette invitation, répliqua dans la même langue, et en montrant le ciboire sur l'autel : « Eh bien! j'atteste Dieu, que moi aussi j'ai la paix dans le cœur, et certainement vous recevrez, cette semaine, nos propositions. » Le comte de Volmar se rapprochant alors du comte d'Avaux, lui dit en pressant sa main : « Je prends acte de votre parole; que l'ange de paix descende au milieu de nous, et soit le témoin de votre engagement. » Sur ce, les deux ambassadeurs s'embrassèrent avec effusion, et se séparèrent profondément touchés de cette rencontre.

En effet, le 11 juin 1645, les François communiquèrent enfin leurs propositions à l'Empire. C'étoit la cession à la France de Philipsbourg, des deux Alsaces, des trois Évêchés, avec le Brisgau, et le rétablissement de la liberté germanique par la révision de la bulle d'or rajeunie. L'Empire et l'empereur jetèrent d'abord les hauts cris ; toutefois l'Allemagne étoit préparée aux sacrifices, et après bien des pourparlers, on ne fut pas éloigné de s'entendre.

Mais les difficultés de la France avec l'Empire n'étoient pas les plus délicates à résoudre. Les vraies, les sérieuses difficultés, étoient dans la question espagnole. L'Espagne n'étoit pas assez affoiblie pour abandonner les Pays-Bas à la France; encore moins vouloit-elle céder la Navarre ou la Catalogne; et d'ailleurs les Provinces-Unies elles-mêmes, quoique alliées de la France, ne vouloient pas de la France pour voisine. La France ne vouloit donc pas encore faire la paix avec l'Espagne : c'étoit le fonds de sa pensée. L'Espagne le comprit, et le danger de sa situation lui inspira une résolution hardie qu'elle exécuta heureusement. Elle se rapprocha secrètement des Provinces-Unies, avec qui elle étoit en guerre depuis cent ans; elle leur montra dans la France leur alliée, un ennemi réel plus à craindre que l'Espagne. Et toutes deux négocièrent leur traité particulier, en vertu duquel l'indépendance des Provinces-Unies fut reconnue par l'Espagne, avec son titre de souveraineté. La France ne put l'empêcher, et les Provinces-Unies, n'ayant plus rien à faire à Munster, s'en retirèrent, avec peu de souci du ressentiment de la France blessée. Quant à l'Espagne, elle se disposa à continuer une guerre désespérée, en s'éloignant également du congrès, où l'Empire étoit impuissant pour la soutenir avec une efficacité utile.

Toutefois, avant de se retirer, elle avoit essayé d'un dernier expédient qui prouve sa détresse, et que révèle la correspondance diplomatique. Elle proposa de s'en rapporter, pour les conditions de la paix avec la France, à l'arbitrage suprême de la régente Anne d'Autriche, mère de Louis XIV et sœur de Philippe IV. « Persuadé, disoit le roi d'Espagne, que sa prudence et son équité régleroient toutes choses, et qu'en procurant l'avantage du roi son fils, elle pourroit, en même temps, satisfaire à ce que le sang lui inspireroit, en faveur du roi son frère. »

La reine répondit, avec la pensée de Mazarin, et la plume de M. de Lyonne, que : « quelque flattée qu'elle fût de la qualité de juge et de médiatrice qu'on lui offroit, elle ne pouvoit l'accepter...; que les affaires dont il s'agissoit étoient de nature à ne pouvoir se régler par des considérations particulières, et qu'on lui faisoit grand tort si on l'avoit jugée capable ou de payer aux dépens de l'État un respect qu'on lui auroit rendu, ou de sacrifier le bien de la couronne de France à l'affection qu'elle avoit pour la maison dont elle étoit sortie....[1] »

Peu de temps après cette réponse, l'Espagne se retira définitivement de Munster où siégeoient les représentants des couronnes; mais elle resta à Osnabrück où siégeoient les représentants des États allemands, et où elle avoit des intérêts d'empire à défendre pour ses possessions du cercle de Bourgogne.

Maintenant, si l'on rapproche simplement les dates des divers événements du temps, on aura la certitude du peu d'influence que les premières agitations de la Fronde ont exercé sur les résolutions du congrès de Westphalie.

---

1. Voy. de Flassan, *Hist. de la diplomat.*, III, p. 147.

Le traité particulier signé par le roi d'Espagne avec les Hollandais à Munster, est du 30 janvier 1648. La retraite des Espagnols de Munster, et leur rupture avec la France, est du mois de février même. La campagne de Lens est du printemps de cette année, et la bataille a été gagnée le 20 août 1648. C'est après le *Te Deum* chanté à Notre-Dame, le 26, pour cette victoire, que furent arrêtés le président de Blancménil et le conseiller Broussel; à la suite de quoi survinrent les barricades qui furent le premier épisode de la Fronde.

A la vérité l'arrestation de ces deux magistrats avoit été précédée d'un acte d'opposition du Parlement de Paris, l'arrêt d'union de ce grand corps judiciaire avec les autres Parlements du royaume. Mais cet acte, tout intérieur, est du mois de mai au mois de juin, trois mois après que l'Espagne s'étoit retirée de Munster. Le Parlement fut raccommodé avec la cour par la déclaration du 4 octobre, et la mise en liberté de Blancménil et de Broussel apaisa l'émotion parisienne. Lors donc que fut signé le traité de Munster, le 24 octobre, les troubles de Paris n'avoient point encore le caractère qu'ils prirent plus tard. Quoique bien connus des plénipotentiaires étrangers, ils n'empêchèrent point la concession de tous les avantages que la France pouvoit désirer alors, et que même elle n'a pu conserver depuis. En effet, avec les trois Évêchés, les deux Alsaces et le Sundgau, Brisac, Philipsbourg et Pignerol étoient aussi abandonnés à la France et le rétablissement de la constitution de l'Empire a été pour ainsi dire réglé au gré de nos ministres. Les troubles de Paris n'ont eu donc aucune influence sur les conclusions de Munster. Si la guerre a continué avec l'Espagne, c'est que la France l'a voulu ; sans quoi la France eût pu obtenir de l'Espagne des concessions modérées. En ce point Mazarin s'est trompé. Pour trop vouloir au traité de Westphalie, il n'a eu que peu au traité des Pyrénées, car on lui offroit en 1648 ce qu'on lui a donné en 1659, y compris la main d'une Infante. Et tel fut le grief que Saint-Evremond développa plus tard contre le cardinal, dans cette fameuse lettre au maréchal de Créqui, sur la paix des Pyrénées, qui motiva l'exil de notre auteur.

Sans doute l'Espagne a profité des troubles de la Fronde, et sur ce point l'alliance des princes frondeurs avec l'Espagne est un crime irrémissible. Mais, quant à l'influence particulière de la Fronde sur la paix de Westphalie, elle doit être reconnue comme nulle; l'influence postérieure de la Fronde sur la guerre continuée avec l'Espagne est d'un ordre tout à fait différent, et nous y reviendrons.

Saint-Evremond avoit encore suivi le prince de Condé en Flandres; il étoit auprès de lui à la bataille de Lens (20 août 1648). Bien qu'il nous ait laissé ignorer la part qu'il y a prise, un témoignage certain, celui de Pierre Coste, auteur de la *Vie du grand Condé*, nous apprend combien Saint-Evremond étoit instruit de toutes les particularités de ce fait d'armes, puisqu'il en fit rectifier les détails à Pierre Coste, qui profita utilement de ses judicieuses observations pour corriger son ouvrage. Pierre Coste dut même aux entretiens de Saint-Evremond la écouverte d'une notice sur la célèbre bataille, vue et corrigée par Condé lui-même et dont M. Cousin a fait son profit[1] avec habileté.

Il est probable qu'après la bataille, Saint-Evremond demeura, comme le prince victorieux, au camp de Flandres, et qu'il resta ainsi étranger aux événements que tout le monde connoît et qui se passèrent à Paris, après la nouvelle de la victoire : l'arrestation de Blancménil et de Broussel, l'insurrection des Parisiens, et tout ce qui suivit. Il ne rejoignit la cour qu'à la fin de l'hiver, après son voyage en Normandie. C'est dans cet intervalle qu'il a été disgracié auprès du grand Condé. Quelques détails, à ce sujet, sont nécessaires.

Il y a deux Condé qu'il ne faut pas confondre : celui de l'oraison funèbre, et celui de l'histoire. Tous deux héroïques, tous deux grands ; mais l'un taillé pour le panégyrique, l'autre pour la vérité. L'humble humanité se console quelquefois en se trouvant l'égale de la grandeur, par quelque point de misère. Bossuet et M. Cousin n'ont pas exagéré les qualités de Condé ; mais, pour avoir le vrai tout entier, il faut compléter le héros par l'homme ; l'ombre au tableau n'en affoiblit pas l'éclat. Qu'importe que Condé ait été bouillant, emporté, ombrageux, inexorable, et que les orages aient été fréquents autour de sa personne ; il n'en reste pas moins un incomparable personnage, et tout à fait digne des sympathies qu'il a inspirées. Il étoit sublime à la tête d'une armée ; écoutons ce récit d'une contemporaine, femme d'esprit et de cœur : « Dès

---

1. Voy. *la Société française au dix-septième siècle*, t. I, pag. 153, note.

qu'il avoit pris les armes et qu'il étoit à cheval,... ce prince étoit si dissemblable à lui-même,... qu'il n'arrivoit pas un plus grand changement au visage de la Pythie, lorsqu'elle rendoit des oracles, que celui qu'on voyoit en la personne du prince, dès qu'il avoit les armes à la main. On eût dit qu'un nouvel esprit l'animoit, et qu'il devenoit lui-même le dieu de la guerre. Son teint en devenoit plus vif, ses yeux plus brillants, sa main plus haute et plus fière, son action plus libre, sa voix plus éclatante, et toute sa personne plus majestueuse; de sorte qu'au moindre commandement qu'il faisoit, il portoit la terreur dans l'âme de tous ceux qui l'environnoient. Il paroissoit pourtant toujours de la tranquillité dans son âme, malgré cette agitation héroïque. Sa présence avoit quelque chose de si divin et de si terrible tout ensemble, que l'on peut dire que quand il étoit à la tête de son armée, il ne fesoit pas moins trembler ses amis que ses ennemis[1]. » Voilà bien le portrait, d'après nature, de l'homme de guerre, et Bussy-Rabutin, qui n'est pas suspect, nous représente Condé couvert de sang et de feu, dans les tranchées de Mardyck, avec des couleurs absolument semblables. C'étoit l'image du dieu de la guerre, non-seulement pour la figure, mais encore pour l'action.

L'homme privé tenoit aussi de la nature les dons les plus heureux. C'étoit le plus dévoué, le plus attaché des amis. A Charenton, au fort de la mêlée, il émut son armée, en aidant de sa main, à porter son ami, le duc de Chatillon, blessé à mort à ses

1. Mlle de Scudéry, dans Cousin, *Soc. française*, I, p. 77.

côtés. Son affection n'avoit point de limites, témoin ce qu'il fit pour Bussy, dans l'affaire de Mme de Miramion. Rien n'est plus touchant que sa tendresse pour Mlle du Vigean. Quand il partit pour Nordlingue, il s'évanouit en la quittant. Au faubourg Saint-Antoine, son premier cri de désespoir, quand il rencontra Mademoiselle, au pied de la Bastille, fut d'avoir perdu tous ses amis, dans cette fatale bataille. Quant à son esprit, il étoit admirable.

Hélas! triste revers des choses d'ici-bas! ce grand cœur avoit de déplorables imperfections; cette âme héroïque étoit livrée à d'étonnants contrastes : cet esprit merveilleux, a des travers inexplicables. Il étoit certes plus désintéressé que son père, à qui l'avidité fit commettre tant de fautes; mais l'orgueil, à l'égal de l'avarice, qui avoit abaissé son père, a égaré le grand Condé et l'a conduit tantôt à défendre son roi à Charenton, tantôt à le combattre à Bleneau. Il fesoit expier à Clémence de Maillé l'inégalité de l'alliance que lui avoit imposée la cupidité, et sa passion promettoit le mariage à Mlle du Vigean, quand il espéroit de se pouvoir dégager d'un lien qui lui étoit trop souvent insupportable. Il étoit le plus résolu et le plus clairvoyant des capitaines, sur le champ de bataille; et dans la vie civile, et dans la vie politique, le plus irrésolu, le plus imprévoyant des hommes. L'habile peintre, qu'on nomme le cardinal de Retz, l'a ainsi crayonné : « Les héros ont leurs défauts; celui de M. le Prince est de n'avoir pas assez de suite dans l'un des plus beaux esprits du monde.... Quoiqu'il vît très-bien les inconvénients et les avantages des deux partis, sur lesquels il balançoit à prendre ses résolutions, et quoiqu'il les vît même ensemble, il ne les pesoit pas ensemble; ainsi ce qui lui parut aujourd'hui plus léger, lui parut demain plus pesant. Voilà justement ce qui fit le changement de M. le Prince, sur lequel il faut confesser que ce qui n'a pas honoré sa vue, ou plutôt sa résolution, a bien justifié son intention. » Il convenoit au coadjuteur de justifier l'intention de Condé; mais pour nous, qui, à deux siècles de distance, voyons un premier prince du sang livrer sa race aux hasards de la guerre civile, et son pays à l'étranger, la criminelle étourderie de sa révolte n'a point d'explication, si elle n'a pas l'ambition du trône pour mobile; et il y a plus d'un témoin qui l'en accuse, avec l'opinion publique[1]. Voilà les foiblesses du prince et de l'homme public. Celles de l'homme privé sont encore plus regrettables.

Je ne parlerai point des noirceurs dont Coligny le tient capable, *devant Dieu et les saints évangiles*[2], bien qu'elles aient eu de l'écho chez les contemporains[3]. Il y a des imputations qu'il faut ignorer, ou ne pas croire. On voit d'autres misères dont l'humanité n'est pas défendue par la grandeur. L'histoire peut en négliger quelques-unes; mais il est des imperfections historiques dont il faut faire état, pour l'instruction de la postérité. On ne peut tenir pour

1. Voy. les lettres de Guy Patin, édit. de M. Reveillé Parise, et les *Mémoires* de Coligny.
2. Voy. les *Petits mémoires* de Coligny-Saligny, édit. Monmerqué, p. XLVII et XLIX.
3. Voy. la *Correspondance de Mme la duchesse d'Orléans* (la *Palatine*), publ. par M. Brunet, t. I, pag. 241.

suspect, par exemple, le bonhomme Loret, rimailleur aux gages de la maison de Longueville, quand il dit, en 1653 [1] :

> Condé, prince bouillant, actif,
> Et même un peu vindicatif.

On ne peut davantage refuser créance à Lenet, qui nous le montre, hors de lui, dans un accès de colère, cassant un bâton sur les épaules d'un malheureux qui l'avoit touché sans le vouloir, et qui lui demandoit pardon à genoux [2]. Que dirai-je de son inflexible dureté envers Clémence de Maillé, son épouse, qui lui montra tant de dévouement, pendant la fronde, et qu'il fit renfermer pour le reste de ses jours à Chateauroux, après une aventure peu louable sans doute, mais dont il n'avoit pas le droit de se montrer si outragé [3] ? son ingratitude, envers la grande Mademoiselle, n'a pas d'excuse. Il avoit entraîné cette héroïque fille à la révolte, et dans sa révolte elle lui avoit rendu le plus grand service qu'il ait reçu dans sa vie. Tout le monde connoît la bataille du faubourg Saint-Antoine, où la fleur de la noblesse françoise et de la bourgeoisie parisienne, fut mise en pièces par Turenne, commandant pour le roi. Mademoiselle étoit debout, dans la rue Saint-Antoine, recueillant les blessés, consolant les mourants, animant par son exemple le peuple à la résistance, au courage; lors-

---

1. *La Muse historique*, pag. 344, édit. de M. Ravenel, Ier vol.
2. *Mémoires* de Lenet, édit. de Champollion, p. 501.
3. Voy. les *Mém.* de Coligny, déjà cités, et M. Walckenaer, *Mém. sur Mme de Sévigné*, V, pag. 398.

qu'au milieu de cette scène arriva le prince de Condé éperdu : « Il étoit, dit Mademoiselle, dans ses *Mémoires*, dans un état pitoyable. Il avoit deux doigts de poussière sur le visage, ses cheveux tout mêlés, son collet et sa chemise tout pleins de sang, quoiqu'il n'eût pas été blessé ; sa cuirasse étoit pleine de coups et il tenoit son épée à la main, ayant perdu le fourreau. Il me dit : Vous voyez un homme au désespoir ; j'ai perdu tous mes amis, etc. » Elle le rassura et sur le sort de ses amis blessés, et sur la certitude de la retraite, et elle le renvoya au feu, où il arriva ce qu'on sait. Condé n'auroit eu qu'à rendre son épée, si elle n'avoit fait tirer le canon de la Bastille sur les troupes du roi, qui furent contraintes d'abandonner la poursuite de l'armée battue de la Fronde.

Et plus tard, quand cette princesse qui avoit rêvé des couronnes et qui étoit si digne de les porter, ne souhaitoit plus qu'un peu de bonheur domestique pour ses vieux jours ; quand elle voulut épouser Lauzun qu'elle aimoit ; quand elle eut obtenu l'assentiment de Louis XIV, encore sensible alors à des sentiments vrais, elle trouva l'orgueil de Condé à la traverse. Condé, alors au faîte de la puissance auprès du jeune roi qui avoit tout oublié ; Condé obtint du roi la rétractation de son consentement, fit arrêter Lauzun, et ce fut en vain que la malheureuse vint se jeter aux pieds de Louis XIV. Écoutons-la : son récit vaut bien celui de Mme de Sévigné. « *Sire, il vaudroit mieux me tuer que de me mettre en l'état où vous me mettez. Quand j'ai dit la chose à Votre Majesté, si elle me l'eût défendue, jamais je n'y aurois songé ; mais l'affaire ayant été au point où elle est venue, la rompre, quelle apparence? que deviendrai-je? Où est-il, Sire, M. de Lauzun?* — Ne vous mettez point en peine, répond le roi, on ne lui fera rien. — *Ah! Sire, je dois tout craindre pour lui et pour moi, puisque nos ennemis ont prévalu, sur la bonté que vous aviez pour lui.* — Le roi se jeta à genoux en même temps que moi et m'embrassa. Nous fûmes trois quarts d'heure embrassés, sa joue contre la mienne; il pleuroit aussi fort que moi : — *Ah! pourquoi avez-vous donné le temps de faire des réflexions? que ne vous hâtiez-vous?* — Hélas! Sire, qui se seroit méfié de la parole de Votre Majesté? vous n'en avez jamais manqué à personne, et vous commencez par moi et M. de Lauzun! Je mourrai, et je serai trop heureuse de mourir. Je n'avois jamais rien aimé de ma vie; j'aimois, et passionnément et de bonne foi, le plus honnête homme de votre royaume. Je faisois mon plaisir et la joie de ma vie de son élévation. Je croyois passer ce qui m'en reste agréablement avec lui, à vous honorer, à vous aimer autant que lui. Vous me l'aviez donné, vous me l'ôtez, c'est m'arracher le cœur. — A ces mots, j'entendis tousser à la porte, du côté de la reine. Je dis au roi : *A qui me sacrifiez-vous là, Sire? Seroit-ce à M. le Prince?* »

Le prince de Condé, en effet, étoit caché derrière la portière de la chambre, et il avertissoit Louis XIV d'en finir. « Le roi, continue la malheureuse, éleva la voix, afin qu'on l'entendît : *Les rois, madame, doivent satisfaire le public. Il est tard; je n'en dirois pas davantage, ni autrement, quand vous seriez ici plus longtemps.* Il m'embrassa et me mena à la porte où je trouvai je ne sais plus qui[1]. »

Avec un tel caractère, que devoit être Condé, envers ceux qui l'avoient offensé, même légèrement? inexorable. Tel il fut pour Saint-Evremond. Le grand Condé, qui aimoit à rire, qui étoit fort caustique, et qui avoit beaucoup d'esprit, avoit toléré la plaisanterie acérée, et très-souvent impertinente, de Voiture, chez Mme de Rambouillet, se bornant à remarquer que Voiture seroit insupportable s'il étoit de condition ; le grand Condé ne put souffrir de Saint-Evremond, bon gentilhomme, une raillerie dont lui-même avoit été le provocateur. Saint-Evremond a raconté que le Prince se plaisoit beaucoup, à cette époque (1648), à chercher le ridicule des hommes ; c'étoit par là que l'esprit fin et railleur de Saint-Evremond et du comte de Miossens avoit été de son goût. Il s'enfermoit souvent avec eux, pour se livrer sans gêne, au plaisir d'une conversation piquante et satirique. Un jour, dit Des Maizeaux, ces messieurs sortant de chez le Prince, il échappa à M. de Saint-Evremond de demander à M. de Miossens s'il ne croyoit pas que Son Altesse, qui aimoit si fort à découvrir le ridicule des autres, n'eût lui-même le sien ; et ils convinrent que cette passion de chercher les ridicules d'autrui, lui donnoit un ridicule d'une espèce toute nouvelle. Cette observation de mœurs leur parut instructive, quoique plaisante, et ils ne résistèrent pas à la tentation de la communiquer à leurs amis. Le Prince ne tarda

---

1. *Mémoires de Mlle de Montpensier*, t. IV, p. 254 et suiv., édit. de M. Chéruel.

point à le savoir, comme on peut le penser, et les marques de son ressentiment ne se firent pas attendre. Il ôta sur-le-champ à Saint-Evremond le commandement qu'il avoit dans ses gardes, et fit défendre au comte de Miossens de se présenter chez lui. Deux ans après, le comte de Miossens conduisoit le prince de Condé à la prison de Vincennes, par ordre du roi. Le carrosse cassa en route, et Condé proposa au comte de le laisser sauver. Celui-ci objecta son serment de fidélité au souverain, et le prince n'insista pas[1]. Quant à Saint-Evremond il ne revit plus le Prince, jusqu'à la paix des Pyrénées.

Saint-Evremond supporta cette disgrâce avec respect, avec dignité, sans murmure ni récrimination; et lorsque le Prince revint en France, en 1660, l'ancien capitaine de ses gardes alla le saluer; il en fut reçu gracieusement, en apparence. Le Prince lui offrit même sa protection, mais Saint-Evremond n'en éprouva jamais les effets, et le prince de Condé n'interposa jamais son crédit pour abréger le long exil de Saint-Evremond en Angleterre. Le Prince ne fut pas plus généreux pour Bussy-Rabutin, qui, nous devons le reconnoître, avoit gravement offensé la sœur chérie de Condé, la duchesse de Longueville. Le souvenir de ces imperfections du caractère privé d'un si grand homme étoit resté profondément gravé dans l'âme élevée de Saint-Evremond. Nul n'a plus sincèrement honoré, admiré le génie et l'héroïsme de Condé; mais cette admiration n'a pu étouffer la mémoire

---

1. Voy. les *Mém.* de Guy Joly, sur 1650.

respectueuse de ce qu'il avoit dû souffrir auprès du Prince. On en trouve l'expression sereine, mais sensible, dans le *Parallèle de César et d'Alexandre*, écrit en 1663, sur la terre d'exil. « Je ne puis m'empêcher, y dit Saint-Evremond, de faire quelques réflexions sur les héros, dont l'empire a cela de doux, qu'on n'a pas de peine à s'y assujettir. Il ne nous reste pour eux, ni de ces répugnances secrètes, ni de ces mouvements intérieurs de liberté, qui nous gênent dans une obéissance forcée. Tout ce qui est en nous, est souple et facile; mais ce qui vient d'eux est quelquefois insupportable. Quand ils sont nos maîtres par la puissance, et si fort au-dessus de nous par le mérite, ils pensent avoir comme un double empire qui exige une double sujétion; et souvent c'est une condition fâcheuse de dépendre de si grands hommes, qu'ils puissent nous mépriser légitimement. Cependant, puisqu'on ne règne pas dans les solitudes, et que ce leur est une nécessité de converser avec nous, il seroit de leur intérêt de s'accommoder à notre foiblesse. Nous les révérerions comme des dieux, s'ils se contentaient de vivre comme des hommes. »

Et comme il a jugé Condé avec une impartialité délicate, dans le *Parallèle* qu'il nous a laissé du Prince avec Turenne ! « M. le Prince plus agréable à qui sait lui plaire, plus fâcheux à qui lui déplaît; plus sévère quand on manque, plus touché quand on a bien fait, etc., etc. » Saint-Evremond écrit pour la postérité. Le grand capitaine couvre, à ses yeux, toutes les misères de l'homme. La mort de Condé réveilla même en son âme ce sentiment élevé d'affection dévouée que tout soldat bien né ressent pour le général auquel il a obéi, et dont il est demeuré fier. En 1685, Saint-Evremond avoit adressé au Prince des vers agréables sur la retraite à Chantilly[1]; après sa mort il consacra une pièce de poésie à sa mémoire[2]. Ainsi, depuis que Saint-Evremond a éprouvé le courroux du Prince, il s'est résigné avec sérénité; il n'a pas proféré une plainte, il n'a écrit que du bien d'un homme dont il n'attendait plus rien; et s'il a flatté peut-être le puissant, le glorieux homme de guerre, on peut dire que ce n'a été qu'après sa mort.

CHAPITRE VII.

LA PHILOSOPHIE DE SAINT-EVREMOND. — LE SCEPTICISME ÉPICURIEN EN FRANCE.

SAINT-EVREMOND, privé de la faveur du prince de Condé, chercha une diversion à son chagrin, dans la douce philosophie qui déjà fesoit le charme de sa vie, et qui plus tard en devint la consolation, dans l'exil. C'étoit le scepticisme épicurien. Comment Saint-Evremond étoit-il devenu l'adepte d'Épicure, et comment le dix-septième siècle a-t-il prêté l'oreille à sa doctrine? il m'a paru curieux de le rechercher.

1. Voy. cette pièce au tom. V, pag. 80, de l'édit. de 1753.
2. Voy. au tom. V, pag. 142, de l'édit. citée.

On attribue généralement à la régence du duc d'Orléans une influence morale qui auroit perverti le dix-huitième siècle tout entier. C'est un lieu commun d'histoire, que bien des gens acceptent comme un jugement, sans le discuter. L'imputation me semble au moins exagérée. Il faut distinguer, en effet, dans le dix-septième siècle, la période qui se termine à la mort de Mazarin, et celle qui part de l'époque où Louis XIV a pris le gouvernement personnel de l'État (1661). Au point de vue littéraire, les deux périodes ont des caractères distincts; au point de vue politique, elles ont aussi des traits qui leur sont propres. Enfin, au point de vue des mœurs et de la direction philosophique des idées, de profondes différences s'y manifestent également.

La licence de la première moitié du dix-septième siècle ne le cède guère à celle du dix-huitième. Je n'en veux pour preuve que les Mazarinades, la littérature libertine qui les a précédées, fille de Rabelais, et qu'on me dispensera de discuter ici; enfin, les *historiettes* de Tallemant, qui, sous ce rapport, sont un document irrécusable. Mais le déréglement est couvert, alors, par la grandeur des caractères, des esprits, et des personnages. Au dix-huitième siècle, l'élévation morale s'abaisse, et la liberté se produit comme une fougueuse réaction contre le régime des dernières années de Louis XIV; tandis qu'au début du dix-septième siècle, elle se montrait dans une allure naturelle et calme. Qu'on se garde toutefois d'y chercher une sorte de simplicité primitive! Il n'y a pas d'époque où l'esprit ait été plus subtil et plus raffiné. Le bel innocent que le cardinal de Retz! Les libres manières de ce temps n'étoient que la continuation des habitudes prises sous les derniers Valois; comparez plutôt les *dames galantes* de Brantôme avec les *historiettes* de Tallemant!

La liberté philosophique reprit son cours, après la mort de Louis XIV; mais, depuis bien des années, aux yeux des clairvoyants, la reprise étoit certaine. Fénelon n'en doutoit pas, et il en exhaloit sa douleur prophétique, en un langage que tout le monde connoît : « Un bruit sourd d'impiété vient frapper nos oreilles.... l'instruction augmente et la foi diminue. »

L'athéisme avoit paru si menaçant, au début du dix-septième siècle, que l'autorité publique résolut de l'effrayer par des supplices. A Rome, on avoit brûlé vif Giordano Bruno; à Toulouse, on martyrisa Vanini. A Paris même, on brûla des malheureux qui n'ont pas eu la même célébrité; entre autres, Jean Fontanier, que le P. Garasse appelle : *Jeune folâtre, d'un esprit fort vagabond*, condamné au feu pour un livre oublié. L'arrêt fut exécuté, en 1621, en place de Grève. Seulement, on fut plus humain à Paris, qu'on n'avoit été à Toulouse. Vanini eut la langue arrachée avant d'être brûlé : les détails de son supplice font frémir. A Paris, l'arrêt porte une attache ainsi conçue : « Il est retenu qu'auparavant que le dit Fontanier sente le feu, il sera secrètement étranglé. » Plus tard, Claude Petit fut également brûlé pour des chansons impies, et il y est fait allusion en ces vers de l'*Art poétique* de Boileau : *Toutefois n'allez pas, goguenard dangereux*, etc. Dangeau rapporte qu'un sieur Ambreville fut aussi brûlé vif *pour avoir dit des impiétés abominables*, et que sa sœur fut enfermée à l'hôpital général. L'opinion se souleva contre ces rigueurs. Lorsque le poëte Théophile fut menacé, les Montmorency lui donnèrent asile, à Chantilly, et obtinrent plus tard sa liberté. Il fallut se borner à l'autorité de l'esprit, pour avoir raison des licences de l'esprit.

L'étude passionnée de l'antiquité classique, à laquelle s'étoit livré le seizième siècle, avoit ouvert à l'esprit des horizons nouveaux, tout en exerçant une grande influence sur la liberté des mœurs. Le commerce des anciens avoit fait abandonner la scolastique. Or, la scolastique, c'étoit la philosophie chrétienne. Le pyrrhonisme s'établit sur ses ruines. Il étoit même naturel que la familiarité de la société païenne fît naître l'inclination à l'imiter. Aussi voyons-nous, à cette époque, l'imitation des anciens passer dans les pratiques habituelles de la vie, chez les esprits cultivés, en tout ce qui n'étoit pas ouvertement incompatible avec la profession obligée de la foi chrétienne. Les maximes et les exemples de l'antiquité grecque et romaine furent allégués à tous propos, comme l'avoient été les saintes écritures, au moyen âge; et le pédantisme qui nous semble aujourd'hui un ridicule du seizième siècle, n'étoit, en vérité, que l'effet de la préoccupation qui absorboit les idées. Dans les maisons de certains érudits, comme les Estienne, on ne parloit que latin, même aux gens de service. Les beaux esprits composoient des vers grecs, avec autant de facilité que des vers françois. Une portion de la société polie et lettrée étoit devenue grecque et romaine; et cette façon de vivre s'est prolongée jusqu'au dix-septième siècle. On sait l'histoire du bonhomme des Yveteaux, racontée par Tallemant, et celle du père de Scarron, doyen du parlement de Paris, lequel, sous Richelieu même, fesoit profession de philosophie cynique. Marion de Lorme affectoit l'imitation de l'hétaïre athénienne, et l'on sait quel Alcibiade d'église s'égayoit quelquefois avec elle. Ninon de Lenclos prit le nom de moderne Léontium. Tout le commerce de galanterie épistolaire dont l'évêque de Vence, Godeau, et Mlle de Scudéry occupèrent la société parisienne, se passa sous le pseudonyme païen du *mage de Sidon* et de *Sapho*; on n'a qu'à voir dans les recueils de Conrart. La vie des philosophes anciens de Diogène de Laërte étoit alors un des livres les plus lus, et bien plus étudié par les gens du monde, qu'il ne l'est peut-être aujourd'hui par les érudits de profession.

En vain j'irois chercher, dans la philosophie du moyen âge, l'origine du scepticisme moderne. Je le prends tout venu dans Montaigne, dont le langage, il ne faut pas s'y tromper, est l'expression des sentiments d'une époque tout entière. Ce n'est pas lui seulement qui est sceptique, c'est son siècle. La réforme ne fut elle-même, alors, pour beaucoup d'esprits, comme plus tard pour Bayle, qu'une première étape de l'incrédulité. Aussi le succès des *Essais* de Montaigne fut-il populaire, comme celui de Rabelais l'avoit été, quarante ans auparavant. Les éditions des *Essais* s'épuisèrent si rapidement, que l'auteur put en donner ou préparer six (de 1580 à 1592), en douze années, les dernières de sa vie; ce qui est immense, pour le temps. Huet nous apprend qu'il n'y avoit pas de gentilhomme qui n'eût, au fond de sa province, un Montaigne, sur le manteau de sa cheminée; et le Père Mersenne, sonnoit le tocsin d'alarme, dans les premiers ans du dix-septième siècle, en écrivant qu'il y avoit à Paris 50 000 athées. Le dogmatisme régnoit encore dans les écoles; mais le scepticisme régnoit déjà dans le monde.

Depuis l'invention de l'imprimerie, une autre école s'étoit ouverte, pour l'éducation de l'esprit, et pour la propagation des idées. L'intelligence avoit, au moyen âge, son foyer dans les universités, et son public dans les couvents. Depuis la divulgation de l'*art divin* de Guttemberg, comme il l'appeloit, le public tout entier, *le monde* en un mot, put s'instruire par lui-même, et tout seul; et l'esprit du monde prit, dès lors, le gouvernement de l'opinion. Montaigne s'est emparé de ce public; il s'est rendu l'organe de la révolution opérée dans les idées. En dehors de l'école, en face d'elle, et contre elle, il a parlé une langue que tout le monde a comprise; et sa doctrine s'est répandue facilement, rapidement, universellement; elle résumoit l'esprit public. Aussi n'est-ce point par les formes de l'école qu'à procédé Montaigne: il ne les aima jamais, et les tenoit de mauvais goût. C'est à l'aide des formes du monde, qu'il a propagé le scepticisme, enfant du siècle.

Il est facile de suivre les progrès du scepticisme, au seizième siècle. Un certain plaisir d'inquiéter la théologie, alors si oppressive, y fut dabord pour quelque chose. La découverte de pays lointains, et la lecture attrayante des relations des voyageurs, qui attestoient tant de diversité parmi les hommes, sur les choses les plus importantes de la vie, y fut pour beaucoup plus : les esprits spéculatifs en reçurent la plus vive impression. Mais c'est surtout au spectacle, en effet déplorable, de la lutte ouverte entre les doctrines chrétiennes, qui se disputoient l'empire de la société, qu'il faut attribuer l'influence croissante du scepticisme. La révolte et l'autorité, l'erreur et la vérité, n'inspiroient pas le plus souvent, en ce temps-là, moins d'éloignement l'une que l'autre aux honnêtes gens. A toutes deux, Montaigne répondit : *que sais-je?* le doute fut pour lui, un refuge, contre le dogmatisme, catholique ou huguenot: *Je hais*, dit-il, *les choses vraisemblables, quand on me les plante pour infaillibles.* Le livre des *Essais* alloit merveilleusement du reste, aux qualités comme aux défauts de notre esprit national. Montaigne est cavalier, dit un de nos vieux écrivains; il est gentilhomme, écrivant comme on cause, avec grâce, avec esprit, avec finesse, avec facilité; énergique par moments, mais pas longtemps, toujours libre, aisé, antipathique à la méthode, laquelle selon lui n'appartient qu'aux pédants. Son livre est éminemment françois. Pascal prétend qu'il cherche le bel air; il a raison, s'il veut parler de cette allure sceptique qui a toujours été de bon air, en notre pays. Le seizième siècle a donc légué le scepticisme au dix-septième, et cet héritage a rencontré des gens parfaitement disposés à le recueillir. Saint-Evremond a formé sa raison avec Montaigne, qu'il a trouvé dans le manoir de son père, au retour du collége. Les *Essais*, dit-il, se sont établi le droit de me plaire toute ma vie.

Le dix-septième siècle s'est ouvert avec Charron;

la première édition du traité *de la Sagesse* est de
1600. Charron, esprit supérieur, dont on ne fait
point assez de cas aujourd'hui, héritier direct du
scepticisme de Montaigne son maître, prêtre et
même grand vicaire, député du clergé : Charron a
fait, dans la voie du scepticisme, un pas de plus
que Montaigne. Chez ce dernier, le doute n'a que
la forme d'une émancipation de la pensée. « Je me
suis ordonné, dit-il, d'oser dire tout ce que j'ose
faire et penser. » Charron, au contraire, a construit
un système, avec prudence et méthode. Il coordonne
la doctrine du doute; il fait école, et La Mothe le
Vayer, d'abord, puis Saint-Evremond, vont le suivre
dans cette voie nouvelle. Charron se pose en
homme indépendant et de juste milieu. Aussi est-il
détesté de tous les extrêmes de son temps. « Ils
« aiment bien mieux, dit-il, un affirmatif testu, et
« contraire à leur parti, qu'un homme modeste et
« paisible qui doute et surseoit son jugement. »
Ainsi parle et agit Saint-Evremond, entre les catholiques intolérants et les réformés fanatiques, entre
les jansénistes et les jésuites. Se dégager des liens de
la théologie, fut l'un des premiers efforts du scepticisme françois. Charron s'applique, avant tout, à
désintéresser la religion. On a cru même que tel
étoit l'objet de son livre des *trois Vérités;* pensant y
avoir réussi, sa hardiesse n'a plus de limites. Il ose
dire que l'immortalité de l'âme est « la chose la
« plus utilement creue, la plus foiblement prouvée;
« aucunement establie par raisons et moyens hu-
« mains, mais proprement et mieux establie par le
« ressort de la religion. » De même, Saint-Evremond écrivoit, dans un de ses premiers ouvrages

(1647). « Vouloir se persuader l'immortalité de
« l'âme par la raison, c'est entrer en défiance de la
« parole que Dieu nous en a donnée, et renoncer
« en quelque façon, à la seule chose par qui nous
« pouvons en être assuré. » En un autre endroit,
Saint-Evremond dit : « A moins que la foi n'assu-
« jettisse notre raison, nous passons la vie à croire
« et à ne croire point : à nous vouloir persuader et
« à ne pouvoir nous convaincre. » La précaution
de Charron eut tous les sceptiques pour imitateurs.

Théophile employoit un expédient de ce genre,
quand il publioit sa paraphrase, moitié vers, moitié prose, du Phædon de Platon, qu'il intituloit :
Traicté de l'immortalité de l'âme; ce qui donna
sujet au P. Garasse de mettre en garde la justice
et le public, contre la ruse perfide du poëte, à
laquelle, selon lui, il ne falloit point se laisser
prendre; et, en effet, le réquisitoire du procureur
général, Mathieu Molé, fait grief à Théophile d'a-
voir traité *payennement* un sujet aussi chrétien que
celui de la destinée de l'âme humaine.

La Mothe le Vayer, qui est l'intermédiaire entre
Charron et Saint-Evremond, tient exactement le
même langage que ce dernier. Tous cherchent à
désintéresser la foi, et à l'isoler de la spéculation
philosophique ; mais il est évident que ce n'est point
pour l'intérêt de la foi que leur esprit s'agite. Le
but des sceptiques a pu être seulement de séculariser
la morale ; mais sous le prétexte de séparer la raison de la foi, la *Prud'homie* de la religion, ils
ont détruit la psychologie, et la sanction de la
morale.

Écoutons encore Charron : « C'est une chétive et

h

« misérable sagesse, de fuir le mal, non parce que
« la nature et la raison le veut ainsi, et parce que
« la loi du monde, dont vous êtes une pièce, le
« requiert, mais parce que vous n'osez, ou que
« vous craignez d'être battu. Qui est homme de
« bien par religion, ne l'est pas assez; gardez-vous-
« en et ne l'estimez guère. » Il me semble entendre
Ninon de Lenclos raillant Gourville, sur la fidélité
du chanoine à lui restituer son dépôt. La doctrine
de Charron est encore ici celle de La Mothe le Vayer,
et de Saint-Evremond. Le terme d'*esprit fort* date
de Charron; il est resté dans la langue, et tout le
monde connoît l'importance que lui a donné la
Bruyère. Le P. Garasse, jésuite, s'est rué sur Charron,
avec sa grossièreté ordinaire, mais il nous apprend
que les jeunes seigneurs de son temps lisoient le
livre *de la Sagesse* comme un livre *spirituel*.

Le livre du P. Garasse parut, en 1623, en un
gros volume in-4°, sous ce titre : *La doctrine curieuse
des beaux esprits de ce temps*. On y trouve, en effet,
avec bien des sottises, un monument précieux de
l'esprit du temps. Je me contenterai de reproduire
ici quelques têtes de chapitre de cet ouvrage, où
l'on voit les maximes que l'auteur s'efforçoit de
combattre. Ce n'est point le dix-huitième siècle,
c'est le dix-septième, qui les a formulées; et c'est
Garasse qui les a recueillies, pour les réfuter.

Livre II. *Les beaux esprits ne croient point en
Dieu, que par bienséance, et par maxime d'Estat.*

Livre III. *Un bel esprit est libre en sa créance et
ne se laisse pas aisément captiver à la créance commune, de tout plein de petits fatras qui se proposent
à la simple populace.*

Livre IV. *Toutes choses sont conduictes et gouvernées par le destin, lequel est irrévocable, infaillible, immuable, nécessaire et cruel, et inévitable à tous les hommes, quoi qu'ils puissent faire.*

Livre V. *Il est vrai que le livre, qu'on appelle* LA BIBLE, *est un gentil livre et qui contient force bonnes choses; mais, qu'il faille obliger un bon esprit à croire, sous peine de damnation, tout ce qui est dedans, jusques à la queue du chien de Tobie, il n'y a pas d'apparence.*

Livre VI. *Il n'y a point d'autre divinité, ni puissance souveraine au monde, que* LA NATURE, *laquelle il faut contenter en toutes choses.*

Livre VII. *Posé le cas qu'il y ait un Dieu, comme il est bienséant de l'avouer, pour n'estre en continuelles prises avec les superstitieux, il ne s'ensuit pas qu'il y ait des créatures purement intellectuelles, et séparées de la matière.... Et partant il n'y a ni anges, ni diables au monde, et n'est pas asseuré que l'âme de l'homme soit immortelle.*

Voilà les belles choses qui couroient le monde, discrètement, il est vrai, au dix-septième siècle! Qu'a fait autre chose le dix-huitième que les reproduire? Revenons à Charron.

Charron est plein de mépris pour le vulgaire. « Il faut, dit-il, se garder de ses jugements, et, sans faire bruit, tenir toujours son petit bureau à part. » C'est du Saint-Evremond tout pur. Selon Charron, il y a trois étages de gens, dans le monde : les théologiens, le commun des hommes, et les philosophes. Il respecte fort les premiers et les laisse à l'écart. Quant au commun des hommes, « il est, selon lui, né pour servir. Il a peur des lutins, et que le loup le mange. » Pour les philosophes, c'est l'honneur de l'humanité, l'assemblée des sages; c'est à eux que son discours s'adresse; c'est pour eux seuls qu'est faite la liberté. Toutefois, il veut qu'on ménage le vulgaire et qu'on sauve avec lui les apparences. Il enverroit, sans hésiter, comme Socrate, sacrifier un coq à Esculape. Même pensée, et à peu près même langage, dans Saint-Evremond, sauf qu'au mépris du commun il joint une petite estime des docteurs. Il est philosophe du monde, et non pas philosophe d'école. Il professe le respect des bienséances, en matière de religion, et il accable les gens d'école de ses traits acérés. Aussi la Bruyère dit-il ironiquement, dans son analyse de l'*esprit fort*, avec une intention qu'on dit être à l'adresse de Saint-Evremond : « Il ne faut « pas que, dans une certaine condition, avec une « certaine étendue d'esprit, et de certaines vues, « l'on songe à croire, comme les savants et le « peuple. »

Charron et Saint-Evremond, chacun à leur manière, ont parlé langage de chrétiens, étant tout autres en leur âme, ainsi qu'avoit fait Montaigne, dans l'apologie de Raimond Sebond, œuvre d'ironie, où circule aux yeux de tout clairvoyant, un esprit aussi anti-chrétien qu'il est possible. Et cependant la forme naïve de Montaigne avoit fait des dupes, et au premier rang l'un des plus grands esprits du dix-septième siècle, Pascal, dont la passion sceptique fut trompée aux dehors de bonhomie de Montaigne, comme on peut le voir dans ce curieux entretien avec M. de Sacy, qui nous a été conservé. Pascal, qui a douté de tout, a cru Montaigne sur parole[1]. On est surpris de l'influence que Montaigne a exercée sur Pascal ; et, pour qui le remarque, cette influence explique bien des choses. Il n'est pas jusqu'au style qui ne s'en soit ressenti. Qui ne connoît cette magnifique pensée de Pascal : « Que l'homme, « étant revenu à soi, considère ce qu'il est, au prix « de ce qui est; qu'il se regarde comme égaré, dans « ce canton détourné de la nature ; et que de ce « petit cachot où il se trouve logé, j'entends l'uni- « vers, il apprenne à estimer la terre, les royaumes, « les villes et soi-même, son juste prix. » Eh bien, tout cela est, a peu de choses près, dans Montaigne. Seulement, au lieu du *cachot*, celui-ci a dit : *De ce petit caveau où tu es logé.*

Ce courant de scepticisme est général dans la première moitié du dix-septième siècle; il domine la société parisienne. La Mothe le Vayer a tenu grand état dans le monde. Il étoit familier chez le cardinal de Richelieu, qui s'en servit pour guerroyer Saint-Cyran. Il fut précepteur de Gaston, frère de Louis XIII, et répandu dans la meilleure compagnie. Théophile étoit gentilhomme; son aïeul avoit été secrétaire de la reine de Navarre; bonne école s'il en fut! Son père étoit maître d'hôtel de la maison de Montmorency. Plein de ses souvenirs de jeunesse, Saint-Evremond déploroit à Londres, l'oubli dans lequel tomboit, dans une France nouvelle, ce poëte favori du temps de la Régence. Boisrobert n'étoit pas plus croyant que Théophile, mais il amusoit Richelieu; il étoit ministre de ses largesses littéraires. Je ne rappellerai point l'étonnement de

1. Voy. les *Pensées* de Pascal, de l'édit. de M. Havet.

Mme Cornuel, en le voyant à l'autel de la messe de minuit : Voltaire n'a pas de mot plus égrillard. Le méchant propos que Gui Patin attribue à Richelieu au sujet des âmes du purgatoire, est certainement inventé par MM. de Charenton, mais il circuloit dans tout Paris, et c'est assez[1]. Sans parler d'une pléiade de petits poëtes, peu dignes d'estime, les Blot, les Sigongne, etc., Régnier étoit du même bord que Théophile. Balzac étoit plus retenu, mais pas plus dévot : Théophile avoit été son ami particulier. Tallemant avoit la foi de Boisrobert. Le père de l'épicurien Chapelle étoit François Luillier, maître des comptes, aussi mécréant que son fils, et plus scandaleux encore. Le père de Desbarreaux étoit conseiller au parlement de Paris, et les opinions du père étoient celles du fils. Racan fut sceptique, comme toute sa génération. Mairet, dont la *Sophonisbe* eut tant de réputation, et qui partagea les suffrages avec Corneille, professoit aussi le scepticisme. Dans *Polyeucte*, qui fut joué, comme on sait, en 1640, Corneille avoit fait dire à Sévère, à la dernière scène du 4ᵉ acte, ces quatre vers qui disparurent plus tard, et qu'on ne retrouve plus que dans les premières éditions :

Peut-être qu'après tout ces croyances publiques
Ne sont qu'inventions de sages politiques,
Pour contenir un peuple, ou bien pour l'émouvoir,
Et dessus sa foiblesse affermir son pouvoir.

La faveur du scepticisme remonte à la cour de Henri IV, où les Bellegarde, les d'Épernon, le roi

[1]. Voy. l'édit. de Guy Patin, de M. Reveillé-Parisse, tom. I, pag. 297.

lui-même, goûtoient fort Montaigne et ne s'en cachoient pas.

Tout sembla, sous Louis XIII, favoriser la propagation du scepticisme. Les passions religieuses se rallumoient, en apparence; mais l'intérêt religieux n'étoit évidemment que le prétexte de l'intérêt politique. Le cardinal de Richelieu combattoit la réforme à la Rochelle, et la soutenoit en Allemagne. De leur côté, les chefs de la réforme, en France, avoient moins en vue la liberté de conscience, qu'on ne leur contestoit plus, que l'établissement d'une république, à l'exemple de celle des Provinces-Unies. Dans la direction religieuse de la vie privée, les jésuites étoient décrédités; les jansénistes, que n'avoit point encore grandis la persécution, étoient fort respectables, mais leur affectation d'austérité les rendoit insupportables au commun des mortels.

L'éclat de la dispute entre les jansénistes et les jésuites, les deux plus brillantes écoles du catholicisme triomphant, fut un des grands scandales du dix-septième siècle; ainsi l'attestent tous les mémoires des contemporains[1]. Les huguenots en tirèrent avantage et les sceptiques encore plus: les jésuites s'attaquant à détruire l'impression de l'austérité des jansénistes, et ces derniers s'attaquant à ruiner la considération des jésuites, par la critique de leur relâchement. Saint-Evremond a tiré sur les jésuites, dans la *Conversation du maréchal d'Hocquincourt*, et sur les jansénistes, dans la *Conversation de M. d'Aubigny*. La domination, ob-

---

1. *Mémoires de Mademoiselle*, tom. III, pag. 70, édit. Chéruel.

jet secret et véritable de la lutte, demeura aux jésuites; mais l'opinion la plus autorisée se rangea du côté de Port-Royal. Le scepticisme devoit, à ce spectacle, gagner des partisans. C'est ce qui ne manqua point d'arriver, car, des deux côtés, les fautes amenèrent le discrédit. Richelieu se méfioit de l'ambition des jansénistes, et craignoit de mettre l'État entre leurs mains. Il ne vouloit pas davantage des jésuites, qui auroient livré la France à la papauté. Il fit donc attaquer les jansénistes par les sceptiques, tels que La Mothe le Vayer; et les jésuites par les gallicans, tels que les Dupuy: la religion servant visiblement d'arme à sa politique intérieure, comme elle en servoit évidemment à sa politique extérieure.

Le scepticisme a donc pénétré profondément alors, dans les intelligences françoises, et s'y est tellement enraciné, qu'il s'est reproduit ensuite dans toutes les formes de la pensée, et dans toutes les applications de l'esprit philosophique : doute sensualiste de Saint-Evremond, doute méthodique de Descartes, doute théologique de Pascal et de Huet, pyrrhonisme critique de Bayle; nous retrouvons le *Que sais-je* de Montaigne, dans toutes les directions, bien que le but soit souvent opposé. Pour les uns, le scepticisme est illimité; il est tout à la fois le résultat et le terme de la connoissance humaine; et comme l'esprit humain, une fois lancé sur la pente des folies, ne s'arrête ordinairement qu'au fond du précipice, le scepticisme est allé, plus tard, jusqu'à douter du témoignage des sens, ou de la perception extérieure. L'audacieux et subtil Berkeley a dépassé, à cet égard, le pyrrhonisme grec, dans un livre auquel l'originalité de son titre a valu, autant au moins que l'esprit singulier de son auteur, une retentissante célébrité[1]. Pour les cartésiens, le scepticisme n'est qu'un instrument de la recherche de la vérité, un moyen de trouver la certitude, après avoir écarté la terre mouvante qui la cache. Tous séparent la foi de la raison, mais avec des intentions diverses : les premiers, pour se délivrer seulement d'un embarras qui les gêne ; les cartésiens, pour faire de la raison épurée un auxiliaire de la foi, considérant la raison et la foi comme deux intuitions différentes de la vérité éternelle, comme deux ordres parallèles de révélation, ayant chacune leur objet et leur certitude, mais cependant subordonnées l'une à l'autre. Le scepticisme théologique poursuit un autre but ; il sépare aussi la raison de la foi, mais pour anéantir la raison dans le doute, et montrer à l'esprit qu'il n'a d'espérance que dans la foi. La raison ne conduira l'esprit qu'à la probabilité ; la foi seule peut le mener à la certitude. Argumentation captieuse et téméraire ! pleine de péril pour la foi, comme pour la raison, et qu'a reproduite, au dix-neuvième siècle, le plus célèbre et le plus éloquent des adeptes d'une nouvelle philosophie religieuse.

La Bruyère signale aussi l'influence des voyages, comme une des causes de la corruption des esprits, en matière de religion, au dix-septième siècle, ainsi qu'elle l'avoit été au seizième. Faisant allusion à

1. Voy. les *Recherches sur les vertus de l'eau de goudron*, par Georges Berkeley, trad. de l'anglais en françois. Amsterdam, 1745, in-12.

Bernier, il dit : « Quelques-uns achèvent de se corrompre par de longs voyages, et perdent le peu de religion qui leur restoit : ils voient de jour à autre un nouveau culte, diverses mœurs, diverses cérémonies. Ils ressemblent à ceux qui entrent dans les magasins, indéterminés sur le choix des étoffes qu'ils veulent acheter : le grand nombre de celles qu'on leur montre les rend plus indifférents; elles ont chacune leur agrément et leur bienséance; ils ne se fixent point, ils sortent sans emplette. » Nous devons dire que le bon esprit de Saint-Evremond s'est abstenu de ce genre d'argument, qui a fort touché Montaigne, entraîné Charron, et complétement égaré Bernier. En effet, loin que l'aspect de la diversité des cultes éloigne du sentiment religieux, elle y ramène : car, comme dit la Bruyère : « Toute religion est une crainte respectueuse de la Divinité. » Or, à cette hauteur de vue, la diversité n'est autre chose que le témoignage des peuples, varié dans la forme, unanime dans le fond, en faveur de l'existence de Dieu. Saint-Evremond nous dit de même : « Ce que nous appelons aujourd'hui les religions, n'est, à le bien prendre, que différence dans la religion, et non pas *religion différente*. » Saint-Evremond n'est point athée, il est sceptique, ce qui n'est pas la même chose. On lui surprend un bon vouloir pieux. Il est même chrétien par sentiment, catholique par bienséance. Cette bienséance étoit comme une affaire d'honneur dans la bonne compagnie du dix-septième siècle. On l'observoit même à huis clos ; à la différence du dix-huitième siècle, où le bon goût fut, un certain temps, de montrer qu'on ne croyoit à rien.

L'aristocratie françoise qui s'étoit fait du respect

une loi de bienséance, au dix-septième siècle, se fit de la dérision une belle manière au dix-huitième siècle ; on voit dans le *Discours des agréments* du chevalier de Méré que, de son temps, le bon air étoit celui du respect. Ce que Saint-Evremond reproche à l'impiété, c'est son inconvenance. Elle lui fait horreur, non pas seulement comme le désaveu d'un mouvement de la nature, mais encore, et de plus, comme une action d'homme mal élevé. C'est qu'en effet les bienséances sont une loi de la société polie. Leur observation s'impose au libre penseur, comme une condition du respect de sa liberté, par les autres. L'équilibre entre le respect d'une part, et la liberté de l'autre, est la marque d'une société bien réglée. Jamais le scepticisme de Saint-Evremond ne manqua au commandement des bienséances. Telle fut aussi la pratique constante de la bonne compagnie de son siècle. Les nièces très-dissipées de Mazarin nous apprennent que le cardinal leur en faisoit un sermon perpétuel, trop rarement observé de leur part, quand il fut mort.

Le scepticisme de Saint-Evremond peut se justifier par un but moral très-élevé. Il veut montrer aux dogmatistes de tous les partis, que nul d'entre eux n'est à l'abri de la critique et des objections ; que tous, par conséquent, doivent mettre la paix et la charité au-dessus des systèmes, des opinions et des disputes. Voilà le dernier mot de sa philosophie. « A bien considérer la religion chrétienne, écrit-il, on diroit que Dieu a voulu la dérober aux lumières de notre esprit, pour la tourner sur les mouvements de notre cœur. » Quelque autre part, il dit : « Retournant à cette antiquité qui m'est si chère, je n'ai vu chez les Grecs et chez les Romains qu'un culte superstitieux d'idolâtres, ou une invention humaine, politiquement établie, pour bien gouverner les hommes. Il ne m'a pas été difficile de reconnoître l'avantage de la religion chrétienne, sur les autres ; et, tirant de moi tout ce que je puis, pour me soumettre respectueusement à la foi de ses mystères, j'ai laissé goûter à ma raison, avec plaisir, la plus pure et la plus parfaite morale qui fut jamais. » Sur ce point, Saint-Evremond a été plus que chrétien de profession : il a été catholique déclaré. Nous avons, à cet égard, une éclatante manifestation de sa pensée dans sa lettre à M. Justel, où sa philosophie remonte à de si hauts principes politiques, et où il montre que les réformés ne sont pas restés plus conséquents, ni plus irréprochables que les catholiques ; qu'il faut savoir vivre et mourir dans la religion de son pays, garder les traditions, et qu'à tout prendre le catholicisme gallican auroit dû suffire à des esprits avisés, sans recourir à la séparation. « Si j'avois été à la place des réformés, dit-il, j'aurois reçu le livre de M. de Condom, le plus favorablement du monde ; et après avoir remercié ce prélat de ses ouvertures insinuantes, je l'aurois supplié de me fournir une catholicité purgée, et conforme à son *exposition de la foi catholique.* Il ne l'auroit pas trouvée en Italie, en Espagne, ni en Portugal : mais il auroit pu vous la faire trouver en France, dégagée des superstitions de la multitude, et des inspirations des étrangers ; réglée avec autant de sagesse que de piété par nos lois, et maintenue avec fermeté par nos parlements. Alors, si vous craignez la puissance du pape, les libertés de l'Église gallicane vous en mettront à couvert ; alors *Sa Sainteté* ne sera ni infaillible, ni arbitre souveraine de votre foi ; là, elle ne disposera ni des États des princes, ni du royaume des cieux, à sa volonté ; là, devenus assez *Romains*, pour révérer avec une soumission légitime son caractère et sa dignité, il vous suffira d'être *Français* pour n'avoir pas à craindre sa juridiction. » Ainsi parloit Saint-Evremond dans son exil, à un pasteur célèbre par sa science et son autorité, quatre ans avant la révocation de l'édit de Nantes.

Vers ce temps-là, Saint-Evremond avoit recommandé la tolérance aux catholiques, dans des termes qui convenoient alors, pour la faire accepter, ou du moins pour lui donner crédit. Il écrivoit, la veille des dragonnades, et dans une lettre célèbre qui fut livrée à la publicité par le maréchal de Créqui : « Dans la diversité des créances qui partage le christianisme, la vraie catholicité me tient, à elle seule, autant par mon élection, si j'avois encore à choisir, que par habitude, et par les impressions que j'en ai reçues. Mais, cet attachement à ma créance ne m'anime point contre celle des autres, et je n'eus jamais ce zèle indiscret qui nous fait haïr les personnes, parce qu'elles ne conviennent pas de sentiment avec nous. L'amour-propre forme ce faux zèle, et une séduction secrète nous fait voir de la charité pour le prochain, où il n'y a rien qu'un excès de complaisance pour notre opinion.... La feinte, l'hypocrisie dans la religion, sont les seules choses qui doivent être odieuses ; car, qui croit de bonne foi, quand il croiroit mal, se rend digne d'être plaint, au lieu de mériter qu'on le persécute.

L'aveuglement du corps attire la compassion. Que peut avoir celui de l'esprit, pour exciter la haine? Dans la plus grande tyrannie des anciens, on laissoit à l'entendement une pleine liberté de ses lumières; et il y a des nations, aujourd'hui, parmi les chrétiens, où l'on impose la loi de se persuader ce qu'on ne peut croire. Selon mon sentiment, chacun doit être libre dans sa créance, pourvu qu'elle n'aille pas à exciter des factions qui puissent troubler la tranquillité publique. Les temples sont du droit des souverains : ils s'ouvrent et se ferment, comme il leur plaît; mais notre cœur en est un secret, où il nous est permis d'adorer leur maître, comme nous l'entendons. »

Quant à l'union du scepticisme avec l'épicuréisme, on l'entrevoit déjà dans Montaigne. Elle se manifeste ouvertement dans Gassendi, qui en est comme le consécrateur. Je m'autorise, à cet égard, d'un témoignage irrécusable, celui de Bayle, qui attribue à l'apologiste de la morale d'Épicure, à Gassendi, l'honneur d'avoir mis le scepticisme à la portée de tout le monde, et d'avoir fait connoître à ses contemporains des sources de doctrine pyrrhonienne, auparavant inconnues. De son côté, le sceptique La Mothe le Vayer ne se borne pas à la profession du pyrrhonisme, il invoque en même temps Épicure, et s'en rapporte au livre célèbre de Gassendi. Un autre sceptique, Naudé, l'ami, le défenseur du cardinal Mazarin, appelle Gassendi l'*unique oracle* de la philosophie de son siècle. Toute la jeunesse de ce temps s'étoit éprise d'Épicure; Molière traduisoit Lucrèce en vers françois, pendant que son ami Hesnault, dont il nous est resté quelques beaux vers, se donnoit la même tâche. Une société nombreuse de beaux esprits, dans la robe et dans l'épée, partagea cet engouement pour Épicure et Gassendi, devenus les auxiliaires du scepticisme. Toute la clientèle littéraire de Fouquet fut de ce bord, et la moitié des salons du Marais. Enfin, Saint-Evremond nous apprend lui-même comment il a été confirmé par Gassendi, dans le doute systématique. « Je savois, dit-il, par le consentement universel des nations que Platon, Aristote, Zénon, Épicure avoient été les lumières de leur siècle ; cependant on ne voyoit rien de si contraire que leurs opinions. Trois mille ans après, je les trouvois également disputées ; des partisans de tous les côtés, de certitude et de sûreté nulle part. Au milieu de ces méditations, qui me désabusoient insensiblement, j'eus la curiosité de voir Gassendi (1639), le plus éclairé des philosophes, et le moins présomptueux. Après de longs entretiens, où il me fit voir tout ce que peut inspirer la raison, il se plaignit que la nature eût donné tant d'étendue à la curiosité, et des bornes si étroites à la connoissance ; qu'il ne le disoit point pour mortifier la présomption des autres, ou par une fausse humilité de soi-même, qui sent tout à fait l'hypocrisie ; que peut-être il n'ignoroit pas ce que l'on pouvoit penser sur beaucoup de choses ; mais de bien connoître les moindres, qu'il n'osoit s'en assurer. Alors, une science qui m'étoit déjà suspecte, me parut trop vaine pour m'y assujettir plus longtemps : je rompis tout commerce avec elle, etc., etc. »

Un autre personnage, aujourd'hui oublié, joua un rôle actif dans la propagation de la doctrine d'Épicure : ce fut Habert de Montmor, d'une famille de robe puissante, riche, et très-lettrée, conseiller au parlement de Paris, et mort doyen des maîtres des requêtes, en 1679. Il jouissoit d'une fortune qui ajoutoit à sa considération, par l'usage généreux qu'il en faisoit. Ses relations étoient très-étendues dans tous les rangs de la société : les Sévigné lui étoient fort attachés. On ne s'explique pas comment le nom d'un homme de cette importance a été omis dans nos biographies les plus accréditées. Une assemblée de gens de lettres se réunissoit chez lui une fois par semaine; il étoit leur Mécène, et leur réunion formoit une sorte d'*académie*, à l'instar des autres de ce temps. Elle étoit un foyer de philosophie épicurienne. Gassendi accepta l'hospitalité d'Habert de Montmor, y vécut plusieurs années, et y mourut. Ce philosophe n'eut pas dans la société parisienne, d'apologiste plus influent, ni plus zélé que Montmor, par les soins duquel les œuvres de Gassendi furent réunies et imprimées à Lyon, en même temps qu'un monument fut élevé à sa mémoire. Montmor composa un nouveau *De rerum natura*, demeuré inédit, mais dont les contemporains ont parlé avec beaucoup d'éloges : Huet eut, avec lui, d'intimes relations. Comme Montmor, Guy Patin vénère Gassendi. « Il méritoit, dit-il, de vivre encore cent ans. » Gassendi fut, en effet, pendant un quart de siècle un des maîtres de l'opinion, à Paris. La reine Christine lui écrivoit souvent; il fallut longtemps à Descartes pour prendre, dans les esprits, la supériorité sur Gassendi.

    Voilà comment une philosophie demi-païenne se fit jour, s'établit, et entraîna une partie de la société polie du dix-septième siècle. De la spéculation épicurienne où étoit resté Gassendi, le siècle se plongea dans l'épicuréisme pratique. Le sensualisme, la vie aisée, le plaisir, furent l'objet d'un entraînement que ne purent arrêter d'admirables exemples d'austère vertu, ni l'autorité d'hommes et de femmes illustres par leur génie, par leur piété, leur régularité, leur foi vive et sincère. L'Église elle-même, la grande Église de France, ne résista point à cette influence pernicieuse. Je m'abstiendrai de rappeler des scandales qu'il faudroit effacer du livre de l'histoire : le Coadjuteur!.., l'orgie de Roissy, qui n'empêcha point un de ses acteurs de devenir cardinal!.., la mort de Lavardin, évêque du Mans!... etc., etc. Et Tallemant, ne nous dévoile-t-il pas vingt aventures qui valent celles de Mme de Saint-Sulpice, de Mme de Gacé, de Mme Molé, au dix-huitième siècle!...

Après le scandale de Roissy[1], foiblement puni par le cardinal Mazarin, qui ne voulut faire exemple que de son neveu, une des hardiesses qui fit le plus de bruit, à cette époque, fut la mascarade du carnaval de 1658, où l'on vit le jeune roi, alors non marié, suivi de *Mademoiselle*, de Monsieur, et des filles d'honneur de la reine mère, courir en masque tous les bals de Paris, suivis, mais à quelque distance, par une petite troupe de capucins et de capucines, qui n'étoient autres que les plus grands seigneurs et les plus belles dames de l'époque : le comte et la comtesse d'Olonne, en tête. La ravissante comtesse,

---

1. Voy. Bussy-Rabutin, *Hist. am. des Gaules*, édition de M. Boiteau, tom. I, pag. 277 et suiv., 280 et suiv.

alors au début de ses galanteries, émut beaucoup, dit-on, M. de Turenne, chez le maréchal d'Albret, par les beautés qu'elle laissoit voir, sous le capuce. Le lendemain, tous les prédicateurs de Paris tonnèrent dans les églises, et il fallut leur donner une légère satisfaction.

On ne remarqua plus rien de pareil, il faut le dire, quand le gouvernement personnel de Louis XIV fut bien établi; mais Saint-Simon, témoin irrécusable, cette fois, ne soulève-t-il pas le voile qui cache encore, aux yeux du gros du monde, l'état véritable des esprits, au dix-septième siècle, lorsqu'il nous représente ce président de Maisons, l'un des hommes les plus considérables du parlement, vivant, « au milieu des richesses, d'amis distingués en tout genre, touchant de la main à la plus haute fortune de son état, » étroitement lié avec Saint-Simon lui-même, et professant l'athéisme. « Il est commun, dit Saint-Simon, de trouver des esprits forts qui se piquent de n'avoir point de religion..., mais il est rare d'en trouver qui osent s'en parer. Pour le prodige que je vais exposer, je doute qu'il y en ait jamais eu d'exemple, en même temps que je n'en puis douter,... ayant vécu avec le fils de Maisons dans la plus grande familiarité, et dans l'amitié la plus intime. Son père étoit sans aucune religion. Veuf, sans enfants, fort jeune, il épousa la sœur aînée de la maréchale de Villars, qui se trouva n'avoir pas plus de religion que lui. Ils eurent ce fils unique, pour lequel ils mirent tous leurs soins à chercher un homme d'esprit et de mise, qui joignît la connoissance du monde à une belle littérature...; mais, ce dont le père et la mère firent également leur capital, un précepteur qui n'eût aucune religion, et qui, par principes, élevât avec soin leur fils à n'en point avoir.... Ils rencontrèrent ce phénix accompli. »

Ce n'est point un homme isolé que peint ici Saint-Simon, quoi qu'il en dise, c'est un coin de la société du dix-septième siècle. Là s'entretient, se conserve l'esprit païen ; et de ce coin partira bientôt l'explosion du dix-huitième siècle. Le scepticisme étoit dans tous les esprits, à une certaine époque. Qu'importe que les jésuites aient élevé la génération qui est entrée dans le monde avec Louis XIII? Saint-Evremond, Saint-Ibal[1], Chapelle et Desbarreaux, avoient été nourris au collége de Clermont; Théophile au collége de la Flèche, tenu aussi par les jésuites. Ce fou de Cyrano de Bergerac avoit été instruit par un prêtre, lequel probablement ne lui avoit pas inspiré ces deux vers, qui étoient dans la bouche de tous les beaux seigneurs de la Fronde :

Une heure après la mort notre âme évanouie
Sera ce qu'elle étoit, une heure avant la vie.

Les élèves des jésuites n'en sont pas moins devenus, avec le siècle, épicuriens ou sceptiques. C'est que le monde auquel les jésuites ont rendu leurs élèves vivoit de ces doctrines, et que les doctrines du monde ont retourné l'esprit des élèves. La scène originale du Pauvre, dans le *festin de Pierre* de Molière, n'est-elle pas du pur dix-huitième siècle? La fable des *Deux rats, le renard et l'œuf*, ne sent-elle pas le conte philosophique de Voltaire? Elle ne re-

---

1. Voy. pag. 267 de la *Muse historique* de Loret, édit. de M. Ravenel. Voy. aussi *inf.* p. 38.

produit, cependant, que les idées courantes de la société choisie de Mme Hervart, ou de Mme de la Sablière. La mort si peu chrétienne de la maréchale de Guébriant est de 1659. Le comte de Grammont a failli finir de même, en 1695. Le spirituel de Matha, l'ami du comte de Grammont, voulut mourir sans confession; et Maurice de Nassau[1]!... La vie de l'abbé de Choisy, avant sa conversion, valoit-elle mieux que celle de l'abbé d'Entragues, sous la régence? Et le cardinal le Camus, l'officiant de Roissy, étoit-il moins scandaleux que le cardinal de Tencin? La *conversation du maréchal d'Hocquincourt* n'est-elle pas plus piquante que *le père Nicodème* de Voltaire?

Au milieu du dix-septième siècle, les prêtres alloient encore aux représentations théâtrales, qui n'étoient pas plus pudiques qu'aujourd'hui. Cette tenue digne, grave et sévère qui distingue le clergé de France, entre tous les autres clergés de l'Europe, n'étoit point encore solidement pratiquée. On sait le mot de Jean de Werth, qui ayant vu l'abbé de Saint-Cyran à Vincennes, et le cardinal de Richelieu à un ballet, dit que *ce qui le surprenoit le plus, en France, c'étoit de voir les Saints en prison, et les Évêques à la comédie*. Veut-on connoître ce qu'on pensoit, en certain monde, des manifestations religieuses, par lesquelles on flattoit le populaire, qui s'y montroit fort adonné, on n'a qu'à lire une description de la procession de Sainte-Geneviève, que Loret nous a laissée, dans sa gazette du 16 juin 1652.

---

1. Voy. Tallemant, édit. de M. P. Paris, tom. I, p. 493; et *infra*, t. III, p. 42.

La question de l'immortalité de l'âme préoccupoit cependant les esprits. Mais jusqu'au moment où furent publiées les *Méditations* de Descartes (1641), la confiance de l'immortalité avoit été reléguée dans le domaine de la religion, par les sceptiques et les épicuriens, qui sembloient se tenir pour assurés d'avoir facilement raison de la démonstration religieuse, quand la thèse philosophique en seroit dégagée. Aussi unirent-ils leurs efforts contre Descartes, lorsque le *cogito* vint les troubler. Le dogme de l'autre vie étoit donc effacé des croyances d'une partie de la société polie. Saint-Evremond parle quelquefois de la mort, et toujours, il faut le dire, avec une sérénité non affectée, mais toujours aussi avec peu d'espoir de la survie de l'âme. Un désolant *Rien*, voilà le refrain constant de ses réflexions : je citerai seulement ses vers sur la mort de son ami le maréchal de Créqui. Spinosa disoit que : « la chose du monde à laquelle un homme libre doit penser le moins, c'est la mort. La sagesse n'est point une méditation de la mort, mais de la vie. » Saint-Evremond développe ce thème avec un esprit gracieux, quoique triste, en plusieurs endroits. Il avoit vu Spinosa en Hollande et beaucoup causé avec lui. Dans une pièce de poésie, un peu légère à la vérité, c'est par pure galanterie qu'il s'éloigne du spinosisme. On voit, en lisant la correspondance de Bussy-Rabutin, combien cette doctrine du désespoir agitoit la société françoise, au milieu du dix-septième siècle, et dans Bossuet, combien elle lui sembloit menaçante pour l'avenir. Qui ne connoît cette charmante *défense de l'espérance* écrite par la palatine Anne de Gonzague? Elle étoit donc attaquée, l'espérance d'une autre vie, puisqu'une si grande dame et d'un si haut esprit en prenoit la défense! C'est contre un ami particulier de Saint-Evremond, contre Bourdelot, qu'elle étoit dirigée. « Que vous a-t-elle fait, cette espérance chrétienne, pour la bannir ainsi de la société humaine et du commerce des honnêtes gens ? »

Il y avoit toutefois, dans l'épicuréisme de Saint-Evremond, une teinte de spiritualisme, ou de déisme chrétien, dont Bernier, Scarron, Chapelle, Sarrazin, et surtout Desbarreaux, s'étoient complètement affranchis. Saint-Evremond admire et professe la morale affectueuse du christianisme, qu'il habille, il est vrai, selon son goût, mais avec un sentiment sincère. « Quand les hommes, » dit-il, en prêtant le propos à son ami, le général hollandois Würtz, le célèbre Würtz du passage du Rhin, « quand les hommes auront retiré du christianisme ce qu'ils y ont mis, il n'y aura plus qu'une même religion pour tous les hommes, aussi simple dans sa doctrine que pure dans sa morale. » Il y avoit plusieurs bandes d'esprits forts. La plus déterminée étoit, à coup sûr, celle des grands seigneurs, dont il est parlé dans *la conversation du maréchal d'Hocquincourt*; celle des parlementaires étoit plus réservée et plus politique; celle des philosophes, plus spéculative et plus tendre; celle des gens de lettres comme Saint-Pavin, Saint-Amant, et autres, plus bruyante et plus fanfaronne; enfin celle des hommes pratiques, traduisoit l'épicuréisme en un sensualisme plus ou moins délicat, et de toutes nuances. Nous avons vu la variété du sensualisme gourmand, dans un chapitre qui précède. Bernier se faisoit des jouissances, une sorte d'obligation religieuse. « M. Bernier, dit Saint-Evremond, me dit un jour : « Je vais « vous faire une confidence que je ne ferois pas à « Mme de la Sablière, à Mlle de Lenclos même, que « je tiens d'un ordre supérieur. Je vous dirai donc « que l'*abstinence des plaisirs me paroît un grand* « *péché.* » Je fus surpris de la nouveauté du système; il ne laissa pas que de faire quelque impression sur moi. » On devine la série de déductions par où les épicuriens arrivoient là. Saint-Evremond, qui cumuloit ces diverses délicatesses, dit ailleurs : « Si je suis obligé de regretter quelque chose, mes regrets seront plutôt des sentiments de tendresse, que de douleur. Si pour éviter le mal, il faut le prévoir, ma prévoyance ne va pas jusqu'à la crainte. Je veux que la réflexion de me voir libre et maître de moi, me donne la volupté spirituelle du bon Épicure : j'entends cette agréable indolence, qui n'est pas un état sans douleur et sans plaisir; mais le sentiment délicat d'une joie pure, qui vient du repos de la conscience et de la tranquillité de l'esprit. »

Une telle division entre des adeptes de même école ne doit pas nous étonner. Dès la plus haute antiquité, les disciples d'Épicure s'étoient partagés sur le sens et la portée de la maxime du maître, que la sagesse n'étoit que l'art de la vie, et que bien vivre, c'étoit vivre selon la nature : les uns tournant, selon leur inclination, à la volupté sensuelle, les autres à la volupté supérieure de l'esprit. De là vient que, selon ces aspects divers, Épicure est resté pour les uns un apôtre de débauche, et pour les autres un apôtre de vertu. Parmi les Pères de l'Église eux-mêmes, saint Augustin parle d'Épicure comme d'un voluptueux abandonné à la sensualité; saint Jérôme, au contraire, le propose en exemple aux chrétiens, pour les détourner de la dissolution. Saint-Évremond entend Épicure d'une façon moyenne, mais qui se rapproche de celle de saint Jérôme. « La nature, dit-il, porte tous les hommes à rechercher leurs plaisirs; mais ils les recherchent différemment, selon la différence des humeurs et des génies. Les sensuels s'abandonnent grossièrement à leurs appétits, ne se refusent rien de ce que les animaux demandent à la nature. Les voluptueux reçoivent une impression sur les sens, qui va jusqu'à l'âme. Je ne parle pas de cette âme purement intelligente, d'où viennent les lumières les plus exquises de la raison : je parle d'une âme plus mêlée avec le corps, qui entre dans toutes les choses sensibles, qui connoît et goûte les voluptés. L'esprit a plus de part au goût des *délicats* qu'à celui des autres; sans les *délicats*, la galanterie seroit inconnue, la musique rude, les repas malpropres et grossiers. C'est à eux que l'on doit l'*erudito luxu* de Pétrone, et tout ce que le raffinement de notre siècle a trouvé de plus poli et de plus curieux dans les plaisirs. »

L'influence du scepticisme épicurien au dix-septième siècle ne sauroit donc être méconnue; et, chose singulière! comme les épicuriens affichoient peu la prétention de prendre part aux affaires de ce monde, dont ne s'inquiétoit pas leur philosophie, on les tourmenta moins, eux qui nioient tout en religion, que de simples dissidents, au demeurant très-bons chrétiens, tels que les jansénistes, qui s'ingéroient, avec une agitation importune, dans le ménage de ce monde. Les jansénistes parurent bien autrement dangereux à Richelieu que les épicuriens. On n'exigeoit de ceux-ci que le respect extérieur : ils promirent de le garder, surtout après les exemples de sévérité dont j'ai parlé. Mais cette philosophie, qui sembloit être partie du bon sens pratique, aboutit bientôt à la folie. Elle attaqua toute certitude ; elle ébranla les fondements de la société civilisée ; et, à un jour venu, on n'eut plus, pour tout renverser, qu'à refuser le respect, qui étoit la seule chose qui restât.

Soyons justes toutefois envers Saint-Evremond. On ne sauroit lui imputer l'abus qu'on a fait de ses principes; il écrivoit pour un public d'élite, où les avantages de l'éducation pouvoient balancer le danger des maximes; et d'ailleurs il n'est aucune doctrine humaine qu'on puisse maintenir toujours dans ses justes limites. Sa pratique est sensée, douce et facile ; bien qu'il ait le tort de l'isoler de l'élévation morale : « Pécher, écrit-il à Ninon, c'est ne savoir pas vivre, et choquer la bienséance, autant que la religion. » Il se gouverne avec calme, éloigné des chimères et de toute exagération, sensible à tous les plaisirs, et ne s'en refusant aucun, mais sage ménager des ressorts d'une existence trop courte; révérant Dieu dans toutes ses œuvres par une sorte d'honnêteté philosophique, et s'appliquant à vivre avec une délicatesse recherchée, selon les inspirations épurées de la nature ; croyant au droit, cependant : l'observant en toute chose, et « satisfait, disoit-il, après avoir vécu dans la contrainte des cours, d'achever sa vie dans un pays de liberté, où les lois mettoient à couvert des volontés des hommes, et où, pour être sûr de tout, il suffisoit d'être sûr de soi-même. » Il ne fait point de prosélytes à la religion, mais il la respecte, même dans un écrit assez agressif, son *Prophète Irlandois*. Il ne vit pas de polémique, comme Pierre Bayle; mais, pratiquant la liberté de penser, s'il combattit peu pour elle, il en donna toujours l'exemple, et nul exemple ne fut plus influent sur la société du dix-septième siècle, soit en France, soit en Angleterre. La morale chrétienne n'a même pas, à l'occasion, d'apologiste plus persuasif. En respectant la religion, il croyoit se respecter lui-même, et si ce sentiment n'étoit pas celui de la piété, il lui sembloit, du moins, être celui d'un honnête homme.

On n'apprécie pas assez, peut-être, même après les belles pages écrites par M. Cousin[1], l'étendue des services qu'a rendus Descartes, en présence du scepticisme épicurien qui, profitant de la chute de la scolastique, avoit, en quelque sorte, pris possession de la société françoise. Si la religion étoit jadis un instrument de fanatisme, entre les mains de Philippe II, elle étoit depuis longtemps, en France, un instrument de politique, et ce spectacle pernicieux produisoit de funestes résultats. La raison philosophique étoit en état de révolte contenue, mais déclarée, surtout en ce qui touche le dogme fondamental de l'ame et de sa destinée. Le spiritualisme battu en brèche résistoit foiblement aux attaques des sceptiques. Le jansénisme seul lui venoit en aide ; mais Richelieu, craignant de donner trop d'influence

---

1. Voy. ses *Études sur Pascal*, et ses *Fragments de philosophie cartésienne*.

au jansénisme, dont il redoutoit l'ambition, appuya les sceptiques, en secret. Ceux-ci triomphoient donc, et une sorte de faveur publique se manifestoit pour eux. Le P. Garasse déconsidéroit les jésuites, et décréditoit leur polémique. Le désordre avoit pénétré de l'intelligence dans les mœurs, et la psychologie étoit en complète déroute, dans les salons, où tout respiroit le scepticisme. Sans doute, le scepticisme n'étoit point descendu dans les classes inférieures de la société. Là, régnoit encore, non-seulement le respect, mais la foi, souvent la superstition. Un clergé riche, instruit et influent; des corporations actives et puissantes, entretenoient l'esprit du peuple dans ces dispositions. Mais dans les classes élevées il en étoit différemment, en général. Le catholicisme y conservoit à coup sûr, des croyants sincères. Pour le plus grand nombre, la religion n'étoit qu'une affaire de calcul, ou de conduite, et Corneille n'avoit pris autre part que dans les maximes courantes, les deux vers de *Polyeucte*, dont j'ai parlé.

Tel étoit l'état des choses, lorsque Descartes prit sa place dans le monde. Le *Discours de la méthode* est de 1638. Les *Méditations* sont de 1641. Mais Descartes n'est devenu à la mode que trente ans plus tard. La révolution ne fut donc pas immédiate, il s'en faut; elle fut lente au contraire, quoique décisive. Elle eût pour acteurs principaux les pieux solitaires de Port-Royal, moins Pascal, que Descartes ne put ramener à la certitude philosophique. Si Pascal n'avoit cru à la révélation, il eût été Montaigne, et bien plus déclaré. Le grand Arnaud proclama donc Descartes comme l'envoyé de la Providence, pour la conversion des esprits à la croyance de l'âme et de Dieu ; et le sensualisme demeura comme étourdi du coup que lui porta le *cogito*. La méthode cartésienne remit en place et la morale, et la religion, et la philosophie. On sait le parti qu'en tira Bossuet. Renouant l'alliance rompue de la raison et de la foi, le cartésianisme domina dans la seconde moitié du dix-septième siècle, comme le scepticisme épicurien a dominé dans la première moitié. Montaigne devint même l'objet d'une désaffection véritable. Je n'ai vu que deux éditions parisiennes des *Essais*, de 1659 à 1714. J'en ai compté huit, de 1602 à 1652, époque de la rentrée de Mazarin à Paris. Le *que sais-je* étoit né de l'aversion de Montaigne pour ce qu'il appelle les *affirmatifs* de son temps. Le cartésianisme reprit la voie de l'affirmation qui avoit tant choqué les sceptiques. Rien, en effet, n'est plus absolu que le cartésianisme, dans ses conclusions. Il n'y a, dans ce qu'il induit et déduit, aucune place pour l'incertitude. Bossuet ne doute de rien. La conviction de Descartes est également inflexible. La propension des esprits revint donc au dogmatisme, après en avoir été si éloignée, pendant cinquante ans; et la religion, sous la plume de Bossuet, y gagna un langage d'autant plus ferme qu'il s'appuyoit sur la raison philosophique. Mais à son tour, le dogmatisme abusa de sa victoire, et ce fut son écueil. Il conseilla, il applaudit la révocation de l'édit de Nantes, il prépara le règne de l'hypocrisie, sous Mme de Maintenon, et il provoqua la réaction violente du dix-huitième siècle.

Saint-Evremond se roidit contre cette direction nouvelle des idées, mais il prescrivit la prudence et la mesure. L'épicuréisme renonça, par ses conseils, à soutenir thèse dans les écoles, où tout l'honneur de la discussion alloit aux cartésiens; sage et discret, il prit refuge dans la pratique individuelle, et dans certains salons où se donnoit rendez-vous tout ce qui restoit d'esprits libres et brillants d'une autre époque. Saint-Evremond en demeura, du fond de son exil, le défenseur le plus accrédité, le représentant le plus autorisé. Il lui prêta l'appui d'un talent en possession de la faveur publique, et d'une considération personnelle devant laquelle tout le monde s'inclinoit, en deçà comme au-delà du détroit.

Toutefois il n'oublia jamais les coups que Descartes avoit portés à sa philosophie chérie. « Je voudrois, disoit-il, au maréchal de Créqui, n'avoir jamais lu les *Méditations* de M. Descartes. L'estime où est parmi nous cet excellent homme m'auroit laissé quelque créance de la démonstration qu'il nous promet; mais il m'a paru plus de vanité, dans l'assurance qu'il en donne, que de solidité, dans les preuves qu'il en apporte; et, quelque envie que j'aie d'être convaincu de ses raisons, tout ce que je puis faire, en sa faveur et en la mienne, c'est de demeurer dans l'incertitude où j'étois auparavant. » En un autre endroit, Saint-Evremond s'écrie : « Qu'a fait Descartes, par la démonstration prétendue d'une substance purement spirituelle, d'une substance qui doit penser éternellement? Qu'a-t-il fait, par des spéculations si épurées? Il a fait croire que la religion ne le persuadoit pas, sans pouvoir persuader ni lui, ni les autres, par ses raisons. »

Malgré sa modération, Saint-Evremond s'irrite

contre Descartes, d'autant plus vivement que Descartes n'est pas un homme d'Église, mais un gentilhomme comme lui, élevé aussi par les jésuites, également insurgé contre eux et la scolastique, et fondateur d'une philosophie toute laïque, qui n'étoit ni moliniste ni janséniste, mais *humaine*, en quelque façon. Le *point de raison* du maréchal d'Hocquincourt étoit le mot d'ordre des théologiens, en 1650 ; et l'on voit par les écrits du temps que ce mot étoit la formule favorite des jésuites. Descartes proclamoit au contraire la souveraineté de la raison, et s'il s'inclinoit devant le catholicisme, c'étoit en tant que vérité, et non en tant qu'autorité. Descartes rétablissoit donc la raison dans le domaine philosophique, en même temps que Louis XIV rétablissoit l'ordre dans le domaine politique. Cet équilibre salutaire a duré pendant un quart de siècle. C'est Mme de Maintenon et les jésuites qui ont tout gâté. La bienséance de bon goût qui jusqu'alors avoit été la loi de la bonne compagnie, s'est changée en une hypocrisie haïssable ; et dès ce moment s'est apprêtée une reprise de faveur du scepticisme. Dès 1688, la princesse Palatine écrivoit : « La cour devient maintenant si ennuyeuse avec ses continuelles hypocrisies, qu'on n'y peut plus tenir. » Et dix ans plus tard : « On ne voit presque plus maintenant un seul jeune homme qui ne veuille être athée ; mais ce qu'il y a de plus drôle, c'est que le même individu qui fait l'athée, à Paris, joue le dévot, à la cour. »

La société polie s'étoit, en effet, partagée comme en deux courants d'opinions et d'habitudes : celui de Versailles, où dominoit l'esprit de Mme de Maintenon; et celui de Paris, ou de la ville indépendante, où couvoit en silence l'esprit sceptique épicurien, plus ou moins modéré, abrité de l'appui des salons du parlement, de la finance et de la haute noblesse. La philosophie de Saint-Evremond avoit des forteresses respectées dans le salon si bien peuplé de la rue des Tournelles, où Ninon conservoit sa mémoire avec le culte de l'amitié, et dans les réunions moins discrètes du Temple et d'Anet, où la régence, et pire encore, étoit toute en germe, chez les Vendôme. Il ne manquoit aux scandales que la publicité qui n'avoit point alors l'éclat emporté de notre temps. Les bienséances régnoient encore en la plupart des compagnies, et Fontenelle en est un type remarquable. Mais si Bossuet avoit assuré, par son génie et la grandeur de son caractère, le triomphe du catholicisme gallican, si Louis XIV avoit commandé toujours le respect, pour sa personne royale et son autorité; avec Louis XIV et Bossuet, tout disparut: l'esprit de Paris l'emporta sur celui de Versailles, et le scepticisme un moment refoulé, reprit un essor impétueux, irrésistible; ce fut le souffle du dix-huitième siècle, émané de celui de Saint-Evremond, avec la sérénité de moins.

Terminons par ce portrait charmant que Saint-Evremond nous a laissé de lui-même, et qui nous donne une idée si juste de sa philosophie :

« C'est un philosophe également éloigné du superstitieux et de l'impie; un voluptueux qui n'a pas moins d'aversion pour la débauche, que d'inclination pour les plaisirs; un homme qui n'a jamais senti la nécessité, qui n'a jamais connu l'abondance. Il vit dans une condition méprisée de ceux qui ont tout, enviée de ceux qui n'ont rien, goûtée de ceux qui font consister leur bonheur dans leur raison.... En l'amitié, plus constant qu'un philosophe ; à l'égard de la religion,

> De justice et de charité,
> Beaucoup plus que de pénitence,
> Il compose sa piété.
> Mettant en Dieu sa confiance,
> Espérant tout de sa bonté,
> Dans le sein de la Providence
> Il trouve son repos et sa félicité. »

Si l'on songe que Saint-Evremond a prêché ces maximes, peu sévères sans doute, mais à coup sûr délicates et affectueuses, à une noblesse qui dépouilloit à peine les allures violentes des guerres civiles et de religion; qui, malgré les éminentes qualités d'esprit et de cœur, qui en ont fait la plus généreuse et la plus aimable noblesse du monde, avoit encore les penchants et les goûts d'un âge barbare et grossier; qui s'enivroit d'habitude, qui aimoit l'orgie, qui avoit la fureur des duels, qui enlevoit des femmes à main armée, en plein jour, au bois de Boulogne; qui friponnoit au jeu, qui adoroit la vie du chevalier brigand (*Raubritter*) de l'Allemagne, dont nos rois n'ont pu la tirer qu'en l'appelant à Paris ou à Versailles, où elle trouva une corruption moins estimable peut-être : on pensera que le succès de la philosophie de Saint-Evremond a été un progrès, et que l'aimable philosophe a puissamment contribué à l'adoucissement des mœurs, dans la classe élevée, seule capable alors de la comprendre. Il a civilisé par un sensualisme de bon goût.

CHAPITRE VIII.

SAINT-EVREMOND PENDANT LA FRONDE.

L'ATTITUDE que garda Saint-Evremond, pendant la Fronde, a cela de remarquable, que jamais il n'en changea; au contraire des autres acteurs de ce drame singulier, qui presque tous, en moins de trois ans, ont changé de parti, de passion ou d'intérêt. Dès les premières émotions de l'année 1647, alors renfermées dans la société parisienne, Saint-Evremond adopta une opinion dont il ne s'écarta plus : celle que nous avons signalée à l'occasion de la Maxime politique dont les mécontents avoient alors fait leur formule. La cause royale pour laquelle il se déclara, dès le début des troubles, fut la seule à laquelle il prêta jamais l'appui de son suffrage, de sa plume et de son épée.

Je ne viens point, à ce propos, refaire l'histoire de la Fronde, bien que j'en pusse être tenté, par les recherches et les publications modernes, qui ont éclairé, d'un jour tout nouveau, cette partie de notre histoire. J'indiquerai seulement, avec rapidité, quelques traits généraux, nécessaires pour faire apprécier et comprendre divers écrits de Saint-Evremond, lesquels jadis ont fait les délices de la société contemporaine, et sont, de nos jours, trop négligés, malgré l'intérêt piquant qui s'attache à leur lecture.

On peut retrouver dans la Fronde quelques traits qui rappellent la Ligue, mais son plus vrai caractère est celui d'une réaction contre le système de gouvernement personnifié dans Richelieu. Nous jugeons aujourd'hui ce grand politique à un autre point de vue que ses contemporains; et ces derniers ont été loin de partager l'admiration, peut-être excessive, de la postérité, à son égard. La Rochefoucauld nous a laissé un jugement qui fut l'opinion générale de son temps : « Pendant douze années, Richelieu avoit violé toutes les lois du royaume..., renversé toutes les formes de la justice et des finances, etc. » Le cardinal de Retz nous dit la même chose, en d'autres termes : « Cet aspre et redoutable cardinal avoit foudroyé plutôt que gouverné les humains; » et Gui Joly commence ainsi ses *Mémoires* : « Le ministère du cardinal de Richelieu étant devenu odieux, la nouvelle de sa mort fut reçue généralement dans toute la France avec des témoignages et des sentiments d'une joie qu'on ne peut assez exprimer. » Voilà l'impression véritable de l'époque, dans la plénitude de son erreur, mais aussi dans toute sa vérité.

Et, en effet, Richelieu sembloit avoir humilié les Parlements et abattu la féodalité, plutôt au profit de son pouvoir ministériel que du pouvoir royal. La grandeur et l'intérêt de sa lutte avec l'Autriche étoient effacés par ses vices. Il mourut, laissant un roi, moribond lui-même, qui avoit paru d'accord avec les peuples, pour le haïr, tout en lui abandonnant la puissance, et qui ne tarda pas à quitter la place à un roi de cinq ans, sous la régence d'une reine mère, naguère persécutée, outragée, comme à l'envi, par le ministre et par le roi. La mort de Louis XIII et de Richelieu (1643) ramena donc au pouvoir une princesse exilée, et avec elle un flot d'émigrés auxquels il sembloit que la souveraine, leur ancienne complice, ne pouvoit rien refuser. *La Reine est si bonne, la Reine promet tout, la Reine donne tout :* tels étoient les mots qui furent dans toutes les bouches, pendant quelque temps. Mais cette émigration ne fut ni plus sensée, ni plus sage, que n'ont jamais été les autres, et bientôt elle reprit le chemin de la disgrâce, devant les nécessités du gouvernement. Toutefois l'esprit de réaction, contre le *ministériat*, ne put être contenu.

Richelieu n'avoit encore fondé que le pouvoir absolu, dont la théorie est tout entière dans le préambule de l'édit de 1641 ; et la France, pour s'y être soumise, ne l'avoit point acceptée, lorsqu'il mourut. Le pouvoir royal a été jadis balancé, chez nous, tantôt par celui des grands vassaux, tantôt par celui des princes et chefs de la noblesse, tantôt par les Parlements, dont les Valois avoient étendu les attributions : toujours par des institutions ou des usages modérateurs, plus ou moins en harmonie avec l'état social. Richelieu venoit d'établir, par la terreur, un pouvoir central et régulier, qui ne laissoit aux libertés politiques aucune garantie. Il avoit fait trop et trop peu.

Les grands vassaux trouvoient des continuateurs dans les gouverneurs des provinces, et dans les seigneurs opulents qui peuploient la capitale. Les habitudes féodales avoient, à vrai dire, fait place à des mœurs différentes ; la féodalité avoit été bannie des institutions politiques ; mais les pratiques de la société retenoient encore quelque chose des relations seigneuriales. Ce n'étoit plus comme vassal, comme homme lige, qu'on se donnoit aux maisons de Condé, de Vendôme, de Longueville, de Soissons, d'Elbeuf, de Bouillon, etc. C'étoit comme officier, comme gentilhomme, comme *domestique*, et l'on s'obligeoit à la même subordination que le vassal. En échange de leurs services, les petits obtenoient des grands, la protection toujours, et la fortune quelquefois. On se poussoit ainsi dans les charges, dans les armées et à la cour; et le protecteur, bien souvent, acquéroit tant de force du nombre et de la qualité de ses protégés, qu'il pouvoit, à certains jours, se rendre redoutable au Roi lui-même, comme jadis les Armagnacs ou les Bourgogne. On avoit, en effet, retenu des mœurs féodales le respect du devoir qui rattachoit le vassal au seigneur, c'est-à-dire le protégé au protecteur : lien plus étroit, selon l'usage des fiefs, que celui qui rattachoit le vassal au suzerain de son seigneur, tel que le Roi. On sait combien, dans ses rébellions, Condé se montra exigeant, inexorable, envers ceux de ses officiers qui furent plus fidèles au roi qu'à lui-même. Saint-Evremond nous en offrira un exemple.

A l'égard des Parlements, froissés par l'établissement des intendants, des *semestres* et des commissions judiciaires, l'opinion leur étoit restée fidèle. Ils avoient conservé le crédit et l'importance de défenseurs naturels du droit des peuples. Les magistrats *semestres* n'avoient pas la considération publique. Les commissions de Richelieu étoient restées odieuses; et les exactions fiscales sembloient ne plus devoir trouver d'obstacles, en l'absence de l'action des Parlements. L'opinion s'accordoit admirablement, sur ces divers points, avec les prétentions parlementaires, qui s'élevoient alors jusqu'à remplacer, et même primer, les états généraux du royaume. Aussi le premier acte de leur autorité, après l'insurrection, fut-il de supprimer les intendants, les semestres, et de décréter des garanties constitutionnelles, pour limiter les droits de la royauté. Les Parlements s'entendoient, sur tous ces points, avec la bourgeoisie des villes, d'où ils tiroient leur origine, et qui luttoit pour son indépendance communale, compromise par les institutions de Richelieu.

Lors donc que la réaction de la Régence eut pris son essor et son élan, il fut impossible de l'arrêter; et le cardinal Mazarin, continuateur avoué des plans politiques de Richelieu, à l'extérieur, apparut aussi comme un tyran continué, à l'intérieur et digne de la haine de tous les esprits indépendants. Une opposition sourde, puis déclarée; une coalition des partis irrités, des intérêts menacés ou froissés, se forma donc et s'organisa par degrés, sans pouvoir arriver cependant à une parfaite unité d'action et de vues. Nul des coalisés ne vouloit dépasser l'horizon de son intérêt particulier. Arrivé à cette limite, il étoit prêt à faire son traité. Si l'un de ces intérêts devenoit prédominant, les autres s'en détachoient, parce qu'au fond du cœur aucun des partis ne vouloit servir au triomphe de l'autre, et que les vues de chacun différoient comme les intérêts. Ainsi le duc de Bouillon eut Matthieu Molé contre lui, lorsqu'il voulut livrer à l'Espagne la Fronde parlementaire. Le Parlement devint aussitôt Mazarin. La coalition formidable de la Fronde, composée des mécontents de toutes les couleurs, n'étoit donc point une cause, comme la ligue, et n'avoit, à vrai dire, point de chef. Il fut possible à un homme aussi patient qu'habile, tel qu'étoit Mazarin, d'avoir raison de tout ce monde.

Mais l'explosion n'en fut pas moins une crise redoutable pour la monarchie. S'il y avoit diversité dans le but poursuivi par chacun, il y avoit un concert formidable dans l'attaque de tous. Le soulèvement de la noblesse, de la magistrature et de la bourgeoisie, pour empêcher la résurrection ou la continuation d'un pouvoir qui avoit tout fait trembler : pouvoir dont on se croyoit délivré par la mort de Richelieu, et contre lequel la Reine régente elle-même avoit donné l'exemple de la révolte, parut opposer au ministère du cardinal Mazarin un obstacle insurmontable. Dès les premiers jours de la Fronde, le Parlement de Paris remontroit à la Régente que : « La loi fondamentale de la monarchie veut qu'il n'y ait qu'un maître en titre et en fonctions : de sorte qu'il est toujours honteux au prince, et dommageable aux sujets, qu'un particulier prenne trop de part à son affection et à son autorité; celle-là devant être communiquée à tous, et celle-ci n'appartenant qu'à lui seul. » Profession de foi monarchique qui n'empêcha point ce même Parlement de réclamer, dans les fameuses assemblées de la chambre Saint-Louis, des garanties contre l'usage du pouvoir royal, par le monarque en personne.

Il y eut donc une époque, de 1647 à 1648, où, sans manifestation extérieure encore, tout le monde sembloit pourtant s'accorder, dans la réprobation dont le gouvernement de la Reine et de Mazarin étoient l'objet. La passion vint à ce point que cet avénement de la régence, salué avec acclamation, comme la délivrance d'une insupportable tyrannie, fut un moment plus détesté que ne l'avoit jamais été peut-être la *régence*, comme on disoit, du cardinal de Richelieu. A l'irritation de tous les partis trompés, se joignoit un mépris personnel pour l'homme, alors signalé comme un autre Concini : mépris que n'avoit jamais inspiré Richelieu. Des pamphlets faisoient hautement appel à *un cœur de Vitry*. On se réjouissoit même d'un succès de l'ennemi, par exemple, de la levée du siége de Lerida. La fière Anne d'Autriche avoit peine à contenir son courroux, devant tant de folies, tant d'insolences, et tant de prétentions.

Elle essaya d'abord des moyens employés par Richelieu; mais la main n'étoit plus la même. Beaufort et Fiesque furent exilés pour leurs jactances; une ordonnance défendit de *parler des affaires d'État*. Les salons n'affichèrent pas moins la désobéissance, et le pouvoir compromis fut obligé de reculer devant des femmes. Les embarras d'argent, pour lesquels on avoit besoin du Parlement, augmentèrent les difficultés. Les impôts nécessaires à l'entretien d'une guerre qu'on reprochoit au ministre de n'avoir pas terminée aussitôt, ni aussi avantageusement qu'il le pouvoit, à Munster, parurent à quelques esprits remuants un prétexte plausible pour leur ambition, couverte du voile du bien public. Les magistrats donnèrent, judiciairement, le signal de la révolte, et une crise devint imminente. Ce fut à cet instant que Saint-Evremond employa l'arme du bon sens, soutenu par l'esprit, pour réduire à leur néant ces déclamations contre les favoris, qui étoient à la mode dans les réunions de la noblesse, comme dans les assemblées des robins et des bourgeois. Nous avons déjà parlé de l'apparition de sa *contre-maxime* dans les salons de Mme de Sablé. Il est trop vrai qu'elle ne convertit personne, et qu'elle ne servit qu'à honorer son auteur.

S'il y eut quelque chose de juste, peut-être même de grand, dans les primitives impressions des frondeurs, leur cause fut bientôt déshonorée par la prédominance de l'intérêt personnel sur l'intérêt de l'État, par les basses cupidités et par les vanités intolérables, enfin par l'appel à l'étranger. Mais les mœurs étoient plus rudes qu'aujourd'hui, surtout dans les classes élevées, où l'opulence n'avoit point encore amolli les esprits. C'étoit comme un reste des mœurs féodales. La guerre civile n'effrayoit personne, et les peuples même y étoient alors habitués. On diroit que la société trouve quelquefois, et providentiellement, son avantage dans ces calamités. L'énergie des esprits s'y relève, et, à ce point de vue, le dix-septième siècle doit plus qu'on ne pense aux agitations de la Fronde. Cependant, comment ne pas flétrir des témérités qui compromirent la fortune de la France, tout en suscitant de grands caractères, comme celui de Matthieu Molé! Les discussions *parlementaires* de cette année 1648 « levèrent, au dire de Retz lui-même, le voile qui doit toujours couvrir tout ce que l'on peut dire et tout ce que l'on peut croire du droit des peuples et de celui des rois, qui ne s'accordent jamais si bien ensemble, que dans le silence. La salle du palais profana ces mystères. » En voilà plus qu'il n'en faut pour justifier la première production de Saint-Evremond contre les frondeurs. Il avoit été plus prévoyant qu'eux.

Personne n'ignore comment éclatèrent les premiers désordres de la Fronde; l'arrestation de Broussel, de Blancmenil et de Charton, au retour du *Te Deum*, chanté à Notre-Dame, pour la victoire de Lens; la journée des barricades, et comment, après une apparence de rétablissement du calme, la reine Anne d'Autriche, qui avoit été obligée de céder devant l'émeute, résolut de quitter Paris, pour se retirer à Saint-Germain, où elle espéroit retrouver toute sa liberté d'action. Gaston, duc d'Orléans, et le prince de Condé l'y suivirent, embrassant vivement à cette heure la cause de la Régente contre le peuple de Paris; mais le frère et la sœur de Condé, le prince de Conti et la duchesse de Longueville, entraînés par la Rochefoucauld, se déclarèrent pour le parti opposé, où l'on comptoit d'importants personnages, tels que les Bouillon, les d'Elbeuf, les de Retz et les Vendôme. Mme de Motteville et Mademoiselle ont raconté les détails piquants du départ de la Reine (6 janvier 1649). Il faut lire, dans le Journal de d'Ormesson, l'émotion des Parisiens, après cet événement, et leurs préparatifs de défense armée. Dès les premiers jours de février, la capitale fut bloquée par le prince de Condé, très-animé dans ce moment contre la révolte. Le 8 de ce mois, fut livré le combat de Charenton; Paris y batailloit contre son Roi, la veille du jour où Londres devoit abattre la tête du sien (9 février). La coïncidence de ces deux événements frappa tous les esprits, et jointe à l'audace du duc de Bouillon qui osa ouvrir des négociations avec les Espagnols, dont un envoyé demanda même d'être reçu dans la chambre du conseil du Parlement de Paris, elle ouvrit les yeux aux plus honnêtes des magistrats; et leur montrant le péril de l'État, elle les disposa au retour de la soumission; laquelle eut lieu, le mois d'après (11 mars), par la paix de Ruel, œuvre du patriotisme éclairé de Matthieu Molé.

Il ne paraît pas que Saint-Evremond, alors brouillé avec le prince de Condé, ait pris part à la *guerre de Paris*. Selon Des Maizeaux, il alla, vers cette époque, en Normandie, voir sa famille. J'ai peine à croire que ce simple motif ait fait quitter Paris à Saint-Evremond, dans un moment pareil, bien qu'on pût l'en justifier par sa disgrâce auprès du prince, commandant en chef des forces royales. Je crois plutôt que Saint-Evremond a été remplir une mission secrète, en Normandie, et la suite des événements paroît le prouver. L'attention de tous les partis étoit alors fixée sur le parlement de Rouen, dont les déterminations avoient une extrême importance pour les frondeurs et pour la régente.

Le duc de Longueville étoit gouverneur de la Normandie, et aussitôt après que le parlement de Paris se fut déclaré en faveur des mécontents, il dut songer à s'assurer le concours d'une province aussi riche et aussi puissante. Richelieu avoit infligé la mortification du *semestre* au parlement de Rouen, qui en avoit conservé un ressentiment profond. La province avoit d'autres griefs contre la cour; le duc et la duchesse de Longueville comptoient, en outre, sur leur influence personnelle en ce pays, où les suffrages de la noblesse leur sembloient acquis [1]. Dès que la Reine eut quitté Paris, dans la nuit du 6 janvier, et que, par cet acte éclatant, elle eut, en quelque sorte, donné le branle aux résolutions extrêmes, le duc fut empressé de partir de Paris pour aller soulever la Normandie et faire prononcer le parlement. S'il pouvoit entraîner sa province, les affaires de la cour de Saint-Germain étoient fort compromises. On voit dans le Journal de D'Ormesson [2], et dans les registres du parlement de Rouen combien le départ du duc de Longueville fut désiré à Paris, et combien, en Normandie, il lui fut difficile d'ébranler un pays, habituellement très-avisé dans la conduite de ses affaires.

En effet, dès le début des troubles de Paris; la ville de Rouen, qui vouloit se maintenir en état de prendre le parti qui lui seroit le plus avantageux, avoit d'abord fait mine de se vouloir conserver pour le roi; et cependant elle avoit mis les bourgeois en armes et fait garder les portes. Le parlement étoit divisé: les uns tenant pour la Reine, les autres pour l'union avec le parlement de Paris. Le premier président, Faucon de Ris, dont Tallemant nous a laissé quelque souvenir, étoit serviteur du roi, mais sans crédit dans la compagnie. Aussitôt que la Reine vit le duc de Longueville se prononcer pour la Fronde, elle envoya d'Épinay de Saint-Luc, qui lui

---

1. Voy. Saint-Aulaire, *Hist. de la Fronde*, t. I, p. 274.
2. Voy. l'*Histoire du Parlement de Normandie*, de M. Floquet, t. V, p. 208 et suiv. — D'Ormesson, édit. de M. Chéruel, t. I, p. 638 et suiv. jusqu'à 682. — Saint-Aulaire, *Hist. de la Fronde*, t. I, p. 222 à 234.

étoit dévoué, porter au marquis d'Hectot, son neveu, la survivance du père de ce dernier, le marquis de Beuvron, lequel étoit lieutenant du roi, à Rouen, et attaché au duc de Longueville : croyant, par cette avance, paralyser les intentions du père et engager les actes du fils. Le marquis d'Hectot accepta le brevet, promit tout à Saint-Luc, son oncle, puis s'enferma dans la forteresse du *Vieux Palais*, aujourd'hui démolie, sans beaucoup se soucier ni des uns ni des autres, et attendant l'issue des grandes affaires de Paris.

La reine régente ne borna pas là sa prévoyance; elle dépêcha le comte d'Harcourt avec les provisions du gouvernement de Normandie, pour prendre possession de la ville de Rouen. Ce capitaine, vaillant et hardi à la guerre, mais indécis dans les affaires civiles, où il cherchoit volontiers son intérêt, s'arrêta au conseil du premier président, qui le fit demeurer au faubourg, en promettant de lui ménager une entrée triomphale, après qu'il auroit pris ses mesures. Saint-Evremond, qui avoit joint le comte d'Harcourt, étoit d'avis de brusquer l'entrée, de surprendre le parlement, et d'occuper la ville de vive force, s'il le falloit; mais il ne put décider le comte d'Harcourt, et, pendant ce temps perdu, survint le duc de Longueville qui, plus résolu ou mieux dirigé[1], pénétra dans la ville, et arriva par surprise jusqu'au sein du parlement assemblé, où puissamment secondé par les partisans qu'il y avoit, il fit,

---

1. Cf. les *Mémoires* de Mme de Motteville, sur l'année 1649, avec Saint-Evremond : *Retraite de M. le duc de Longueville*, t. II, *inf.* p. 4 et suiv.

et malgré le premier président, déclarer la compagnie contre la cour. Le duc de Longueville convoqua aussitôt la noblesse normande, et n'oublia rien pour engager Saint-Evremond dans ses intérêts. Il lui offrit une somme considérable, avec le commandement de l'artillerie, que Saint-Evremond refusa. « On voulut, dit-il, donner le commandement de « l'artillerie à Saint-Evremond ; et, à dire vrai, dans « l'inclination qu'il avoit pour Saint-Germain, il eût « bien souhaité de servir la cour, en prenant une « charge considérable où il n'entendoit rien. Mais, « comme il avoit promis au comte d'Harcourt de ne « point prendre d'emploi, il tint sa promesse, tant « par honneur que pour ne ressembler pas aux Nor- « mands, qui avoient presque tous manqué de pa- « role. Ces considérations lui firent généreusement « refuser l'argent qu'on lui offroit, et qu'on ne lui « eût pas donné. » En effet, la pénurie d'argent fut une des causes principales qui firent échouer le duc de Longueville.

Saint-Evremond, après une apparition au château de Saint-Denis-le-Guast, s'achemina de nouveau vers la capitale normande, et rencontrant le duc de Longueville, près de la Bouille, petit village à trois lieues de Rouen, il lui apprit que le comte d'Harcourt, qui commandoit les troupes royales, avançoit en toute hâte pour l'attaquer ; et le duc de Longueville, qui n'étoit pas en état de tenir la campagne, fort effrayé de cette annonce inopinée, rebroussa chemin en désordre, par une retraite qui ressembloit à une déroute : il arriva presque aussitôt que Saint-Evremond à Rouen. Cette rencontre est célèbre dans l'histoire de la Fronde normande, sous le nom d'*occasion de la Bouille*[1], ou de Moulineaux. Saint-Evremond, ayant rejoint la cour à Ruel, lui apporta, pour la réjouir, l'histoire récréative de l'expédition du duc de Longueville, en Normandie : relation dans laquelle il couvre d'un ridicule éternel, la tentative de soulèvement et l'échauffourée piteuse des hobereaux de Normandie. Pour qui connoît le détail des affaires et des personnes du temps, la *Retraite du duc de Longueville* est un chef-d'œuvre d'ironie et un pamphlet délicieux. L'effet moral de cette pièce fut excellent, elle tourna les rieurs du côté de la cour; le cardinal s'en montra fort satisfait. Dix ans après, il se la faisoit relire et s'en réjouissoit encore, de bon cœur, pendant la maladie dont il mourut. La langue françoise n'a pas, dans ce genre de littérature, un ouvrage où la causticité des traits soit plus délicate et plus mordante à la fois. Jamais le bon sens n'a parlé avec plus d'esprit. Ainsi, dans le temps que Condé châtioit les Parisiens, à Charenton; dans le temps que Matthieu Molé confondoit les complots du duc de Bouillon et de l'archiduc; Saint-Evremond, avec l'arme de l'ironie, attaquoit les frondeurs de sa plume acérée, et leur portoit des coups sensibles. Tous ensemble préparoient, décidoient ou consolidoient la paix signée à Ruel le 11 mars 1649.

Pendant cette première époque de la Fronde, qu'on est convenu d'appeler *la Fronde parlementaire*, le prince de Condé avoit généreusement soutenu la cause du jeune roi; et, malgré l'ascendant que

---

1. Voyez-en le récit piquant et détaillé, dans Floquet, tome cité, p. 321 et suiv.

la duchesse de Longueville exerçoit sur son frère, elle n'avoit pu détourner le prince de la ligne du devoir. Mais, après la paix de Ruel, l'influence de la duchesse reprit son empire. Le frère et la sœur, qu'une tendre affection avoit toujours unis, s'étoient retrouvés avec bonheur; et une parfaite intelligence se rétablit entr'eux, avec d'autant plus de facilité, que Condé, toujours exigent et hautain, étoit secrètement mécontent de la Reine et de son ministre. Douée d'une nature héroïque, comme Condé, la duchesse allioit l'ambition politique aux passions vives de la femme. Elle répondit à son frère des ducs de Longueville et de Bouillon, du vicomte de Turenne, des princes de Conti et de Marsillac, et de la plupart des autres chefs qui, pendant la guerre de Paris, avoient suivi le parti du parlement; et l'élévation de leur puissance devint dès ce moment, à sa persuasion, le but commun de leurs efforts et de leurs désirs immodérés. Mazarin ne pouvoit rien refuser au prince, après les services qu'il en avoit reçus. Considérant, désormais, les intérêts de leur maison comme ceux de l'État, ils firent donner au prince de Conti le gouvernement de la Champagne, qui touchoit à celui de Bourgogne dont Condé avoit le titre et la possession. Marsillac eut sa part en Lorraine. L'indemnité de Sedan, promise depuis tant d'années, et jamais payée, fut négociée avec le duc de Bouillon; et le duc de Longueville put espérer ce gouvernement de Pont-de-l'Arche, objet de sa passion, parce que le gouverneur de Normandie donnoit la main par là aux Parisiens. Condé força le cardinal à rappeler de l'exil Chavigny, ennemi personnel et dangereux de Mazarin; en un mot, il devint l'arbitre des grâces et de la faveur : il étoit si redouté, que Mazarin consentit à tout, et se garda pendant longtemps de le braver. Mais Condé, abusant de sa force, la perdit, et l'habile Italien vint à bout, par la ruse, de la passion du prince.

Tous les anciens frondeurs s'étoient ralliés autour du grand Condé, à l'exception du coadjuteur et du duc de Beaufort. Leur popularité, dans Paris, inquiéta la reine et Mazarin, qui ne crurent pas pouvoir avec sûreté retourner au Palais-Royal, tant que ces deux hommes, si accrédités, n'auroient pas fait leur soumission. Pour insulter à la fois à la timidité de Mazarin et à la haine du peuple de Paris, que Condé méprisoit profondément, le prince parcourut les rues de cette ville qu'il venoit d'assiéger, en plein jour, dans son carrosse, escorté seulement de deux laquais. Il imposa par son audace, et ne reçut aucun outrage ; mais cet exemple ne décida point la cour de Saint-Germain à rentrer dans Paris ; et, sous prétexte de surveiller les préparatifs de la guerre de Flandre, le cardinal emmena la Reine à Compiègne, et plus tard à Amiens.

L'époque de l'ouverture de la campagne étant arrivée, le prince en refusa le commandement et le laissa prendre au comte d'Harcourt, soit par méfiance envers Mazarin qu'il détestoit, soit pour mieux poursuivre une plus haute ambition, au siége même du gouvernement. Il demeura donc à la cour, où les discussions, dans le conseil, firent bientôt éclater une mésintelligence qui ne se pouvoit dissimuler longtemps. La duchesse de Longueville, aussi impérieuse que son frère, le poussoit aux extrémités ; mais le prince, quoique indigné de ce qu'il appeloit l'ingratitude de la Reine, conservoit encore du respect pour l'autorité royale. Fatigué, irrésolu, mécontent de tout le monde et de lui-même, il se retira dans son gouvernement de Bourgogne.

Pendant que ces scènes se passoient à Compiègne, le Coadjuteur profita des circonstances, pour rectifier sa situation, et reprendre son influence, soit dans la bourgeoisie parisienne, soit dans le parlement que l'alliance criminelle des frondeurs avec les Espagnols avoit décidé à signer le traité de Ruel. Le duc de Beaufort restoit, de son côté, fort insolent, et la populace des halles avec lui. Ni la Reine, ni Mazarin, n'osoient donc se commettre personnellement encore avec les Parisiens. Cependant la rentrée du Roi dans Paris étoit vivement désirée par le parti de la cour, et par la cour elle-même.

Pour y préparer les esprits, et en faciliter le succès, les jeunes seigneurs qui entouroient Anne d'Autriche, à Compiègne, venoient souvent se montrer à Paris. On les voyoit, parés des couleurs de la Reine ou de Mazarin, se promener dans le jardin des Tuileries, où une affluence de beau monde se trouvoit, chaque soir. Ils alloient ensuite souper, avec apparat, dans le jardin de Renard, y appeloient quelquefois des violons, et buvoient à la santé du cardinal. Ce Renard, selon ce que nous apprend Gui Joly, avoit été laquais de l'évêque de Beauvais, alors directeur de conscience de la reine Anne d'Autriche. Admis familièrement au Louvre, à cause de son maître, il lui étoit permis de présenter tous les matins un bouquet à la Reine, qui aimoit passionément les fleurs. Ces petits présents étant gracieusement reçus, Renard en profita pour se tirer de sa condition, et il obtint la concession d'un petit coin du jardin des Tuileries, où il bâtit une maison, et l'embellit si bien, que ce lieu, où l'on trouvoit à manger et à se rafraîchir, devint le rendez-vous quotidien de la société parisienne. On s'y divertissoit, on y jouoit, on y causoit des affaires du temps. Tous les mémoires contemporains ont parlé du jardin de Renard, qui occupoit l'emplacement où se trouvent aujourd'hui l'orangerie et la terrasse, à l'extrémité sud-ouest du jardin des Tuileries.

Les gentilshommes frondeurs, qui avoient encore le haut du pavé, dans la capitale, reçurent d'abord civilement les visites de leurs adversaires, les *mazarins*, et crurent de l'honnêteté de leur faire fête. Encouragés par cet accueil poli, les jeunes courtisans prirent plus de liberté. Ils essayèrent des propos contre la Fronde, et chantèrent des chansons de leur parti. Dans une de leurs promenades, à la grande allée des Tuileries, ils rencontrèrent le duc de Beaufort, qui, soit pour éviter une querelle, soit pour tout autre motif, leur céda la place, et continua son chemin par une autre allée. Le marquis de Jarzay, qui étoit à la tête des *mazarins*, triompha de la modération apparente ou affectée du duc de Beaufort, et à son retour à Compiègne en réjouit la cour et les ruelles. Une nouvelle expédition fut donc résolue, par cette belle jeunesse enhardie. Il paroît que Saint-Evremond fut de l'équipée, bien qu'il n'en parle pas : il ne pouvoit y abandonner Ruvigny, l'un de ses plus intimes amis. Anne d'Autriche, voyant partir ces brillants étourdis, en témoigna quelque regret, tout en les excusant d'une témérité qui la flattoit.

Un pareil projet ne s'exécute point, en France, sans beaucoup de bruit[1]. On connoissoit, à Paris, l'entreprise de Jarzay, avant qu'il partît de Compiègne ; et comme elle étoit dirigée personnellement contre le duc de Beaufort, la ville, dont il étoit l'idole[2], s'en émut. Il auroit été facile de faire mettre en pièces les imprudents qui venoient, au milieu de Paris, braver *le roi des halles.* Mais le Coadjuteur repoussa toute résolution de cette nature. Ne croyant pas cependant devoir souffrir une bravade, qui eut décrédité son parti, le Coadjuteur, après avoir tiré parole de ses amis qu'ils se conformeroient à son programme, décida que « lors du premier voyage de Jarzay (c'est lui-même qui parle) le duc de Beaufort, accompagné d'une centaine de gentilshommes, et d'autant de pages et laquais, se rendroit au jardin de Renard ; qu'il traiteroit civilement les compagnons de Jarzay ; adresseroit à ce dernier seulement une leçon sensible, sur ses impertinences, et lui défendroit de reparoître dans Paris, sous peine d'être jeté dans la rivière. » Le Coadjuteur répéta plusieurs fois ces avertissements, insista pour qu'on s'abstînt de violence, et permit tout au plus qu'on brisât quelques violons, s'il y en avoit.

Toutes choses ainsi arrêtées, quand le duc de Beaufort fut informé que Jarzay arrivoit à Paris avec ses amis, il s'achemina vers les Tuileries, suivi d'une bruyante escorte. Au moment où il pénétra

---

1. Voy. Mme de Motteville, II, p. 436 et suiv.; les *Mémoires* de Retz, et Saint-Aulaire, I, p. 287 et suiv.
2. Voy. des traits curieux de l'idolâtrie des Halles pour Beaufort, dans Guy Patin, I, *passim*, éd. de Parisse.

dans le jardin de Renard, la joyeuse troupe des *mazarins* venoit de se mettre à table. Elle étoit au premier service, lorsque Beaufort arriva près d'elle. Il y reconnut le duc de Candale, si célèbre par son élégance et sa bravoure; Boutteville, qui devint plus tard le maréchal de Luxembourg; le commandeur de Jars, si connu par son attachement romanesque pour la Reine, et par son esprit, qui étoit celui des Vivonne; le commandeur de Souvré, qui fut plus tard grand prieur de France, et dont nous avons déjà parlé; le marquis d'Estourmel, l'un des plus hardis cavaliers de son temps, et Jarzay, qui n'étoit plus qu'en arrière-ligne, en pareille compagnie. Tous montrèrent du sang-froid, à l'abord des frondeurs, dont ils avoient été avertis, et qu'ils n'avoient pas cherché d'éviter.

« Ceux qui soupoient, dit Mme de Motteville, les voyant s'avancer, jugèrent aussitôt qu'ils étoient destinés à un autre divertissement qu'à celui de faire bonne chère; mais ne pouvant s'empêcher de danser, ils durent attendre, pour voir sur quelle cadence on les réjouiroit. Ils firent donc bonne mine, et se laissant approcher du duc de Beaufort, lui et sa compagnie environnèrent la table. Il les salua, montrant un peu de trouble sur le visage, et son salut fut reçu avec civilité de ceux qui étoient assis. Il y eut même quelques-uns d'eux, dont furent Ruvigny et le commandeur de Jars, qui se soulevèrent en le saluant, comme pour lui rendre du respect. »

Le duc de Beaufort, ne s'attendoit pas à trouver une réunion de personnages aussi considérables; il resta donc surpris et en quelque sorte déconcerté. Avec très-peu d'esprit, la violence prenoit, chez lui, facilement le dessus. Il perdit à peu près contenance, quoique il fut accompagné d'une troupe beaucoup plus nombreuse que celle des *mazarins*; et il leur dit, pour engager le colloque ou la dispute : *Messieurs, vous soupez de bonne heure.* Ils répondirent brièvement, en posture froide et sérieuse, afin de finir une conversation qu'ils ne jugeoient pas leur devoir être commode, à la fin. Le duc de Beaufort continuant, et se souvenant confusément de la leçon du Coadjuteur, leur demanda s'ils avoient des violons; et sur leur réponse négative, il ajouta : « Qu'il en étoit bien fâché, parce qu'il les auroit voulu casser; qu'il y avoit des gens, en leur compagnie, qui se mêloient de parler de lui, et qu'il étoit venu pour les en faire repentir; » et, à ce moment, ne sachant plus que leur dire, il saisit vivement la nappe, la tira rudement par le coin, et renversa les plats sur les convives, qui, la plupart, en furent salis. Aussitôt tous se levèrent et prirent leurs épées.

Quelques gens de la suite du duc se jetèrent sur les *mazarins*. Jarzay fut gourmé par des pages. Le marquis d'Estourmel en blessa plusieurs. Le duc de Candale, saisissant la première arme, imposa, et se montra très-résolu à repousser la violence : il étoit, comme Beaufort, petit-fils d'Henri IV. La troupe se serrant en colonne autour de lui, ce petit groupe de gentilshommes déterminés sortit en bon ordre du jardin de Renard, tous outrés du procédé, protestant qu'ils en auroient satisfaction, et se plaignant de l'aventure comme d'un guet-apens lâchement prémédité, et indigne d'hommes de qualité. Le lendemain, le duc de Candale envoya un cartel au duc de Beaufort. A quoi ce dernier répondit, qu'il n'avoit eu l'intention d'offenser, ni son cousin le duc de Candale, ni aucun gentilhomme de sa compagnie, et qu'il n'en vouloit qu'à Jarzay; que, du reste, il ne se battroit pas hors de Paris, parce qu'il n'y seroit pas en sûreté; mais qu'il étoit prêt à faire raison à quiconque viendroit la lui demander, dans l'intérieur de la ville. Puis, comme s'il eût craint, en effet, quelque entreprise contre sa personne, il quitta son hôtel, l'hôtel de Vendôme, bâti par Henri IV, pour son fils, sur la place qui porte encore aujourd'hui ce grand nom, et qui alors étoit tout proche du rempart de la ville, lequel joignoit le boulevard actuel de la Madeleine aux anciens fossés des Tuileries; et il alla se loger rue Quincampoix, dans le quartier de la capitale qui lui étoit dévoué, en une maison qui subsistoit naguère encore, et qui a servi d'hôtel à la banque de Law.

La Reine, sensible à cette mésaventure de ses serviteurs, et irritée de l'outrage fait à ses couleurs que portoient les *mazarins*, voulut poursuivre le duc de Beaufort, aux termes des ordonnances qui punissoient sévèrement les voies de fait commises dans les habitations royales. Mais elle fut contrainte d'abandonner ce projet, parce qu'on ne pouvoit faire son procès au duc de Beaufort, sans soulever la populace qui l'adoroit, et sans assembler le parlement, attendu qu'il s'agissoit d'un duc et pair. La noblesse de la cour garda ressentiment d'une insulte faite à des gentilshommes, et d'une injure que la Reine étoit obligée de dévorer.

Le prince de Condé, s'affligeant peu dans son âme de cet échec du parti royaliste, qui rendoit son assistance plus nécessaire, revint de Dijon à Compiègne; il y fut reçu avec de grandes caresses : et cédant à une de ces inspirations qui lui étoient si familières, il proposa de ramener sur-le-champ le Roi dans Paris. Il eut trouvé du plaisir à triompher à la fois, par son audace, des Parisiens qu'il vouloit humilier, et du ministre cauteleux qui se plaçoit encore une fois sous sa protection. Le prince de Condé conduisit, en effet, le Roi et la Reine à Paris, le 18 août 1649, imposant le respect à tout le monde. Le Coadjuteur lui-même fit sa soumission, et le peuple, avec la mobilité qui le caractérise, salua de ses acclamations, un hardi capitaine qui bravoit tous les périls, un jeune Roi qu'au fond du cœur on aimoit, une Reine gracieuse à qui l'on avoit dû d'heureux jours, et même son ministre, dont la fortune étonnoit l'imagination du vulgaire.

Mais à partir de ce moment, le joug du prince de Condé, de la duchesse de Longueville, et de leurs amis, devint insupportable à la cour; et dans le parlement, comme chez les bourgeois, ce sentiment se propagea tellement, qu'il fut facile au rusé Mazarin de s'allier secrètement avec les anciens frondeurs, le Coadjuteur et Beaufort en tête, et de se ménager satisfaction des hauteurs et de la tyrannie de l'hôtel de Condé. Il ouvrit des négociations, avec les maisons de Vendôme et d'Épernon, pour le mariage de ses nièces. Les irrésolutions de Condé désespérèrent alors Mme de Longueville, dont la passion contre la cour ne connoissoit plus de limites; et à la suite de trois mois d'intrigues de tout genre, et de péripéties les plus diverses, qui sont écrites partout, le Coadjuteur et le duc de Beaufort, devenus, à cette heure, les suppôts de la cour et de Mazarin, protégèrent de leur popularité l'arrestation des princes de Condé et de Conti, et du duc de Longueville, en plein Palais-Royal, dans la soirée du 19 janvier 1650, et commencèrent une période nouvelle des agitations de la Fronde : période qui a reçu le nom de *Fronde des princes*, parce que la délivrance des princes en fut le prétexte, et que leur rebellion en fut la conséquence.

Ce coup d'état fit la plus grande sensation. La noblesse s'indigna de voir, sous les verrous, à Vincennes, le héros de Rocroi, le sauveur de la France en ses jours de péril, et son orgueil en tous les temps ; et loin de rendre plus facile le gouvernement de Mazarin, cet événement en augmenta les difficultés. L'esprit public, si variable en France, finit par se tourner du côté des prisonniers ; et au milieu des serviteurs même les plus attachés à la Reine, une sorte de réprobation ne tarda pas à se manifester contre une mesure si violente. Les sentiments que Saint-Evremond dit avoir éprouvés en cette circonstance, furent ceux de tous les honnêtes gens. Malgré les rigueurs du prince à son égard, il avouoit au duc de Candale, dans les confidences de l'amitié : « Qu'un prince si grand et si malheureux devoit être plaint de tout le monde ; que sa conduite, à la vérité, avoit été peu respectueuse pour la Reine, et un peu fâcheuse pour M. le cardinal ; mais que c'étoient des fautes à l'égard de la cour, et non pas des crimes contre l'État, capables de faire oublier les services importants qu'il avoit rendus ; que ses services avoient soutenu M. le cardinal, et assuré le pouvoir dont Son Eminence venoit de se servir pour le perdre; que la France eût peut-être succombé au commencement de la Régence, sans la bataille de Rocroi qu'il avoit gagnée; que la cour avoit fait toutes les fautes, sans lui, après la bataille de Lens, et ne s'étoit sauvée que par lui, dans la guerre de Paris; qu'après avoir si bien servi, il n'avoit fait que déplaire, par l'impétuosité d'une humeur dont il n'avoit pu être le maître.... Je ne sais pas, ajoutoit-il, ce que la cour gagnera par sa prison, mais je sais bien que les Espagnols ne pouvoient rien souhaiter de plus favorable. »

On fut plus révolté encore de la vénalité du duc de Beaufort, que Mazarin avoit acheté argent comptant, et notamment au prix de la charge d'Amiral, qui étoit de quatre-vingt mille livres de rente, donnée au duc de Vendôme, avec survivance à Beaufort, et d'autres charges considérables données à d'anciens frondeurs, leurs amis et complices. Autour de la Reine, des seigneurs dévoués virent avec répugnance le héros du jardin de Renard, reparoître à la cour, et leur offrir ses bonnes grâces. Ce fut sous l'impression de ce premier mouvement que Saint-Evremond, dînant un jour avec des partisans de son opinion, tels que le duc de Candale, le comte de Moret, Miossens, Ruvigny et d'autres, qui avoient été de l'expédition des Tuileries, il fut résolu d'écrire, séance tenante, une *Apologie* ironique *du duc de Beaufort*, destinée à servir de réponse à l'apologie que le duc avoit cru nécessaire de publier lui-même, sous le titre d'*Avis du duc de Beaufort*, pour se justifier du blâme sévère que sa conduite équivoque rencontroit dans tous les partis : le peuple de Paris, les vrais et sincères frondeurs, ne pouvant lui pardonner d'être devenu le serviteur de Mazarin, et d'avoir reçu son argent; et les royalistes ne pouvant se résoudre à donner la main au prince beau d'aspect, peut-être, mais mal élevé, bâtard, félon, et de suspecte bravoure, qui revenoit à la cour et en faveur, à beaux deniers payés, pendant que des princes héroïques, et du sang légitime de France, étoient jetés en prison par une reine espagnole et par un ministre italien.

Cette *Apologie du duc de Beaufort* eut une assez grande célébrité. La Reine en sut peu de gré à Saint-Evremond : les trahisons ont leur moment de aveur et d'utilité ; mais d'ordinaire l'opinion en fait bientôt justice, et le rôle aussi nouveau qu'irrégulier de Beaufort ne put se soutenir longtemps. Le pamphlet qui le flagelloit obtint donc un certain succès de vogue. Toutefois Saint-Evremond n'a point revendiqué la propriété tout entière de cette satire qui fut composée en collaboration des jeunes seigneurs dont j'ai parlé : un homme de lettres, qui étoit de l'Académie françoise et du nom de Girard, tenant la plume. Saint-Evremond prit cependant à sa rédaction, une part qu'il ne désavoua jamais, et qu'on peut constater facilement dans cet écrit, où sa manière se produit fréquemment en traits marqués. Il n'a pas été compris dans les *OEuvres authentiques* de Saint-Evremond, lequel, par ménagement pour la maison de Vendôme, avec laquelle il eut d'intimes relations, vers la fin de sa vie, et peut-être pour la duchesse Mazarin dont la sœur avoit épousé le duc de Mercœur[1], supprima cette pièce, dans la collec-

---

1. Voy. Guy Patin, t. I, p. 173.

tion qu'il remit, corrigée de sa main, à Des Maizeaux, avant sa mort. Je l'ai réimprimée, après l'avoir collationnée sur une copie manuscrite conservée dans les papiers de Conrart. On y reconnoît sans peine le cachet de l'époque, et de la compagnie à laquelle il doit le jour. La Rochefoucauld n'a point oublié cette *Apologie*, dans ses *Mémoires*; on peut voir aussi ce qu'en dit Bayle.

Après l'arrestation des princes, la duchesse de Longueville avoit quitté Paris pour aller soulever la Normandie. La cour se hâta de la suivre en ce pays, afin de l'en chasser. Saint-Evremond y accompagna la Reine, et ce fut dans ce voyage qu'il eut avec le duc de Candale cette *Conversation* fameuse, dont le récit est demeuré l'un des chefs-d'œuvre les plus gracieux et les plus intéressants de notre auteur (février 1650). Réduite par les troupes royales à se réfugier à Dieppe, la duchesse de Longueville fut contrainte à s'en échapper misérablement, pour éviter d'être prise. Voici une lettre de Colbert à Le Tellier, qui nous révèle de lamentables détails à ce sujet [1] :

« Le sieur Du Plessis-Bellière fut avant-hier
« maître absolu du château et du fort du Pollet de
« Dieppe : le peu qu'il y avoit de garnison en étant
« sorti, et s'étant débandé aussitôt. On a appris
« des officiers qui étoient dans ces places, qu'aux
« cris de joie que tout le peuple de cette ville fit, à
« l'entrée du dit sieur Du Plessis, les soldats qui
« étoient en garnison dans le dit château de Dieppe

---

1. Elle a été publiée par M. Clément, dans le Ier vol. de la *Correspondance* de Colbert.

« mirent bas les armes et les jetèrent en bas de la
« muraille pour se sauver, ce qui fit résoudre à
« Mme de Longueville de se retirer ; et se voulant
« réfugier sur le vaisseau qu'elle faisoit tenir à la
« rade, pour cela, elle fut empêchée de se servir
« de l'esquif par le sieur de Saint-Aignan, qui avoit
« un corps de garde bourgeois contre ledit château.
« Elle fut donc contrainte d'envoyer quatre gentils-
« hommes à un petit village, à un quart de lieue
« du château, sur le bord de la mer, pour prendre
« des matelots, et leur faire mettre en mer une
« barque qui s'y trouva. Dans le temps qu'ils retour-
« nèrent pour prendre la dite dame et l'y mener, les
« matelots eurent la malice de faire un trou à cette
« barque, pour lui faire prendre eau ; et de plus,
« lorsqu'ils portèrent ma dite dame avec ses filles,
« dans cette barque, ils en firent tomber deux dans
« l'eau. En sorte qu'en arrivant dans ce méchant
« bateau, le trouvant fort chargé d'eau, et le temps
« étant, outre cela, assez mauvais, elle fut obligée
« de se remettre à terre, où après s'être séchée
« elle monta en croupe avec ses deux filles, et prit
« le chemin de Neuchâtel. On dit que MM. de
« Tracy, Saint-Ibal, Barrière, sont avec elle avec
« d'autres gentilshommes. Il est à remarquer que
« si elle avoit pu joindre le vaisseau qu'elle avoit à
« la rade de Dieppe, elle auroit été prise infaillible-
« ment, parce que le capitaine, nommé Daniel, en
« avoit prêté serment, le jour même, à un officier
« que le sieur Du Plessis-Bellière lui avoit en-
« voyé. »

Ce qui advint ailleurs, depuis l'arrestation des
princes, n'est ignoré de personne. La guerre civile

éclata aux quatre coins de la France. La cour, en retournant de Normandie (3 mai 1650), fut obligée d'aller se montrer à Bordeaux et d'y traiter avec la révolte[1]. Mazarin, craignant pour sa sûreté, dans Paris, transféra les princes à Marcoussis, puis au Havre, où il les mit en liberté, sans obtenir leur réconciliation ; et ce ne fut qu'au prix d'un long exil du cardinal que la Reine elle-même put sauver les affaires du jeune Roi, son fils. La soumission de M. de Turenne, (2 mai 1650), que le duc de Bouillon avoit entraîné dans la première fronde, fut un coup de Providence, en ces moments critiques ; car dès le mois d'octobre la guerre civile recommença, et cette fois Condé se mit résolûment à la tête des rebelles. Les services que rendit alors M. de Turenne n'ont pas eu d'appréciateur plus exact que Saint-Evremond, qui servit sous ses ordres, combattit auprès de lui, plus d'une fois, et fut le témoin des graves événements dont il a rendu compte.

« M. de Turenne, dit-il, dans son *Eloge*, trouva
« la cour si abandonnée, qu'aucune ville ne la vou-
« loit recevoir : les parlements s'étoient déclarés
« contre elle, et les peuples, prévenus d'une fausse
« opinion du bien public, s'attachoient aveuglément
« à leurs déclarations. M. le duc d'Orléans étoit à
« la tête des parlements, M. le Prince à celle des
« troupes ; Fuensaldagne s'étoit avancé jusqu'à
« Chauny, et M. de Lorraine n'en étoit pas éloigné.
« Tel étoit l'état de cette cour malheureuse, quand
« M. de Turenne, après quelques siéges et quelques
« combats, dont je laisse le récit aux historiens, la

---

1. Voy. Loret, édit. citée, p. 46 et 47.

« ramena malgré elle à Paris (21 octobre 1852), où
« le Roi ne fut pas sitôt, que son rétablissement dans
« la capitale fit reconnoître son autorité par tout le
« monde. La sûreté du Roi bien établie au dedans,
« M. de Turenne fit sentir sa puissance au dehors,
« et réduisit l'Espagne, etc., etc. »

Saint-Evremond étoit connu depuis longtemps de M. de Turenne, pour lequel il a conservé jusqu'à sa mort un culte véritable. L'*Éloge* qu'il nous en a laissé est le résumé le plus fidèle de l'histoire de ce grand capitaine. On y lira surtout le récit de la célèbre affaire de Gien, ou de Bléneau, racontée avec détail particulier[1]. Nulle part ce beau fait d'armes n'est rendu plus saisissant. En un autre endroit[2], Saint-Evremond a rendu témoignage d'une résolution conseillée par Turenne, et qui certainement a sauvé la monarchie, en ce moment. Cette révélation a échappé à tous nos historiens, du moins à ma connoissance. « J'ai vu prendre, dit-il, une ré-
« solution qui causoit la perte d'un grand État, si
« elle eût été suivie. La cour étant à Pontoise (en
« août 1652, après le combat du faubourg Saint-
« Antoine) et le cardinal Mazarin, considérant que
« M. le Prince n'en étoit pas éloigné, que Fuensal-
« dagne s'avançoit avec 25 000 hommes, et le duc
« de Lorraine avec 12 000, résolut de faire reti-
« rer le Roi en Bourgogne, ne le croyant pas en
« sûreté près Paris. M. de Turenne ne se trouvoit pas
« alors au conseil; mais, ayant appris cette résolu-
« tion, il s'y rendit immédiatement, et dit aux mi-

---

1. Voy. l'*Éloge de Turenne*, inf., t. II, p. 223.
2. Voy. les *Réflexions sur les divers génies du peuple romain*, dans notre tome II, p. 93, note 2.

« nistres que si le Roi quittoit Paris, il n'y rentreroit
« jamais, et qu'il falloit y vaincre ou périr. Cela
« obligea le conseil de changer d'avis. » C'étoit le
conseil qu'Henri IV avoit pris pour lui-même, en
une conjoncture aussi critique, où il ne voulut jamais quitter le sol de la France, quelque périlleuse
qu'y fût sa situation. Qui pourroit douter que l'émigration n'ait perdu, plus tard, les descendants de
Louis XIV?

C'est peu de temps après l'époque dont nous
avons parlé, que Saint-Evremond reçut le brevet
de maréchal de camp. Il est daté de Compiègne,
16 septembre 1652; et par un autre brevet, daté
du lendemain 17, le gouvernement royal, « voulant
« reconnoître les bons et fidèles services qui lui ont
« été rendus par le sieur de Saint-Evremond, dans
« les armées, en plusieurs et diverses occasions, et
« lui donner d'autant plus de moyen de les continuer à l'avenir, » le gratifia du brevet d'une
pension annuelle de 3000 livres.

La guerre civile continuant à Bordeaux, où s'étoient jetés le prince de Conti avec Mme de Longueville, soutenus par un parti puissant et passionné;
le prince de Condé ayant passé aux Espagnols,
et le comte d'Harcourt ayant quitté l'armée royale
de Guienne pour suivre un ambitieux et coupable dessein; le duc de Candale reçut en sa place
le commandement des troupes du Roi[1], destinées à
réduire les insurgés, parmi lesquels combattoient
le comte de Marsin et le fameux partisan Baltha-

---

1. Voy. Loret, septembre 1652, p. 288, de l'édit.
citée.

zar[1], de qui nous avons, sur cette campagne, des mémoires très-curieux, qu'on regrette de ne pouvoir controler par les *Mémoires* de ses adversaires, lesquels ne nous en ont point laissé. Saint-Evremond fut commandé pour servir dans cette armée, où les liens d'amitié qui l'unissoient au duc de Candale devinrent plus etroits. Il fut, dans les occasions délicates, le conseil de ce prince, et il a consacré à ces relations le souvenir d'un touchant hommage. Ni l'un ni l'autre ne nous ont cependant rien appris sur leurs opérations de guerre, pendant une période qui n'est presque connue que par les narrations des Frondeurs, trop partiales et suspectes. Lenet lui-même, qui a tant écrit, a borné l'objet de sa correspondance aux affaires de la ville de Bordeaux, et laissé dans l'ombre les mouvements militaires des généraux. Il faut lire l'histoire de la Fronde expirante à Bordeaux, dans le volume de M. Cousin : *Madame de Longueville pendant la Fronde*. Nulle part les événements qui ont mis fin à cette insurrection ne sont racontés avec plus d'exactitude et avec un intérêt plus piquant. C'est le plus triste épisode de la Fronde et le moins honorable pour Condé. Les négociations du prince avec l'Angleterre, le projet de *républiquer* Bordeaux, une terreur démagogique organisée dans cette ville, pour la maintenir dans la révolte, sont autant de révélations accusatrices. Le détail en est étranger à notre plan. Bornons-nous au regret de n'avoir aucun indice détaillé sur la participation active de Saint-Evremond à des opérations que

---

1. Voy. l'édit. elzévirienne des *Mémoires* de ce capitaine, publ. par Jannet. 1858, in-12.

le duc de Candale a terminées, le 24 juillet 1653, par le traité de soumission de la ville de Bordeaux [1]. La *Gazette* de ce temps inséroit les notes toutes faites qu'on lui adressoit de l'armée, mais Saint-Evremond avoit trop de paresse pour se donner un tel souci. Nous pouvons seulement être assurés qu'il augmenta, par sa fidélité au Roi, dans cette occasion, les ressentiments particuliers que Condé conservoit contre lui.

Nous savons encore que le gouvernement de Bergerac lui étoit destiné, si cette ville eût été prise. Silvestre, bien informé, ajoute [2] ce fait intéressant : « Qu'on payoit alors peu régulièrement les troupes ; « qu'on donnoit simplement aux officiers des assi- « gnations sur les villes et sur les communautés, et « que chacun en tiroit ce qu'il pouvoit. Habile à « profiter des conjonctures, et soutenu par M. Fou- « quet, de qui il étoit particulièrement connu, M. de « Saint-Evremond ne fit pas mal ses affaires dans « la Guienne. Il avouoit lui-même, et il en plai- « santoit souvent, qu'en deux ans et demi il en avoit « rapporté cinquante mille francs, tous frais faits ; « *précaution*, ajoutoit-il, *qui m'a été d'un grand* « *secours tout le reste de ma vie.* » Telle étoit alors, en effet, la manière de faire la guerre. Il n'y avoit point d'intendance militaire : c'est une création postérieure de Louvois. Aucun officier général n'agissoit autrement que Saint-Evremond. Ce fut donc dans cette guerre de Guienne qu'il s'assura une petite for-

---

1. Voy. les *Mémoires* de Cosnac, publiés récemment par la Société de l'Hist. de France, en 2 vol. in-8°.
2. Voy. t. I, p. 263, du Saint-Evremond de 1753.

tune pour les mauvais jours. Le régime des troupes en campagne étoit bien loin alors d'être aussi régulier qu'il l'est devenu au dix-neuvième siècle. Pour s'en faire une idée, il n'y a qu'à lire, dans Loret, les détails qu'il nous a conservés, sur les habitudes des troupes allemandes, amenées par le duc de Lorraine jusqu'aux portes de Paris, à titre d'auxiliaires de la Fronde ; et c'étoient des amis[1] !

Il resteroit à expliquer un fait très-singulier : pourquoi et comment, après le retour des généraux du Roi, à Paris, Saint-Evremond fut-il mis à la Bastille ? Des Maizeaux et Silvestre varient légèrement dans leurs versions. Voici celle de des Maizeaux :

« Après la réduction de la Guienne, M. de Saint-
« Evremond fut mis à la Bastille, où il demeura
« deux ou trois mois. Quelques railleries contre le
« cardinal Mazarin, faites dans une compagnie où il
« s'étoit trouvé, et où il n'avoit pas eu plus de part
« que les autres, en fournirent le prétexte ; mais en
« voici la véritable raison. Lorsqu'on parla d'un
« accommodement avec la Guienne, le cardinal vou-
« loit qu'on s'adressât aux créatures qu'il avoit dans
« le parti des princes ; mais le duc de Candale crut
« devoir traiter avec les amis de l'évêque d'Agen,
« qui avoient chassé le duc d'Épernon. Il prévit
« bien qu'étant les plus forts, leur suffrage entraî-
« neroit celui des autres : ce qui arriva effective-
« ment. Le cardinal, piqué au vif de ce manque de
« déférence, s'imagina que M. de Saint-Evremond
« avoit donné ce conseil au duc de Candale, et ré-
« solut de l'en punir. Cependant, lorsque M. de

---

1. Loret, édit. citée, p. 205, 210, 215, 222 et 252.

« Saint-Evremond l'alla remercier, après son élar-
« gissement, il lui dit fort obligeamment, *qu'il étoit*
« *persuadé de son innocence, mais que dans le poste*
« *qu'il occupoit, on se trouvoit obligé d'écouter tant*
« *de choses, qu'il étoit bien difficile de distinguer le*
« *vrai du faux, et de ne pas maltraiter quelquefois*
« *un honnête homme.* »

Or il n'y a rien, dans ce récit, qui se puisse accorder avec le témoignage que nous avons de M. de Cosnac, touchant ce qui s'est passé dans la négociation de la paix de Bordeaux. C'est Gourville, et non l'évêque d'Agen, qui a été le négociateur employé par M. de Candale, et Gourville étoit envoyé par Mazarin lui-même.

M. Silvestre, de son côté, après avoir répété que personne n'eut plus de crédit que Saint-Evremond, auprès du duc de Candale, ajoute que :
« Dans l'accommodement que fit la province de
« Guienne, le duc prit un parti qui déplut au car-
« dinal, et que celui-ci n'osant pas attaquer direc-
« tement le duc de Candale, crut devoir mortifier
« M. de Saint-Evremond, qu'on accusoit d'avoir eu
« part à ses conseils. Sur un prétexte aussi léger,
« c'est-à-dire pour quelques plaisanteries dites à
« table, à quoi M. de Saint-Evremond n'avoit pas
« plus de part que le reste de la compagnie, le cardi-
« nal le fit mettre à la Bastille. Après y avoir resté
« un peu plus de trois mois, il fut mis en liberté ;
« mais l'idée effrayante de la Bastille, lui demeura
« toujours dans l'esprit ; et cette crainte fut la
« principale raison qui l'engagea à sortir de *France*,
« lorsqu'il fut compromis dans l'affaire de Fouquet. »

Je ne crois point au déplaisir du cardinal, touchant la paix de Bordeaux, qui fut faite ainsi et comme il voulut. Mais je crois à la causticité de Saint-Evremond, et ses sarcasmes ont suffi pour motiver la correction que lui infligea Mazarin remonté au faîte du pouvoir. Saint-Evremond avoit servi la cause du Roi plutôt que celle du ministre, et bien qu'il ait rendu justice à l'habileté politique de celui-ci[1], on voit clairement qu'il avoit une médiocre estime de sa personne, même au temps où il vivoit dans l'intimité de la duchesse sa nièce[2]. Mazarin étoit, il y paroît, peu supportable dans le privé. On sait comment ses nièces l'ont traité, dans leurs Mémoires. Colbert ne l'a admiré qu'après sa mort; il l'aima peu pendant sa vie, tout en le servant[3].

Les prétentions de Mazarin à la science de la guerre étoient d'un ridicule intolérable, aux yeux des généraux : l'histoire en a consigné le souvenir; il falloit faire la guerre à sa guise, et c'étoit un cri universel contre lui. On connoît l'apostrophe de Condé : *Adieu Mars*. Il est probable que, dans la guerre de Guienne, où le duc de Candale ne lui imposoit pas autant que Turenne et Condé, le cardinal se donna plus librement les airs de capitaine, et que la société du duc, où brilloit Saint-Evremond, ne se refusa point, dans les salons de Paris, les épigrammes à cet égard. Saint-Evremond paya pour tout le monde.

1. Voy., au tome II, *infra*, la dissert. sur le mot VASTE, et le parallèle entre Mazarin et Richelieu.
2. Voy. *infra*, même tome II, l'*Oraison funèbre* de la duchesse Mazarin, p. 475 et 476.
3. Voy. les détails curieux de M. Clément, p. xxviii et suiv. du tome I de la *Correspond.* de Colbert.

CHAPITRE IX.

L'AMOUR ET L'AMITIÉ, AU DIX-SEPTIÈME SIÈCLE.

La philosophie du dix-septième siècle ne s'est point bornée à la spéculation métaphysique; elle s'est aussi préoccupée de l'analyse des affections de l'âme; et ce qui nous en est parvenu est d'une originalité piquante autant que variée. Voyez cette étude des passions où s'est exercé Descartes, bien qu'il y soit demeuré au-dessous de son génie; l'observation des caractères, où la Bruyère a effacé tous ses prédécesseurs; ces beaux traités de morale de MM. de Port-Royal, et ces discours éloquents, éternel honneur de la chaire chrétienne! Sans quitter la sphère des choses mondaines, nous jeterons un coup d'œil rapide sur les idées dominantes de cette époque, touchant ces grandes facultés affectueuses, l'amour et l'amitié. En cultivant cette partie de la philosophie morale, Saint-Évremond a fait preuve d'une remarquable délicatesse.

La galanterie est un sentiment moderne dont je ne rechercherai point ici l'origine et le développement. Après les siècles de la chevalerie, elle étoit restée, mais altérée, dans les mœurs de la société féodale, dont elle a fait un des agréments principaux. Diverses causes la ravivèrent, en France, au seizième siècle, parmi lesquelles il faut compter les relations avec l'Espagne et l'Italie. Cependant, la Renaissance n'a guère connu que l'amour des conteurs, expression charmante, mais incomplète, de l'un des penchants les plus irrésistibles de la nature[1]. L'érudition du seizième siècle lui avoit redonné le caractère païen de l'amour classique. Tel il apparoît dans les ouvrages de Louise Labé : il n'a pas, chez les anciens, de forme plus douce, plus vraie, et même plus spirituelle, que dans les productions de cette femme incomparable. L'idéalisme de la passion en est fort éloigné. L'esprit françois en avoit perdu la trace depuis Héloïse ; il ne faut pas la chercher dans les *Dames galantes*, de Brantôme. Toutefois, les mœurs libres du seizième siècle en ont préparé le retour. « Quant à nos belles Françoises, dit Brantôme, on les a vues le temps passé fort grossières, et qui se contentoient de faire l'amour à la grosse mode ; mais, depuis cinquante ans en ça, elles ont emprunté et appris des autres nations tant de gentillesses, de mignardises, d'attraits et de vertus, d'habits, de belles grâces et de lascivetés, ou d'elles-mêmes se sont si bien étudiées à se façonner, que maintenant il faut dire qu'elles surpassent toutes les autres en toutes façons. » Enfin, la passion de l'amour, connue à la dérobée, par les deux Marguerites, ces femmes d'un esprit si rare, et si mal jugées, a pris une place culminante dans la littérature françoise, au dix-septième siècle, sous l'influence de la littérature italienne, et surtout de la littérature espagnole, alors dépositaire des traditions poétiques et galantes que les Arabes avoient jadis transmises aux troubadours.

1. Voy. ma *Lettre critique* sur les *Contes de Perrault*, et celle qui précède les *Pastorales* de Longus.

Au moment même où la langue commençoit à se fixer, un esprit ingénieux et poli, Honoré d'Urfé [1], avoit remis en honneur, dans un livre célèbre, le sentiment subtil et chevaleresque de l'amour, developpé sous la forme italienne du roman pastoral. Mais la faveur du livre fut passagère : aux yeux des gens de goût, un excès de recherche, trop éloigné des mouvements vrais de la nature, décréditoit ce style précieux et maniéré. Il n'en fut pas de même de l'amour à l'espagnole. Sa grandeur généreuse remua profondément les imaginations, et son exagération romanesque, autant que délicate, laissa des traces profondes dans les caractères ainsi que dans les esprits.

La bonne compagnie de ce temps, et des génies éminents à sa tête, n'ont considéré l'amour ni comme un libertinage, ni même comme une foiblesse. L'amour, sentiment pur et élevé, a été, à leurs yeux, la marque des grands esprits et des nobles cœurs. Cyrus, et l'on sait quel héros étoit caché sous ce nom, Cyrus professe, dans un livre qu'on s'arracha des mains, pendant longtemps, que « cette foiblesse est glorieuse et qu'il faut avoir l'âme grande pour en être capable. » Tout le monde répétoit ces maximes, et nous apprécions mal, à cet égard, la société du dix-septième siècle, en la jugeant d'après les idées ombrageuses d'un rigorisme ignorant ou ridicule. Aussi n'est-il pas d'homme supérieur qui ait rougi d'éprouver de l'amour. Descartes, Pascal, Turenne, Condé, en ont nourri leur

1. Voy. *Les d'Urfé*, de M. Aug. Bernard, Paris, 1839, 1 vol. in 8; et les *Études sur l'Astrée*, de M. Bonafous, Paris, 1846, in-8.

âme. Quel évêque oseroit en parler, aujourd'hui, comme l'irréprochable Huet, dans sa lettre à Segrais, *Sur l'origine des Romans?* Rien n'étoit plus commun alors que des sacrifices touchants, comme celui de Mlle du Vigean ou de Mlle de la Vallière. Si Vauvenargues avoit vécu vers le milieu du dix-septième siècle, il n'auroit pas écrit à l'un de ses amis : « L'aveu que vous me faites de votre passion flatte bien ma vanité : vous n'avez pas craint, mon cher Mirabeau, d'être ridicule à mes yeux. » L'amour sincère n'étoit plus, en 1745, qu'un ridicule qu'on n'osoit avouer : on en fesoit sa gloire cent ans auparavant.

Le train général du monde étoit alors à la galanterie, et le roman d'amour, étoit déjà le livre populaire, dans une littérature exubérante, et passionnément cultivée. La galanterie se glisse partout où se trouve une femme. Elle dut déborder après l'introduction, dans les mœurs françoises, du *Salon*, des *Assemblées*, où non-seulement la femme jouit de toute liberté, mais encore où elle règne en souveraine. Une loi jadis inconnue, *l'usage du monde*, régla désormais la société. La liberté des relations entre les hommes et les femmes, avoit fait naître une forme sociale ignorée des anciens. Le rôle sévère, respectable, mais ennuyeux et subalterne, de la matrone grecque ou romaine, n'étoit plus proposable à la femme françoise, qui vouloit pouvoir être aimable comme Aspasie, tout en étant respectée comme la mère des Gracques. Il falloit faire à son empire une part légitime d'influence. L'esprit, le bon goût, la raison, la nature, se sont accordés pour y pourvoir, et c'est l'éternel honneur de la société françoise, d'en avoir pris l'initiative, dans l'Europe moderne.

Il étoit difficile de régler ces nouvéautés. On a commencé par des sottises, avant d'arriver à la sagesse. La dissolution de la cour des Valois s'est changée, au dix-septième siècle, en galanterie régulière. Le pouvoir constituant de ce nouveau régime a été l'*usage du monde*. En dehors des maximes rigoureuses du droit civil, et de la morale religieuse, une pratique sage s'est introduite, laquelle, adoucissant les relations, et assujétissant les mœurs à la bienséance, les a épurées en les polissant. Pour être admis, estimé, bienvenu dans le *monde*, il a fallu parler un langage, professer des sentiments et vivre selon des habitudes dont le *monde* étoit le régulateur. La politesse arrêtoit désormais le désir aux limites de la bienséance; de telle sorte que si, en apparence, les manières étoient libres et dégagées, en réalité la conduite demeuroit discrète et réglée, et que le dernier mot restoit au bon goût, au bon ordre et à l'honnêteté. Voilà ce qu'a fait l'*usage du monde*, par une série de progrès, dont l'histoire est celle de la société polie; l'homme mal élevé a été, depuis lors, le plus insupportable des hommes. Saint Évremond a pu même réduire sa morale à être bien élevé, car la bonne éducation comprenoit tout.

La perfection de l'art du *monde* a donc assuré la liberté des femmes, en la modérant par les convenances, la délicatesse et l'esprit, à l'exclusion de l'impertinence et de la grossièreté. Le commerce du *monde* a ainsi étendu son empire et son charme jusqu'à la dernière limite du possible: la confiance et l'estime demeurant la base et la sauvegarde des rapports mutuels. Le *monde* n'a prétendu d'ailleurs régler que la conduite publique; c'étoit le conseil du bon sens, autant que du bon goût, et un immense progrès de la civilisation moderne. Aussi l'*usage du monde* est-il venu des classes les plus éclairées et les plus élevées, et de proche en proche il s'est étendu à tout esprit cultivé. Pour qui ne connoît pas le *monde* et la société polie, l'élégante familiarité des paroles et des manières fait soupçonner tout autre chose que la réalité. C'est pourquoi rien n'est plus faux que les jugements des mal-appris, à l'endroit d'une société qu'ils ne connoissent pas.

Le dernier terme de cette sociabilité si aimable a été posé au dix-septième siècle; il a été l'ouvrage des salons, et du monde dont Saint-Évremond nous retrace les habitudes, les mœurs, les opinions et les sentiments. L'esprit françois y a trouvé l'occasion de son triomphe dans la société européenne. Il n'est pas étonnant que la faveur ait penché vers une galanterie qui n'étoit plus celle de la chevalerie, quoiqu'elle en provînt, puisqu'elle avoit un élément nouveau, la liberté du commerce des femmes, inconnue aux Maures, à l'Espagne, et même à l'Italie féodale. Les conversations sur l'amour, au dix-septième siècle, étoient un sujet de prédilection, chez Mme de Rambouillet, chez Mme de Sablé, chez Mme d'Albret, chez Mme de Soissons, partout. On en dissertoit, ou en raffinoit, dans les assemblées, et il nous en reste des monuments curieux. On parloit peu de politique, dans les salons, et jamais d'affaires; les thèses morales, galantes ou philosophiques étoient l'exercice de tous les esprits qui aspiroient à la distinction; et comme les hommes vivoient beaucoup plus avec les femmes qu'aujourd'huy, les personnages les plus graves payoient à la galanterie un tribut que ne réprouvoit pas l'opinion. On en a tant dit, sur le cardinal de Richelieu, qu'il est difficile de n'en pas croire quelque chose. Son successeur n'a pas eu meilleure réputation, et c'est ce qu'on lui a le moins reproché.

Les guerres civiles avoient rendu le mélange des sexes plus intime et favorisé même le relâchement. Les mémoires du temps nous révèlent les gaillardises de l'époque, et il y en a de piquantes. Certaines coutumes, restées de la vie féodale, telles que celle du service des pages auprès des femmes, ont fourni l'occasion à bien des aventures que notre siècle traite avec une sévérité outrée; car ce qui devroit étonner, c'est qu'elles ne fussent pas arrivées. De jeunes adolescents assistoient les dames à leur toilette, et la nature prenoit souvent ses droits où elle les trouvoit. Tout le monde étoit coupable, si crime il y avoit, et la malheureuse Clémence de Maillé ne méritoit pas, peut-être, de gagner, à ce jeu, une prison perpétuelle. Mlle de Montpensier se hâtoit, dit-on, de donner un Louis à ses pages, et de les mettre à la porte, quand elle les voyoit troublés, en lui presentant ses chiffons Qui ne connoît le triolet de Chapelle sur la liberté des mœurs, sous la Fronde :

O Dieu! le bon temps que c'étoit! etc.

Des mœurs, la liberté passa très-facilement au langage, et l'on s'en ressent dans les écrits sortis, alors, des meilleures compagnies. Les *Divers Por-*

traits, composés pour et dans le salon de Mademoiselle, abondent en détails qu'on ne se permettroit plus aujourd'hui. Il y a des poésies de Mme de la Suze, *le Busc, Jouissance*, etc., qui nous paroîtroient obscènes; toutes les dames savoient par cœur le *Pastor fido*, où on lisoit que l'*honestate altro non é, che un arte di parer honesta.*

C'étoit l'excès, dans l'usage de la liberté; mais il étoit assez répandu et on l'eût dit ingénu. La discipline ecclésiastique, alors reçue, favorisoit même une licence que la vraie morale religieuse réprouve hautement. Voyez comment se marioit une honnête femme, Mme de la Guette! secrètement, sous les fenêtres d'un père qui refusoit de l'unir à son amant, et avec une dispense de son archevêque. Notre Code civil est bien meilleur *Magister morum* que le droit canonique. Rien n'étoit plus commun, alors, que les mariages clandestins, et les parlements leur ont fait longtemps la guerre. On voyoit même des mariages qui n'en avoient pas le nom; c'étoit le siècle des attachements et des arrangements. Gilles Ménage ne perdit point l'estime, en vivant sous le même toit que Mme de Cressy. Le scandale ne vint que de la séparation. Pour les correspondances galantes, tout le monde s'en donnoit le plaisir, et des abbés estimables ne se le refusoient pas. Le mariage romanesque étoit de mode et fort en faveur. Mlle de Rohan avec Chabot, Mlle de Montpensier avec Lauzun, sont d'illustres exemples de l'esprit de leur temps. L'histoire de Tancrède de Rohan est moins édifiante. La société y prit néanmoins de l'intérêt. Je m'en rapporte à Tallemant et au père Griffet.

Tous les attachements n'étoient pas, du reste, aussi bruyants, ou si l'on veut, aussi naïfs, dans leur publicité. Celui d'Anne d'Autriche pour son ministre n'auroit été que soupçonné, sans le cynisme des mazarinades. Il mérita d'être respecté par sa constance, sa réserve et sa sincérité. On a longtemps douté, à ce sujet : le doute n'est plus permis, après une lettre *autographe* que M. Walckenaer, si courtois, a eu l'érudite cruauté de publier. Elle étoit perdue dans je ne sais quel fonds de papiers où la postérité n'auroit pas dû fouiller; et M. Walckenaer, à son tour, l'avoit glissée dans une feuille de supplément où l'on pouvoit espérer que personne ne viendroit la chercher. Mais un autre indiscret inexorable, M. Chéruel, vient de la reproduire dans son savant volume sur *Saint-Simon*. Je lui en laisse la responsabilité, et ne veux pas m'y compromettre. J'ai vu d'autres lettres, mais j'en garderai le secret à Anne d'Autriche. *C'étoit le temps de la bonne régence*, etc.

Aucun temps, peut-être, n'a été plus fécond en attachements que le dix-septième siècle, et il est bien rare que, sur les deux qui s'y engagent, il n'y en ait pas un qui s'honore. Il n'étoit même pas de mauvais goût, dans la haute société, de rendre des services d'amour. Le chevalier de Grammont en est témoin. Chabot fut favorisé par le grand Condé, qui ne refusa pas une certaine assistance à Bussy, dans l'enlèvement de Mme de Miramion. L'enlèvement étoit une manière d'amour ou de mariage fort pratiquée, à cette époque; et, en considération de l'habitude, il y auroit des circonstances atténuantes pour Bussy, n'étoit la spéculation qui le rend inexcusable, surtout après l'échec que cette femme héroïque sut infliger à son audace.

Au dix-septième siècle, on diroit que tout naturellement, les caractères tournent à l'héroïsme. Les imaginations étoient alors surexcitées, et toute affection s'en ressentoit. Les héroïnes des romans à la mode, *Mandane* en tête, n'étoient autres que d'illustres contemporaines. On le savoit, et l'on se pasionnoit encore pour elles, dans les ruelles, en lisant le roman, après s'être passionné dans leur parti, le pistolet au poing. Jamais les femmes n'ont exercé une aussi grande influence, sur les affaires, qu'en ce temps-là. Mme de Staël et Mme Récamier, malgré leur bon vouloir, n'ont jamais eu tant d'importance que Mademoiselle, la palatine de Gonzague, Mme de Longueville et Mme de Chevreuse. Jusqu'aux danses et aux plaisirs du temps, tout portoit une empreinte d'héroïque. Les ballets étoient en vogue, dans la société polie, et les princes y figuroient, jouant les rôles de demi-dieux, et ravissant les spectateurs par de belles danses de caractère. Quelle perte que celle du menuet! Le menuet, c'étoit un drame, un poëme. Je n'ai jamais compris que les *beaux* et les *belles* aient laissé disparoître cette occasion traditionnelle du triomphe de leurs grâces.

Les héroïnes du dix-septième siècle, et toute femme se piquoit de l'être à sa façon, s'honoroient quelquefois d'être fidèles à leurs maris ; mais c'étoit par amour, plutôt que par devoir. Les *lionnes* de notre âge auroient été sûrement des *héroïnes*, en ce siècle. Les gens du bel air ne voyoient que des héroïnes. Ménage, lui-même, se donnoit cette fatuité. Il y avoit plusieurs étages d'héroïnes, et dans les bas, tout n'étoit pas de bon goût. Tallemant nous le montre. Mais les héros ne dédaignoient pas d'y descendre, quelquefois ; témoin M. de Turenne, et sa grisette de la rue des Petits-Champs, qui lui étoit si commode, quant il habitoit son hôtel de la rue Saint-Louis, au Marais.

Les saintes elles-mêmes avoient allures d'héroïnes. Mme de Miramion fit rendre les armes à Bussy. La comtesse de Dalet est pieusement héroïque. Jacqueline Pascal se pose en Athanase. Les charités de Marie Martinozzi étoient de la primitive Église. En aucun siècle, la femme ne s'est élevée plus haut, comme femme, comme esprit, comme caractère. Louis XIV, qui a ramené le respect de l'ordre et proclamé le goût du beau; qui a donné l'exemple de la galanterie, par sa politesse envers toutes les femmes; Louis XIV les a pourtant abaissées en les transformant en simples houris, et Mme de Maintenon ne les a pas relevées en leur imposant l'hypocrisie. La réaction nous a valu les dames de la régence, perdues par la dépravation des hommes de leur temps, plutôt que par leurs propres vices. Je n'en excepte pas Mme de Tencin a qui le caractère a manqué plutôt que le cœur, car pour l'esprit, elle en eut à ravir.

Des femmes irréprochables étoient donc, bien souvent, d'un parfait romanesque. Il n'y a qu'à lire *la Vie de huit vénérables veuves* qui a été récemment livrée au public. Leur piété avoit la tendresse des femmes de Racine, la véhémence des héroïnes de Corneille, l'exaltation de Thérèse d'Avila. Les Jansénistes en subirent l'influence manifeste. Pour les âmes de cette trempe, Arnaud d'Andilly traduisit sainte

Thérèse, qui étoit une amante de Dieu, éprise, à l'espagnole, d'une ineffable passion pour son Sauveur. Ce livre eut la vogue d'un roman. Plus sérieuse fut l'impression produite par *Philotée*, roman pieux du doux et saint François de Sales. Ce petit livre, inspiré par un amour du créateur, qui sembloit ne pas exclure l'amour des créatures, eut un succès prodigieux.

L'héroïsme avoit poussé partout, au théâtre, dans la chaire, dans la vie civile et domestique. Le grand Arnaud passa quarante ans dans l'exil, ou dans une cachette, pour la défense de la vérité. Et cependant cette époque n'a été ni lyrique ni épique. Les *Lettres d'une religieuse portugaise*, chef-d'œuvre oublié, sont d'une école que j'appellerois *héloïsienne*. Tout le monde lisoit alors la correspondance admirable de l'amante d'Abailard, presque ignorée du *monde* actuel, et dont un moine savant avoit publié les textes originaux, au commencement du dix-septième siècle. Les *Précieuses* étoient une variété de l'héroïne. Elles portoient une badine à la main, dont, au besoin, elles auroient frappé un insolent.

Ce goût de l'héroïque et du bel air a été la source de ridicules qu'a châtiés Molière. La bourgeoisie a imité les grands seigneurs et l'a fait gauchement. Les femmes d'un monde inférieur ont recherché les célébrités du grand monde. C'étoient les marquis en faveur à la cour que la ville attiroit et fêtoit, et la cour se moquoit, avec raison, de cette vanité digne de risée. M. Burin conduisoit lui-même ce fou de Montreuil, l'homme à la mode, chez sa femme, à laquelle il prêchoit qu'il falloit cultiver les gens d'esprit. Il avoit au préalable conduit la dame chez

Ninon, pour l'initier à la galanterie. On étoit si infatué de sentiment et de manière amoureuse, qu'on se prenoit quelquefois à pleurer à chaudes larmes, aux pieds d'une femme trop cruelle; et il falloit, auprès de quelques-unes, pleurer longtemps, témoin le comte du Lude, avec la chance de ne rien obtenir. Ménage renouvelloit la scène du *pastor fido*, en essayant de se casser la tête, pour fléchir Mme de Cressy, qui ne l'en trouvoit pas plus ridicule. Après Bussy, Sarrazin, esprit charmant, épicurien délicat, a fustigé ces pleureurs de profession :

> Achille beau comme le jour.
> Et vaillant comme son épée,
> Pleura neuf ans pour son amour,
> Comme un enfant pour sa poupée.

Au dix-septième siècle, le Palais se mêla au grand monde, dont il étoit resté séparé, pendant le seizième siècle. Les dames fréquentoient alors le Palais, sorte de bazar où il y avoit, dans les Pas-Perdus, des étalages de bijouterie, où les femmes du meilleur ton venoient faire leurs emplètes. Le duc et pair étoit assez familier avec le Parlement, où il avoit droit de siéger. Les Robins entrèrent donc aussi dans la galanterie, à l'imitation du beau monde; mais après avoir lu Tallemant, on demeure assuré que le Palais resta bien au-dessous de son modèle, pour le goût et la délicatesse. L'infériorité fut encore plus marquée dans la finance, et parmi les traitants, qui faisoient parade de luxe, et de dépense, avec des façons souvent extravagantes. Bon nombre de femmes de naissance se laissèrent noyer, dans cette pluie d'or, et y perdirent leur réputation; Mme de Montbazon a été bien plus critiquée pour les écus bourgeois de Bullion, que pour les folies du maréchal d'Hocquincourt, ou pour la passion de Rancé.

On voit, du reste, dans Guy Patin et ailleurs, que les bourgeoises de Paris étoient fort supérieures à leurs époux, pour le ton, pour le goût, pour l'esprit et pour la culture littéraire; elles lisoient Mlle Scudéry avec fureur, et s'entendoient à merveille avec la jeunesse dorée de la cour. Plusieurs tenoient salon, et l'esprit y rétablissoit le niveau entre les conditions. Mlle de la Vigne, oubliée par les modernes, mais dont les contemporains ont fait grand cas [1]; Mlle Dupré, Mme Chéron, avoient vu les hommes les plus distingués de leur temps fort empressés autour d'elles. Mme Cornuel, et avant elle Mlle Paulet, Mme Pilou, avoient fait respecter l'esprit par la naissance. Madame Hervart étoit une femme d'un goût exquis, amie de La Fontaine et de Saint-Evremond. On voyoit des financiers, des partisans, tels que Montauron et Rambouillet, s'appliquer à relever, par leurs manières, l'origine de leur opulence; tous les petits fiefs de la banlieue étoient dans les mains des financiers; ils y menoient grand train, et les arts n'avoient pas de *Mécènes* plus généreux. Les gens de lettres leur dédioient souvent leurs livres, et cet honneur des Dédicaces étoit fort recher-

---

(1) Voy Moréri, V. Vigne et l'abbé de la Porte, tom. I. Les recueils de Conrart et ceux de l'Académie françoise contiennent des poésies de Mlle de la Vigne, que Descartes avoit honorée, et que Saint-Evremond connut, dit-on, d'une façon plus intime. On avoit beaucoup parlé, dans le monde, de la passion d'un moine espagnol pour elle.

ché par la fortune. Il dégénéra même en industrie littéraire.

Lorsque Saint-Évremond prit sa place dans la société parisienne, l'enthousiasme pour le *Cid* étoit à son comble (1635), et il le partagea. Son admiration affectueuse pour Corneille a duré toute sa vie. Mais les fadeurs du royaume de Tendre lui restèrent antipathiques[1] et il méprisoit trop le Nervèze[2], pour en admettre les formes, dans le langage de la plus entraînante des passions. Sectateur d'Épicure, ses idées sur l'amour s'en ressentirent. Il rechercha le permanent accord de la raison du philosophe, des affections de l'honnête homme, et des mouvements de la nature : également éloigné du matérialisme grossier et de l'idéalisme ridicule ; donnant le pas au bon sens, dans l'occasion ; poursuivant spirituellement la vérité dans les plaisirs, et marquant sa doctrine, ainsi que sa pratique, d'une sorte de sagesse charmante qui, sans peupler le couvent des carmélites de la rue Saint-Jacques, eut

---

1. Il y a au recueil in-fol. de Conrart, tom. V, n° 37, une pièce curieuse, espèce de charte, ainsi intitulée : *Sapho* (Mlle de Seudéry, qui prend souvent ce pseudonyme et le reçoit sans façon) *Reine de Tendre, princesse d'Estime, dame de Reconnoissance, Inclination et terreins adjacents, à tous présents et à venir salut*, etc... *Donné à Tendre, au mois des roses*, etc.

2. Voy. *infra*, tom. 2, pag. 420. On connoît peu aujourd'hui *Les amours diverses, divisées en sept histoires, par le Sr de Nerveze, conseiller et secrétaire de M. le prince de Condé* (Revues et augmentées, à Lyon, par Thibaut Anselin, imprimeur ordinaire du Roy, 1608. Petit in-12, d'environ 800 pages, très bien imprimées). C'est un recueil d'incroyables platitudes, qui eut pourtant assez de succès, au commencement du dix-septième siècle.

presque autant de succès, au dix-septième siècle, que l'amour à l'espagnole et à la Scudéry.

« On ne sauroit, disoit-il, avoir trop d'adresse à
« ménager ses plaisirs; encore les plus entendus
« ont-ils de la peine à les bien goûter. La longue
« préparation en nous ôtant la surprise nous ôte ce
« qu'ils ont de plus vifs; si nous n'en avons aucun
« soin, nous les prendrons mal à propos, dans un
« désordre ennemi de la politesse, ennemi des goûts
« véritablement délicats.... La nature porte tous les
« hommes à rechercher leurs plaisirs; mais ils les
« recherchent différemment, selon la différence des
« humeurs et des génies. Les sensuels s'abandonnent
« grossièrement à leurs appétits, ne se refusant rien
« de ce que les animaux demandent à la nature.
« Les voluptueux reçoivent une impression sur les
« sens, qui va jusqu'à l'âme. Je ne parle pas de
« cette âme purement intelligente, d'où viennent
« les lumières les plus exquises de la raison; je
« parle d'une âme plus mêlée avec le corps, qui
« entre dans toutes les choses sensibles, qui con-
« noît et goûte les voluptés. L'esprit a plus de
« part au goût des délicats qu'à celui des autres;
« sans les délicats la galanterie seroit inconnue, la
« musique rude, les repas mal propres et grossiers.
« C'est à eux que l'on doit tout ce que le raffine-
« ment de notre siècle a trouvé de plus poli et de
« plus curieux dans les plaisirs. »

Il étoit ennemi des chimères, mais il apprécioit avec finesse les nuances graduées du sentiment. Quoi de plus aimable et de plus ingénieux que cette page, écrite en 1658? « Quoique l'amour agisse diver-sement, selon la diversité des complexions, on peut rapporter à trois mouvements principaux tout ce que nous fait sentir une passion si générale : *aimer, brûler, languir. Aimer* simplement, est le premier état de notre âme, lorsqu'elle s'émeut par l'impression de quelque objet agréable; là, il se forme un sentiment secret de complaisance, en celui qui aime ; et cette complaisance devient ensuite un attachement à la personne qui est aimée. *Brûler*, est un état violent, sujet aux inquiétudes, aux peines, aux tourments, quelquefois aux troubles, aux transports, au désespoir ; en un mot, à tout ce qui nous inquiète ou qui nous agite. *Languir*, est le plus beau des mouvements de l'amour : c'est l'effet délicat d'une flamme pure qui nous consume doucement; c'est une maladie chère et tendre qui nous fait haïr la pensée de notre guérison. On l'entretient secrètement au fond de son cœur, et, si elle vient à se découvrir, les yeux, le silence, un soupir qui nous échappe, une larme qui coule, malgré nous, l'expriment mieux que ne pourroit faire toute l'éloquence d'un discours............ Une âme qui aime bien, ne se porte aux autres passions que selon qu'il plaît à son amour. Si elle a de la colère contre un amant, l'amour l'excite et l'apaise; elle pense haïr et ne fait qu'aimer ; l'amour excuse l'ingratitude et justifie l'infidélité. Les tourments d'une véritable passion sont des plaisirs : on en connoît les peines lorsqu'elle est passée, comme après la rêverie d'une fièvre on en sent les douleurs. En aimant bien, l'on n'est jamais misérable ; on croit l'avoir été quand on n'aime plus. »

Dans cette analyse subtile, et pourtant vraie, Saint-Évremond se fût trouvé d'accord avec l'hôtel de Rambouillet qu'il avoit jadis fréquenté, car, pour les raffinements, toutes les écoles étoient d'accord; mais bientôt la division se manifeste entre les platoniques et les épicuriens; entre les amants à la Scudéry et les amants à la Saint-Evremond. Platon, le divin Platon, avoit aussi connu l'amour, et il s'en explique avec un respect religieux, qu'on ne retrouve plus qu'au dix-septième siècle, chez Pascal. D'un homme touché par l'amour, il dit : *cet amant dont la personne est sacrée*; et ceux qui aiment sont, à ses yeux, *des amis divins inspirés par les dieux*. Mais Platon, presque seul chez les anciens, a donné sérieusement à l'amour ce caractère; et l'amour sensuel eut bien plus de vogue parmi eux que l'amour sentimental, surtout chez les Romains. Or, au seizième siècle, l'érudition classique avoit déjà ressuscité les opinions anciennes sur l'amour, et les avoit remises en honneur, dans un monde déjà si bien disposé par les conteurs du moyen âge et de la renaissance. Survenant l'influence de la chevalerie espagnole, on eut, à côté de l'amour de Bocace et du *pastor fido*, l'amour selon Corneille, et, en face de l'amour de Platon, l'amour enseigné par Épicure.

Platon avoit transporté l'amour dans les régions supérieures de l'âme, avec trop de prédominance, peut-être, sur les mouvements naturels. Épicure a suivi la voie contraire. Saint-Evremond prend une voie moyenne et cherche à rétablir l'équilibre entre les sens et l'imagination, mais en penchant vers Épicure. On conviendra que les sectateurs de Platon ont, en général, conservé la supériorité morale, sur les sectateurs d'Épicure. Un seul homme et une seule femme ont relevé l'école épicurienne : c'est Saint-Evremond et Ninon de l'Enclos : Saint-Evremond, en mêlant la bienséance et l'esprit à l'émotion des sens, et l'attachement de l'amour aux délicatesses du sensualisme; et Ninon de Lenclos par d'autres qualités dont nous parlerons plus tard.

Bussy écrivoit un jour à sa cousine : « J'ai appris que vous aviez été malade...; j'ai consulté votre mal à un habile médecin. Il m'a dit que les femmes d'un bon tempérament, comme vous, demeurées veuves de bonne heure, et qui s'étoient un peu contraintes, étoient sujettes à des vapeurs. Cela m'a remis de l'appréhension que j'avois d'un plus grand mal; car, enfin, le remède étant entre vos mains, je ne pense pas que vous haïssiez assez la vie pour n'en pas user, ni que vous eussiez plus de peine à prendre un galant que du vin émétique. Vous devriez suivre mon conseil, ma chère cousine, d'autant plus qu'il ne sauroit vous paroître intéressé ; car si vous aviez besoin de vous mettre dans les remèdes, étant à cent lieues de vous, comme je suis, vraisemblablement ce ne seroit pas moi qui vous en servirois. »

Et l'aimable cousine, prêtant l'esprit français à l'honnêteté platonique, lui répond : « Votre médecin qui dit que mon mal sont des vapeurs, et vous qui me proposez le moyen d'en guérir, n'êtes pas les premiers qui m'avez conseillé de me mettre dans les remèdes spécifiques; mais la raison de n'avoir point eu de précaution pour prévenir ces vapeurs, par les remèdes que vous me proposez, m'empêchera encore d'en user pour les guérir. Le désintéressement dont vous voulez que je vous loue, n'est pas si estimable qu'il l'auroit été, du temps de notre belle jeunesse. Peut-être qu'en ce temps là vous eussiez eu plus de mérite. Quoi qu'il en soit, je me porte bien, et si je meurs de cette maladie, ce sera d'une belle épée, et je vous laisse le soin de mon épitaphe. » — Que dites-vous de cette épée, monsieur de Bussy ?

Saint-Evremond n'eût point écrit la lettre soldatesque de Bussy, bien qu'il ait donné, de son côté, d'étranges conseils à Mlle de Kéroualle, et à Mme Mazarin. Saint-Évremond professe l'indulgence et la liberté d'Épicure, mais avec la bienséance française et l'honneur d'un gentilhomme. Vivre selon la nature, voilà son goût et sa loi, mais selon la nature épurée par une délicatesse recherchée et par une galante honnêteté. Sa politesse invariable donne la mesure de la décence de son épicuréisme et de la courtoisie chevaleresque de sa philosophie. Il ennoblit l'inspiration de la nature en la suivant toujours, bien éloigné des habitudes libres qui régnèrent un moment à l'hôtel de Condé, si nous en croyons Tallemant[1], et dans plusieurs salons du Marais, par exemple chez Scarron ; bien éloigné aussi, en son éclectisme sensuel et fin, de la grandeur éloquente, et de Pascal et de Descartes ! Dans cette fameuse lettre de Descartes : *Sur la nature de l'amour*, écrite pour être montrée à la reine Christine qu'elle émut, le sentiment de l'amour se confond avec la passion de l'homme pour l'infini. Que d'élévation, mystérieuse encore, dans ce *Discours sur l'amour*, découvert et publié

---

1. Tom. 4. de l'édit. de P. Paris, pag. 304.

par M. Cousin, et où Pascal a déposé, sur des pages brûlantes, le secret impénétrable de son cœur! Pour lui, comme pour Platon, l'amour est un feu surnaturel, et il y a quelque chose de la divinité, dans l'objet aimé. « Le premier effet de l'amour, dit-il, est d'inspirer un grand respect. L'on a de la vénération pour ce que l'on aime.... Il semble que l'on ait toute une autre âme, quand on aime.... On s'élève par cette passion, et l'on devient toute grandeur. » Ailleurs, Pascal s'écrie : « A mesure qu'on a plus d'esprit, les passions sont plus grandes!... Dans une grande âme tout est grand. On demande s'il faut aimer : cela ne se doit pas demander, on le doit sentir.... L'amour n'a point d'âge; il est toujours naissant.... Le cœur a ses raisons que la raison ne connoît pas. » Platon n'eût pas désavoué ce langage.

Pascal est rapproché de Saint-Évremond, quand il ajoute : « Le plaisir d'aimer, sans l'oser dire, a ses peines, mais aussi il a ses douceurs. Dans quel transport n'est-on point, de former toutes ses actions dans la vue de plaire à une personne que l'on estime infiniment! L'on s'étudie tous les jours pour trouver le moyen de se découvrir, et l'on y emploie autant de temps que si l'on devoit entretenir celle que l'on aime. Les yeux s'allument et s'éteignent dans un même moment; et, quoique l'on ne voie pas que celle qui cause tout ce désordre y prenne garde, l'on a néanmoins la satisfaction de sentir tous ces remuements pour une personne qui le mérite si bien. » Dans le curieux écrit de Pascal, il est souvent parlé des *délicats*, et il abonde assez volontiers dans quelques-uns de leurs sentiments. Saint-

Evremond s'honoroit d'être un *délicat*, et il les prône constamment. Épicure et Platon se rencontrent ici dans la même sympathie ; mais je ne pense pas que Saint-Evremond, qui aimoit et prisoit tant le *languir*, eût partagé l'opinion de Pascal, lorsque celui-ci soutient que : « Les âmes propres à l'amour demandent une vie d'action qui éclate en événements nouveaux. Comme le dedans est en mouvement, il faut aussi que le dehors le soit, et cette manière de vivre est un merveilleux acheminement à la passion. C'est de là que ceux de la cour sont mieux reçus dans l'amour que ceux de la ville, parce que les uns sont tout de feu, et que les autres mènent une vie dont l'uniformité n'a rien qui frappe. La vie de tempête surprend, frappe et pénètre. » Ceci est de l'espagnol.

Il y avoit comme une seconde nature, dans Saint-Evremond ; c'étoit celle de l'homme du monde. L'esprit du monde le gouverne à son insu et dicte son langage. « Une seule passion, dit-il, fait honneur aux dames, et je ne sais si ce n'est pas une chose plus avantageuse à leur réputation, que de n'avoir rien aimé. » Voilà bien l'esprit de la société au milieu de laquelle Saint-Évremond a vécu. Il en subit encore l'influence, quand il écrit au comte d'Olonne exilé : « Si vous avez une maîtresse à Paris, oubliez-la, le plutôt qu'il vous sera possible, car elle ne manquera pas de changer ; et il est bon de prévenir les infidèles. » Puis l'indulgence et la connoissance du monde prennent le dessus, et il continue : « Une personne aimable à la cour, y veut être aimée ; et là où elle est aimée, elle aime à la fin. Celles qui conservent de la passion pour les gens qu'elles ne voient plus, en font naître bien peu en ceux qui les voient :

la continuation de leur amour pour les absents, est moins un honneur à leur constance qu'une honte à leur beauté. Ainsi, monsieur, que votre maîtresse en aime un autre, ou qu'elle vous aime encore, le bon sens vous la doit faire quitter, comme trompeuse ou comme méprisée. Cependant, en cas que vous voyiez quelque jour à la fin de votre disgrâce, vous ne devez pas en mettre à votre amour. Les courtes absences animent les passions, au lieu que les grandes les font mourir. » Plein de ces idées, il écrivoit à une dame dont il étoit épris, et qui pendant son absence étoit fort entourée, : « J'ai sujet de me louer de votre fermeté jusqu'ici : je doute néanmoins qu'une idée le puisse disputer longtemps contre un visage, et un souvenir contre des conversations. J'ai trop d'inquiétude, pour laisser plus longtemps l'avantage de la présence à ceux qui vous voyent. » Jamais, en effet, Saint-Evremond n'a été, sur ce point, dupe de son amour-propre.

La même surexcitation de galanterie et de politesse, se remarquoit dans toutes les classes de la société françoise, dans la société de *la cour* comme dans celle de *la ville*; je ne dis pas *noble* et *bourgeoise*, car je manquerois d'exactitude. Racine étoit bourgeois, et Boileau de même, et Bossuet aussi. On ne les tenoit pas moins pour être de bonne compagnie. La belle-sœur de Bossuet étoit une femme charmante, correspondante de Bussy; elle nous a laissé des lettres du meilleur goût. Mme Bourneau correspondoit avec Saint-Evremond et Racine, et vivoit chez les Comminges. Les assemblées bourgeoises de Mme Payen, près Notre-Dame, étoient fort recherchées, au dire de Loret (décembre 1652):

on y donnoit de ravissants concerts. L'ensemble de ces sociétés, c'étoit *le monde* du dix-septième siècle.

Il admettoit en fait d'amour, des tolérances qui ne paroissoient point irrégulières. Les amours sincères de Louis XIV ont eu leur moment de faveur publique très-prononcée. Le jeune roi galant et amoureux, a été du goût des François, plus que l'époux de Marie-Thérèse d'Autriche, plus que n'avoit été Henri IV lui-même. Ses amours ont été célébrées et ont touché les contemporains. On se moque aujourd'hui des beaux sentiments étalés sur le théâtre du dix-septième siècle. Mais, alors, cet étalage étoit l'expression d'un sentiment général. On n'entendoit que ce langage, et c'étoit le propos courant de la société. Tout ce monde a été Céladon et s'en est fait honneur. Les prudes rigoristes n'imposoient même que la fidélité matérielle au devoir. Pour la liberté du cœur, elle n'etoit contestée par personne; on se rappelle le mot de Mme de Montmorency : « Beaucoup de femmes sont vertueuses, de la ceinture en bas; mais, de la ceinture en haut, qui peut en répondre ? » Pendant les quartiers d'hiver, *la cour* brillante de ces élégants seigneurs, si braves, si spirituels, tournoit la tête aux Parisiennes, qui se consoloient avec *la ville*, pendant la saison des batailles. Les poésies amoureuses de Racan, de Segrais, de la Suze, de Benserade; les romans incroyables de Mlle de Scudéry, de la Calprenède, fascinoient les esprits. Pour l'honneur du goût, Mme de Lafayette fit révolution dans le roman, en ramenant la faveur aux tableaux purs de la nature et de la vérité. L'entraînement général avoit fait de la passion le grand ressort de la littérature. Le seul office qui restât au bon sens et au goût étoit de régler ce mouvement, et d'en polir le ressort. La critique y a mis son honneur, au théâtre, ainsi qu'au roman. Ce fut l'effort constant de Saint-Evremond. Le mot lui-même de *roman* fut pris avec la signification nouvelle d'une histoire d'amour. Les histoires touchantes abondèrent en ce temps-là : celle de Mme de Bayeux, celle de Mme Henriette; les amours de la duchesse de Roquelaure et de M. de Vardes, de Maucroix et d'une belle peu connue, de M. de Givry, de M. D'Humières, etc. Un grand nombre de femmes s'adonnèrent, et ce fut une nouveauté, à la composition romanesque : la plupart oubliées, mais plusieurs dignes de ne pas l'être, et distinguées par l'esprit et le sentiment[1]; elles y obtinrent même plus de succès que les hommes. On a critiqué les jalousies qui abondent dans les romans de Mme de Lafayette. Elle les trouvoit dans ses modèles. Les jalousies de Mme de Maure ont eu de la célébrité. La Rochefoucauld n'aimoit plus, quand il a condamné la jalousie.

La faveur accordée aux amours de Louis XIV s'évanouit, lorsque leur caractère fut changé. Mme de Montespan, malgré tout son esprit[2], ruina la première impression, qui s'est tournée en aversion,

---

1. Voy. l'*Histoire des femmes célèbres dans la littérature françoise* (par l'abbé Delaporte), Paris, 1771, 5 vol. in-8, livre médiocre, mais qui contient d'utiles et curieuses indications.

2. Voy., dans les mémoires du temps, cet impromptu étincelant d'esprit et de hardiesse :

Soyez boiteuse, ayez quinze ans,
Point de gorge, fort peu de sens, etc.

sous Mme de Maintenon. Mme de Montespan n'étoit plus qu'une belle, mais orgueilleuse maîtresse, et le public lui refusa des sympathies qu'il avoit données à la passion émouvante du roi pour Mancini et la Vallière. La cour étoit devenue une sorte de harem, où le sentiment n'avoit plus de place. Résister au roi eût été même un manque de respect; et Louis XIV en étoit venu à croire qu'en effet tout lui étoit dû. Il est juste de reconnoître que le scandale, dont on fait, à cette heure, beaucoup d'état, n'étoit point alors aussi bruyant, il s'en faut. On ne parloit des amours des grands que dans un cercle restreint et respectueux. L'indiscrétion de la publicité, au dix-neuvième siècle, nous induit à de faux jugements sur les temps qui précédent. On voit d'ailleurs par la correspondance non suspecte de Mme d'Orléans, la Palatine, que de grandes dames étrangères, attirées à Paris par la curiosité, y donnoient le spectacle d'une dissolution de mauvais goût, qui contrastoit avec la bienséance de nos Françoises, même les plus adonnées à leurs plaisirs. La femme françoise étoit alors la mieux élevée qu'il y eût en Europe. Aussi croirois-je qu'on attribue à Mme de Maintenon le mérite purement imaginaire d'avoir ramené la décence dans les mœurs.

Le spectacle donné par Louis XIV, en ce qui touche Mme de Maintenon, ne valoit guère mieux que celui de ses anciennes amours. Il avoit donné jadis un cours trop libre à des penchants qui trouvoient quelque excuse dans les mœurs qui l'entouroient et dans l'entraînement de la nature. Son commerce avec Mme de Maintenon, fait deviner autre chose. Celle-ci est restée supérieure, par l'esprit, à Mme de Montespan, et à Mme de Ludre; mais Louis XIV en a été plus rabaissé. Le mot de Saint-Simon est grossier, mais vrai. Aux yeux de la France et de l'Europe, le roi avoit épousé l'*ébreneuse de ses bâtards*, sa chambrière. Les conséquences de cet événement ont été incalculables, et tout l'esprit de Mme de Maintenon n'a pu les conjurer.

La société polie, et les poëtes, ont donc été favorables à Louis XIV tendre et passionné. Le goût public et la littérature dramatique s'en ressentirent. Nous devons sans doute à Mme de Maintenon, *Esther* et *Athalie*, et c'est beaucoup. Mais nous devons aux mœurs galantes du siècle, la tournure héroïque du talent de Corneille; et aux premières amours de Louis XIV, la direction tendre et affectueuse du talent de Racine. Le *vous m'aimez et je pars*, de Bérénice, étoit de Marie Mancini, et tout le monde le savoit. L'influence que la galanterie du dix-septième siècle a exercée sur notre théâtre a frappé Saint-Evremond, et il en a fait l'objet de remarques spirituelles et judicieuses. Ce qu'il a écrit, à ce sujet, le place même dans une classe à part et supérieure de nos critiques. Personne de son temps n'a discouru, avec plus d'originalité, sur l'emploi de l'amour, comme moyen d'émotion, au théâtre, et n'a mieux apprécié les qualités de l'esprit françois, à cet égard. Sa discussion sur Racine et Corneille est moins académique et plus partiale que celle de la Bruyère, mais elle est plus libre et sent moins la rhétorique.

Par-dessus tout, Saint-Evremond est épicurien, et l'homme du monde est encore dominé par le philosophe. De là le caractère particulièrement indulgent de sa morale, et son inclination pour la volupté mesurée, dans les rapports que l'affection naturelle des sexes introduit, dans la société. L'épicuréisme de l'époque avoit rejailli jusque sur l'idéal du beau. On adoroit les belles mains, mais on aimoit l'embonpoint. Anne d'Autriche, Mme de Longueville et Mme de Montbazon, durent quelques succès à ce double avantage. Dans le camp lui-même des épicuriens, des théories variées se produisoient sur la nature et le but de l'amour, de même qu'on distingua des nuances dans la préciosité spiritualiste. Pour Bernier, l'amour n'est qu'une fonction, et l'âme se révolte à la pensée que Buffon a partagé ce sentiment. Mais, dans la bouche de Bernier, la maxime a un caractère de simplicité qui dispose au pardon de l'erreur; sauf le respect que je porte à Buffon, son opinion sur l'amour est voisine du cynisme. Saint-Evremond a souri de l'opinion de Bernier, et sans rejeter la satisfaction, il a préféré l'affection, en se rapprochant de l'idéalisme, autant qu'il étoit possible à un sectateur d'Épicure.

Partout, nous retrouvons l'influence secrète du paganisme. Plus d'un couvent renfermoit des muses déguisées en nonnes: témoin les charmants couplets de Marigny à d'aimables chanoinesses[1]. Les collégiales étoient peuplées de disciples d'Épicure, très-bien payés pour réciter mal un bréviaire. Qu'est-ce que Maucroix, le galant abbé? Un enfant égaré d'Anacréon, aussi spirituel et plus honnête que ses successeurs, Voisenon et Bernis. Guy La-

---

1. Voy. M. Babou, *Les Amoureux de Mme de Sévigné*, p. 322 et suiv.

brosse, qui fit le jardin du roi, se disoit gaiement un pourceau d'Épicure : *combien*, dit Guy Patin, *qu'Épicure valût mieux que lui.* Je n'oserois répéter le propos de Labrosse sur la chapelle qui décoroit son jardin. Mme de Motteville avoit une sœur qui finit ses jours aux Carmélites de Chaillot, et qui avoit pris le nom de *sœur Socratine*. Le grand Arnaud disoit de Mme de Sévigné, en son jeune âge, qu'elle étoit une jolie payenne.

Saint-Evremond fut bien près de cette *payenneté* : bonnement épicurien, sceptique en morale, comme en dogme. Voyez son fameux problème à Mlle de Kéroualle. Mais son doux scepticisme est tout accorte; il ne tient pas à faire des prosélytes : c'est le plus commode des moralistes et ses conseils sont les plus faciles à suivre. Il aime le charme; il se garde de l'entraînement. En général, les épicuriens de cette époque eurent de la sagesse. Ninon de Lenclos quitta Paris, pour ne se brouiller avec personne, sous la Fronde. Pour les Romains délicats, l'épicuréisme avoit été la science de la vie. Tel il est encore pour Saint-Evremond, et c'est de ce point de vue qu'il apprécie l'influence de l'amour sur la société qui l'entoure[1].

Il se félicite que l'usage du monde et la philosophie aient naturalisé, en France, le correctif du bon sens, dans l'emploi de l'amour, même au point de vue littéraire : à l'opposé de ce qu'on voyoit en Espagne, où soit dans la vie réelle, soit au théâtre, l'amour dégénéroit en folie. Huet aussi l'avoit re-

---

1. Voy. surtout le Fragment XII, p. 370 et suiv. de notre T. II : *Sur nos Comédies*.

marqué, en attribuant ce bienfait à la liberté dont jouit la femme dans la société françoise. « Pour la régularité et la vraisemblance (dans les pièces de théâtre), dit Saint-Evremond, il ne faut pas s'étonner qu'elles se trouvent moins chez les Espagnols que chez les François. Comme toute la galanterie des Espagnols leur est venue des Maures, il y reste je ne sais quel goût d'Africain, étranger des autres nations, et trop extraordinaire pour pouvoir s'accomoder à la justesse des règles. Ajoutez qu'une vieille impression de chevalerie errante, commune à toute l'Espagne, tourne l'esprit des cavaliers aux aventures bizarres. Les filles, de leur côté, goûtent cet air-là dès leur enfance, dans les livres de chevalerie et dans les conversations fabuleuses des femmes qui sont auprès d'elles. Ainsi, les deux sexes remplissent leur esprit des mêmes idées ; et la plupart des hommes et des femmes qui aiment, prennent le scrupule de quelque amoureuse extravagance, pour une froideur indigne de leur passion. Quoique l'amour n'ait jamais des mesures bien réglées, en quelque pays que ce soit, j'ose dire qu'il n'y a rien de fort extravagant en France, ni dans la manière dont on le fait, ni dans les événements ordinaires qu'il y produit. » En effet, le *monde*, en France, étoit déjà fort avisé. La fonction d'une charge, le dessein d'un emploi, ou la poursuite d'un intérêt, dominoit toute autre idée, et si l'on parloit beaucoup d'amour, les deux sexes s'entendoient, en général, pour donner le pas à l'intérêt. Saint-Evremond observe que c'est à qui pourra mieux se servir, les femmes des galants, ou les galants d'elles, pour arriver à leur but.

La philosophie n'étoit pas, en effet, étrangère à cette disposition. Les cartésiennes, tout comme les épicuriennes du dix-septième siècle, avoient beaucoup de sens. Les premières plaçoient différemment l'intérêt, mais ne l'écoutoient pas moins. Les autres n'ont jamais professé la doctrine du désespoir, et lorsqu'un amour manquoit à leur espérance, elles mettoient leur sagesse à s'en consoler ; on remarque même une certaine naïveté dans leurs désordres. On diroit que ces bonnes créatures ne font que suivre la loi naturelle. Il y a chez ces femmes quelque chose de la statue antique, qui est sans pudeur comme sans vice. Les facilités mondaines marchoient de pair avec les rigueurs chrétiennes. De célèbres directeurs de conscience acceptoient des engagements à terme pour la conversion, et, l'échéance arrivée, accordoient même un sursis. La pratique des voluptés du siècle s'allioit donc facilement aux observances de la religion ; et, comme on avoit toujours respecté les bienséances, la transition du monde à Dieu n'offroit pas grand embarras.

L'usage du monde avoit permis de vivre à sa guise, et d'avoir, sans scandale, des amants ou des maîtresses ; mais il imposoit de mourir décemment. Lisez cette correspondance adorable de Saint-Evremond et du chevalier de Grammont octogénaire. Celui-ci suivit la loi du monde ; l'exil en affranchit son vieux ami. Une bonne fin étoit donc de bon goût. Les âmes tendres alloient plus loin, et, pour elles, le couvent étoit la conclusion presque obligée d'une passion. C'étoit non-seulement un refuge dans les malheurs d'amour ; le monde en faisoit souvent une nécessité de situation. Où pouvoit se retirer Mlle de la Vallière disgraciée, sinon dans un couvent? Ces femmes, immortelles par leurs amours et par leur pénitence, trahies par leur passion, comme Pascal l'avoit été par sa raison, n'ont trouvé que dans le cloître une planche de salut et de repos. Le couvent assuroit non-seulement un asile aux cœurs trompés, mais encore une situation sociale à celles qui n'en avoient plus dans le monde. Les femmes philosophes ont simplement rectifié leur conduite; le repentir marque le retour de la chrétienne à la régularité.

Saint-Évremond ne conseille ni l'entraînement de la passion, ni le repentir du couvent, encore moins la sagesse absolue. C'est un éclectique de morale. Il écrivoit à Mlle de Kéroualle, qui en a bien fait son profit : « J'ai vu des voluptueuses au désespoir du mépris où elles étoient tombées; j'ai vu des prudes gémir de leur vertu : leur cœur, gêné de leur sagesse, cherchoit à se soulager par des soupirs du secret tourment de n'oser aimer. Enfin, j'ai vu les unes pousser des regrets vers l'estime qu'elles avoient perdue;... j'ai vu les autres pousser des désirs vers les voluptés qu'elles n'osoient prendre. Heureuse qui peut se conduire discrètement, sans gêner ses inclinations! car, s'il y a de la honte à aimer sans retenue, il y a bien de la peine à passer sa vie sans amour.... » La conclusion qu'en a tirée la jeune et belle Bretonne est connue de tout le monde. A une autre duchesse, Saint-Évremond écrivoit : « L'amour ne fait pas de tort à la réputation des dames: c'est le peu de mérite des amants qui les déshonore. » Maxime profondément vraie, dans l'usage du monde de ce temps, mais dont l'expression équivoque tromperoit ceux qui ne connaissent pas le dix-septième siècle.

Conséquent avec ses principes, il se montra toujours tolérant et doux pour des fautes qui allument la colère chez beaucoup d'autres. Mais si cette indulgence n'avoit, à l'égard d'autrui, pas de limites, il n'en étoit pas ainsi pour lui-même. « Ma passion, disoit-il, ne s'oppose jamais à ce que j'ai résolu de faire par devoir. Il est vrai, ajoutoit-il spirituellement, que ma raison consent volontiers à ce que j'ai envie de faire par plaisir. « Cet heureux et permanent accord de sa raison et de ses penchants étoit le but de sa philosophie pratique, purement sensuelle en apparence, en réalité délicate et charitable. Aussi les attachements de galanterie qui ont rempli la vie de Saint-Evremond, quoique dépourvus d'éclat dramatique, ont-ils un vrai charme d'honnêteté. Ils ont tous été fondés sur une affection sincère, laquelle une fois donnée ne se démentoit jamais, quoi qu'il arrivât de la galanterie. Il retraçoit ainsi lui-même la gradation de ses sentiments :

> D'abord c'est une pure estime
> Qu'insensiblement on anime
> Avec un peu plus de chaleur ;
> Puis un charme secret se glisse au fond du cœur.
> . . . .
> Cette estime est bientôt une tendre amitié,
> Puis l'amitié devient une amoureuse peine,
> Un tourment qui nous plait, etc. etc.

Peu disposé à se passionner, il écrivoit : « Dites-moi si je puis devenir votre amant, ou si je dois demeurer votre ami. Pour moi, je suis résolu de prendre le parti qu'il vous plaira ; et si je passe de l'amitié à l'amour sans emportement, je puis revenir de l'amour à l'amitié avec aussi peu de violence. » Cependant, cet homme si complaisant, qui s'accommode si bien de tout, a poursuivi des traits inexorables de la satire, et avec une invariable persistance, la *dévotion* et le *couvent*, où se réfugioient si fréquemment alors de nobles cœurs désabusés de l'amour. Son intolérance peut s'expliquer par des résolutions qui l'ont froissé, et surtout par la crainte qu'il eut de se voir enlever, par la religion, une amie, hélas ! si bruyamment volage, Hortense Mancini, après l'affaire du chevalier de Savoie, ce neveu trop susceptible, qui, sans en être prié, tua le jeune Suédois Banier, l'amant de sa tante, pour venger un honneur que celle-ci ne croyoit point outragé. Dans l'analyse de ces déterminations extrêmes, Saint-Evremond n'écoute que sa raison sceptique, là où le cœur du désespéré agit seul et prononce. Il se peut, comme le veut Saint-Evremond, que la dévotion soit le dernier amour de la femme pénitente. Mais pourquoi lui refuser, pour ce dernier amour, la liberté que nous lui donnons pour le premier ?

Quant au couvent, il est vrai qu'il étoit devenu, en ce temps, comme la conclusion banale d'une passion affichée et d'un attachement trompé. L'entrée au cloître étoit, en ce cas, une résolution toute mondaine, et même une sorte de distinction privilégiée, à l'usage des grandes dames seulement; elle n'eût point été permise à une femme d'un rang subalterne. Au rapport de Loret, Mlle Garnier, abandonnée par M. de Champlatreux, qui ne veut pas encore l'épouser, se retire en un couvent, en

janvier 1652 : son père étoit du grand conseil.
Mais tout le monde a connu l'aventure de cette
femme de chambre de Mme la dauphine, qui, de
l'autorité de sa maîtresse, fut retirée du couvent
où elle s'étoit réfugiée, par désespoir d'amour,
comme se permettant de ces grands éclats, qui n'é-
toient point de sa condition. Dangeau, qui a noté
l'impertinence de cette infortunée, ajoute d'un ton
satisfait : *la petite Moreau a servi ce soir madame
la dauphine comme à l'ordinaire.*

Il est une autre affection de l'âme, moins ardente
et moins entraînante que l'amour, mais plus sûre
et plus douce, dont l'antiquité avoit connu et célébré le charme, dont le dix-septième siècle a curieusement étudié la nature, et à laquelle il s'est abandonné avec un parfait bonheur : c'est le sentiment
de l'amitié. Saint-Evremond, dont l'aimable insou-
ciance sembloit n'attacher aux choses de la vie qu'un
intérêt léger, a été le plus sérieux, le plus constant, le plus dévoué des amis; et nous n'avons
rien de plus délicat, dans notre langue, que les divers
écrits échappés de sa plume, à ce sujet, sur lequel il
est revenu plusieurs fois, comme sur l'objet favori
de ses réflexions. Ici plus de scepticisme de sa part;
son cœur et son esprit s'engagent sans réserve, à
l'exemple de ses maîtres, de Montaigne et d'Épicure :
Montaigne avoit fait ses délices de l'affection d'un
ami. « Nous nous cherchions, dit-il, et nos noms
s'embrassoient avant que de nous connoître. Le
jour où je le vis pour la première fois, nous
nous trouvâmes tout d'un coup si liés, si unis, si

connus, si obligés, que rien ne nous fut plus cher que l'un à l'autre; et quand je me demande d'où vient cette joie, cette aise, ce repos que je sens, lorsque je le vois : c'est que c'est lui, c'est que c'est moi; c'est tout ce que je puis dire. » Quant à Épicure : « J'ai toujours admiré sa morale, dit Saint-Evremond, et je n'estime rien tant de sa doctrine que la préférence qu'il donne à l'amitié sur toutes les *vertus*. » Tout un livre est dans ce dernier mot. Voilà le sentiment exquis de l'amitié élevé au rang de *vertu*. Sous les premières impressions du sensualisme, il n'avoit jadis entrevu que l'utilité d'un ami, qu'un échange de services à espérer dans l'amitié; il avoit dit ce mot répété par la Rochefoucauld : *l'amitié c'est un trafic*, et ce mot, on s'en souvient, avait blessé Mme de Sablé.

Il est difficile, quand on écrit sur un pareil sujet, que l'esprit échappe à l'influence du cœur. Les impressions du moment doivent être pour beaucoup dans les jugements de celui qui disserte sur l'amour ou l'amitié. On peut donc croire que les dispositions morales de Saint-Evremond ont été diverses, selon les temps auxquels se rapportent ses écrits sur l'amitié. En 1647, il avoit sous les yeux les premiers déchirements de la société parisienne, aux approches de la fronde; l'intrigue et l'ambition trafiquoient de tous les engagements, et même des mouvements du cœur. Il a pu dire « l'amitié est un commerce; le trafic en doit être honnête, mais enfin c'est un trafic. » L'intention étoit d'ailleurs moins choquante que le mot.

Sans revenir, à cet égard, sur ce que j'ai noté précédemment, je ferai remarquer qu'aux yeux des personnes familières avec la langue du dix-septième siècle, et au courant de la controverse agitée dans le grand monde des salons, sur la nature de l'amitié, discussion si saisissante dans le livre de M. Cousin, sur *Mme de Sablé*, l'emploi du mot *trafic* pour *échange de services*, ou *commerce de sentiments*, n'a rien qui doive surprendre. *Trafic* étoit fréquemment employé au figuré. Le P. Bouhours dit qu'*il y a un trafic entre les langues;* et Mme de Sévigné, qu'*elle trafique en plusieurs endroits.* Un esprit délicat comme Saint-Evremond ne pouvoit appliquer ce mot à l'amitié, dans un sens positif. Mais, pour Mme de Sablé, l'amitié, loin d'avoir l'essence d'un commerce, étoit un sentiment pur et désintéressé, *une vertu;* elle le dit elle-même dans ses *Maximes.* C'est l'idée à laquelle Saint-Evremond, après les émotions de trente années, est revenu, sur la terre étrangère, auprès de Mme de Mazarin, en 1676, dans un fragment sur l'amitié, qui est l'une des compositions les plus suaves de notre auteur.

L'idée d'*amitié-trafic* n'étoit même point personnelle à Saint-Evremond, en 1647. Elle venoit de l'école sensualiste. Gassendi avoit préconisé les avantages de l'amitié, plus que sa nature vertueuse, en exposant la doctrine d'Epicure ; et Hobbes a dit plus tard, et plus brutalement que Gassendi : « Pourquoi les amitiés sont-elles des biens? parce qu'elles sont utiles. » Saint-Evremond, avec le goût françois, étoit resté plus mesuré dans l'expression. Du reste, M. Esprit, janséniste, et l'un des personnages considérés du salon de Mme de Sablé; M. Esprit, dont les *Maximes* n'ont été imprimées qu'en 1678, bien après l'impression de celles de

Saint-Evremond et de la Rochefoucauld; M. Esprit a répété lui-même que « *les amitiés ordinaires sont des trafics honnêtes*; » sur quoi j'ajouterai qu'il n'a été tenu pour plagiaire par personne. C'est qu'en effet, la maxime lui appartenoit, autant qu'aux autres habitués de Mme de Sablé, qui avoient été de ce parti. Ses *Maximes* avoient couru, en manuscrit, pendant longtemps, comme celles de Saint-Evremond, comme celles de Mme de Sablé, comme toute cette littérature légère des salons de ce siècle; et M. Cousin remarque, avec raison, malgré la couleur du paradoxe, que s'il y a un maître et un disciple, entre M. Esprit et la Rochefoucauld, le disciple est celui-ci.

Lors donc qu'en 1676, Saint-Evremond parle à la duchesse Mazarin de l'amitié comme d'une vertu, c'est qu'il est sous l'impression d'un sentiment plus épuré qu'en 1647; le charme d'une affection délicate l'emporte, en 1676, sur la sécheresse du jeune philosophe de 1647; et il désavoue sa vieille opinion, au bruit de la controverse ravivée, dans les salons de Paris, à l'occasion de la publication récente des *Maximes* de la Rochefoucauld. Il ne s'est plus reconnu dans le fragment imprimé par Barbin, sans son aveu[1]. Les femmes s'étoient prononcées en général contre la théorie de la Rochefoucauld; le galant Saint-Evremond s'est rangé du parti des dames, et se prononce pour la vertu dans

---

1. Pour confirmer tout ce que nous avons dit à ce sujet, nous citerons Barbin lui-même, dans l'épître dédicatoire du volume de 1668, au marquis de Berny : « *Ce Recueil*, dit-il, *est une manière d'enfant perdu, que personne n'avoue, et que le hasard a jeté entre mes mains.* »

l'amitié. A leurs yeux, l'amitié qui a l'intérêt pour mobile est une amitié dégradée.

Telle n'étoit point, à la rigueur, la pensée des partisans du trafic. Mais, quoi qu'il en soit, Saint-Évremond professe désormais avec effusion, le désintéressement de l'amitié. Quel homme aimable que celui qui écrit ces lignes charmantes : « De tous les liens, celui de l'amitié m'est le plus doux ; et n'étoit la honte qu'on ne répondît pas à la mienne, j'aimerois, par le plaisir d'aimer, quand on ne m'aimeroit pas. Dans un faux sujet d'aimer, les sentiments d'amitié peuvent s'entretenir par la seule douceur de leur agrément. Dans un vrai sujet de haïr, on doit se défaire de ceux de la haine, par le seul intérêt de son repos. »

Ailleurs, il veut qu'on immole tout à l'amitié, même la justice, et il s'autorise du mot d'Agésilas : « La justice, dit-il à la duchesse, n'est qu'une vertu établie pour maintenir la société humaine : c'est l'ouvrage des hommes. L'amitié est l'ouvrage de la nature ; l'amitié fait toute la douceur de notre vie, quand la justice, avec toutes ses rigueurs, a bien de la peine à faire notre sûreté. Si la prudence nous fait éviter quelques maux, l'amitié les soulage tous ; si la prévoyance nous fait acquérir des biens, c'est l'amitié qui en fait goûter la jouissance. Avez-vous besoin de conseils fidèles, qui peut vous les donner qu'un ami ? A qui confier vos secrets, à qui ouvrir votre cœur, à qui découvrir votre âme, qu'à un ami ? Et quelle gêne seroit-ce d'être tout resserré en soi-même, de n'avoir que soi pour confident de ses affaires et de ses plaisirs ! Les plaisirs ne sont plus plaisirs, dès qu'ils ne sont pas communiqués. *Sans la confiance d'un ami, la félicité du ciel seroit ennuyeuse.*

« Pour conserver une chose si précieuse que l'amitié, ce n'est pas assez de se précautionner contre les vices, il faut être en garde même contre les vertus : il faut être en garde contre la justice. Les sévérités de la justice ne conviennent pas avec les tendresses de l'amitié. Qui se pique d'être juste, ou se sent déjà méchant ami, ou se prépare à l'être..... L'amitié n'appréhende pas seulement les rigueurs de la justice, elle craint les profondes réflexions d'une sagesse qui nous retient trop en nous, quand l'inclination veut nous mener vers un autre. L'amitié demande une chose qui l'anime, et ne s'accommode pas des circonspections qui l'arrêtent : elle doit toujours se rendre maîtresse des biens, et quelquefois de la vie de ceux qu'elle unit. »

Notre auteur étoit évidemment sous une impression différente, lorsqu'en 1684 il adressoit au comte de Saint-Albans, cet autre écrit *Sur l'amitié*, si piquant, si spirituel et si vrai, mais si sensé, si dégagé d'illusion, que la duchesse Mazarin lui avoit donné malicieusement le titre de l'*Amitié sans amitié*. Saint-Evremond y veut qu'on se contente, « d'une liaison douce et honnête. » Il se prononce contre les passions violentes en amitié, autant qu'en amour. « Elles font craindre le désordre du changement, ou elles sont nuisibles à autrui. » « Qu'a fait Oreste, dit-il, ce grand et illustre exemple d'amitié ? Il a tué sa mère et assassiné Pyrrhus..... Voilà où aboutissent les amours et les amitiés fondées sur le cœur. Pour ces liaisons justes et raisonnables, dont l'esprit a su prendre la direction, il n'y a point de rupture à appréhender; car, ou elles durent toute la vie, ou elles se dégagent insensiblement, avec discrétion et bienséance.... »

« Il n'y a rien qui contribue davantage à la douceur de la vie que l'amitié; il n'y a rien qui en trouble plus le repos que les amis, si nous n'avons pas assez de discernement pour les bien choisir. Les amis importuns font souhaiter des indifférents agréables. Les difficiles nous donnent plus de peine, par leur humeur, qu'ils ne nous apportent d'utilité, par leurs services. Les impérieux nous tyrannisent : il faut haïr ce qu'ils haïssent, fût-il aimable; il faut aimer ce qu'ils aiment, quand nous le trouverions désagréable et fâcheux. Il faut faire violence à notre naturel, asservir notre jugement, renoncer à notre goût, et, sous le beau nom de *complaisance*, avoir une soumission générale pour tout ce qu'impose leur autorité. Les jaloux nous incommodent : ennemis de tous les conseils qu'ils ne donnent pas, chagrins du bien qui nous arrive sans leur entremise, joyeux et contents du mal qui nous vient par le ministère des autres. »

« Il y a des amis de profession, qui se font un honneur de prendre notre parti sur tout; et ces vains amis ne servent à autre chose qu'à aigrir le monde contre nous, par des contestations indiscrètes. Il y en a d'autres, qui nous justifient quand personne ne nous accuse; qui par une chaleur imprudente, nous mettent en des affaires où nous n'étions pas, et nous en attirent que nous voudrions éviter. Se contente qui voudra de ces amitiés; pour moi, je ne me satisfais pas d'une bonne volonté nuisible; je veux que cette bonne volonté soit accompagnée de discrétion et de prudence. L'affection d'un homme ne raccommode point ce que sa sottise a gâté. »

A tout prendre, si Saint-Evremond avoit eu à choisir entre l'amour et l'amitié, il eût donné la préférence à l'amitié. « L'amour, dit-il, est une passion dont le cœur fait d'ordinaire un méchant usage. Le cœur est un aveugle, à qui sont dues toutes nos erreurs : c'est lui qui préfère un sot à un honnête homme ; qui fait aimer de vilains objets, et en dédaigner de fort aimables ; qui se donne aux plus laids, aux plus difformes, et se refuse aux plus beaux et aux mieux faits.

> C'est lui, qui pour un nain, a fait courir le monde
> A l'ami de Joconde.

« C'est lui qui déconcerte les plus régulières ; qui enlève les prudes à la vertu, et dispute les saintes à la grâce. Aussi peu soumis à la règle dans le couvent, qu'au devoir dans les familles ; infidèle aux époux ; moins sûr aux amants ; troublé le premier, il met le désordre et le dérèglement dans les autres : il agit sans conseil et sans connoissance. Révolté contre la raison qui le doit conduire, et mu secrètement par des ressorts cachés qu'il ne comprend pas, il donne et retire ses affections sans sujet; il s'engage sans dessein, rompt sans mesure, et produit enfin des éclats bizarres, qui déshonorent ceux qui les souffrent et ceux qui les font. »

Voilà un acte d'accusation dans toutes les règles. Ah ! Madame la duchesse Mazarin, qu'aviez-vous fait à ce pauvre Saint-Evremond ? Il reviendroit volontiers à ses principes de 1647. « Vivons, dit-il, en finissant, pour peu de gens qui vivent pour nous ; cherchons la commodité du commerce avec tout le monde, et le bien de nos affaires avec ceux qui peuvent nous y servir. »

Une sérénité plus douce, un sentiment plus élevé, un esprit moins morose, se remarque dans la *Conversation du duc de Candale*, composition délicate, qui est un traité véritable et pur de l'amitié, en même temps qu'une histoire touchante des affections de Saint-Evremond lui-même. Il ébaucha cet ouvrage, l'année même où furent imprimées à Paris, chez Barbin, les *Maximes* de la Rochefoucauld, et il y mit la dernière main en 1668. C'est, de plus, un morceau précieux pour l'histoire du dix-septième siècle. Le caractère noble, mais affectueux et bienveillant de Saint-Evremond, s'y montre dans tout son jour. La scène se passe au mois de février 1650, après l'arrestation des princes, époque où, comme nous l'avons déjà dit, Saint-Evremond et le duc de Candale firent cortége à la cour, dans son voyage de Normandie, pour en chasser Mme de Longueville qui s'y étoit retirée, et où elle avoit un fort parti. Saint-Evremond eut alors l'occasion de s'avancer dans la confiance et dans l'amitié de ce grand seigneur, l'un des plus brillants et des plus aimés de l'époque, enlevé, en 1658, par une mort prématurée, et laissant après lui des regrets mémorables, dans le cœur de plusieurs belles du siècle.

Après un coup d'œil rapide jeté sur les événements de cette année 1650, Saint-Evremond passe en revue les principales intrigues qui occupoient alors la société parisienne, et les personnages en crédit ou en lumière, dont la plupart lui étoient chers, par les liens de l'amitié. Parfaitement discret dans le récit de leurs attachements, il nous montre ce fameux trio d'amis, auquel le monde prit tant d'intérêt : Candale, Moret et La Vieuville. Les amours de M. de Vardes, frère de Moret, supplanté, à certain jour, par Candale, auprès de Mme de Saint-Loup, brouillèrent les trois amis. Le beau Candale, ce ravageur des âmes féminines, devint un personnage politique, et Saint-Evremond donna de profonds conseils au fils du duc d'Épernon. Suivent les portraits de leurs amis les plus particuliers, dessinés en traits charmants : Palluau, Miossens, sur lesquels, comme sur Candale, cette peste de Tallemant a passé des ombres moins flatteuses; le maréchal de Créqui, aussi fidèle en amitié qu'héroïque à la guerre; enfin Ruvigny, la Rochefoucauld et M. de Turenne.

Le langage de Saint-Evremond à l'égard de la Rochefoucauld est d'autant plus remarquable, qu'ils ont tous deux suivi des partis différents, pendant la fronde. Je laisse parler notre auteur.

« La prison de M. le Prince a fait sortir de la cour une personne considérable, que j'honore infiniment ; c'est M. de la Rochefoucauld, que son courage et sa conduite feront voir capable de toutes les choses où il veut entrer. Il va trouver de la réputation où il trouvera peu d'intérêt ; et sa mauvaise fortune fera paraître un mérite à tout le monde, que la retenue de son humeur ne laissoit connaître qu'aux plus délicats. En quelque fâcheuse condition où sa destinée le réduise, vous le verrez également éloigné de la faiblesse et de la fausse fermeté; se possédant sans crainte, dans l'état le plus dangereux, mais ne s'opiniâtrant pas dans une affaire ruineuse, par l'aigreur d'un ressentiment, ou par quelque fierté mal entendue. Dans la vie ordinaire, son commerce est honnête, sa conversation juste et polie. Tout ce qu'il dit est bien pensé; et, dans ce qu'il écrit, la facilité de l'expression égale la netteté de la pensée. »

Ces paroles de Saint-Evremond sont d'un esprit fin, d'un homme bien élevé, d'un ami. L'ami l'emporte sur l'adversaire politique, et je crois que l'ami est resté dans le vrai. Saint-Evremond et la Rochefoucauld ont dû être rivaux d'esprit, dans les salons. Tous deux se sont rencontrés à l'hôtel de Condé, chez Mme de Sablé, au Marais; chez Mme de Longueville, rue Saint-Thomas du Louvre; chez Mme de Lafayette et chez Ninon de Lenclos; et ils ont employé leur talent à peindre, à leur façon, le monde et les caractères qui les entouraient. Mais il y a dans Saint-Evremond une honnêteté naturelle, un mouvement de cœur qu'on ne rencontre pas dans la Rochefoucauld. Celui-ci a jugé les hommes d'après leur mérite, Saint-Evremond d'après son indulgence. La Rochefoucauld démêle mieux peut-être le secret des misères humaines; Saint-Evremond préfère s'abandonner à la bienveillance qui les soulage. L'un a plus de mordant et de vigueur de touche; l'autre plus de délicatesse et de moelleux. Mais l'un n'est pas plus ingénieux que l'autre. La Rochefoucauld est plus froid et plus personnel; Saint-Evremond est plus aimant et plus généreux. Tous deux également polis, et modèles de la grande éducation: chez le premier avec moins de sérénité, chez l'autre avec moins de morosité. Jamais l'épicurien Saint-Evremond n'auroit écrit ces lignes du portrait de la Rochefoucauld tracé par lui-même : « Je suis peu sensible à la pitié, et je voudrois ne l'y être point du tout. Cependant, il n'est rien que je fisse pour le soulagement d'une personne affligée, et je crois effectivement que l'on doit tout faire, jusqu'à lui témoigner beaucoup de compassion de son mal, car les misérables sont si sots, que cela leur fait le plus grand bien du monde; mais je tiens aussi qu'il faut se contenter d'en témoigner, et se garder bien soigneusement d'en avoir. » On se prendroit à haïr l'esprit, en lisant la Rochefoucauld; on aime toujours l'humanité en lisant Saint-Evremond.

Quelle diversité de langage, dans cette lettre, déjà citée, au comte d'Olonne : « Il y en a que le malheur a rendus dévots, par un certain attendrissement, par une pitié secrète qu'on a pour soi, assez propre à disposer les hommes à une vie plus religieuse. Jamais disgrâce ne m'a donné cette espèce d'attendrissement : la nature ne m'a pas fait assez sensible à mes propres maux. La perte de mes amis pourroit me donner de ces tristesses délicates dont les sentiments de dévotion se forment avec le temps. Je ne conseillerois jamais à personne de résister à la dévotion qui se forme de la tendresse, ni à celle qui nous donne de la confiance. L'une touche l'âme agréablement; l'autre assure à l'esprit un doux repos. Mais tous les hommes, et particulièrement les malheureux, doivent se défendre avec soin d'une dévotion superstitieuse, qui mêleroit sa noirceur avec celle de l'infortune. »

Le moraliste n'est souvent que l'anatomiste des

sentiments humains. Tel est quelquefois la Bruyère lui-même; tel est presque toujours Vauvenargues. Tel n'est jamais Saint-Evremond, qui, en nous montrant les ressorts les plus cachés des sensations, et les mobiles les plus secrets des âmes, s'émeut doucement, à cette étude, et s'anime d'une sympathie fraternelle pour les pauvres mortels. Vauvenargues semble affecter de ne pas connoître Saint-Evremond qui lui demeure supérieur. Le jeune et brave officier de la retraite de Prague n'a point la délicatesse aimante de Saint-Evremond; une certaine sécheresse a passé sur son cœur. Cependant Vauvenargues a traité de l'amitié, de l'amour même. Il n'approche pas de la finesse et de la sensibilité de l'épicurien du dix-septième siècle; et il reste bien éloigné du charme de Mme de Lambert, qui n'étoit point épicurienne, qui n'avoit point vu *les pousseurs de beaux sentiments*, dont parle Scarron, son âge n'étant pas de ce temps, mais qui avoit hérité du style et des manières de la grande société françoise, du dix-septième siècle, dont elle avoit vu les derniers beaux jours. Son traité *de l'amitié* est ravissant. Vauvenargues ignore aussi Mme de Lambert, qui étoit presque sa contemporaine. Retournons à la *conversation du duc de Candale*.

Saint-Evremond y fait aimer ses amis, comme il les aime lui-même. S'il n'a point parlé de Fouquet dans cette *conversation*, c'est que peut-être son intimité avec lui n'étoit point encore profondément établie, en 1650; peut-être aussi craignoit-il de le compromettre, en appelant sur lui l'attention, à une époque encore rapprochée de la disgrâce, dans un écrit qui devoit être répandu à la cour, quoiqu'il fût l'œuvre d'un exilé. Mais rien n'égale la tendresse avec laquelle il en a parlé à Mme de Mazarin en 1676, dans un autre écrit consacré, aussi, à l'amitié. « Comme je n'ai, y dit-il, aucun mérite éclatant à faire valoir, je pense qu'il me sera permis d'en dire un qui ne fait pas la vanité ordinaire des hommes ; c'est de m'être attiré complétement la confiance de mes amis ; et l'homme le plus secret que j'aie connu en ma vie n'a été plus caché avec les autres, que pour s'ouvrir davantage avec moi. Il ne m'a rien celé, tant que nous avons été ensemble ; et peut-être qu'il eût bien voulu me pouvoir dire toutes choses, lorsque nous avons été séparés. Le souvenir d'une confidence si chère m'est bien doux ; la pensée de l'état où il se trouve m'est plus douloureuse. Je me suis accoutumé à mes malheurs, je ne m'accoutumerai jamais aux siens ; et puisque je ne puis donner que de la douleur à son infortune, je ne passerai aucun jour sans m'affliger, je n'en passerai aucun sans me plaindre. »

Le portrait que Saint-Evremond consacre à Ruvigny, dans la conversation du duc de Candale, est d'un intérêt particulier, aujourd'hui que ce personnage nous est mieux connu, par les indiscrétions de Tallemant, son beau-frère. Henri Massués, marquis de Ruvigny, étoit d'une branche bâtarde de la riche et puissante maison de Bellengreville. Son père étoit fils naturel de l'abbé des Alleux, lequel étoit frère cadet de Joachim de Bellengreville, grand prévôt de l'hôtel, sous Henri IV, célèbre pour de beaux faits d'armes, pendant la ligue, et pour avoir épousé, à quatre-vingts ans, une jeune femme qui fut plus tard la maréchale de Thémines, et qui l'enterra au bout de cinq semaines. Ce vieillard opulent, mourant sans enfants, institua comme héritiers des neveux légitimes de son nom ; mais le grand Sully prit soin du neveu naturel, se l'attacha comme gentilhomme, le maria dans sa maison, le fit gouverneur de la Bastille, et facilita sa fortune. De ce Ruvigny, élevé par Sully, naquirent trois enfants : l'un qui fut page de Louis XIII, et mourut jeune, sans postérité; une fille fort connue en France, sous le nom de Mme de la Maisonfort, épouse en secondes noces du duc de Southampton, et qui a fait grande figure en Angleterre; enfin un troisième, Henri de Ruvigny, qui fut l'ami de Saint-Evremond, qui épousa, en premières noces, une sœur de Tallemant, et, en secondes noces, une sœur du duc de Southampton, déjà son beau-frère.

Comment Henri de Ruvigny se trouva-t-il du parti protestant, dans les guerres civiles, sous Richelieu? Étoit-il huguenot de naissance? L'abbaye de son aïeul ne l'auroit pas empêché, car à cette époque ceux de la religion tenoient encore des bénéfices, par tolérance. Étoit-il passé, lui ou son père, au parti protestant? Je l'ignore. Tant il y a que Henri de Ruvigny fit ses premières armes au siége de la Rochelle, sous le duc de Rohan, qu'il suivit dans l'exil, à Venise, après la prise de la ville rebelle. Voilà comment Ruvigny est entré dans l'intimité de la maison de Rohan, où il devint successivement le lieutenant préféré du duc, dans la guerre de la Valteline, et son compagnon d'armes à Rheinfeld; l'ami plus particulier de la duchesse qui le maria, et le fit nommer député général des églises reformées; et enfin l'ami plus particulier encore de Mlle de Rohan qui le sacrifia, un beau matin, au galant et rusé Chabot. Le roman de Ruvigny et de Mlle de Rohan, resté mystérieux pour les contemporains, grâce à la galante discrétion de toute cette jeunesse de bonne compagnie, n'a été dévoilé que de nos jours, par la publication des *Historiettes*. Saint-Evremond, qui n'a pu l'ignorer, en avait gardé le secret. Tallemant eût très-bien fait de l'imiter. Ruvigny avoit été si discret, que personne ne se douta de son commerce avec cette jeune héroïne, pendant neuf ans qu'il a duré; mais cet amant qui avait caché avec tant de soin sa bonne fortune et son dépit à ses amis les plus intimes : à Cinq-Mars qui partageoit son logis et son lit, à Jarzay, voisin de Saint-Evremond au petit Saint-Antoine, à Candale, à Saint-Preuil, à Bautru, à Palluau, à Miossens; Ruvigny aura conté, dans quelque longue soirée d'hiver, son aventure amoureuse à son beau-frère, qui en a fait l'usage qu'on connoît. Au demeurant, cette *historiette* de mesdames de Rohan, si agréablement commentée par M. P. Paris, est peut-être le tableau le plus piquant et le plus vrai que nous ayons des habitudes et des mœurs de la société de la place Royale, à laquelle Mme Pilou, donnant ce bon conseil, suivi par les plus avisées : *Amusez-vous, mais n'écrivez pas*, oublia d'ajouter : *et gardez-vous des confidents.*

Ruvigny étoit rousseau, pas bel homme, mais renommé par toutes sortes de bravoures, auprès des dames; habile, intrépide à la guerre : estimé de Gassion, contre lequel il se battit; de la Meilleraye, qu'il tira d'un mauvais pas; de M. de Thou, du marquis de Saint-Luc, et, pour tout dire, de M. le prince, de M. de Turenne, qui l'honora de sa confiance durant quarante ans, et de Mazarin, qui en tira de bons services, pendant la fronde ; personnage mêlé à toutes les affaires de son temps, sérieuses ou gaillardes; avec de l'esprit, de la sagesse, de la conduite et du manége. Tantôt espiègle comme Roquelaure, témoin l'inénarrable spectacle qu'à la place Royale.., mais n'allons pas suivre l'exemple de Tallemant : *c'étoit le temps de la bonne régence;* et tantôt le plus sûr, le plus grave des hommes, en tout temps d'une indéfectible honnêteté, qui refusoit à Souscarrière de le patroner en Angleterre : ami dévoué, fidèle, invariable, jusques dans les disgrâces éclatantes : à preuve Cinq-Mars, Mme de Chevreuse et Saint-Evremond ; toujours prudent, droit et irréprochable, dans sa ligne politique. Il étoit de ce qu'on appeloit *les esprits forts du Marais,* sans être déclaré, comme ceux qui figurent dans la *conversation du maréchal d'Hocquincourt* : sa qualité de député général des églises réformées, lui imposant la circonspection ; élégant comme Candale et Grammont, donnant, comme eux, le ton aux merveilleux, et faisant respecter, au besoin, ses fantaisies avec son épée. Ami des gens de palais, comme des gens de finance et des gens de cour; aussi bien reçu chez les Tambonneau, où l'on faisoit très-bonne chère, avec des airs restés bourgeois, que chez le comte de Soissons,. dont il étoit le partenaire, dans ses joyeusetés. Enfin l'un des hommes les plus aimables, les plus gais, les plus importants, et les plus honorables de son temps.

Tel est l'homme, l'ami, dont Saint-Evremond a laissé ce portrait :

« Un premier ministre, un favori, qui chercheroit dans la cour un sujet digne de sa confiance, n'en sauroit trouver, à mon avis, qui la mérite mieux que M. de Ruvigny. Vous verrez, peut-être, en quelques autres, ou un talent plus brillant, ou de certaines actions d'un plus grand éclat que les siennes. A tout prendre, à juger des hommes par la considération de toute la vie, je n'en connois point qu'on doive estimer davantage, et avec qui l'on puisse entretenir plus longtemps une confidence sans soupçon, et une amitié sans dégoût. Quelques plaintes que l'on fasse de la corruption du siècle, on ne laisse pas de rencontrer encore des amis fidèles; mais la plupart de ces gens d'honneur ont je ne sais quoi de rigide, qui feroit préférer les insinuations d'un fourbe, à une si austère fidélité. Je remarque, dans ces hommes qu'on appelle solides et essentiels, une gravité qui vous importune, ou une pesanteur qui vous ennuie. Leur bon sens même, pour vous être utile une fois, dans vos affaires, entre mal à propos tous les jours dans vos plaisirs. Cependant, il faut ménager des personnes qui vous gênent, dans la vue que vous pourrez en avoir besoin; et parce qu'ils ne vous tromperont pas, quand vous leur confierez quelque chose, ils se font un droit de vous incommoder, aux heures que vous n'avez rien à leur confier. La probité de M. de Ruvigny, aussi propre que la leur pour la confiance, n'a rien que de facile et d'accommodant pour la compagnie ; c'est un ami sûr et agréable, dont la liaison est solide, dont la familiarité est douce, dont la conversation est toujours sensée et toujours satisfaisante. »

Ruvigny, resté fort attaché aux intérêts protestants[1], se fit oublier, après la révocation de l'édit de Nantes. Il étoit alors octogénaire, et il survécut peu. Mais son fils, un autre Henri de Ruvigny, officier de distinction, quitta la France, après la fatale ordonnance du 22 octobre 1685, et se réfugia en Angleterre où la famille de sa mère tenoit un grand état. Il y fut créé comte de Galloway, et sous ce nom, il commanda, nonobstant la désapprobation de Saint-Evremond, un corps de réfugiés Français, avec lequel il fut battu, à la bataille de Nerwinde, par le maréchal de Luxembourg. Plus tard, il commanda l'armée angloise elle-même, pendant la guerre de la succession, en Espagne, et il fut vaincu, à la bataille d'Almanza, par le maréchal de Berwyck; après quoi, il fut soumis à bien des humiliations, pour se justifier, à son retour en Angleterre : juste et ordinaire châtiment de ceux qui, portant les armes contre leur pays, n'ont pas le sort des combats toujours favorable.

A la suite de ces grandes amitiés de Saint-Evremond, nous pourrions rappeler l'attachement qui l'unit à la famille de Lionne, dont il resta le correspondant assidu, après la mort du ministre illustre qui avoit négocié le mariage de Louis XIV; et l'affection dont il fut l'objet dans la maison de la Tour d'Auvergne, où il étoit désigné sous un nom familier, qui disoit à la fois le respect et la tendresse conservés, par cette noble famille, au vieux soldat de

---

1. *Il est intraitable*, écrivoit Mme de Maintenon.

M. de Turenne. Il est assuré que Saint-Evremond avoit recueilli, sur la vie du grand capitaine, deux volumes de notes précieuses, perdus, avec d'autres papiers importants, à l'époque où il dut précipitamment s'éloigner de sa patrie, pour sauver sa liberté. Rappelons encore les noms du chevalier de Meré, talent délicat jusqu'à la recherche; du maréchal d'Hocquincourt, immortalisé par une *Conversation* dont nous parlerons encore plus d'une fois; de Chapelle, esprit charmant, à qui tout art, toute contrainte et tout travail étoient insupportables, et dont la désinvolture étoit si spirituelle et si piquante; de Barillon, si estimé de la société polie et lettrée; de Chamilly, l'un de ceux à qui l'on suppose que furent adressées les *lettres portugaises*, et frère d'armes de Saint-Evremond, à Fribourg; de Montresor, quelquefois si importun; du commandeur de Jars, ami si honorable de Mlle de Hautefort; sans oublier le chevalier de Grammont, dont la légèreté spirituelle et légendaire cachoit l'indéfectible solidité d'un ami, et que nous retrouverons plus tard, à la cour de Charles II; le comte d'Olonne, à qui son épouse, avec l'aide de Bussy, a fait un nom qui répond mal au vrai mérite de ce seigneur; le chevalier de Matha, si aimable et si galant; Pierre Corneille, ce grand poëte si mal taillé, dit-on, de sa personne, pour l'amour, et qui donna un caractère à l'amour françois, au dix-septième siècle; enfin Molière et la Fontaine, dont l'estime pour Saint-Evremond dura toute leur vie et eut pour trait d'union l'amitié de Ninon de Lenclos.

CHAPITRE X.

NINON DE LENCLOS.

ON ne peut pas juger le monde du dix-septième siècle, sur un type unique de personne, ou de société; car les types y ont été aussi variés que les mœurs et les idées, depuis les jansénistes jusques aux *libertins;* on ne sauroit les confondre, sans manquer à la vérité du tableau. Voici la célèbre Ninon de Lenclos qui personnifie l'influence de l'école d'Épicure sur les femmes de ce siècle, et qui fut l'amie intime de Saint-Evremond. Il semble qu'il ne reste plus rien à dire sur son compte, et pourtant elle peut encore fournir matière à la plus curieuse étude. Cette femme extraordinaire, et d'ordre supérieur, comme disoit Bernier : dont la réputation a été si peu ménagée, et sur le compte de laquelle l'erreur et la sottise ont accumulé tant de traditions mensongères et d'histoires impossibles, mérite qu'on lui consacre quelques pages. L'austère et peu charitable Saint-Simon a dit d'elle :

« Ninon eut des amis illustres de toutes les sortes, et eut tant d'esprit qu'elle les conserva tous, et qu'elle les tint unis entr'eux, ou pour le moins sans le moindre bruit. Tout se passoit chez elle avec un respect et une décence extérieure que les plus hautes princesses soutiennent rarement, avec des foiblesses. Elle eut de la sorte pour amis, tout ce qu'il y avoit de plus trayé et de plus élevé à la cour; tellement qu'il devint à la mode d'être reçu chez elle, et qu'on avoit raison de le désirer, par les liaisons qui s'y formoient. Jamais ni jeux, ni ris élevés, ni disputes, ni propos de religion ou de gouvernement; beaucoup d'esprit et fort orné, des nouvelles anciennes et modernes, des nouvelles de galanteries, et toutefois sans ouvrir la porte à la médisance; tout y étoit délicat, léger, mesuré, et formoit des conversations qu'elle sut soutenir par son esprit, et par tout ce qu'elle savoit de faits de tout âge. La considération, chose étrange, qu'elle s'étoit acquise, le nombre et la distinction de ses amis et de ses connoissances, continuèrent quand les charmes cessèrent de lui attirer du monde, quand la bienséance et la mode lui défendirent de ne plus mêler le corps avec l'esprit. Elle savoit toutes les intrigues de l'ancienne et de la nouvelle cour, sérieuses et autres; sa conversation étoit charmante; désintéressée, fidèle, secrète, sûre au dernier point; et, à la foiblesse près, on pouvoit dire qu'elle étoit vertueuse et pleine de probité. Elle a souvent secouru ses amis d'argent et de crédit, est entrée pour eux dans des choses importantes, a gardé très-fidèlement des dépôts d'argent et des secrets considérables qui lui étoient confiés. Tout cela lui acquit de la réputation et une considération tout à fait singulière. [1] »

Une personne aussi rare, attire, exige même, quelque attention. Saint-Evremond n'a-t-il aimé en elle qu'une courtisane spirituelle? Telle seroit l'o-

---

[1]. Saint-Simon, sur 1705, éd. in-12, III, p. 207.

pinion reçue. Nous croyons le mot et la chose fort mal appliqués à cette femme étonnante, dont la plupart des contemporains eux-mêmes ont méconnu le caractère et calomnié la vie. Sous le nom de Ninon de Lenclos ont été amoncelées toutes les effronteries d'une époque assez abandonnée ; et ces contes fabuleux, recueillis sans examen, ont été transmis de génération en génération, par les libertins, pour s'en autoriser, et par les rigoristes, pour les réprouver, en une seule et même personne. Ninon de Lenclos fut appelée, par l'indulgent et judicieux Saint-Evremond : la moderne *Leontium*. C'étoit, en effet, une païenne, une *Leontium* françoise, avec son affection pour un moderne Épicure. C'étoit une Athénienne égarée à Paris, et plus d'une fois exposée aux impertinences d'un public aussi peu réfléchi que celui du Pirée ; c'étoit Aspasie avec son cortége de Périclès, de Phidias, d'Anaxagore, d'Alcibiade ; et ce ton de bonne compagnie si admirable dans Platon, rédacteur immortel des conversations qu'il entendoit, chez la belle Milésienne. Le personnage et la société que représentent des femmes comme Ninon de Lenclos, tout cela est perdu pour notre temps. Je ne le regrette pas, mais l'un et l'autre avoient leur raison d'être et leur place naturelle, à une autre époque. Ils tiroient leur origine du seizième siècle, du grec et du latin, de la liberté de penser dont nous avons recherché l'influence sur l'esprit françois, au début du dix-septième siècle. De pareilles figures perdent leur caractère, lorsqu'elles sont vues de loin et du milieu d'une forme nouvelle de sociabilité qui les exclut. Le dix-septième siècle leur a donné un dernier asile; car madame du Deffand a été tout autre chose. Ninon de Lenclos est donc, à tort, qualifiée par des gens qui ne la connoissent pas, de *courtisane*, nom qui d'ailleurs n'avoit pas de son temps la signification d'aujourd'hui. Marion de Lorme et Ninon de Lenclos, que je ne veux pourtant pas assimiler, étoient deux belles Grecques, transplantées du Céramique au Marais; deux femmes charmantes, nourries de belles-lettres, pleines d'esprit, de savoir et de cœur; qui, à leur entrée dans le monde, le trouvant divisé entre Épicure et d'Urfé, se laissèrent aller à leur penchant pour Épicure. Elles menèrent un genre de vie tout antique, au fond, celui de l'hétære athénienne, françois seulement à la surface : où le plaisir et la volupté trouvoient leur compte sans doute, mais ou l'esprit avait certainement plus de part que le libertinage; et ce qui le prouve, c'est que la meilleure compagnie du dix-septième siècle ne s'est pas crue déshonorée par ses relations avec Marion de Lorme, et surtout avec Ninon de Lenclos qui lui est bien supérieure. Le scandale de leur vie a été plutôt posthume, que contemporain. La curiosité, négligente pour d'autres plus compromises qu'elles, s'est attachée de préférence à leur mémoire. La désespérante publicité des sottes médisances, des indiscrètes révélations, des représentations dramatiques même, a perdu devant la postérité ces femmes attrayantes, qui virent leurs contemporains à leurs genoux. Qui recevroit aujourd'huy Marion de Lorme? Elle étoit invitée chez les Condé.

Il est une question délicate, celle de l'argent donné et reçu. Ninon de Lenclos en a peu pris,

Marion davantage. Mais l'époque explique tout, et l'on peut, à cette occasion, atténuer le reproche fait à d'autres. C'étoit le règne des partisans, des hommes de finance, enrichis souvent en quelques jours, à la face du public, par des opérations utiles à Richelieu, à Mazarin, qui, eux-mêmes, accumuloient des fortunes prodigieuses. La guerre enrichissoit ceux qui la dirigeoient ou qui la pourvoyoient. Tous ces hommes donnoient à pleines mains. La vie parisienne devenant chère et coûteuse, en se polissant, les dames qui recevoient l'argent des partisans ont cru reprendre le bien de tout le monde.

Et tout le monde, en effet, en a pris, sans distinction de rang. Une Rohan prenoit l'argent de Bullion; la comtesse d'Olonne, prenoit l'argent de Jeannin de Castille et de Paget. Que devoient faire des femmes de moindre condition? Peut-être, aussi, ces belles Athéniennes de Paris, en lisant leur Diogène de Laerte ou leur Menexène de Platon, avoient-elles remarqué que Socrate n'avoit pas trouvé mauvais qu'Aspasie dépensât avec grâce l'argent que Périclès donnoit avec générosité.

Voltaire a malheureusement autorisé de son témoignage et de ses cailletages, la fausse idée qui est restée de Ninon de Lenclos. Il a donné l'exemple de l'ingratitude et de la légèreté, envers cette femme excellente, dont la libéralité avoit honoré l'enfance du grand poëte, et dont la mémoire auroit dû trouver grâce auprès du vieux philosophe. Mieux placé que personne, en apparence, pour connoître et proclamer la vérité, Voltaire n'a donné créance qu'aux mauvais bruits d'un autre temps. Il s'est trompé sur la naissance de Ninon; il s'est trompé sur sa famille et sur sa vie; il s'est trompé sur sa mort; il s'est trompé sur lui-même, en cette rencontre; et si ce n'étoit l'esprit, qui est bien celui de Voltaire, je serois tenté de contester l'authenticité de la biographie de Ninon, qu'on lit dans les *Mélanges littéraires*. Il s'est passé, à ce sujet, quelque chose d'inexplicable. Dans le *Temple du goût*, composé comme on sait, vers 1731, Voltaire avoit placé Ninon près du sanctuaire du dieu, dans un groupe de délicats, Chapelle et Chaulieu à leur tête :

> Ninon, cet objet si vanté,
> Qui si longtemps sut faire usage
> De son esprit, de sa beauté,
> Et du talent d'être volage,
> Fesoit alors, avec gaîté,
> A ce charmant aréopage,
> Un discours sur la volupté.
> Dans cet art elle étoit maîtresse;
> L'auditoire étoit enchanté,
> Et tout respiroit la tendresse.

Voltaire sembloit écouter complaisamment alors le discours de Ninon. Mais voici qu'en 1773 il retranche cet éloge gracieux de la nouvelle édition du *Temple du goût*, celle qu'on lit aujourd'hui dans ses *Œuvres*; de sorte que les vers qu'on vient d'entendre ne sont conservés depuis lors qu'en variante. Cette suppression étoit conséquente avec la notice qu'en 1771 Voltaire avoit donnée de Ninon : notice si peu flatteuse, et dont presque tous les récits sont aujourd'hui reconnus erronés. Le père de Voltaire a été, nous le savons, notaire de Mlle de Lenclos, et à ce titre, a signé son acte de décès, en compagnie du fils du célèbre Gourville, le 17 octobre

1705. Voltaire, en ce moment, n'avoit pas complété sa onzième année [1]; et lorsque, soixante-six ans après, il a réuni ses souvenirs sur Ninon, il n'en avoit plus évidemment qu'une idée confuse. Au lieu du notariat de son père, qui avoit été l'occasion de ses relations avec la famille de Lenclos, Voltaire en attribue l'origine à l'abbé de Châteauneuf qui, dit-il, avoit eu la fantaisie de le présenter à Ninon, « à laquelle il plut de le mettre sur son testament. » Il ajoute qu'à ce moment il avoit treize ans. Or, lorsqu'il eut, en effet, atteint treize ans, il y en avoit près de trois que Ninon n'étoit plus de ce monde.

Voltaire ajoute que le père de Ninon étoit un joueur de luth, nommé Lenclos, a qui son instrument ne fit pas une grande fortune, etc. La voilà une fille de rien, ou du moins une fille de peu. Or, il est prouvé que la famille de Ninon étoit d'une origine distinguée, avec les meilleures alliances : un célèbre évêque de Lavaur étoit son oncle ; et nous savons que ses père et mère laissèrent à leur fille unique une fortune suffisante pour la faire vivre à l'aise, dans Paris. Ce n'est pas tout, Voltaire la fait débuter dans la vie, comme une fille publique : « Je vous dirai d'abord, en historien exact,
« que le cardinal de Richelieu eut les premières
« faveurs de Ninon, qui probablement eut les der-
« nières de ce grand ministre. Elle avoit alors seize
« à dix-sept ans. » Or Voltaire, tout comme les anciens biographes de Ninon, Bret et Douxmenil [2],

1. Voltaire étoit né en novembre 1694.
3. Bret et Douxmenil ont recueilli, vers le milieu du siècle dernier, les traditions qui leur ont paru les plus

fesoient naître Ninon en 1615 ou en 1616. C'étoit donc, selon lui, vers 1632, que le cardinal auroit disposé de Ninon; il avoit alors quarante-six ans seulement. Voilà pour l'antithèse des premières et des dernières amours. Le vrai, c'est que Ninon étoit née, non en 1615, mais en novembre 1620, suivant son acte de naissance découvert de nos jours[1]. M. P. Paris a déjà montré combien de contes fabuleux renversent cette date, ainsi que celle de la mort de la mère de Ninon. Voltaire parle ensuite de Gourville « *que nous avons vu mourir*, dit-il, l'un des hommes de France les plus considérés. » Gourville est mort en 1703; Voltaire avoit alors huit ans. Il a confondu le père et le fils. Il ajoute, que Ninon avoit quatre-vingt-dix ans quand elle est morte. Elle en avoit quatre-vingt-cinq. Pour ce qui est de ses amours sans fin, et de l'histoire de l'abbé de Châteauneuf, auquel d'autres ont substitué l'abbé Gedoyn, comment concilier ce qu'en dit Voltaire avec le témoignage de Saint-Simon, qui a vu mourir Mlle de Lenclos; avec celui de Mme de Coulanges, qui a passé sa vieillesse auprès d'elle, et de Mme de Sévigné qui l'aimoit peu; avec le témoi-

---

avérées, sur Ninon de Lenclos. Quoique crédules, ils lui sont très-sympathiques. Ces biographies étoient ce qu'il y avoit de plus complet à consulter sur Ninon, avant la publication de Tallemant, qui n'étoit pas reçu chez elle, mais qui l'a connue et suivie, et qui, sauf la mauvaise langue et les faux rapports, mérite quelque créance, sur ce chapitre. Scarron, Somaize, Mme de Sévigné, Mme de Coulanges, Dangeau, etc., nous ont laissé des documents plus sûrs, mais moins étendus.

1. Voy. cet acte, ainsi que celui du décès, dans l'édition de Tallemant, donnée par M. P. Paris, tom. VI, *Historiette* de Ninon.

gnage enfin de Ninon elle-même, si franche d'habitude, surtout dans une lettre à Saint-Évremond?

M. Walckenaer a réuni[1], et spirituellement coordonné, quoique avec trop de confiance, des documents épars sur une partie de la vie de Ninon. Mais il n'a pas connu l'acte de naissance, ce qui lui fait ajouter foi à des traditions trompeuses, sur ses premières amours. Il attribue pour amants à Ninon, le mari, le fils *et le petit-fils* de Mme de Sévigné. Où a-t-il pris ce petit-fils? je l'ignore. Il a fait bonne justice, toutefois, de la fable de Voltaire touchant le cardinal de Richelieu. Du reste, plusieurs contemporains de Ninon de Lenclos n'ont pas été plus véridiques ou mieux informés; témoin ce journal manuscrit dont M. P. Paris cite un fragment. Je prouverai plus tard la fausseté de l'arrestation, rapportée par ce bourgeois de Paris.

Il est probable que Saint-Évremond avoit connu Ninon de Lenclos dès son jeune âge, chez Marion de Lorme. Le père de Ninon, voisin de celle-ci, au Marais, étoit très-familier chez Marion, et y mena sa fille de bonne heure. François de Rouville, cousin de Saint-Évremond, beau-frère de Bussy-Rabutin, et l'un des plus brillants seigneurs de l'époque et des plus répandus, homme d'esprit autant que de plaisir, avoit été l'un des premiers amants de Mlle de Lorme, et y avoit introduit Saint-Évremond.

Marion de Lorme, que le cardinal de Retz qualifie *d'un peu moins qu'une prostituée*, et dont le jugement a été accepté sur la parole d'un garant si

---

1. Tom. I et tom. IV de ses *Mémoires* pour servir à l'hist. de Mme de Sévigné.

respectable, Marion étoit d'une des meilleures maisons de Champagne, riche, considérée et possédant de beaux manoirs. Elle naquit vers 1611. La famille de Lorme avoit un établissement à Paris, sous la paroisse de Saint-Paul, et destina Marion au couvent. Comme elle ne répondit point à ce vœu, on voulut la marier. Mais elle avoit déjà goûté la philosophie épicurienne qui couroit les salons du Marais, où abondoient les esprits forts. Elle y fut initiée par le célèbre Desbarreaux. Marion refusa un engagement qui l'enchaînoit, et il faut lui savoir gré de cette honnêteté. Elle étoit d'une beauté merveilleuse. La poursuite animée de Desbarreaux provoqua ses premiers sentiments; entraînée par cet esprit vif, hardi, brillant et téméraire, elle l'aima d'un amour abandonné. *Qui cède à Mars peut se rendre à Neptune*, comme dit Voltaire de Pandore; le marquis de Rouville rechercha Marion, fit goûter ses agréments, fort en vogue à la place Royale, et supplanta Desbarreaux. Il fut plus tard un des amants de Mme de Montbazon, et il y laissa bien des plumes, s'il faut en croire Tallemant. Mais fort épris, alors, de Marion, il se battit pour elle avec le marquis de la Ferté Senneterre, bonne et belle épée de ce temps. Puis vinrent Miossens, qui fut le maréchal d'Albret, autre ami de Saint-Évremond, et Arnaud, le mestre de camp. Mais, la plus vive passion et la plus retentissante qu'inspira Marion, fut celle de Cinq-Mars, plus tard M. Le Grand. Tout Paris s'en émut. Cinq-Mars quitta sa mère et se vint loger chez Ruvigny, rue Saint-Antoine, pour vivre librement avec Marion, qui habitoit la place Royale, à côté de l'hôtel Guéménée d'aujourd'hui. La maison d'Effiat sollicita un édit, pour empêcher le mariage des deux passionnés ; on appeloit déjà Marion : Madame la Grande. Telle est l'origine de l'ordonnance de 1639 contre les mariages clandestins. Peu de temps avant la catastrophe de Cinq-Mars, Richelieu eut fantaisie de Marion, qui se donna le plaisir de la coquetterie avec le cardinal, lequel la reçut plusieurs fois, déguisée en courrier. Il avoit pris goût au jeu, mais il n'est pas sûr qu'il l'ait conduit à fin heureuse. Marion ne se donnoit que selon son cœur, et Richelieu avoit 50 ans. Elle fut moins cruelle avec le beau duc de Châtillon, qui passa d'elle à Ninon, de Ninon à Mlle de Guerchi, de celle-ci à une épouse qui lui rendit avec usure ses galanteries ; il fut tué au combat du faubourg Saint-Antoine. Avant ou après Châtillon, figurèrent, parmi les amants de Marion, le surintendant d'Emery, dont elle reçut les splendides générosités, et enfin ce pauvre Brissac, le héros de cette immortelle aventure du chevalier de Grammont, racontée avec tant d'esprit par Hamilton.

Telle est la liste donnée par Tallemant et, selon lui, avouée par Marion elle-même. Il n'y a pas, en vérité, de quoi se récrier ; mais, sans désobligeance, on peut la croire incomplète, et une érudition inexorable devroit y ajouter quelques noms ; sans parler des éclats de colère de mécontents mal élevés, tels que le maréchal de la Meilleraye. Pour ne citer qu'un exemple d'omission, il est impossible de ne pas joindre au catalogue le nom de Saint-Évremond. Homme discret, entre tous, s'il a laissé croire à ses succès auprès de Marion, on peut s'en tenir pour assuré ; c'est la seule révélation de ce genre qu'il se soit permise.

Marion s'étoit posée en Laïs. Ce rôle fut accepté dans la grande société parisienne. Elle avoit un salon très-bien composé. Les hommes les plus marquants s'y rencontroient, et Marion à son tour étoit reçue dans de bonnes compagnies, même chez les princes. Nous savons qu'au mariage du duc d'Enghien (le grand Condé), avec Clémence de Maillé, Marion fut priée au ballet, avec grandes excuses « de quoi elle ne le fut point le jeudi d'auparavant [1]. » Marion mourut en 1650, dans tout l'éclat d'une beauté surprenante. Elle avoit de l'esprit, une gaieté folle, avec moins de tenue que Ninon. L'attrait du plaisir dominoit chez elle ; l'attrait de l'esprit chez Ninon. Elle côtoya la dépravation, dont celle-ci se tint fort éloignée. Sa mort prématurée fut, dit-on, la suite d'un avortement, qui n'étoit, selon Tallemant, pas le premier, mais pour lequel les contemporains de Mlle de Guerchi furent plus indulgents que nous-même [2]. Le plus profond mystère a couvert les détails de cette fin tragique, si peu croyable, qu'on a douté pendant longtemps de sa réalité. Un roman ridicule sur la longévité de Marion a eu crédit auprès de certaines gens. Marion a passé pour vivre encore, cent ans après sa mort. Cependant ses obsèques furent célébrées avec pompe. Elle resta même exposée, pendant

---

1. Voy. sur Marion de Lorme, Tallemant, édit. de M. P. Paris, tom. IV, et les *Récréations historiques* (de Dreux du Radier), tom. I, page 68 et suiv.

2. Voy. les lettres de Gui Patin, sur l'infanticide pratiqué par la Constantin et Mlle de Guerchi ; et le fameux sonnet de l'Avorton.....

vingt-quatre heures, sur un lit de parade, dans son hôtel, avec une couronne de vierge..... que le curé *trouva ridicule* et fit ôter.

Il est resté des relations passagères de Saint-Évremond avec Marion de Lorme, deux pièces de vers qui ne sont pas des meilleures : l'une qui rappelle une saison d'eaux de Bourbon, passée en compagnie de Mlle de Lorme et de Mme de Montbazon[1] ; l'autre qui sont des *Stances sur la mort de la belle Marion de Lorme*, où on trouve quelques vers heureux.

> Philis n'est plus : tous ses appas
> Aussi bien que toutes mes larmes,
> Contre la rigueur du trépas
> Ont été d'inutiles armes.
>
> Ici les amours sont en deuil,
> Et la volupté désolée
> Cherche à l'entour de son cercueil
> Où son ombre s'en est allée.
>
> On l'entend gémir quelquefois,
> Comme une misérable amante,
> Qui du triste accent de sa voix
> Se plaint du mal qui la tourmente.
>
> En des lieux inconnus au jour,
> Loin du soleil qui nous éclaire,
> Les seules peines de l'amour
> Font sa douleur et sa misère.
>
> Bien loin de ces grands criminels,
> Dont le sort est si déplorable,
> Bien loin de ces feux éternels,
> Dont le ciel punit un coupable ;
>
> Philis n'a pour toute rigueur
> Que le supplice de sa flamme,
> Et rien qu'une triste langueur
> Consume cette belle âme.

1. Nous ne l'avons pas insérée dans ce recueil.

> Tantôt elle veut retenir
> L'image des choses passées,
> Et le plus tendre souvenir
> Entretient ses molles pensées.
>
> Tantôt, excitant ses desirs,
> Son âme encor voluptueuse,
> Qui soupire après les plaisirs,
> S'attache à quelqu'ombre amoureuse.
>
> Dans ses inutiles desseins,
> Elle va chercher, etc.

Revenons à Ninon de Lenclos. Inférieure à Marion pour la beauté, supérieure par l'esprit et le caractère, elle a obtenu ce qu'on a refusé à celle-ci, la considération. Tout en conservant la plus complète indépendance, elle a professé le respect de l'opinion. Elle a vu, dans le cours d'une existence plus longue et plus réglée que celle de Marion, le terrible Richelieu aimable pour elle, la fière Christine de Suède dans son salon, le grand Condé chapeau bas à sa portière, presque tous les beaux esprits du siècle empressés auprès de sa personne. En lui donnant le premier rang, dans le *Dictionnaire des précieuses*, ce catalogue si curieux des femmes distinguées de l'époque, Somaize parle d'elle avec autant d'estime que Saint-Simon, et le témoignage en est d'autant plus remarquable, que Ninon avoit alors quarante ans (en 1660), que tous les actes de sa vie étoient connus, et qu'elle estimoit peu l'affectation des Précieuses. Sous le nom de *Nidalie*, Somaize en trace le portrait suivant :

« C'est une étrange chose que le penchant que nous avons à juger des gens par l'apparence, et qu'elle l'emporte presque toujours sur la raison. Ce prélude, peut-être, semblera inutile en parlant d'une précieuse ; mais, à le bien examiner, l'on verra qu'en parlant de Nidalie j'avois sujet de poser ces fondements, puisque ceux qui l'ont mal connue l'ont voulu faire passer pour ce qu'elle n'est point. Mais, pour en parler plus juste que ceux là n'ont fait, je dirai que c'est une fille fort rêveuse et qui se laisse aller à une mélancolie dont ceux qui ne la verroient qu'en compagnie la croiroient peu capable, car elle y paroît agréable, et y marque une vivacité d'esprit qui la fait rechercher de tous ceux qui savent goûter le plaisir de converser avec les personnes spirituelles. Pour de la beauté, quoique l'on soit assez instruit qu'elle en a ce qu'il en faut pour donner de l'amour, il faut pourtant avouer que son esprit est plus charmant que son visage[1], et que beaucoup

---

[1]. Il n'existe plus, à Paris, de portrait connu de Ninon de Lenclos. Cependant Douxmesnil, qui a fait quelques recherches à ce sujet, en a signalé trois qui peuvent se retrouver : 1º celui de Ferdinand, qui paroît avoir été fort beau, et que Ninon avoit donné à l'abbé Gédoyn, son parent et son ami. Les héritiers de l'abbé ont refusé, en 1750, de le céder à Douxmesnil ; 2º un petit portrait que Ninon avoit donné à un vieux domestique, et que celui-ci n'avoit pas conservé, lorsque Douxmesnil le lui demanda ; 3º enfin un autre portrait de Ferdinand, que Ninon avoit donné à la comtesse de Sandwich, dont l'admiration pour Ninon avoit vivement touché celle-ci. Ce portrait doit se trouver encore, dans quelque château de la maison de Montagu, en Angleterre.

Quant aux gravures, deux seulement ont de l'authenticité : toutes deux, d'après les portraits de Ferdinand ; celle d'Auber en tête des *Lettres de Ninon*, 2 vol. in-12, 1775 ; et celle de Thomas Wastley, exécutée en 1757 aux frais du comte de Sandwich. elle est fort belle. Celle du recueil d'Odieuvre, dont le graveur est inconnu ; une autre que Fontette a dit être l'ouvrage de Petit ; celle des *Mémoires* de Bret, de 1775, dont on

échapperoient de ses fers, s'ils ne fesoient que la voir, qui ne s'en pourroient pas défendre s'ils l'entendoient parler; et c'est cette aimable qualité qui a si longtemps attaché *Gabinius* (le duc de Guiche) auprès d'elle. Cette illustre personne est connue pour un des plus accomplis courtisans de la cour d'Alexandre, et il est vrai qu'il ne la cherchoit que pour son esprit, non pas dans la pensée que beaucoup ont eue, qu'il y avoit quelque intrigue entre eux, ce que l'on n'a jamais que soupçonné, sur les conjectures de ses visites. Je sais bien que qui voudroit écrire tout ce que l'on pourroit dire d'elle, n'auroit jamais fait; qu'on l'a soupçonnée d'avoir eu des amants qui n'étoient pas mal auprès d'elle; qu'on l'a même accusée d'avoir des emportements pour eux; mais moi qui n'aime à parler des choses qu'avec connoissance, je me contente d'ajouter à ce que j'en ai dit qu'elle loge proche la place Dorique (la place Royale). »

Je le demande à tout homme non prévenu : est-ce ainsi qu'un contemporain a dû parler d'une effrontée, d'une courtisane, d'une pervertie, perdue de réputation, comme nous l'a donnée Voltaire?

Ninon est née en novembre 1620, sous la paroisse de Saint-Jean en Grève, ou probablement elle a résidé jusqu'à la mort de sa mère. De Saint-Jean en Grève il ne reste plus une pierre. Elle étoit

---

ignore l'auteur; et celle de l'édition du même ouvrage de 1751, qui est meilleure, et qu'a gravée Lainé, n'indiquent pas l'original d'après lequel elles ont été reproduites. La gravure d'Auber paroît représenter Ninon à 40 ans. Elle avoit alors encore tout l'éclat du bel âge et de ses charmes.

située derrière et joignant l'hôtel de ville. Fille unique d'un père qui étoit gentilhomme du duc d'Elbeuf, elle eut de bonne heure entrée dans la plus grande compagnie. Avec les habitudes de son temps, M. de Lenclos avoit les idées d'un épicurien. Il étoit des esprits forts du Marais. Mme de Lenclos étoit vertueuse de conduite, pieuse de sentiment, médiocre d'esprit. La jeune Anne de Lenclos, entre les exemples de sa mère et les principes de son père, fut entraînée par ces derniers. A douze ans elle avoit lu Montaigne, dont elle fit ses délices pendant le reste de sa vie. Non content d'être un esprit fort, M. de Lenclos étoit encore un habile joueur de luth. Il communiqua son talent à sa fille qui brilloit déjà par une grâce remarquable et précoce, à la danse. Ces avantages de l'esprit et du talent, joints à une tournure enchanteresse, firent de la jeune Anne de Lenclos l'objet prématuré de tous les regards et de tous les hommages. Aussi, lorsqu'un duel célèbre (1632) eut obligé son père à s'exiler : son père qu'elle ne devoit plus revoir qu'un moment, dix ans après [1], et qui la laissoit, à douze ans, sous la garde d'une mère respectée, mais d'habitudes si différentes des siennes ; les dames du voisinage, pleines de sympathie pour Ninon, s'appliquèrent à lui donner des soins. L'imprévoyance de sa mère, tout absorbée en piété, paroît avoir facilité ces re-

1. M. de Lenclos s'étoit attaché, vers l'époque de son duel avec Chabans, à l'abbé de Retz, alors simple chanoine de Notre-Dame, à Paris. Lorsqu'éclatèrent les troubles de la Fronde, il rompit son ban d'exilé, et vint rejoindre le coadjuteur, dont il embrassa chaudement le parti. Mais il survécut peu de temps à son retour à Paris, et une maladie mortelle l'enleva rapidement.

lations qu'elle ne surveilloit pas. Mlle de Lorme, la Marion de la postérité, dont le salon, à la place Royale, étoit couru de toute la brillante jeunesse du temps, attira la fille de son ami, Mlle de Lenclos, qui trouva chez elle la séduction de l'esprit jointe à l'entraînement du plaisir. Il se repandit alors que Marion de Lorme avoit conduit la jeune et belle Anne de Lenclos chez le cardinal de Richelieu ; et le rédacteur des mémoires supposés du comte de Chavagnac, s'est fait l'historien hasardeux de cette aventure. Ce qui est plus probable c'est que Ninon, courtisée par de jeunes et hardis poursuivants, commença sa carrière par des intrigues sans conséquence, et à petit bruit, avec deux jeunes hommes dont le nom, révélé par Tallemant, resta inconnu des contemporains ; et avec un financier qui fit un peu plus d'éclat, sans qu'il soit possible de croire à ses succès, lesquels n'ont d'autre garant que la mauvaise langue de des Réaux, dont le récit est encore suspect, par des contradictions nombreuses et par des suppositions que repousse la vie entière de Ninon. Comment concilier, en effet, ce grossier commerce de Coulon, gendre de Mme Cornuel, avec la passion de Ninon pour le brillant d'Andelot, depuis duc de Châtillon, qui, dans la société parisienne, a été proclamé le premier amant heureux de Mlle de Lenclos, ainsi que le témoigne Saint-Evremond lui-même ?

La connoissance et l'amitié de Saint-Evremond date de la même époque, et il paroît que déjà les leçons du jeune philosophe avoient porté leur fruit dans l'âme de la moderne *Leontium*. En effet, une tradition autorisée, fait honneur à Saint-Évremond d'une victoire remportée sur une grande résolution de la jeune fille. A l'exemple de Marion de Lorme, elle avoit repoussé plusieurs propositions de mariage. C'étoit en l'an 1643, la date est attestée par Scarron, un ami de la famille. Mme de Lenclos venoit de mourir dans les bras de sa fille éperdue, âgée alors non pas de quinze ans, comme on l'a dit et répété, mais de vingt-trois ans. Cette séparation suprême et prématurée émut si vivement la bonne nature de Ninon, qu'elle courut porter dans un couvent son désespoir et ses regrets, après la perte d'une mère vénérée et chérie, quoique vivant dans des pratiques fort différentes de celles de sa fille. Il paroît bien assuré que Saint-Évremond est accouru pour arracher Ninon de cette retraite, et qu'il l'a détournée d'une vocation si peu solide. Le langage et la persuasion de l'amitié l'emportèrent sur le mouvement irréfléchi de la douleur. De cette époque seulement commence la vie indépendante et aventureuse de Ninon : si elle est marquée par des entraînements, elle est dominée par une fermeté philosophique, qui n'a eu qu'une légère intermittence. Se livrant à la méditation des choses de la vie, elle reconnut, dit-elle, que dans le partage des destinées, la société *avoit chargé les femmes des attributions les plus frivoles, et que les hommes s'étoient réservé le droit aux avantages les plus solides. De ce moment,* ajoute-t-elle, *je me fis homme.* La lecture fortifia ces conclusions de son esprit.

Malgré son affection pour le duc de Châtillon, l'ami de cœur du vainqueur de Rocroi, affection qui lui fit conseiller au duc un changement de religion favorable à sa fortune : Ninon, confirmée par cet autre païen Des-Yveteaux, s'abandonna à la profession déclarée d'une philosophie sensuelle et raffinée. S'attaquant avec une discrétion délicate, mais résolûment, à l'institution sociale elle-même, elle entreprit la conquête pour son sexe, ou du moins pour elle, en particulier, de l'indépendance virile. Elle s'appuyait sur le droit de la nature, dont elle faussoit le précepte, tout en l'invoquant avec esprit : reconnoissant toutefois à la société le droit de la contraindre non-seulement au respect des loix sociales, mais encore à la bienséance extérieure, en ce qui les concerne ; et donnant l'exemple invariable de cette bienséance, à titre de bonne éducation. Elle ne vit donc plus dans l'amour qu'un mouvement aveugle, que la sagesse humaine avoit dû soumettre à certaines règles de convenance et d'honneur. L'amour ne lui parut désormais, dit l'abbé de Châteauneuf, qu'un goût fondé sur les sens, un sentiment accidentel, qui ne suppose aucun mérite dans celui qui le fait naître, ni ne l'engage à aucune reconnoissance envers celui qui le satisfait ; en un mot, un caprice dont la durée ne dépend pas de nous, et sujet au dégoût comme au repentir. A l'amitié seule elle réserva son culte et une inviolable fidélité. Pour les dogmes religieux, elle en fit aussi bon marché que de la contrainte de son sexe, en matière d'amour ; bornant tous ses devoirs à vivre comme un honnête homme.

Aussi n'est-ce plus, dorénavant, comme une femme, que les contemporains, de son bord, au moins, ont apprécié Ninon ; le jugement de la femme a été abandonné au vulgaire, et c'étoit une manière d'expiation dont elle s'est peu inquiétée[1]. Pour le monde épicurien, Ninon n'a plus été qu'une personne affranchie de mille règles de convention, souvent chimériques ; de mille petites décences d'état et d'usage, nécessaires mais arbitraires ; elle n'a plus fait partie que du corps des honnêtes gens de son siècle, avec une des meilleures places. Et l'épicurienne, il faut l'avouer, s'est fait honorer de toutes les personnes qui l'ont approchée. Ce succès de l'esprit est une des plus rares merveilles de l'histoire du dix-septième siècle.

Mettant au service de ses doctrines l'originalité piquante de son intelligence si vive, et la grâce incomparable dont elle étoit douée ; non-seulement elle accommoda sa vie à son système, avec une liberté complète, mais encore elle ouvrit, en quelque sorte, une école de philosophie, dogmatique et pratique, où de son salon elle fit une académie, professant, tout à la fois, le scepticisme et l'art de la vie, avec un charme séducteur dont tous les contemporains ont témoigné. « Qu'elle est dangereuse cette Ninon, s'écrioit Mme de Sévigné ; si vous saviez comme elle dogmatise ! » En effet, dégagée de tout scrupule et affranchie de toute gêne importune, elle donna un libre cours à la satisfaction de ses goûts, avec un abandon qu'on pourroit appeler méthodique ; aimable en même temps que calculé. Mais ce qui fut aussi surprenant, c'est l'observation des convenances, à laquelle elle ne manqua jamais, et qu'elle sut imposer à tout son entourage, autant

---

1. *Il ne faut jamais croire que la moitié de ce qu'on dit*, répondoit-elle à quelqu'un, qui lui rapportoit les *on dit* répandus sur son compte.

que le respect de sa personne et de sa liberté ; dominant les situations les plus difficiles, pour une femme, par l'autorité supérieure de son esprit, par l'ascendant de sa politesse, et par l'avantage qu'elle se donna de l'usage du monde le plus consommé. Tel est le spectacle que cette fille étonnante, orpheline, livrée à elle-même, sans famille, et sans autre appui que l'esprit et la beauté, a donné à la France et à l'Europe, pendant plus de soixante années. Et comme en France, où l'esprit est le plus populaire des pouvoirs, tout le monde veut donner encore de l'esprit à ceux qui en ont déjà beaucoup, on a prêté à Ninon une foule de traits ou de mots, réputés spirituels, dont elle a toujours été fort innocente. On lui a fait le même honneur qu'à Rivarol et à M. de Talleyrand.

Quoi qu'il en soit, elle a vu à ses pieds la pléiade entière des hommes illustres de son temps. Tout ce que la cour a eu de plus distingué, les lettres de plus poli, le parlement de mieux élevé, la finance de plus brillant, a recherché les bonnes grâces de cette femme célèbre. Ce fut un titre à l'estime, dans le monde, Mme de Coulanges nous l'atteste, que d'être reçu chez Mlle de Lenclos. La faveur en fut plus ambitionnée qu'elle ne fut accordée ; et s'il est vrai, comme on l'a dit, qu'elle changeât d'amant au gré de ses caprices, et que d'un amant congédié elle en fît un ami sûr et dévoué : quel empire, quel charme, quelle influence de cœur et de caractère il faut supposer à cette femme, pour avoir conservé l'estime, et gardé les attachements, au milieu de tels périls ; et pour avoir résolu le problème, réputé chimérique, de la conversion de l'amour en amitié !

L'amitié d'un amant est un mensonge, dit Mme de Lambert; il n'a plus de sentiment à vous offrir. Le secret de Ninon, qui donna un démenti à la maxime, fut de ne recevoir chez elle que d'honnêtes gens; de les choisir encore parmi les gens d'esprit, et de ne tromper jamais personne. Elle échappa ainsi à l'indélicatesse et au ressentiment, tout en appliquant librement sa volage philosophie.

Il y a peu d'intérêt aujourd'huy, il y a même de l'indiscrétion, à rechercher quels furent les amis de Ninon qu'elle favorisa d'une intimité sensible. Sans revenir sur la fable du cardinal de Richelieu qui n'a pour garant que le faux Chavagnac, on peut croire qu'elle fut présentée au grand ministre, et que ses protecteurs obtinrent de lui la pension de deux mille livres, dont parle Voltaire. Il faut mettre aussi au rang des fables, l'intrigue avec Cinq-Mars, qui a la même origine, et dont M. Walckenaer accepte trop facilement la vérité. Cinq-Mars a eu la tête coupée en 1642. A cette époque, la mère de Ninon vivoit encore, et celle-ci avoit peu fait parler d'elle. Cependant elle avoit connu Cinq-Mars chez Marion de Lorme, qui tenoit beaucoup à son amant préféré. Contentons-nous donc de passer une rapide revue de ce brillant cortége des adorateurs de Ninon. Dans une épître charmante qu'on lira dans notre second volume: *Chère Philis, qu'êtes-vous devenue?* etc. Saint-Évremond nous a laissé une sorte de gracieux nécrologe des amours de son amie. Il étoit trop délicat pour y marquer sa place; mais on peut assurer que Saint-Évremond a été l'une des affections premières de la moderne *Leontium*. Desbarreaux avoit formé Marion de

Lorme ; Saint-Évremond a formé Ninon de Lenclos. La différence du maître a fait, peut-être, la différence de l'élève. Les principes de l'un ont fait la pratique de l'autre : de là le nom de moderne *Leontium*, et la vie intime de Ninon n'a été que la mise en œuvre des maximes de l'Épicure français :

> Il faut brûler d'une flamme légère,
> Vive, brillante et toujours passagère ;
> Être inconstante aussi longtemps qu'on peut,
> Car un temps vient où ne l'est pas qui veut.

Ailleurs Saint-Évremond dit à son amie :

> Dans vos amours on vous trouvoit légère ;
> En amitié, toujours sûre et sincère :
> Pour vos amants les humeurs de Vénus,
> Pour vos amis les solides vertus.

Et plus bas, au sujet du caractère de Ninon :

> Tantôt c'étoit le naturel d'Hélène :
> Ses appétits, comme tous ses appas ;
> Tantôt c'étoit la probité romaine,
> Et de l'honneur la règle et le compas.

La correspondance de Ninon de Lenclos et de Saint-Évremond est un des monuments les plus touchants et les plus intéressants du culte de l'amitié. Elle honore à jamais la mémoire de tous les deux ; il n'y a pas de trace d'un nuage, dans cette intimité de trois quarts de siècle. Il en reste, dit-on, encore quelques lettres inédites, que M. Feuillet promet de donner bientôt au public.

Au comte de Coligny, depuis duc de Châtillon, si tendrement aimé par Ninon, pendant je ne sais combien de semaines, et qui avoit commencé sa réputation, succédèrent le séducteur Miossens, aux maris si terrible, et plus tard maréchal d'Albret [1], *rare en esprit, magnifique en dépense*; et Palluau, qui devint le maréchal de Clérembaut : tous deux, amis intimes de Saint-Évremond. Puis vint :

> Ce jeune duc, qui gagnoit des batailles,
> Qui sut couvrir de tant de funérailles
> Les champs fameux de Nordlingue et Rocroi.

Infortunée Marthe de Vigean! Le héros vous aimoit pourtant, mais le soir il alloit souper chez Ninon. Personne, au reste, n'a donné plus de marques publiques d'estime à Mlle de Lenclos que le grand Condé. Lorsque des dévotes en crédit suscitèrent des tracasseries à la belle indévote, et qu'on craignit pour elle une incarcération, Condé promenant, un jour, au Cours-la-Reine, rendez-vous habituel de la société parisienne, et y voyant arriver Ninon, descendit de voiture et s'avança, le chapeau à la main, du carrosse de Mlle de Lenclos, qu'il entretint pendant longtemps, en lui donnant toutes sortes de marques d'honneur, à la vue de toute la population : lui qui, selon la parole de Mme de Sévigné, *ne jetoit pas son estime à la tête des dames*.

Le prince de Marsillac (le célèbre duc de la Rochefoucauld) vit Ninon, pour la première fois, vers cette époque, et il se lia bientôt avec elle d'une amitié qui dura jusqu'à la mort. Il conduisit plus tard, chez elle, le jeune comte de Saint-Paul, fils

---

1. Il paroît qu'en 1657 le maréchal d'Albret, malheureux chez Mlle de Guerchi, qui logeoit vis-à-vis de Mlle de Lenclos, passa le ruisseau, et vint en conter à Ninon, pour la deuxième fois, ce qui donna de la jalousie à Villarceaux, selon Tallemant.

de Mme de Longueville, et si cher à l'auteur des *Maximes*. Rien ne fit plus d'honneur à Ninon que son noble désintéressement au milieu de ces relations illustres. Elle avoit sept ou huit mille livres de rente, et se fesoit honneur de ce petit revenu patrimonial, mais viager, qu'elle joignoit, peut-être, à la pension du cardinal de Richelieu.

Après une maladie qui la mit aux portes du tombeau et pendant laquelle elle montra une grande constance philosophique, Ninon, que ses amis désolés avoient fidèlement entourée, ce qui lui fesoit dire en souriant : « Je ne laisse après ma mort que des mourants ; » Ninon reprit toute sa beauté et se montra sensible aux hommages du marquis de Jarzay, célèbre par sa passion folle pour la reine Anne d'Autriche, et par l'aventure du jardin de Renard, pendant la Fronde. Elle fut touchée aussi de l'affection du chevalier de Meré, dont l'esprit un peu recherché eut son tour de faveur. On prétend qu'à l'occasion des *magnificences* de Miossens, que payoit peut-être, sans s'en douter, la duchesse de Rohan, le chevalier de Meré avoit fait cette épigramme spirituelle, mais injuste : car Ninon, fidèle en cela aux principes de Marion de Lorme, ne consulta jamais que les mouvements libres de son âme, pour distinguer ses élus.

> Au temps heureux où régnoit l'innocence,
> On goûtoit, en aimant, mille et mille douceurs,
> Et les amants ne fesoient de dépense
> Qu'en soins et qu'en tendres ardeurs.
> Mais aujourd'hui, sans opulence,
> Il faut renoncer aux plaisirs.
> Un amant qui ne peut dépenser qu'en soupirs
> N'est plus payé qu'en espérance.

En ce temps-là, il faut placer le voyage insensé de Ninon à Lyon : voyage motivé par un caprice pour le beau Villars, surnommé Orondate, père du maréchal, et après lequel elle couroit. Pour la seconde fois, elle se jeta dans un couvent, et pour la seconde fois elle en sortit. Le cardinal-archevêque de Lyon, un frère de Richelieu, lui fit là de fréquentes visites, qui n'avoient pas précisément le salut de Ninon pour objet. Un opulent négociant de Lyon, Perrachon, lui offrit des dons considérables, qu'elle refusa. Précédemment, un riche partisan, nommé Fourreau, qui s'étoit épris d'elle, avoit aussi mis sa fortune à sa disposition. Elle en profita, pour répandre des bienfaits. Elle distribuoit des bons au porteur, signés d'elle : « *Fourreau payera*, etc. » Fourreau paya toujours et eut la délicatesse de ne jamais rien demander à Ninon, qui cessa, par discrétion, seulement, de tirer sur lui.

Son retour à Paris fut marqué par l'aventure retentissante de Navailles, plus tard maréchal, qu'elle emmena chez elle, et auquel elle fit peur, sous le déguisement des propres habits militaires du jeune homme aviné : espièglerie compromettante qui, heureusement pour elle, ne s'est point renouvelée. Un feu léger pour le duc de Candale; une passade avec le comte de Brancas; une foiblesse pour un jeune homme intéressant, nommé Moreau, enfin le fameux billet de la Châtre sont du même temps. Il est probable aussi qu'il faut y rapporter l'inénarrable débat de paternité, ouvert entre le maréchal d'Estrées et l'abbé d'Effiat, et qui fut réglé au sort des dés, selon une tradition qui m'est suspecte; enfin joignons-y une galanterie de quelques mois avec le surintendant d'Émery, l'ancien tenant de Marion. C'est là que M. Walckenaer rapporte aussi la prétendue partie avec Coulon. Il se trompe sur l'époque et sur la chose. La vie entière de notre héroïne dépose contre cette sotte et grossière vénalité. Ses caprices avoient, d'ailleurs, alors, un certain feu, une sorte d'impétuosité qui ne pouvoit s'accommoder à la figure blafarde du gendre de Mme Cornuel.

Peu de temps après, le comte d'Aubijoux sut inspirer à Ninon un goût si vif, que, sous prétexte de se rapprocher de Scarron, elle quitta son logement du Marais, pour suivre le comte au faubourg Saint-Germain, où elle loua une maison, probablement vers le bas de la rue des Saints-Pères. Mais, pour le malheur du comte d'Aubijoux, Ninon, dans cette fugue, fut suivie aussi par quelques-uns de ses martyrs. Boisrobert, malgré son esprit libertin, n'étoit pas dangereux; mais le sensible marquis de Villarceaux fut bien plus ravageur. Vivement épris d'amour, il quitta la rue Richelieu pour s'établir en face d'elle, aux Saints-Pères, et il finit par supplanter d'Aubijoux, en allumant chez Ninon la passion la plus longue peut-être qu'elle ait éprouvée. Dans l'intervalle, elle avoit accru sa célébrité en enlevant bruyamment à Mme de Sévigné un époux qui eut bientôt le sort de tous les adorateurs de Lenclos, celui de recevoir son congé. La maladie de langueur de Villarceaux, le sacrifice que lui fit Ninon de ses cheveux, leur fuite en Normandie, où ils ont vécu pendant deux ans dans l'intimité, loin des agitations politiques; tout cela est connu et je ne le redirai point. C'est alors que

Saint-Évremond adressa à la belle fugitive, cette charmante épître dont nous avons déjà parlé : *Philis, qu'êtes-vous devenue?* etc. La voix du maître ramena l'amoureuse à Paris. On venoit de sortir des troubles de la Fronde, à la faveur desquels M. de Lenclos père avoit cru pouvoir revenir de l'exil. Sa fille eut à peine le temps de l'embrasser et de lui fermer les yeux. Elle avoit alors trente-deux ans.

Gourville, homme de beaucoup d'esprit, très-attaché à la maison de Condé, se crut obligé de s'exiler, après l'arrestation des princes. C'est en ce moment qu'il confia le fameux dépôt à Ninon, si fidèle à restituer à l'ami, si prompte à remplacer le galant. La société de notre épicurienne devint tant à la mode, après son retour, qu'on vit se présenter chez elle tous les parvenus qui vouloient prendre rang dans le monde. Elle fut sans quartier pour le plus grand nombre. Le président Tambonneau, dit Tallemant, alloit chez Ninon « pour faire d'autant plus l'homme de cour. » Ninon s'en moquoit fort. Il paroît qu'à cette époque elle étoit dans la force de son talent sur le luth. C'étoit à qui obtiendroit de l'entendre ; mais elle n'en prodiguoit pas la faveur.

Les délations intolérantes d'une autre époque se renouvelèrent, vers 1656 ; on n'en sauroit douter. De pieux dénonciateurs émurent la reine Anne d'Autriche, dont grande étoit pourtant l'indulgence. Mais que Ninon ait été emprisonnée aux Madelonnettes, ou aux filles repenties, comme l'ont cru Tallemant, l'auteur du journal anonyme encore inédit, cité par M. P. Paris, et beaucoup d'autres après eux : tout cela est pure fable, ainsi que les propos gaillards qu'on prête à Ninon à ce sujet. Jamais elle n'aima

la désinvolture ni le cynisme ; et tout ce qui s'écartoit des bienséances, elle l'avoit en horreur. Mais pour les menaces, les calomnies, les périls, on peut y croire. Elle avoit, parmi les rigoristes, des ennemis violents, acharnés, et plus de Condé pour la défendre. Peut-être, afin de leur échapper, avoit-elle quitté Paris, en cette année 1656 ; car il est certain que la reine Christine de Suède, désirant la voir et la connoître, la fut chercher aux champs. Le témoignage de la sévère Mme de Motteville ne nous laisse aucun doute, sur cette visite. « (La reine Christine)
« dit-elle, partit de Compiègne le 23 de septem-
« bre 1656. La reine la fit conduire à deux lieues
« de là, et ces deux princesses se séparèrent avec
« quelques marques d'attendrissement. Le marquis
« de Saint-Simon la traita à Senlis, et M. et Mme du
« Plessis la reçurent à leur belle maison de Fresnes,
« avec une magnificence extraordinaire. Passant à
« un certain bourg, proche de ce lieu, elle voulut
« voir une *demoiselle* (fille noble) qu'on appeloit
« Ninon, célèbre par son vice, par son libertinage
« et la beauté de son esprit. Ce fut à elle seule,
« de toutes les femmes qu'elle vit en France, à
« qui elle donna quelques marques d'estime. Le
« maréchal d'Albret et quelques autres en furent
« cause, par les louanges qu'ils donnèrent à cette
« courtisane de notre siècle. »

Or, c'est l'année 1656 même, que le journal anonyme assigne comme date de la réclusion aux Madelonnettes. Si la réclusion avoit précédé la visite, Mme de Motteville ne l'auroit pas ignorée, et n'auroit manqué de le dire. Elle aimoit trop peu et Ninon et Christine pour s'en gêner. Loin d'être aux Madelonnettes, Ninon étoit en Normandie, probablement chez M. de Varicarville où elle alloit souvent passer l'été. Loin de se cacher, elle se montroit à la reine de Suède, que son mot sur les *jansénistes de l'amour* amusa beaucoup ; et la reine écrivoit peu de jours après, au cardinal Mazarin, cette lettre dont les deux Hollandois bien instruits, qui voyagèrent en France, de 1657 à 1658, ont rendu compte ; et dans laquelle elle disoit : « Qu'il « ne manquoit rien au roy que la conversation de « cette rare fille pour le rendre parfaict. » Et les deux Hollandois, qui virent aussi Ninon, en cette année 1657, ajoutent [1] : « Elle a effectivement beaucoup « d'esprit, et tous ceux qui s'en piquent se rendent « chez elle pour exercer le leur, comme sous une « maîtresse avouée pour la belle galanterie : » sans y mêler un seul mot qui fasse allusion aux Madelonnettes. Ainsi c'est pur commérage que toute cette histoire, dont Voltaire lui-même a porté le même jugement : « Elle avoit trop d'amis et étoit de « trop bonne compagnie, pour qu'on lui fît cet affront, dit-il. La reine, qui étoit très-indulgente, la « laissa vivre à sa fantaisie [2]. »

Il est vrai que, vers ce temps, un petit livret de Saint-Évremond, la *Conversation du maréchal d'Hocquincourt*, couroit les salons, en manuscrit, et devoit exaspérer les *affirmatifs*, comme les appeloit Char-

---

1. Voy. pag. 183 de ce *Journal*, publié par M. Faugère, en 1862, in-8°. Douxmenil nie aussi l'arrestation.
2. D'après une autre version encore plus erronée, Ninon fut renfermée dans un couvent à Lagny, où la reine Christine auroit été la visiter. Voy. Feuillet de Conches, *Causeries d'un curieux*, tome II, p. 413.

ron : car ce petit chef-d'œuvre de l'esprit françois, est une incomparable profession de foi du scepticisme. La société de Ninon de Lenclos le vit éclore et l'applaudit ; mais l'auteur n'en fut pas, pour tout le monde, avoué. Si nous en croyons Des Maizeaux, et il n'y a aucun motif de lui refuser créance, ce pamphlet charmant, ébauché en 1654, fut perfectionné en 1656. Il circula trente ans, par la voie des copies ; nul imprimeur françois n'osa le publier. Barbin se garda bien de le reproduire dans ses volumes ; il y eut perdu son brevet et ses presses. La Hollande se chargea de l'imprimer ; mais le recueil où on le trouve, portant la date de 1686, sans nom d'auteur, est d'une excessive rareté. Bayle est témoin[1] que tout le monde a nommé Saint-Évremond ; et, en 1698, l'ouvrage fut réimprimé, avec le nom de ce dernier. Lorsqu'il reunit, plus tard, pour Des Maizeaux, la collection de ses œuvres authentiques, Saint-Évremond y comprit la *Conversation du maréchal d'Hocquincourt*, dont personne ne lui contestoit la paternité : elle n'avoit jamais été mise en question par les contemporains.

Voltaire, le premier, a élevé des doutes à cet égard, cinquante ans après la mort de Saint-Évremond. Il insinua, sans en donner la moindre preuve, que Charleval, un autre ami intime de Ninon de Lenclos, pouvoit être l'auteur de ce chef-d'œuvre. Cette conjecture n'obtint aucun crédit. La Harpe l'a réchauffée ; mais Bayle, des Maizeaux et l'opinion du dix-septième siècle, y opposent leur témoignage.

---

1. Voy. Bayle, *Nouv. de la Rép. des lettres*, décembre 1686. Charleval n'a pas réclamé, ni personne pour lui.

Tout respire Saint-Évremond dans ces pages inimitables, bienséantes et polies, dont le style est bien celui de l'époque des *Provinciales*. Charleval, ami de Scarron, homme aimable, spirituel, mais léger, n'avoit pas laissé une ligne qui pût autoriser la conjecture Voltairienne. Aussi, son judicieux éditeur, Saint-Marc, après avoir fait une sorte d'enquête, n'hésita pas, vers 1759, en publiant les œuvres de Charleval, Normand comme Saint-Évremond, de repousser une attribution dont il n'y avoit pas un seul indice, au dix-septième siècle. L'hypothèse de Voltaire n'a pas eu plus de faveur, depuis un siècle, qu'en son temps, bien qu'elle ait été reproduite, sans vérification nouvelle, par Auger, dans un article superficiel de la *Biographie universelle*. Il n'est plus permis, aujourd'hui, à la critique d'hésiter[1]. Voltaire prétend avoir vu la copie, de la main de Charleval, de la meilleure partie de la *Conversation*. Voilà tout le fondement de son opinion. En supposant le fait vrai, que prouve-t-il? Que Charleval, sceptique comme Ninon de Lenclos et Saint-Évremond, s'étoit donné le plaisir de copier les pages les plus piquantes d'un ouvrage qui ne circuloit à Paris qu'en manuscrit. La supposition que Saint-

---

1. M. Walckenaer, et M. Sayous; M. Hippeau, fort instruit de l'histoire littéraire de la Normandie; M. Lacour, spirituel éditeur de la *Conversation du maréchal d'Hocquincourt*, et Durozoir, auteur de l'article: Saint-Évremond, dans la *Biographie universelle*, partagent ce sentiment, en faveur duquel je crois pouvoir invoquer une autorité plus considérable encore, celle de M. Sainte-Beuve.

Evremond s'est fait honneur d'une composition d'autrui, est démentie par la vie entière de cet homme si estimable, dont la calomnie n'attaqua jamais le caractère ni la délicatesse. Or, la *Conversation de M. d'Aubigny*, contre-partie spirituelle de la *Conversation du maréchal d'Hocquincourt*, et dont l'authenticité n'a jamais été contestée, commence par ces mots : *Ayant raconté un jour à M. d'Aubigny la conversation que j'avois eue avec le P. Canaye*, etc. Saint-Évremond seroit un impudent, s'il n'étoit pas l'auteur de la *Conversation du maréchal d'Hocquincourt*. Ninon de Lenclos, amie dévouée de Charleval, et qui lui a survécu douze années ; qui a connu toutes ces *Conversations*, qui a lu l'annonce de Bayle, du mois de décembre 1686, qui a vu l'édition de 1698, et qui a parlé si souvent de Charleval dans sa correspondance, n'a jamais dit un mot de la supposition, qui ne s'est présentée qu'à l'esprit de Voltaire, toujours dénigrant pour Saint-Evremond.

Saint-Evremond étant l'auteur de cette *Conversation*, si délicate et si caustique, unique en son genre dans notre langue, et dont la verve élégante n'a pas été surpassée au dix-huitième siècle, Ninon de Lenclos a failli probablement en subir la punition. Mais son esprit triompha de cette crise, attestée par Tallemant. Loin de se laisser abattre, c'est alors au contraire qu'elle est revenue s'établir au centre du beau monde et de la politesse, dans un charmant petit hôtel qu'elle a gardé pendant cinquante ans, et jusqu'à sa mort, à la rue des Tournelles. Cette maison appartenoit à François Mansart, qui ayant beaucoup travaillé pour le quartier Saint-

Antoine, où il avoit construit notamment l'église de la Visitation, encore subsistante, et le frontispice des Minimes dont le portail a été détruit; restauré la belle porte Saint-Antoine, décorée jadis par Jean Goujon, aujourd'hui démolie; réparé l'hôtel de Carnavalet encore si bien conservé, et bâti divers hôtels, entre autres celui d'Aumont, rue de Jouy; prit goût à ce quartier, à ce moment si recherché, et s'y donna, dans une situation alors ravissante, une jolie maison qu'il n'habita guère, et dont il céda l'usage à vie à Mlle de Lenclos. C'est ainsi que Ninon est devenue locataire des Mansart, oncle et neveu, pendant un demi-siècle. Après sa mort, Jules-Hardouin Mansart est venu occuper cet hôtel, respecté par le temps, et visible, au n° 28 de la rue qui a pris son nom de l'ancien palais des Tournelles, qu'elle longeoit, avant qu'il ne fût démoli par Catherine de Médicis. François Mansart en avoit choisi la place en homme de goût. Son jardin, comme tous ceux de la même rue, à partir de la rue Jean-Beausire, donnoit sur l'immense bastion qui défendoit jadis la porte Saint-Antoine, et qui fut appelé le grand boulevard, au dix-septième siècle. La grille encore subsistante ouvre, à cette heure, sur le boulevard Beaumarchais 21-23; mais les constructions élevées sur les jardins voisins ont converti celui de Ninon en préau privé d'air. La rue aboutissoit alors, du côté du nord, à la partie du rempart qu'on nommoit le jardin des Arquebusiers. Sa prolongation forme, à présent, retour d'équerre. Par son autre extrémité, la rue aboutissoit, au midi, à cette fameuse et belle place Saint-Antoine, théâtre du duel des six, avec la Bastille en face, et les jardins de l'hôtel de Lesdiguières, depuis lors couverts de maisons si mesquines.

La façade de la maison des Mansart, du côté du jardin, est restée parfaitement en état. L'architecture en est riche, noble, élégante; c'est un monument de l'art. Du côté de la rue, la cour d'entrée a été encombrée par des constructions élevées sur le portail, qui a été changé. Mais la façade de la maison, sur la cour, est demeurée avec son ancienne porte à colonnes un peu lourdes, et son balcon en pierre, du même style. L'intérieur a été conservé autant que le permettoit la nécessité de retirer un revenu d'un immeuble tombé dans le commerce. Le vestibule a reçu quelques décorations modernes, mais on y peut remarquer encore de beaux mascarons en cariatides, qui sont du temps des Mansart. Le rez-de-chaussée donnoit à Ninon une petite salle de spectacle, prenant jour sur le jardin, convertie aujourd'hui en bureaux, et où Molière a certainement joué plus d'une fois, devant la société choisie d'une femme dont il fut l'intime ami. A gauche est un boudoir charmant, dont les peintures, au plafond, ont été soigneusement ménagées. L'antichambre, sur la cour, formoit salle à manger. L'escalier n'a subi d'autre changement que celui des premières marches, péries de vétusté, et de la rampe en pierre, remplacée par une rampe médiocre, de notre temps. Le médaillon de Louis XIV est encore à sa place, et les degrés qu'ont franchis si souvent, Molière, la Rochefoucauld, Saint-Evremond, Mme de la Fayette, Mme Scarron et tous les illustres du siècle, vous pouvez les contempler effeuillés par le temps, mais en leur ordre ancien, et conservés avec un sentiment fort honorable. Le salon du premier étage montre encore une splendide décoration de plafond, contemporaine de Ninon. Elle représente, non pas, comme on l'a imprimé, une assemblée des dieux, mais Apollon entouré des neuf Muses et peint par quelque élève de Lebrun, dont cet ouvrage rappelle la manière.

Les vieux lambris de cet appartement, qui prend jour sur le jardin et sur le boulevard, étoient ornés de peintures en panneaux. On dit qu'on les retrouveroit sous les lambris modernes, simplement superposés, et qui ont respecté les anciens, en les voilant. Si le rapport est vrai, la décoration actuelle étant enlevée, le salon redeviendroit ce qu'il étoit, au temps de Ninon. Les peintures de la *chambre des élus*, où Ninon recevoit sa compagnie, aux heures des intimes, ont paru aussi trop gracieuses à un propriétaire scrupuleux : c'étoit l'histoire de Psyché, en plafond, et des aventures galantes de la Fable, sur les panneaux. On a recouvert et panneaux et lambris, et ménagé un sous-plafond pour tout cacher. Le boudoir a été condamné à recevoir le même voile, mais on prétend que tout est intact au-dessous et au-dessus.

Telle étoit l'habitation exiguë[1], mais charmante, où Ninon de Lenclos, après avoir amélioré sa fortune

---

1. Les bons Bénédictins, doms Félibien et Lobineau, n'ont pas oublié de marquer le petit hôtel de Ninon sur leur plan de Paris, si curieux et si exact, de l'an 1726.

par des placemens viagers[1], a reçu tout ce qu'il y eut de délicat et de distingué à Paris, pendant cinquante années[2]. Elle y étoit déjà établie en 1658, car à cette date, ou en 1660, au plus tard, Scarron écrivant au spirituel comte de Vivonne, frère de Mme de Montespan, et familier de Ninon, lui disoit : « J'espererois quelquefois vous voir dans ma petite chambre, si vous étiez à Paris; cela s'entend, quand vous n'auriez trouvé personne dans la rue des Tournelles. » A peu près vers ce même temps, un

---

[1]. J'ai, sous les yeux, l'acte suivant de donation, déposé aux archives de l'Assistance publique :

« Pardevant les notaires et gardenotes du Roy nostre
« Sire en son Chastelet de Paris, soubsignés, fut présente
« damoiselle Anne de Lenclos, fille majeure, usante et
« jouissante de ses biens et droits, demeurante à Paris,
« rue des Tournelles, paroisse Saint-Paul.

« Laquelle pour le zèle et affection qu'elle a envers les
« pauvres malades de l'hospital des Incurables, de cette
« ville de Paris, scis à Sainct-Germain des Prés, rue de
« Sèvre, a de son bon gré, franche et libre volonté,
« donné et donne par ces présentes.... audict hospital;
« la somme de vingt cinq mil livres,.... à la charge....
« de bailler, payer ou faire payer par le receveur dud.
« hospital des Incurables, à lad. damoiselle de Lenclos,
« deux mil livres de rente et pension viagère.... par cha-
« cun an.... la vie durant de la dicte damoiselle de Len-
« clos....

« Fait et passé aud. bureau de l'Hostel-Dieu, l'an mil
« six cent soixante neuf, le vingt troisième jour de jan-
« vier, avant midy, et ont signé la minutte des présentes
« demeurée vers Gigault, l'un d'iceulx notaires soubsi-
« gnés, qui a délivré ces présentes pour coppie

« *Signé* : MOUFLE; GIGAULT. »

[2]. Douxmenil a décrit la décoration intérieure de l'hôtel de Ninon, et nous apprend qu'elle possédoit aussi une petite maison de campagne, à Picpus, où elle passoit l'automne.

autre aimable épicurien, Charleval, écrivoit à un ami :

> Je ne suis plus oiseau des champs,
> Mais de ces oiseaux des *Tournelles*,
> Qui parlent d'amour en tout temps,
> Et qui plaignent les tourterelles
> De ne se baiser qu'au printemps.

C'est à partir de son établissement à la rue des Tournelles, que la société de Ninon a pris une importance et une assiette qu'elle n'avoit pas auparavant. La belle épicurienne y trônoit,

> Avec cet art, cette délicatesse
> Qui rend la moins fière beauté,
> Respectable dans sa foiblesse ;

ajoutons, et avec l'autorité d'esprit, et l'imposante supériorité de manières, dont Saint-Simon a rendu témoignage. En même temps que ses anciens amis, restés fidèles, elle recevoit là le comte de Guiche, le *Gabinius* de Somaize, si célèbre par d'augustes et touchantes affections; le galant comte de Choiseul, excellent officier, plus tard Maréchal: fort épris d'elle, mais toujours rebuté, et auquel, après avoir ouï l'énumération de tous ses titres à la faveur, elle répondoit, en souriant, par ce vers de Corneille :

Seigneur, que de vertus vous me faites haïr!

On y voyoit le célèbre Dangeau qui lui étoit fort dévoué, et qui fit souvent des vers en son honneur; le bon Gourville, qui, au retour d'un long exil, retrouva l'amie constante, la dépositaire fidèle, dans l'amante un peu légère; le jeune marquis de

Sévigné[1], fils de l'immortelle épistolaire, dont elle fit la passion à cinquante-un ans, et dont l'aventure est connue; le marquis de Créqui si attaché à Saint-Evremond[2]; le commandeur de Souvré, dont nous avons déjà parlé, à propos de Mme de Sablé; le marquis de Vardes auquel la disgrâce du maître n'ôta point l'indulgente amitié de Ninon; les deux Grammont, le fameux chevalier, et M. de Toulongeon, son frère, beaux esprits, qui n'étoient complétement à l'aise qu'à la rue des Tournelles; M. de Lionne, neveu du célèbre négociateur, un autre excellent ami de Saint-Evremond; M. Delbène, l'un des premiers amoureux de Mlle de Lenclos : toujours discret, épicurien spirituel et déclaré, qui partagea, dit-on, avec Saint-Evremond, le soin de l'éducation de Ninon, au point de vue philosophique : homme de très-bonne compagnie et de mœurs fort singulières; Bernier, l'élève de Gassendi, le voyageur infatigable, qui professoit un vrai culte pour Ninon; Sarrazin, l'aimable esprit : philosophe, historien, et d'un commerce charmant; auteur d'une exposition de la doctrine d'Épicure, qui circula d'abord anonyme, et par copie, et qu'on attribuoit à Saint-Evremond:

1. Sa correspondance prétendue avec Ninon est un ouvrage ennuyeux de Damours, l'avocat.
2. On connoît ces jolis vers inspirés par Créqui à Mme de la Suze :

> Si j'avois la vivacité
> Qui fait briller Coulanges;
> Si je possédais la beauté
> Qui fait régner Fontanges;
> Ou si j'étois comme Conti
> Des grâces le modèle;
> Tout cela seroit pour Créqui,
> Dût-il être infidèle.

ce qui fournit l'occasion, à ce dernier, d'adresser *à la moderne Leontium*, bien supérieure à l'ancienne, cette épître gracieuse *sur la morale d'Épicure*, qu'on peut lire dans notre premier volume. Dans leur enthousiasme irréfléchi pour l'antiquité, les amis de Ninon n'avoient pas même remarqué combien la réputation contestée de l'amie d'Épicure et de Métrodore, rendoit peu flatteuse une dénomination, qu'on avoit pourtant décernée dans l'intention d'honorer Mme de Lenclos. Il suffisoit que le nom fût antique, pour qu'il parût beau.

A la rue des Tournelles accouroient encore le fameux Soyecourt, ou Saucourt, que la médisance donna pour amant à Ninon, et dont la réputation fut entamée, après un bon tour que lui jouèrent des malins et qui est raconté par Hamilton; M. de Lauzun que devoit illustrer la passion romanesque de Mademoiselle; le comte de Vassé, que Rouville avoit surnommé : *Son impertinence*, mais dont Ninon apprécioit l'affection, sans lui rien céder, et sans lui épargner même des mots piquants qu'il supporta; le marquis de Termes, esprit fin et caustique; le marquis de Matha, ami intime de Grammont, aimable et plein de charme, comme lui; le savant astronome Huyghens qui lui adressa des vers si géométriques, comme dit Voltaire, et dont elle dut tant s'amuser; Fontenelle, dont l'esprit ingénieux, contenu, mais indépendant, alloit à cette société; Corbinelli et Coulanges, qui en fesoient de merveilleux rapports à Mme de Sévigné; Regnier Desmarais, Saint-Pavin, l'abbé Fraguier; Rémond le grec, qu'elle railloit impitoyablement; la Mesnardière, si vaniteux; Lafare, Chaulieu, Courtin, tous épicuriens et délicats comme elle; Chapelle qu'elle mit à la porte, malgré tout son talent, lorsqu'il s'adonna au vin, et qui s'en vengea par des épigrammes: il avoit juré d'en faire une par jour[1]. Sans se brouiller avec Bachaumont, qui étoit de meilleure compagnie, ni avec Molière qui aimoit Chapelle, mais encore plus Ninon de Lenclos, dont il estimoit tant les avis, elle ferma la bouche au mécontent par ses répliques et par sa résolution.

On trouvoit aussi réunis, dans ce salon, ou l'on venoit à cinq heures, pour en sortir à neuf: l'abbé Gédoyn, parent proche des Lenclos, homme très-savant; l'abbé de Chateauneuf, fort lettré, homme de bonne société, dont on a raconté l'absurde aventure des quatre-vingts ans[2]; la Fontaine, qui se partageoit

---

1. Il n'en est resté que celle-ci, qui justifie son expulsion:

> Il ne faut pas qu'on s'étonne,
> Si souvent elle raisonne
> De la sublime vertu
> Dont Platon fut revêtu;
> Car, à bien compter son âge,
> Elle doit avoir *vécu*
> Avec ce grand personnage.

2. Voici un autre exemple des histoires absurdes répandues sur Ninon. Douxménil, l'un de ses plus judicieux biographes, pourtant, nous dit que: « *le fameux* « *Jean Banier*, parent des rois de Suède, qui fut tué en « duel à Londres, *en* 1686, par le prince Philippe de « Savoie, fut le dernier de ses amants connus. *Elle avoit* « *soixante-huit ans lorsqu'il en devint amoureux.* »

Or, le fameux Jean Banier est mort en 1641. C'est son neveu, jeune homme fort étourdi, qui a été tué en duel par Philippe de Savoie, *en* 1683, et Ninon n'a eu 68 ans qu'en 1688. Le jeune Banier a pu être présenté à Ninon; mais il habitoit l'Angleterre, dès 1676 ou 1680, et l'on peut voir page 156 du tome I, et dans notre tome III, les causes de son duel.

entre Ninon et Mme de la Sablière; Boileau qui soupoit souvent avec Molière et Ninon, chez Mme de la Sablière, ou à la rue des Tournelles; Perrot d'Ablancourt, l'élégant écrivain, dont elle appeloit les traductions, des belles infidèles; l'abbé Dubois, dont elle aimoit l'esprit, et qu'elle recommandoit à Saint-Evremond, après la paix de Riswyck; le fameux abbé Têtu qui convoitoit sa conversion, pour se faire valoir, et dont elle disoit si plaisamment : « S'il ne fait fortune que par mon âme, il mourra sans bénéfice; » enfin, le grand prieur de Vendôme, qui, dépité de ses rigueurs, lui adressa ces vers :

> Indigne de mes feux, indigne de mes larmes,
> Je renonce sans peine à tes foibles appas;
> Mon amour te prêtoit des charmes,
> Ingrate, que tu n'avois pas.

Méchants vers que Ninon retourna, *sur-le-champ* :

> Insensible à tes feux, insensible à tes larmes,
> Je te vois renoncer à mes foibles appas;
> Mais, si l'amour prête des charmes,
> Pourquoi n'en empruntois-tu pas?

— Et le grand prieur, en galant petit-fils d'Henri IV, eut le bon esprit d'en rire, en revenant souper, chez Ninon.

Ses petits soupers étoient inestimables. C'est alors que sa merveilleuse conversation, éblouissante et passionnée, s'animoit de l'ardeur la plus vive et la plus brillante : c'étoit comme un feu d'artifice. Elle ne buvoit que de l'eau, mais on disoit qu'elle étoit ivre dès la soupe. Si l'entraînement la conduisoit au paradoxe, elle y déployoit une incomparable originalité; par exemple, lorsqu'elle soutenoit qu'il falloit cent fois plus d'esprit pour faire l'amour, que pour commander une armée; qu'on est bien à plaindre, quand on a besoin de la religion pour se conduire, car c'est une preuve qu'on a l'esprit bien borné, ou le cœur bien corrompu; que la puissance de l'amour n'est que dans son bandeau, etc. Mais presque toujours son esprit s'applique à revêtir d'une tournure élégante une vérité d'observation, ou une règle du bon sens. Une de ses maximes étoit que la beauté sans grâce est un hameçon sans appât; elle disoit qu'il n'y avoit rien de si varié dans la nature que les plaisirs de l'amour, quoi qu'ils fussent toujours les mêmes; qu'il falloit faire provision de vivres, mais que pour les plaisirs on ne les devoit prendre qu'au jour la journée. Et le lendemain, chacun de ces mots couroit d'abord les ruelles de la place Royale, et puis se répandoit dans tout Paris.

Un seul homme illustre de ce siècle n'a jamais eu, ce semble, aucun commerce avec Ninon, qui n'eut aussi pas le moindre goût pour lui, et qui fut toujours opposée à ses menées. C'est le cardinal de Retz. Quelques motifs provenant de Marion de Lorme ont pu contribuer à cet éloignement. Peut-être aussi, Ninon a-t-elle su mauvais gré au cardinal d'avoir entraîné M. de Lenclos, son père, à des folies. Le coadjuteur n'a pas nommé Ninon dans ses mémoires. Il ne paroît pas non plus qu'elle ait eu des relations avec Racine. Elle professoit les sentiments du Marais, et de Saint-Evremond, pour Corneille; elle a dû laisser Racine à l'écart.

Telle étoit cette merveilleuse compagnie que réunissoit autour d'elle une femme rare, qu'on a généralement représentée sous de si fausses couleurs. Sans doute à force d'érudition et de perspicacité, on peut découvrir que l'épicuréisme n'est pas resté, pour elle, à l'état de théorie, et compter, à son entour une litanie peu édifiante. Mais est-il de bon goût d'aller y voir ce qu'elle-même n'a pas voulu montrer? Une sorte de curiosité rêveuse et spéculative l'a poussée vers l'inconnu, le scepticisme. On doit l'en plaindre, mais la charité commande d'en rester là, vis-à-vis d'elle. En fait d'amour, Ninon s'étoit donné la liberté d'un homme, comme a fait plus tard la grande Catherine; mais Ninon eut le cynisme de moins, Saint-Simon en est garant. Ninon, dans sa naïveté, croyoit avoir reconquis son droit naturel de jouir de tous les priviléges des hommes, parmi lesquels elle se comptoit, pour la liberté de la conduite; et, partant de ce point, elle ne gardoit aucune inquiétude sur le caractère de ses actions. La moderne *Léontium* n'avoit pas poussé sa philosophie jusqu'à la découverte de la loi véritable et nécessaire, que la destination de la nature, et la constitution de la famille, imposent à la femme, dans une société bien réglée; mais tout ce que la grâce, la beauté, la délicatesse, l'esprit, de solides vertus, peuvent inspirer d'indulgence, Ninon de Lenclos l'a mérité. Elle rendoit grâce à Dieu, tous les soirs, de son esprit, dit-elle, et le prioit tous les matins, de la préserver des sottises de son cœur. Elle n'a point été exaucée; la faveur des gens de goût a voulu l'en consoler.

Et ce n'étoient point les hommes seulement qui affluoient aux Tournelles! *Les femmes courent après Mlle de Lenclos, comme d'autres gens y couroient autrefois*, disoit Mme de Coulanges. Mme de Sévigné, l'ennemie intime de Ninon, répétoit aussi:

elle rassemble tout, sur ses vieux jours, et les hommes et les femmes; mais quand elle n'auroit présentement que les femmes, elle devroit se consoler de cet arrangement, ayant eu les hommes, dans le bel âge pour plaider. Bien qu'il paroisse assuré qu'à un certain moment de *compromission*, qu'on me pardonne le mot, la bonne compagnie se soit un peu retirée de Mlle de Lenclos, il est prouvé qu'elle lui est revenue, et bientôt. Lorsque des personnages comme le grand Condé donnoient l'exemple public que l'on connoît, la disgrâce de Ninon auprès des grands salons ne pouvoit être de durée. Elle en vint elle-même à se montrer difficile avec des femmes un peu plus compromises qu'elle, quoique moins célèbres, Mme de Lescalopier, par exemple. Élevée au Marais, Ninon avoit, dans sa jeunesse, été bien accueillie chez la princesse de Guemenée, chez la duchesse de Rohan, la marquise de Piennes, la maréchale de Bassompierre, cousine de Saint-Evremond; chez Mmes de Maugiron, de Villequier, de Nouveau, du Lude, de Bois-Dauphin *l'incomparable*, et de Grimault. Lorsqu'elle revint au quartier du Marais, elle y trouva des changements, dans les choses et dans les personnes, mais le même sentiment de bienveillance, et le même empressement.

La politesse étoit, d'ailleurs, de fraîche date dans ces salons, où l'on trouvoit encore quelquefois des grossièretés campagnardes, et des brutalités féodales, comme celles de grands seigneurs qui donnoient des soufflets à leurs femmes, en public. L'autorité de Ninon de Lenclos, en fait d'usage; sa supériorité d'esprit, ses manières admirables, firent rechercher sa compagnie, comme une école de politesse. Au point de vue de ce qu'on nomme le monde, sa société fut érigée en puissance, et la civilisation françoise lui doit, peut-être, quelque reconnoissance.

Le privilége, au reste, ne fut pas exclusif pour Ninon. Mme Cornuel obtint presque autant de faveur, avec moins de titres, quoiqu'elle en eût beaucoup. Voisine de Ninon, habitant un bel hôtel de la rue des Francs-Bourgeois, près des Chavigny et des Soubise, Mme Cornuel formoit avec Mlle de Scudéry, établie d'abord avec son frère, rue de Berry, et rue de Beausse, puis enfin toute seule, rue des Francs-Bourgeois, un tribunal d'esprit fort redouté[1]. Ninon de Lenclos voyoit Mlle de Scudéry, mais elle l'appeloit *une septante*, et ce mot charmant acheva de démonétiser cette femme qui à son tour avoit été une puissance spirituelle, dans la première moitié du siècle. On retrouvoit ainsi, au salon de Ninon, et dans la dernière période de ce siècle, les qualités supérieures d'esprit qui avoient caractérisé les femmes de la première moitié. Peu amie des éclats dans l'amour, qui lui paroissoient contraires au bon sens qu'elle adoroit, Ninon n'avouoit, disoit-elle, qu'une seule règle, celle de la nature, n'accordant au monde que celle de la bienséance. Avec cela, elle expliquoit tout, elle pardonnoit tout, hors le scandale. On pouvoit, on devoit être tendre, aimable, accommodant, selon son goût. C'étoit à l'es-

---

1. L'épitaphe de Mme Cornuel, morte en 1694, se terminoit par ces vers :

> Enfin, pour faire, en peu de mots,
> Comprendre quel fut son mérite,
> Elle eut l'estime de Lenclos.

prit à sauver le corps du péril. La pente étoit bien entraînante! Que de malheureuses devoient rouler jusqu'au fond de l'abîme! MMmes de la Suze, de Villedieu, d'Olonne, Mlle Serment! Il faut beaucoup d'indulgence, pour absoudre le scepticisme épicurien de ces naufrages. Il est vrai que bien des Cartésiennes ont été, de leur côté, en ce temps-là, éprouvées par les tempêtes.

Dans d'autres salons de Paris dominoient aussi les principes *libertins* : chez les Vendôme, chez Mme de Bouillon, chez les Chaulieu[1]; nulle part il n'y avoit autant de mesure que chez Ninon. Elle n'auroit jamais reçu les couplets de Chapelle, qu'on a trouvés dans les tiroirs de la duchesse de Bouillon. Elle voyoit beaucoup Mme de la Fayette qui étoit la bienséance même, Mme de Choisy moins assurée, Mme de Coulanges si mesurée et que tout le monde connoît, Mme de la Sablière, femme adorable, Mme de Courcelles-Marguenat, qu'il ne faut pas confondre avec Sidonia de Lenoncourt, cette femme si légère, qui demandoit gracieusement qu'on la laissât jouir de sa mauvaise réputation. La maréchale de Castelnau, Mme de Champré, la maréchale d'Albret, Mme de Fiesque, la marquise de Lambert, Mme du Tort et la duchesse de Sully, femmes de tout âge, furent aussi au nombre des relations de Mlle de Lenclos; et bien que la plupart différassent d'opinion avec elle, toutes s'accordoient à répéter affectueusement, ces vers de Saint-Evremond :

L'indulgente et sage nature

[1]. Voy. *Les Cours galantes* de M. G. Desnoiresterres, tome IIIe ; c'est un livre plein d'intérêt.

A formé l'âme de Ninon
De la volupté d'Épicure
Et de la vertu de Caton.

La faveur dont elle fut l'objet se porta jusqu'à ses modes. Les coiffures à la Ninon eurent une vogue universelle. Le duc de Saint-Aignan donnoit des rimes sur lesquelles on fesoit composer au duc du Maine un sonnet à la louange de Ninon.

Parmi ses connoissances on rencontroit encore Mlle Chouars, fille de condition, que la fréquentation des gens de lettres avoit entraînée sur la même voie qu'elle. Chapelle fit la conquête du cœur et de l'esprit de Mlle Chouars. Il alloit souvent dîner chez elle, où l'on trouvoit bonne table, et agréable compagnie. Il auroit voulu l'épouser, mais l'humeur philosophique de la belle ne s'y étoit point prêtée. Une fois qu'ils avoient prolongé leur repas, en tête à tête, la femme de chambre survint, qui fut fort étonnée de trouver sa maîtresse tout en pleurs, et Chapelle accablé par l'affliction. Aux questions empressées de la soubrette, Chapelle répondit, en sanglotant, qu'ils pleuroient la mort d'un grand poëte, infortunée victime de l'ignorance des médecins. Là-dessus, ample éloge du mort, de ses qualités, de son génie, et abondance nouvelle de larmes, auxquelles la bonne servante joignit les siennes, du meilleur cœur. Le pauvre mort étoit Pindare, le prince des lyriques grecs, qui vivoit environ cinq cents ans avant Jésus-Christ.

Mais une des plus curieuses figures qu'on remarque autour d'Anne de Lenclos, est celle de Françoise d'Aubigné, que tout Paris connut sous le nom de Mme Scarron, que toute l'Europe salua sous celui de Mme de Maintenon; moins aimable que Ninon, et partant moins aimée : mais plus maîtresse d'elle-même, et d'une trempe plus vigoureuse peut-être. Comment ces deux créatures ont pu se rencontrer? Par la discrétion de l'une, et par les précautions de l'autre, la trace de leur liaison a presque disparu. Mais par ce qui surnage, on peut juger du reste. Je ne veux point, à cette occasion, refaire l'histoire du poëte burlesque dont le personnage a été trop amoindri; ni celle de sa veuve qui, après la mort de Louis XIV, a été l'objet d'une réaction si violente de l'opinion. De nos jours, on s'est montré plus juste envers Mme de Maintenon; nous avons même outrepassé la mesure dans la réparation, comme on l'avoit dépassée dans les malédictions. C'est entre les deux extrêmes qu'est le vrai.

Mme de Maintenon a été douée d'un esprit supérieur et d'une habileté consommée. Jetée dans le monde, sans bien, sans appui de famille, quoiqu'avec de la naissance; mais favorisée par la nature de cette organisation rare qui préserve une femme de l'entraînement, tout en lui conservant la puissance de ses charmes; elle s'est élevée, avec les seules ressources de son esprit, et dans une époque d'ordre et de régularité, des régions désolées de la misère et de l'abandon, jusqu'aux marches d'un grand trône : épiant, avec patience, l'occasion qui se fit longtemps attendre; poursuivant, avec une industrie merveilleuse, et des calculs profonds, un sort meilleur qui la fuyoit, et qu'elle atteignit enfin, dans l'âge mûr, après l'avoir manqué dans sa jeunesse : toujours au-dessus de la fortune, adverse ou prospère.

Ninon de Lenclos avoit apprécié la vive intelligence et la forte volonté de Mme Scarron, sans qu'il y eût, au fond, de la sympathie entre leurs personnes, attirées seulement, l'une vers l'autre, et comme séduites irrésistiblement, par leur agrément réciproque; d'accord sur toutes les choses de l'esprit, séparées sur les questions de conduite; l'une visant au bonheur par une sensualité délicate, intelligente et sceptique; l'autre visant au crédit et à la considération, par le respect de tout ce que la première négligeoit.

On sait comment, et à quelle occasion, la jeune Françoise d'Aubigné fut amenée à Paris. Née en 1635, dans les colonies, elle avoit quinze ans de moins que Ninon, qui put prendre, auprès d'elle, quand elle la connut, une allure de protection, qu'elle a conservée pendant longtemps. Où se fit leur connoissance? Peut-être chez Mme de Lesdiguières; à coup sûr chez Scarron. Mme de Neuillant, parente de la jeune d'Aubigné, avoit logé rue Saint-Louis, au Marais, et en fréquentoit les salons. Elle y voyoit le chevalier de Méré, alors fort en honneur, dans ces parages, et qui s'étoit donné l'industrie galante de former l'esprit des jeunes femmes. Mme de Sablé lui avoit, dit-on, sacrifié Voiture. Il avoit fait l'éducation de Mme de Clérambaut, et la duchesse de Lesdiguières lui avoit dit un jour: *Je veux avoir de l'esprit*; à quoi il avoit répondu: *Vous en aurez*. Méré parla de *la belle Indienne*, à la duchesse, et la lui présenta, dans ce célèbre hôtel de la rue de la Cerisaie, où elle tenoit salon. Les Créqui, les Gondi, les beaux esprits de la place Royale, le marquis de Villarceaux, Mlle de Lenclos, Saint-Evremond, la Rochefoucauld, Clérambaut s'y rencontroient.

En ce temps-là, vivoit à la rue des Saints-Pères, par régime de santé, un émigré de la rue des Douze-Portes, au Marais, le malheureux Paul Scarron, perclus de rhumatismes, comme on sait, et se jouant, par l'esprit, de toutes les rigueurs du sort. Des gens du meilleur air se donnoient rendez-vous chez lui; son père avoit été doyen du Parlement, son oncle étoit évêque de Grenoble, sa cousine avoit épousé le duc d'Aumont. Le fameux voyage d'Amérique qu'il projetoit, et dont, selon Loret, Mlle de Lenclos devoit faire partie, étoit alors sur le tapis (1649). Le chevalier de Meré conduisit, chez Scarron, Mme d'Aubigné et sa fille, alors logées rue des Saints-Pères, pour y parler du nouveau monde.

Anne de Lenclos étoit une ancienne amie des Scarron; elle avoit été leur voisine au Marais, et l'étoit encore à la rue des Saints-Pères. Scarron se fesoit porter *chez Mlle de Lenclos*, où l'on dînoit souvent; et par la solennité de sa politesse, envers elle, on peut juger de l'impertinence familière de la postérité avec *Ninon*, tout court. Anne de Lenclos étoit proclamée, chez Scarron, la fille la plus étonnante du siècle : la seule, disoit-on, que les hommes pussent aimer sans repentir. Villarceaux, l'homme de la Cour le plus élégant, étoit alors, pour elle, l'objet d'une faveur et d'une constance qui surprenoient, parce qu'elle contrastoit avec le système de coquetterie de l'amant, et le plan connu d'éternelle inconstance de Ninon. La comtesse de la Suze qui changeoit de religion pour être séparée de son mari, dans ce monde, comme dans l'autre; la fringante comtesse de Fiesque; Mme de Martel, parente aimable et spirituelle de Saint-Evremond; Chapelle, Sarrazin, M. D'Elbène, Mme de Scudéry, le poëte Maynard, Fourreau le financier, le comte du Lude, Miossens, le duc de Tresmes, Mignard, Tambonneau, Marigny le spirituel *frondeur*, le coadjuteur de Retz, le marquis de Termes, Saint-Evremond, étoient, avec Mlle de Lenclos, le capital du salon de Scarron. Lorsque Mlle d'Aubigné y fut conduite, elle avoit une robe si courte, qu'elle en rougissoit. Mais, avec ses quinze ans, elle étoit déjà parfaitement belle; et bientôt, rassurée par l'accueil qu'elle reçut, elle fut l'objet de toutes les galanteries. Méré avoit célébré son esprit; il auroit voulu former son cœur. Françoise d'Aubigné parut plus sensible aux sentiments de Villarceaux, dont, pour son coup d'essai, elle faillit enlever le cœur à Mlle de Lenclos. Celle-ci avoit trop d'usage pour s'en fâcher, et trop quitté de gens pour être étonnée qu'on la quittât. D'ailleurs, comme à un bon choix succédoit toujours pour elle un choix meilleur, elle n'en prit que plus d'amitié pour Mlle d'Aubigné, dont le rusé Villarceaux n'obtint pas ce qu'il vouloit, du moins à ce moment.

Ce n'étoit point un amant que cherchoit la prudente d'Aubigné; c'étoit un établissement. Dénuée de tout, hors d'esprit et de sagesse, elle courut au plus pressé, qui étoit d'assurer son existence; et, faute de mieux, elle accepta la main que lui offrit Scarron. Mme de Pons prêta des habits à Françoise d'Aubigné pour célébrer ses noces. J'abrége les détails de cette affaire qui sont connus de tout le monde; ils honorent Scarron autant que Françoise d'Aubigné. Ninon de Lenclos, confidente du paralytique, demeura l'amie de son épouse. Tel étoit l'ascendant qu'elle prenoit sur toutes les personnes dont elle étoit connue, même sur celles qui *n'étoient point propres à l'amour,* comme elle disoit plus tard à Fontenelle, en parlant de Mme de Maintenon.

Après son mariage, Scarron repassa la Seine, et vint se loger rue de la Tixeranderie, où il habita, pendant longtemps, une maison que le tracé de la nouvelle rue de Rivoli a fait disparoître, à peu près à la hauteur de Saint-Gervais. Il retourna plus tard au milieu de son cher Marais, tout près de sa demeure primitive, et rue Neuve-Saint-Louis, où il est redevenu voisin de Ninon et où il est mort le 7 octobre 1660. C'est dans ces deux logis que Mme Scarron a tenu salon pendant les dix années de son mariage.

La société de Scarron nous offre un nouveau type de la vie parisienne, à cette époque, qui est celle de l'influence la plus grande des salons. C'étoit un des foyers de l'esprit *satirique, libertin,* comme on disoit, dans le sens d'incrédule, et à l'extrême opposé de l'esprit collet-monté des précieuses. Chez Mlle de Lenclos régnoit la délicatesse épicurienne et un scepticisme de bonne compagnie, qui respectoit les bienséances. Chez Scarron c'étoit le cynisme, pour le fond et pour la forme. Le père de Scarron avoit fait lui-même profession de philosophie cynique; le fils y avoit mêlé un stoïcisme railleur, qui relève son caractère personnel, sans ennoblir son langage et sa pensée. Ce mélange de cynisme et de stoïcisme donne au salon de Scarron un caractère propre, très-marqué avant son mariage : persistant, mais adouci et poli, par son épouse, après

1650. L'esprit ne vivoit alors qu'avec l'esprit, quelle que fût la qualité du personnage. Voiture, fils d'un tonnelier, étoit aussi bien venu dans les hôtels de la rue Saint-Thomas du Louvre, qu'à la Cour et à l'hôtel de Condé. La toilette et la ruelle étoient la principale affaire des frivoles; la table des financiers, l'affaire des gourmands et des parasites; la protection des grands, celle des intrigants et des dupes. Mais l'esprit dominoit, dans les salons, avec une complète indépendance. Nulle part, cette liberté n'étoit plus applaudie que dans le salon de Scarron. Ce malheureux y perdit même une pension, que la bonne Mlle de Hautefort lui avoit obtenue d'Anne d'Autriche, en sa qualité de *malade de la Reine*. Son corps n'avoit plus de libre que le mouvement de ses doigts; il ôtoit son bonnet aux survenants, au moyen d'une poulie, et se grattoit à l'aide d'un bâton crochu. Mais son esprit a conservé, jusqu'à la mort, la désinvolture la plus joyeuse et la plus surprenante.

En ramenant l'observation des bienséances dans le salon de son époux, Mme Scarron augmenta le charme qu'on y goûtoit, de la liberté de l'esprit, et fit rechercher d'autant plus sa compagnie, malgré l'exiguïté de sa fortune, et ses dîners *de pièces rapportées*. Les œuvres de Scarron sont le monument curieux du goût de cette société. Une jolie pièce de vers adressée à M. Fourreau, et une autre adressée à Mlle de Lenclos, pour ses étrennes, nous montrent l'*estime* et l'*autorité* dont celle-ci jouissoit, dans ce salon. Quant aux adorateurs qui s'étoient pressés autour de Françoise d'Aubigné, ils se pressèrent auprès de Mme Scarron, sans la détourner de son chemin, qui, aux yeux des plus clairvoyants, étoit déjà celui d'une plus haute fortune. La société de Mme Scarron, pendant la vie de son époux, fut à peu près celle de Ninon de Lenclos. On y remarquoit de plus M. de Turenne, leur voisin du coin de la rue Saint-Claude, le marquis de la Sablière, la duchesse de Lesdiguières, Pellisson, Ménage, Mme Fouquet, Mme de Sévigné. Scarron, qui étoit fort impertinent, écrivoit à M. de Villette : « on fait dire tous les jours aux princes, ducs et officiers de la Couronne qu'il n'y a personne. » L'esprit de Mme Scarron fesoit les frais principaux ; elle imposoit et charmoit.

Que faut-il penser de ses amours avec Villarceaux[1] ? d'un portrait fort extraordinaire qu'on prétend exister encore à Villarceaux, et d'une lettre assez compromettante, récemment imprimée par M. Feuillet de Conches, et reproduite, sous toutes réserves, dans le troisième volume de ses *OEuvres mélées ?*

Quant aux amours, ce que j'en pense, c'est que tout est possible, mais, que le mystère de ceux de Mme Scarron est demeuré impénétrable aux plus malins. Il n'est ni juste, ni de bon goût, de chercher plus avant. Voilà pour les curieux.

Quant au portrait, que je n'ai pas vu, ni pu voir, je le tiens pour apocryphe, ou l'œuvre de l'indélicatesse. Apocryphe, parce que les mœurs et les habitudes des femmes bien élevées de cette époque, ne permettent pas de supposer une complaisance de

---

1. Ai-je besoin de dire que la *Correspondance secrète entre Ninon de Lenclos, M. de Villarceaux et Mme de Maintenon*, publiée en 1789, in-8º, par M. de Ségur jeune, est de pure imagination.

ce genre. Elle pourroit être présumée, au dix-huitième siècle, elle ne sauroit l'être au dix-septième. Marion ne s'y seroit pas prêtée; elle ne peut pas être attribuée à la femme la plus avisée, la plus prudente, la plus calculée, qui fut jamais. Si elle a été foible pour Villarceaux, c'est, à coup sûr, sous triple clef. Cette peinture est donc l'œuvre du délire, ou celle d'un faussaire. Pour le délire, la Beaumelle qui ne mérite pas le mépris dont on l'accable, car, s'il corrige les lettres de Mme de Maintenon, il ne les invente pas; la Beaumelle a raconté la folie coupable de Villarceaux. Mais il ajoute deux choses : 1° que cette folie fit du bruit, que Mme Scarron s'en plaignit, qu'elle témoigna son ressentiment à Villarceaux, et ne lui rendit son amitié qu'en 1685, après que M. de Montchevreuil eut retiré ce tableau de ses mains. 2° La Beaumelle insinue qu'une copie a pu être retenue par Villarceaux; mais il ajoute, d'après un témoin oculaire, qu'en 1755 cette figure *avoit été habillée et gâtée*, de telle sorte qu'on ne reconnoissoit pas plus Mme de Maintenon, dans ce tableau corrigé, qu'on ne reconnoissoit Mme Scarron dans l'original. Enfin la description, que donne la Beaumelle de la peinture en question, ne s'accorde pas du tout avec celle qui a été montrée à un curieux spirituel du dix-neuvième siècle, lequel en a fait son rapport au public. Il pourroit donc bien y avoir par-dessus le fou du dix-septième siècle, et le badigeonneur de 1755, un troisième insensé, celui-ci vrai faussaire, auteur de la peinture dont M. Feuillet a rendu compte, et dont le dessin est tout différent de la peinture dont parle la Beaumelle.

Quant à la lettre relative à *la chambre jaune* de Ninon, je conserve aussi des doutes. Ninon étoit réservée, même en propos. Elle a peu écrit, et ce qui est imprimé, pour être d'elle, est d'une bienséance parfaite, et conforme à ses maximes. Elle a fait dire un mot piquant à Chapelle, en réponse à une épigramme de mauvais goût; mais elle ne l'auroit pas écrit. D'ailleurs, qu'auroit-elle appris à Saint-Evremond que celui-ci ne sût aussi bien qu'elle? Et, à quelle époque, Saint-Evremond auroit-il eu cette curiosité? Quarante ans après, en 1699, lorsque le duc de Tallard a été en ambassade, en Angleterre. emmenant avec lui l'abbé Hautefeuille. Le fait peut être vrai : il n'est pas vraisemblable. Je croirois volontiers la lettre en question fabriquée avec le propos rapporté par Fontenelle[1].

Quoi qu'il en soit, après le mariage de Mme Scarron, sa familiarité avec Ninon de Lenclos n'a souffert aucune atteinte. Ces deux esprits se comprenoient parfaitement, et, la pratique à part, il y

---

1. Voyez les *Mémoires* de Mme de Maintenon, tome I, p. 115, édit. de 1757, et surtout p. 181, où la phrase finale de la lettre de M. Feuillet est rapportée par la Beaumelle, comme apocryphe. Elle couroit déjà le monde. La Beaumelle rappelle, à cet égard, une autre lettre de Ninon, dont il a omis la date, et dont je tiens les premières lignes pour suspectes. « Elle (Mme Scarron) étoit « vertueuse, moins par vice de tempérament, que par « foiblesse d'esprit. J'aurois voulu la guérir, mais elle « craignoit trop Dieu. Nous nous rapprochions tous les « jours, nous ne nous unissions jamais. Si elle avoit « suivi mes conseils, elle ne seroit pas montée où vous « la voyez : mais elle eût été plus heureuse. » — La Baumelle a été justement réhabilité par M. de Montmerqué : il a travaillé sottement, mais sur pièces authentiques.

avoit entre eux bien de l'attrait. Nous avons cité l'épître en vers que Saint-Evremond adressoit à Ninon, vers 1652, pour la tirer de chez Villarceaux; Mme Scarron lui adressa, vers la même époque, une épître en prose, qui ne le cède pas, pour la grâce, à celle du moderne Épicure. Elle y parle, elle aussi, en épicurienne. Elle l'étoit, au moins en la forme, alors; car si elle ne l'eût pas été, son empire sur le monde qui l'entouroit auroit été perdu : « Voici des vers que M. Scarron a fait pour vous, « après avoir très-inutilement tenté d'en faire con-« tre vous. Je n'ai pas voulu lui permettre de vous « les envoyer : et voyez combien je compte sur « vous ! Je lui ai dit que vous les recevriez de ma « main, avec plus de plaisir que de la sienne. Tous « vos amis soupirent après votre retour. Depuis « votre absence, ma cour en est grossie; mais c'est « un foible dédommagement pour eux : ils causent, « ils jouent, ils boivent, ils baillent. Le marquis (de « la Sablière) a l'air tout aussi ennuyé que les pre-« miers jours de votre départ : il ne s'y fait point. « C'est une constance héroïque. Revenez, ma très-« aimable; tout Paris vous en prie. Si M. de Villar-« ceaux savoit tous les bruits que Mme de Fiesque « sème contre lui, il auroit honte de vous retenir « plus longtemps. Saint-Evremond veut vous en-« voyer Châtillon, Miossens, de R(*ouville*), en qua-« lité de chevaliers errants, pour vous enlever, dans « votre vieux château. Revenez, belle Ninon, et « nous ramenez les grâces et les plaisirs. Ce sont « mes vœux. Voici ceux de M. Scarron. » Suivent ces *étrennes* connues pour le premier de l'an (1652), sur la date desquelles M. Walckenaer n'a pas eu de certitude, faute de s'être souvenu de cette lettre de Mme Scarron.

Après la mort de Scarron, en 1660, sa veuve se trouva de nouveau dépourvue de moyens d'existence. Malgré le peu de sympathie qu'inspire plus tard la femme au cœur sec qui a vu les dragonnades sans pitié ; qui, oublieuse calculée de ses anciens coreligionnaires, a entendu leurs cris de détresse et de misère, sans en être touchée ; on est ému du malheur de Mme Scarron, si flattée quand elle brilloit dans son salon, si abandonnée le jour où elle manqua de pain, dans la rue. Que de tristes réflexions on fait sur le monde, quand on lit ce qu'elle écrivoit, à Mme de Chanteloup: « On m'a renvoyée à M. Colbert, mais « sans fruit ; j'ai fait présenter deux placets au roi, « où l'abbé Têtu a mis toute son éloquence : ils n'ont « pas été lus. *Oh! si j'étois dans la faveur, que je* « *traiterois différemment les malheureux!* Qu'on « doit peu compter sur les hommes! Quand je n'a-« vois besoin de rien, j'aurois obtenu un évêché ; « quand j'ai besoin de tout, tout m'est refusé. « Mme de Chalais (*qui fut la princesse des Ursins!*) « m'a offert sa protection, mais du bout des lèvres ; « Mme de Lionne m'a dit : *Je verrai, je parlerai*, « *du ton dont on dit le contraire* ; tout le monde « m'a offert ses services, et personne ne m'en a « rendu... » — Dans cette dure extrémité, Ninon se montra fidèle amie, et Mme Scarron, sensible au dévouement, lui témoigna toute sa gratitude. Mme de Villarceaux fut assez empressée auprès de l'aimable veuve. C'est alors, dit-on, que Villarceaux devint plus pressant, et que des bruits malins sur la complaisance de Ninon, se répandirent et obtinrent un certain crédit, dont Tallemant et Voltaire ont été les échos. Mais on ne peut sérieusement y adhérer.

Mme Scarron s'étoit réfugiée, d'abord après la mort de son époux, aux Ursulines de la rue Saint-Jacques; puis elle revint au Marais, son séjour préféré, et prit asile chez les religieuses de la Charité, qui avoisinoient la place Royale et la rue des Tournelles. Elle y subit l'humiliation de générosités faites avec éclat, et qu'elle finit par repousser. Mais elle accepta l'hospitalité que Ninon lui offrit[1]; les deux amies partagèrent pendant quelque temps le même lit. Une autre femme du monde, Mme de Franquetot, qu'on surnommoit *Boncœur*, offrit aussi à Mme Scarron un refuge que, par discrétion, elle n'accepta pas[2]. Elle fut longtemps errante à cette époque. On la voit au faubourg Saint-Marceau, dans un autre couvent; puis dans son ancienne maison de la rue Saint-Louis; enfin, à la persuasion de Ninon, elle prit un petit logement, rue des Tournelles, qu'elle a occupé probablement encore, lorsqu'elle fut marquise de Maintenon, et où Mme de Sévigné est venue la visiter plus d'une fois.

Ce fut au milieu de ces vicissitudes (1666) que l'on voulut remarier la veuve de Scarron, dans la bonne pensée d'assurer son avenir. La société pa-

---

1. Ce fait a été nié par la Beaumelle; mais M. Walckenaer l'a très-bien rétabli. Voltaire l'avoit accueilli, comme tout naturel, mais eu changeant sa date.

2. Voy. Tallemant, VII, p. 40 et 47, édit. citée de M. P. Paris, qui, ne s'étant pas souvenu du surnom de *Boncœur*, a été embarrassé de ce mot, dans le texte de Tallemant. Voy. Saint-Evremond, *Retraite de M. le duc de Longueville*, pag. 16 de notre IIe volume.

risienne se passionna, pour et contre ce projet, dont Ninon dissuada Mme Scarron, qui l'en remercia par la lettre suivante : « Votre approbation me con-
« sole de la cruauté de mes amis : dans l'état où je
« suis, je ne saurois me dire trop souvent que vous
« approuvez mon courage. A la place Royale, on me
« blâme; à Saint-Germain, on me loue, et nulle
« part, on ne songe à me plaindre ni à me servir.
« Que pensez-vous de la comparaison qu'on a osé
« me faire de cet homme à M. Scarron? O Dieu!
« quelle différence! Sans fortune, sans plaisirs, il
« attiroit chez lui la bonne compagnie : celui-ci
« l'auroit haïe et éloignée. M. Scarron avoit cet en-
« jouement que tout le monde sait, et cette bonté
« d'esprit que presque personne ne lui a reconnue.
« Celui-ci n'est ni brillant, ni badin, ni solide; s'il
« parle, il est ridicule. Mon mari avoit le fonds ex-
« cellent; je l'avois corrigé de ses licences. Il n'é-
« toit ni fou, ni vicieux, par le cœur : d'une probité
« reconnue, d'un désintéressement sans exemple.
« C... n'aime que ses plaisirs [1], etc. Je vous sais
« bon gré de ne pas l'avoir reçu, malgré les recom-
« mandations de la Châtre. Il n'auroit pas senti que
« la première fois devoit être la dernière. *Assurez*
« *ceux qui attribuent mon refus à un engagement,*
« *que mon cœur est parfaitement libre, veut tou-*
« *jours l'être et le sera toujours. Je l'ai trop éprouvé,*
« *que le mariage ne sauroit être délicieux, et je*
« *trouve que la liberté l'est.* Faites, je vous prie,
« mes compliments à M. de la Rochefoucauld, et

1. On a prétendu que ce personnage étoit de la maison de Brancas; j'en doute.

« dites lui que le livre de *Job* et le livre des *Ma-
« ximes* sont mes seules lectures. Vous ne serez pas
« remerciée, puisque vous ne voulez pas l'être ;
« mais la reconnoissance ne perd rien au silence que
« vous m'imposez. Que je vous dois de choses, ma
« très-aimable ! » (8 mars 1666.)

Lorsque le bruit courut qu'une liaison secrète de Mme Scarron avec le maréchal d'Albret (Miossens), enlevoit cet ami à la reine des Tournelles, elle voulut s'en expliquer avec Ninon, en lui écrivant le 18 juillet : « Le maréchal d'Albret est mon ami
« de tous les temps. Je ne sache pas qu'il ait été
« mon amant. Quand on vous a servi, belle Ninon,
« on devient d'une délicatesse extrême. Je le vois
« tous les jours; et vous savez bien qu'on peut le
« voir sans danger. Vous vous plaignez de son ab-
« sence : je suis trop fidèle à l'amitié, pour que
« vous puissiez vous en prendre à moi. Venez sou-
« per, ce soir, chez moi, et préparez votre ven-
« geance. Mme de Fiesque et Mme de Coulanges
« ont fait partie de mettre le maréchal de belle
« humeur. Je vous attends, à moins que le mar-
« quis n'y mette obstacle. Menez-le, si vous ne
« portez pas votre luth; mais songez bien qu'il
« nous faut votre luth ou le marquis. » Voilà bien la vraie Mme Scarron, dans son bon temps. Une lettre d'elle à l'abbé Têtu, postérieure de quelques années, nous la montre, avec le même esprit enjoué, s'enrôlant dans la dévotion. C'est la femme habile, refléchie, mais honnête, qui entre dans une voie nouvelle. « Mon directeur, dit-elle, m'a or-
« donné de me rendre ennuyeuse en compagnie,
« pour mortifier la passion qu'il a aperçue en

« moi, de plaire, par mon esprit; j'obéis, mais
« voyant que je baille, et que je fais bailler les
« autres, je suis quelquefois prête à renoncer à
« la dévotion. »

C'est peu de temps après qu'elle accepta la charge d'élever, en secret, les bâtards de Mme de Montespan et du roi; charge difficile, peu honorable, en elle-même, mais dont elle fit l'échelon d'une fortune inouïe, avec un artifice merveilleux. Jamais femme n'a déployé tant de prudence, tant d'intelligence, et tant d'ambition. Elle se fit l'instrument du parti pieux qui vouloit tirer le roi de ses désordres; et à son tour elle fit du parti l'instrument de ses desseins et de son élévation. Heureuse si elle eût pu mettre une limite à des exigences qui ont jeté le monarque et l'État dans les extrémités les plus fatales! Mais elle a été condamnée à tout faire, pour ceux qui avoient tout fait pour elle.

Dès l'année 1679, elle a complétement tourné à la dévotion; mais ses lettres à Ninon sont toujours tendres, avec de bons souvenirs d'un autre temps. Elle avoit envoyé son frère prendre des exemples à la rue des Tournelles; il en avoit besoin. « Continuez, écrit-elle à son ancienne amie, à donner
« de bons conseils à M. d'Aubigné. Il a bien besoin
« des leçons de *Léontium*. Les avis d'une amie ai-
« mable persuadent toujours plus que ceux d'une
« sœur sévère. Mme de Coulanges m'a donné des
« assurances de votre amitié qui m'ont bien flattée.
« *Ce que vous entendez dire de ma faveur n'est*
« *qu'un vain bruit;* je suis étrangère dans ce pays,
« sans autre appui que des personnes qui ne m'ai-
« ment pas; sans autres amis que des gens intéres-

« sés, et que le souffle le plus léger de la fortune
« tournera contre moi ; sans autres parents que des
« gens qui demandent sans cesse, et qui ne méritent
« pas toujours. Vous jouissez d'une liberté entière :
« je vis dans un esclavage continuel. Croyez-moi,
« ma belle (car vous ne cesserez jamais de l'être),
« les intrigues de la cour sont bien moins agréables
« que le commerce de l'esprit. Mes compliments à
« nos anciens amis. Mme de Coulanges et moi, nous
« célébrâmes hier votre santé à Maintenon : et
« nous n'oubliâmes pas *la chambre des élus*. Con-
« tinuez, je vous prie, vos bontés à M. d'Aubi-
« gné. »

Il a dû exister beaucoup de lettres du genre de celles qu'on vient de lire, ainsi que des réponses de Mlle de Lenclos. On les trouvera peut-être encore dans les dépôts de Saint-Cyr. Mais Ninon, qui n'a fait que du bien à tout le monde, et qui n'a manqué de foi qu'à une seule personne, à M. de la Châtre, malgré son billet; Ninon n'a laissé ni héritiers, ni apologiste. Madame de Maintenon, l'habile femme, s'est arrangée pour avoir l'un et l'autre. Ninon a imposé, tant qu'elle a vécu. Après sa mort, le champ est resté libre aux apologistes de Mme de Maintenon, fort embarrassés des souvenirs de Ninon de Lenclos.

Saint-Simon, bien informé, sur ce point, nous dit que : « Ninon est restée amie intime de Mme de
« Maintenon, tout le temps que celle-ci demeura
« à Paris (c'est-à-dire avant son établissement à la
« Cour). Mme de Maintenon n'aimoit pas qu'on lui
« parlât d'elle; mais elle n'osoit la désavouer. Elle
« lui a écrit de temps en temps, jusqu'à sa mort,

« avec amitié. Lenclos.... n'y étoit pas si réservée,
« avec ses amis intimes; et quand il lui est arrivé
« de s'intéresser fortement pour quelqu'un, ou pour
« quelque chose, ce qu'elle savoit rendre rare et
« bien ménager, elle en écrivoit à Mme de Mainte-
« non, qui la servoit efficacement et avec prompti-
« tude. Mais, depuis sa grandeur, elles ne se sont
« vues que deux ou trois fois, et bien en secret. »
Ce que raconte Saint-Simon a le cachet de la vérité. Je n'en dirois pas autant du récit de Voltaire.

« Je ne dois pas oublier, dit-il, que Mme de
Maintenon, étant devenue toute-puissante, se res-
souvint d'elle, et lui fit dire que, si elle vouloit
être dévote, elle auroit soin de sa fortune (propo-
sition invraisemblable, et en opposition avec le
caractère connu des personnes). Mlle de Lenclos
répondit qu'elle n'avoit besoin ni de fortune, ni de
masque (impertinence dont Ninon étoit incapable).
Elle resta chez elle, paisible avec ses amis, jouis-
sant de 7 à 8000 livres de rente, qui en valent
14000 d'aujourd'huy.... Plus heureuse que son
ancienne amie, elle ne se plaignit jamais de son état,
et Mme de Maintenon se plaignit quelquefois du
sien. »

Le sort de ces deux femmes, de tant d'esprit, a
été, en effet, bien différent. Dans son opulence,
l'une n'a eu que l'ennui à régler; dans sa médiocrité, l'autre a réglé le bonheur. Chez celle-ci, on a
pu blâmer l'erreur et la faute; mais on a distingué
des qualités qui les font absoudre, et qui ont arraché,
non-seulement l'indulgence, mais encore l'estime
d'un grand siècle : personne n'auroit voulu, probablement être l'époux de Mlle de Lenclos; mais

tout le monde a voulu être son ami. L'autre a été honnête dans la pauvreté : constante dans le malheur, mais trop habile à saisir la fortune, et peut-être cruelle pour la conserver. Mme Scarron méritoit la sympathie; Mme de Maintenon n'a plus trouvé que la froideur d'abord, Mme de Sévigné en est témoin, et puis les emportements de l'opinion irritée.

Selon une autre tradition, Mlle de Lenclos, malgré sa résolution de rester dans la retraite, auroit cédé au désir exprimé par Louis XIV de la connoître, et une rencontre du monarque lui auroit été ménagée, par son ancienne amie, dans la tribune de la chapelle de Versailles. On expliqueroit ainsi le médaillon de Louis XIV, dans l'hôtel de la rue des Tournelles. Je ne crois pas plus à cette anecdote, qu'à tout le reste. Ce qui convenoit le mieux à l'intérêt de Mme de Maintenon, c'est la conduite indiquée par Saint-Simon, et c'est à coup sûr celle qu'elle a gardée. Cette histoire doit donc être mise au rang des contes accumulés sur Anne de Lenclos; tels que la visite du P. Bourdaloue, aussi indigne de ce vertueux prêtre, que de l'honnêteté privée de Mlle de Lenclos; et la vision du noctambule dont il n'y a pas plus d'apparence, que du pacte qu'on prétendoit qu'elle avoit fait avec le diable. J'en dirois autant de la fin tragique d'un des deux enfants qu'on a donnés à Ninon, lequel devenu amoureux d'elle, sans la connoître, se seroit tué de désespoir, après avoir appris le secret de sa naissance : catastrophe à laquelle on prétend que Lesage a fait allusion dans un de ses romans. Il n'y a aucune trace contemporaine d'un événement qui, tel qu'on le raconte, auroit certes fait grand bruit, et nous seroit arrivé par quelqu'un des cent témoins de la vie quotidienne de Mlle de Lenclos [1]. Je croirois davantage au mot du bon Jésuite son voisin, c'étoit le P. d'Orléans, qui, dans ses dernières années, étant venu faire auprès d'elle une tentative charitable et inutile, lui auroit dit: *Eh bien! offrez au moins à Dieu votre incrédulité*, mot que J. B. Rousseau a tourné en épigramme. Port-Royal essaya aussi sa conversion. « Vous savez, disoit-elle à Fontenelle, le parti que j'aurois pu tirer de mon corps; je pourrois encore mieux vendre mon âme: les jansénistes et les molinistes se la disputent. »

Après la paix de Riswyck, la fille du célèbre comte de Rochester, ami de Saint-Evremond, la comtesse de Sandwich, fit un voyage en France pour sa santé. Curieuse de connoître une célébrité parisienne dont le renom avoit passé les mers, elle demanda au philosophe, alors exilé, qu'elle voyoit beaucoup, en Angleterre, de lui donner des lettres pour sa vieille amie, qu'elle vint, en effet, chercher à la rue des Tournelles. Mlle de Lenclos avoit alors quatre-vingts ans; la comtesse de Sandwich qui n'en avoit pas trente, fut si ravie de l'esprit et de la bonté de l'illustre Française, qu'elle n'en pouvoit contenir son admiration. A son tour, la jeune et belle Angloise obtint, dans le salon des Tournelles, si difficile et si délicat, un succès d'esprit, qui présageoit

---

1. L'autre fils dont on a parlé reçut le nom de chevalier de la Boissière. Le maréchal d'Estrées, qu'on suppose être son père, le mit dans la marine, et eut soin de son avancement. Il est mort, à Toulon, en 1732, avec le grade de capitaine de vaisseau. Douxménil, page 60.

ceux qu'elle devoit obtenir plus tard, sur un plus grand théâtre, dans sa patrie. Ninon écrivoit, à ce sujet, à Saint-Evremond : « Mme de Sandwich m'a donné mille plaisirs, par le bonheur que j'ai eu de lui plaire : je ne croyois pas, sur mon déclin, être propre à une femme de son âge. » La comtesse voulut emporter en Angleterre le portrait de Mlle de Lenclos, qui lui offrit un exemplaire de celui de Ferdinand, dont la noble famille de Sandwich a fait exécuter la gravure avec splendeur.

L'abbé Fraguier, de l'Académie françoise, qui étoit en ce temps-là, du cercle intime de Mlle de Lenclos, nous en a laissé le portrait suivant : « C'étoit
« un esprit et des manières au-dessus de tout, pour
« les agréments; et une probité si pure que le mé-
« lange des agrémens avec la vertu en faisoit un
« prodige. Si elle eût passé sa vie dans les premiers
« emplois de l'État, elle n'auroit pas eu une vieil-
« lesse plus honorable, ni plus respectée, que celle
« qui suivoit une vie pleine de galanterie. Les per-
« sonnes âgées l'aimoient par le souvenir de la supé-
« riorité qu'elle avoit eue de leur temps, dans le
« monde ; et moins par le souvenir de ses charmes
« que par celui de ses vertus. Les jeunes personnes
« l'aimoient pour les grâces et la beauté qu'elles
« voyoient en elle, dans un âge si avancé, et qui
« étoient telles que rien ne pouvoit lui être comparé.
« Son destin lui attachoit les plus honnêtes gens de
« la cour et de la ville. Mais, il ne lui attachoit que
« les honnêtes gens. De sorte qu'il importoit peu
« qu'un secret ne fût sçu que d'elle, ou le fût de
« tout ce qui entroit chez elle. C'étoit une liaison
« naturelle, une amitié intime, entre tous ceux qui

« la voyoient. Ils s'estimoient dès lors, et s'ai-
« moient mutuellement. Elle avoit la confiance de
« tout le monde, dans les plus grandes affaires
« comme dans les plus petites. Tout ce qu'elle pen-
« soit étoit bien pensé ; tout ce qu'elle disoit étoit
« bien dit ; tout ce qu'elle faisoit étoit bien fait ; et
« Mlle de Lenclos supérieure, en quelque sorte, aux
« plus grands génies, étoit toujours la plus révérée[1]. »

Quelle est la femme du dix-septième siècle qui a inspiré un tel langage à ses contemporains, aux témoins de sa vie? On demeure confondu, quand on lit ces paroles d'un homme grave et honnête, et qu'on se souvient de celles de Mme de Motteville, qui, à la vérité, n'avoit ni vu, ni entendu Ninon de Lenclos, lorsqu'elle en parloit si lestement.

Mlle de Lenclos touchoit alors, tout comme Saint-Evremond au terme de la vie. Les dernières lettres qu'ils ont échangées sont ravissantes. Il lui mandoit, à quatre-vingt-dix ans : « La dernière lettre que je reçois de Mlle de Lenclos me semble toujours la meilleure ; et ce n'est point que le sentiment du plaisir présent l'emporte sur le souvenir du passé ; la véritable raison est que votre esprit se fortifie tous les jours.... Vous êtes de tous les pays : aussi estimée à Londres qu'à Paris. Vous êtes de tous les temps ; et quand je vous allègue, pour faire honneur au mien, les jeunes gens vous nomment, pour donner l'avantage au leur. Vous voilà maîtresse du présent et du passé. Puissiez-vous avoir des droits considérables sur l'avenir ! Je n'ai pas en vue la réputation ; elle vous est assurée dans tous les temps. Je regarde une chose plus essentielle ;

---

1. Douxménil, *loc. cit.*, page 104 suiv.

c'est la vie, dont huit jours valent mieux que huit siècles de gloire après la mort. »

Elle lui répondoit, avec ses quatre-vingts ans sonnés : « Le bel esprit est bien dangereux en amitié. Votre lettre en auroit gâté une autre que moi. Je connois votre imagination vive et étonnante ; et j'ai même eu besoin de me souvenir que Lucien a écrit à la louange de la mouche, pour m'accoutumer à votre style. Plût à Dieu que vous pussiez penser de moi ce que vous en dites ! Je me passerois du suffrage des nations.... Vous retournez à la jeunesse : vous faites bien de l'aimer. La philosophie sied bien avec les agréments de l'esprit, car ce n'est pas assez d'être sage, il faut plaire ; et je vois bien que vous plairez toujours. » L'abbé de Chaulieu, qui la fréquentoit beaucoup, disoit d'elle, à cette époque : *Que l'amour s'étoit retiré jusques dans les rides de son front.*

Plus tard, et sur le bord même de la tombe, Saint-Evremond écrivoit à Ninon : « Vous êtes sérieuse et vous plaisez encore. Vous donnez de l'agrément à Sénèque, qui n'est pas accoutumé d'en avoir. Vous vous dites vieille, avec toutes les grâces de l'humeur et de l'esprit des jeunes gens. J'ai une curiosité que vous pouvez satisfaire : Quand il vous souvient de votre jeunesse, la mémoire du passé ne vous donne-t-elle point de certaines idées, aussi éloignées de la langueur de l'indolence que du trouble de la passion ? Ne sentez-vous point, dans votre cœur, une opposition secrète à la tranquillité que vous pensez avoir donnée à votre esprit ?

> Mais aimer, et vous voir aimée,
> Est une douce illusion,

> Qui dans votre cœur s'est formée
> De concert avec la raison.
>
> D'une amoureuse sympathie
> Il faut, pour arrêter le cours,
> Arrêter celui de nos jours :
> La fin est celle de la vie. »

Mlle de Lenclos a eu la douleur de perdre Saint-Evremond en 1703, et lui a survécu deux ans seulement. Elle lui écrivoit, au sujet de la mort prématurée de la duchesse Mazarin : « Quelle « perte pour vous ! Si on n'avoit pas à se perdre « soi-même, on ne se consoleroit jamais.... Encore « si l'on pouvoit penser comme Mme de Chevreuse, « qui croyoit, en mourant, qu'elle alloit causer « avec tous ses amis, en l'autre monde[1] ! » Dangeau, en mentionnant, dans son *Journal*, la mort de Ninon, dont il étoit l'ami, ajoute : « Quoiqu'elle fût fort vieille, elle avoit conservé tant d'esprit et de raison, que les meilleures compagnies de Paris s'assembloient tous les jours chez elle. » (19 octobre 1705.)

Durozoir a raconté qu'un des amis de Ninon refusant de voir son curé dans sa dernière maladie, elle lui mena ce prêtre, à qui elle dit : « Monsieur, faites votre devoir. Je vous assure que, quoiqu'il raisonne, il n'en sait pas plus que vous et moi[2]. » Lorsqu'elle

---

[1]. Une nouvelle édition de la *Correspondance authentique* de Ninon de Lenclos avoit été annoncée, il y a deux ans, dans le *Bulletin du bibliophile*, par un homme de lettres, qui faisoit un appel à tous ceux qui possédèrent des documents originaux relatifs à cette femme célèbre. Il seroit regrettable qu'une entreprise aussi intéressante fût abandonnée.

[2]. Voy. *Biogr. universelle*, art. Ninon de Lenclos.

sentit sa fin approcher, elle prit l'exemple pour elle-même, et fit appeler son curé, qui fut parfait à ses derniers moments[1]. Son retour fut-il sincère, ou voulut-elle seulement accomplir une dernière bienséance de sa vie? Dieu le sait; mais voilà probablement ce que Voltaire n'a pu lui pardonner.

Quant à sa personne, le bon Douxménil nous en a, d'après Ferdinand, Mme de Sandwich et la tradition, donné ce portrait : « Elle étoit de taille au-
« dessus de la médiocre, ni grasse, ni maigre,
« mais un peu plus qu'en chair; bien faite,
« bien proportionnée, et d'une figure appétissante,
« plutôt d'examen que d'éclat. Elle avoit le teint
« blanc et uni, le visage d'un bel ovale, la plus belle
« peau et la plus belle jambe du monde; le corps
« admirable, la gorge et la taille charmantes. Les
« cheveux châtains bruns, les sourcils noirs, bien
« séparés; les paupières longues, les yeux noirs,
« grands et touchants; le nez bien fait, un peu re-
« levé; le menton parfait, une jolie bouche, bien fa-
« çonnée; un aimable sourire, de belles dents, de
« beaux bras et de belles mains; un son de voix
« sympathique, une physionomie ouverte, mais
« fine, tendre et saisissante; un grand air de fraî-
« cheur, de propreté et de décence; beaucoup de
« gaieté et de douceur, une âme qu'on sentoit pé-
« trie de volupté, des grâces dans tous ses gestes,
« et *de l'esprit comme un ange.* »

Cette image d'*ange* a beaucoup plu aux contem-

---

1. Voy. l'abbé Delaporte, *Hist. des femmes célèbres*, tome I, p. 331. « Mlle de Lenclos, dit-il, *eut l'attention, sur la fin de ses jours, d'aller à sa paroisse, etc.* » Douxménil rapporte la même chose page 102.

porains. L'abbé de Châteauneuf[1], dans une épitaphe qu'il composa pour Mlle de Lenclos, avoit dit déjà qu'elle

> fit régner dans son cœur
> Et la galanterie et l'austère pudeur,
> Et montra ce que peut le triomphant mélange
> Des charmes de Vénus et de *l'esprit d'un ange*.

CHAPITRE XI.

LE SALON DE MADEMOISELLE. — MADAME D'OLONNE.

AINT-EVREMOND avoit été l'un des habitués de l'hôtel de Rambouillet, lorsqu'il étoit le compagnon d'armes du frère de Julie d'Angennes, le marquis de Pisani, qui fut tué à Nordlingue. Mais pouvoit-il encore revenir dans ce salon, après la *Comédie des académistes*, où étoient tournés en ridicule presque tous les coopérateurs de la *Guirlande de Julie?* Ses amitiés, ou l'indépendance de son esprit, l'avoient éloi-

---

1. L'abbé de Châteauneuf, homme de beaucoup d'esprit, a fini sa carrière diplomatique, à Paris, dans une retraite fort honorée. Il étoit très-bien venu, à la rue des Tournelles, dans les dernières années de Ninon, ce qui a donné lieu à l'anecdote des quatre-vingts ans, que l'on connoît, et dont l'âge seul de l'abbé montre l'absurdité. Il est mort en 1709 ou 1711, laissant un *Dialogue sur la musique des anciens*, qui a été publié après son décès (1725 et 1734, in-8°), et où il raconte plusieurs traits de la vie de Ninon, pour laquelle ce petit livre paroît avoir été composé. On sait qu'elle étoit excellente musicienne.

gné du salon de Mme de Sablé : à la place Royale, après la vente du marquisat de Sablé à Servien ; à la rue Saint-Jacques, après la *Conversation du maréchal d'Hocquincourt*. L'hôtel de Longueville dut aussi se montrer froid pour lui, après ses pamphlets contre la Fronde, bien que la personne du duc et de la duchesse y eût été respectueusement ménagée. D'autre part, il avoit raillé les *Cercles* des précieuses : ce qui l'écartoit de plusieurs assemblées en réputation. Il aimoit trop, cependant, les jouissances attrayantes de la conversation pour se borner à être un *Alcôviste*. Il est vrai que les salons du Marais lui étoient demeurés sympathiques, surtout ceux que peuploient les esprits forts. Mais une grande société mêlée, où la distinction de l'intelligence, soit en hommes, soit en femmes, se trouvoit confondue avec la distinction de la naissance et des emplois, devoit offrir à son esprit et à ses goûts un charme plus séduisant. Telle étoit la société de Mademoiselle au Luxembourg.

M. Cousin a ébauché l'histoire du salon ouvert par Mademoiselle, à son retour à Paris, après la Fronde ; et il a indiqué, à grands traits, l'influence de cette réunion, sur la littérature du dix-septième siècle. Je n'affoiblirai pas, en les répétant, quelques belles pages de l'historien de Mme de Sablé. Mais qu'il me soit permis de regretter que Saint-Evremond n'ait pas été compté parmi les beaux esprits de cette compagnie. Je ne saurois douter qu'il en ait fait partie. Saint-Evremond avoit, auprès de la princesse, des souvenirs de famille qui lui assuroient un bon accueil. Le père de Saint-Evremond, Charles de Saint-Denis, avoit été attaché à la personne de Henri, dernier duc de Montpensier, gouverneur de Normandie, et il commandoit la compagnie des gendarmes de l'aïeul de Mademoiselle. En outre Saint-Evremond avoit l'honneur d'être, par les Tillières, l'allié de la seconde épouse de Gaston père de Mademoiselle. Saint-Evremond a du être reçu, au Luxembourg, avec une faveur et un empressement particuliers. On le voyoit bien en cour : c'étoit un officier de distinction, et son esprit seul l'auroit placé dans les premiers rangs d'un monde choisi. Il étoit donc, de droit, présenté et bienvenu chez Mademoiselle. D'ailleurs Segrais, alors secrétaire en faveur de Mademoiselle, étoit son compatriote, et presque son ami; et il n'auroit point oublié de se faire honneur de Saint-Evremond, parmi les personnes lettrées qu'il avoit charge d'attirer chez la princesse. Ce n'est pas qu'ils fussent de même école en littérature; Segrais, comme Racan, tenoit beaucoup de d'Urfé; Saint-Evremond avoit peu de goût pour leur afféterie, quoique recherché parfois lui-même, dans sa politesse, dans sa galanterie, et même dans son style. Mais, malgré son aversion pour le personnage d'Énée, si peu épique, à son gré, et dont il nous a laissé une critique si originale et si judicieuse, il a bien parlé, dans ses *Réflexions sur les traducteurs*, de la traduction de l'*Énéide*, en vers français, par Segrais. Celui-ci, d'ailleurs, étoit de l'intimité de Scarron, qui lui avoit adressé cette lettre folle et risquée, au sujet d'une jupe, que la célèbre comtesse de Fiesque, alliée de Saint-Evremond, avoit promise au poëte paralytique, pour en faire chasuble au chapelain de Mme Scarron.

A la vérité, Saint-Evremond n'avoit pas suivi le

même drapeau que Mademoiselle, pendant la guerre civile de la Fronde. Pourtant, quoique Saint-Evremond n'eût pas été du parti des princes, il conservoit des droits à être accueilli au Luxembourg. Saint-Evremond étoit un royaliste, mais indépendant. On ne pouvoit point dire qu'il fût un Mazarin. Il n'étoit pas personnellement compromis avec les princes, comme Miossens, qui ne parut pas, je crois, chez Mademoiselle, même lorsqu'il fut le maréchal d'Albret : il avoit porté la main sur l'idole de Mademoiselle; idole, hélas! qui fut bien ingrate, à certain jour, envers l'héroïque héritière des Montpensier. D'ailleurs, au Luxembourg, on préconisoit la conciliation et l'oubli. L'un des mieux reçus étoit le duc de Candale; Saint-Evremond, son lieutenant, n'avoit pas été plus animé que lui, contre la Fronde.

Les Rouville, les Créqui, les Palluau, les Rohan, les Grammont, qui avoient suivi le parti de la cour, n'alloient pas, avec moins d'empressement, chez Mademoiselle. Elle combloit même de ses faveurs la fille de cette Mme de Montbazon[1] qui avoit été si oublieuse de respect, à Vincennes, envers les princes arrêtés; et la jeune Éléonore de Rohan faisoit l'ornement du salon du Luxembourg par son esprit précoce et par sa beauté. Enfin, les visites de Mazarin étoient ambitionnées par la fille de

---

1. L'hôtel habité par Mme de Montbazon, et où seroit arrivée la prétendue aventure de Rancé, à la mort de la duchesse, a été détruit. Voy. Fournier, *Paris démoli*, p. 59 et suiv. C'étoit le même hôtel où avoit été tué Coligny, rue de Bethisy, aujourd'hui perdue dans le tracé de la rue de Rivoli. Voy. Jaillot, *Recherches sur Paris*, 3e quartier, p. 12. Un café conserve le nom de Coligny, près de la place où fut la demeure de l'amiral.

Gaston. Elle s'honora, par ses constants efforts, pour effacer la mémoire des discordes passées. Saint-Evremond, qui, au temps de son crédit, auprès de M. le Prince, avoit connu Mme de Longueville, à l'hôtel de Condé, s'est retrouvé en bons termes, avec la noble duchesse, dans la société de Mademoiselle. Il disoit galamment à la comtesse d'Olonne, dans la lettre d'envoi de son *Caractère* : « La plupart des dames
« se laissent persuader aisément, et reçoivent avec
« plaisir de douces erreurs. Il seroit bien étrange
« que vous ne voulussiez pas croire une vérité.
« Outre l'opinion publique, le jugement de Mme de
« Longueville est pour vous. Rendez-vous-y sans
« scrupule, et vous croyez hardiment, puisqu'elle
« le croit, la plus belle chose qu'on ait jamais
« vue. »

Saint-Evremond rencontroit bien d'autres amis chez Mademoiselle : la Rochefoucauld, voisin du Luxembourg, et dont le grand hôtel, rue de Seine, a été démoli, pour établir le *passage des Beaux-Arts;* Mme de la Fayette, logée déjà rue de Vaugirard, en son hôtel, encore existant, au coin de la rue Férou; les Villarceaux, premiers habitants de la rue du Mail, puis de la rue Richelieu, dont l'aîné avoit remplacé Saint-Evremond auprès de Mlle de Lenclos, et dont le jeune, abbé fort égrillard, le remplaça aussi auprès de la comtesse d'Olonne; Mme Cornuel, et sa fille, aussi spirituelle, et plus libre peut-être que sa mère, qui faisoient avec le marquis de Jarzé, leur voisin, le voyage du quartier de Saint-Jean en Grève, au faubourg Saint-Germain, pour rejoindre une société dont le caractère se distinguoit de celui des salons du Temple et du Marais. Plusieurs femmes, alors à leurs débuts brillants, dans le monde, et non encore trop célèbres, accouroient aussi dans les magnifiques salons de Marie de Médicis ; les belles nièces du cardinal, dont une étoit destinée à être Mme Mazarin ; les demoiselles de la Loupe, amies dévouées de Mademoiselle, mariées depuis peu, et à ce moment dans toute la splendeur de leur beauté; Mlle Desjardins, qui devint Mme de Villedieu ; Mme de Montglat, que Bussy alloit décrier et haïr ; Mme de Brégy [1], type de précieuse et de bel esprit, qui logeoit aussi rue des Francs-Bourgeois, près de Mme Cornuel ; la comtesse de la Suze, Mme du Fresnoy, trop connue par un mot de Ninon ; Mme de Comminges, Mme de Choisy, qui s'alloient retrouver bientôt rue des Tournelles. Telles étoient les connoissances de Saint-Evremond au palais d'Orléans.

Segrais avoit présenté Scarron à Mademoiselle, qui fut charmée de sa gaieté. Mais il ne paroît pas que Mme Scarron ait été au Luxembourg. Elle s'en dédommageoit à l'hôtel d'Albret, rue des Francs-Bourgeois, en face de la rue des Trois-Pavillons, et à la place Royale, à l'hôtel de Richelieu. On voyoit aussi chez Mlle de Montpensier : Charles Perrault, et le père de Mlle Lhéritier, alors encore enfant, plus tard auteur de *l'Adroite princesse* et d'autres ouvrages agréables ; Mme Deshoulières, déjà en réputation ; et Mme de Mauny, renommée parmi les précieuses par la recherche de son langage. De ce que Mademoiselle ne parle pas de Saint-Evremond dans ses *Mémoires*, il n'en faut rien conclure ; car elle ne dit pas un mot, non plus, de

---

1. On trouve souvent Brégis, au lieu de Brégy.

plusieurs autres personnages de tout sexe, qui ont été ses plus distingués collaborateurs dans les *Divers portraits :* même de ceux qui étoient attachés à sa maison, par des liens particuliers, tels que M. de la Verrière, auteur ingénieux de l'un des meilleurs ouvrages, peut-être, qu'on trouve dans les *Portraits* de 1659. Beaucoup d'autres Normands venoient aussi chez Mademoiselle, que Saint-Evremond avoit connus, en d'autres temps : tels que les Beuvron, alors habitants du Marais, et transportés plus tard rue de Grenelle-Saint-Germain : on se souvient de leur rôle dans la *Retraite de M. de Longueville.* Enfin une *dame de condition*, de Caen, dont le *Portrait* est un des plus curieux, a été, à coup sûr, présentée par Segrais.

Les opinions philosophiques de Saint-Evremond ne l'éloignoient pas, non plus, du Luxembourg, comme d'autres esprits forts, parce qu'il étoit, comme on sait, la personnification même des bienséances. De plus, si Mademoiselle étoit irréprochable dans sa conduite, n'ayant, comme elle dit, aucune pente vers la galanterie, elle aimoit la liberté. Elle a soin de nous apprendre, dans son *Portrait*, qu'elle n'étoit pas dévote, et qu'elle s'étoit façonnée à tout entendre. Alors, comme aujourd'hui, d'ailleurs, toute liberté avoit son passe-port, dans un tour spirituel. Mme de Sévigné n'écrit-elle pas à sa fille :
« On est ici fort occupé de la Brinvilliers. Caumar-
« tin a dit une grande folie sur ce bâton dont elle
« a voulu se tuer, sans le pouvoir : *c'est*, dit-il,
« *comme Mithridate.* Vous savez de quelle sorte il
« s'étoit accoutumé au poison. Il n'est pas besoin
« de vous conduire plus loin dans cette applica-

« tion. » Mademoiselle aimoit la règle et la décence, tout en permettant à son esprit, comme à celui des autres, un libre essor. A son exemple, son entourage avoit l'allure franche et presque militaire. Ces jeunes demoiselles, qui avoient été si bien élevées, a commencer par *les Loupines*, ainsi que les appelle Loret, savoient tout, disoient tout, et ne se cachoient de rien [1].

La dévotion elle-même n'excluoit pas ces airs libres qui, dans le grand monde et dans l'*usage*, étoient permis, tant qu'ils ne se changeoient pas en acte. On pouvoit tout dire poliment, à condition de ne rien faire incongrument; et voilà ce qui trompe mainte fois ceux qui ne connoissent pas ce monde dont ils parlent. La dévotion étoit en outre et souvent un état extérieur plutôt qu'intérieur [2]. C'étoit une distinction, une sorte de grande manière. « Mme de « Thianges, dit Mme de Sévigné, ne met plus de rouge « et cache sa gorge. *Elle est tout à fait dans le bel* « *air de la dévotion.* » Aussi est-on étonné de la liberté de langage qui règne dans ces *Portraits*, où chacune des belles dames de la société décrit les agréments de sa personne, depuis les pieds jusqu'à

---

1. Mlle de Melson, qui épousa plus tard le conseiller d'État le Camus, jeune fille spirituelle et honnête, l'une de celles qui ont fait elles-mêmes leur *Portrait*, entendant Boisrobert, dont on connoît la mauvaise réputation, raconter qu'un de ses laquais s'étoit pendu, répondit que : « les laquais de Boisrobert ne devoient finir que par le feu; » allusion assez vive à des vices que la lecture de la Bible, toute seule, n'avoit pas fait connoître à cette péronnelle.

2. Mme de Maintenon écrivoit, quand elle fut admise à la cour : « On n'a ici aucune attention à la vie, et on compte pour tout de recevoir les sacrements à la mort. »

la tête. Mademoiselle, quoiqu'elle fût d'une régularité de mœurs qui n'a jamais été soupçonnée, y a donné l'exemple elle-même du franc parler dans plusieurs *Portraits*. Mais ces petits ouvrages étoient faits pour une compagnie restreinte et choisie, au sein de laquelle chacun se livroit avec confiance aux mouvements de son esprit : personne n'a paru craindre le public en les écrivant. La publicité fut pour ces personnages une espèce de trahison inattendue. Voilà comment, malgré la réserve discrète qui régnoit à la cour de Mademoiselle, Mme de Chatillon [1] n'a scandalisé personne, en écrivant dans son *Portrait :* « On ne peut pas avoir la jambe ni la « cuisse mieux faites que je l'ai ; » ni Mme de Mauny, en avouant que : « Puisque les autres ont parlé de « leur jambe, elle dira que la sienne est belle ; » à quoi elle ajoute : « Je me pourrois encore louer « d'autres choses qu'on ne verra pas, pour me dé- « mentir. » Aucune de ces dames n'a oublié de parler de sa gorge, les unes avec orgueil, d'autres avec humilité. Une *demoiselle de grande qualité*, qu'on suppose être Marie Mancini, plus tard la connétable Colonne, écrit : « Ma gorge est belle à la « pouvoir montrer, si c'étoit la mode. » Mlle Desjardins, qui n'étoit point encore Mme de Villedieu, ou la marquise de Chattes, nous apprend que sa gorge est disposée à être belle, quand elle aura l'âge et l'embonpoint requis. Mlle de Rohan, qui fut la sage

1. L'hôtel de Chatillon étoit, au dix-huitième siècle, rue Saint-Dominique, vis-à-vis l'hôtel Molé. Au dix-septième siècle, le beau duc de Chatillon habitoit, rue du Petit-Bourbon-Saint-Sulpice, un hôtel qu'avoit occupé la célèbre duchesse de Montpensier, au temps de la Ligue, et dont la porte subsiste encore.

duchesse de Luynes, déclare qu'elle a « l'espérance
« prochaine d'une belle gorge, que sa gouvernante
« assure se devoir bientôt former. » Les choses les
plus scabreuses trouvoient, dans ce monde bien
disant, de spirituels narrateurs : le remède de
Mme de Brégy, administré par Estoublon; l'effet
de tonnerre dont fut touchée Mme d'Estrées, dans
sa royale demeure de la rue Barbette [1], et qui eut
des résultats si ridicules; que sais-je, encore?
Voyez plutôt le cynique *Portrait* que Mme de la
Grenouillère a tracé d'elle-même, et le *Journal*
de Dangeau !

Mais on avoit horreur de la mauvaise compagnie
et de la vulgarité. Mme de Longueville disoit
« que les beaux jours que donne le soleil n'étoient
« que pour le peuple; mais que la présence de ce
« qu'on aime faisoit les beaux jours des honnêtes
« gens. » Mme de Mauny, dont la parole étoit si
dégagée, craignoit toujours de s'*encanailler :* le mot
est de son invention ; et Mme de Lambert ne recommandoit rien tant que « de faire attention à ses
« sociétés. » Ces belles dames avoient toute raison.
La bonne compagnie a toujours formé, en France,
une sorte de cité particulière, dans la cité commune; un état à part, dans l'état qui comprend
tout le monde. Les membres de cette cité privilégiée, de cet état à part, se donnent des droits et
une liberté, qu'ils ne reconnoissent pas aux autres
hommes. C'est Athènes et les Méteques. L'homme

---

1. Ce superbe hôtel avoit été loué 2000 écus à la fille
du chancelier Séguier, Mme de Coislin; et Tallemant
prétend que cette location *exhorbitante* fit renchérir les
maisons.

comme il faut, parmi les siens, a le droit de tout dire, et presque de tout faire; et ce n'est point une impertinence: c'est une confiance réciproque, une liberté de vivre, une franchise de parole qu'on autorise, sur le fondement d'une participation aux mêmes sentiments, à la même délicatesse, et aux mêmes devoirs; c'est comme un reste de la foi chevaleresque: une religion de bonnes manières entre honnêtes gens; les malotrus en sont bannis, à titre d'excommuniés.

Et comme, dès le dix-septième siècle, l'esprit et l'argent se posent en rivaux de la naissance, celle-ci va leur ouvrir ses rangs, du moins pour l'égalité de compagnie. Par là se retrempe la société, et s'accroît la puissance des salons du dix-septième siècle, où une sorte de niveau social égalise déjà tous les rangs. Les princes et les princesses du sang alloient alors, sans façon, chez de simples particuliers. Une étiquette opposée s'est établie, après le mariage de Louis XIV seulement[1]. La reine Anne d'Autriche venoit voir Mme de Beauvais, dans ce bel hôtel encore debout, au n° 62 de la rue Saint-Antoine. Mme de Brégy est-elle malade? la reine va la visiter. Plus d'une fois, sous la régence, Anne a été avec le roi son fils, et toute la famille royale, chez le chancelier Séguier. Monsieur fut reçu souvent, à Ruel, par le président Tubeuf.

---

1. Henri II alloit si souvent chez le connétable Anne de Montmorency, rue Sainte-Avoie, aujourd'hui du Temple, que les gens du quartier avoient fini par appeler l'hôtel du Connétable, *le logis du Roi*. Cet hôtel devint plus tard celui du premier président de Mesme, en face du magnifique hôtel de Saint-Aignan, bâti pour le célèbre comte d'Avaux. Tout auprès, étoit le grand hôtel

Le président le Camus faisoit politesse à Mademoiselle, dans sa princière demeure, aujourd'hui l'École centrale, rue des Coutures-Saint-Gervais. La princesse alloit aussi chez Mlle de Hautefort, rue Saint-Louis, au Marais, et c'est là qu'elle rencontra Scarron, auquel elle envoya Segrais, son gentilhomme, pour lui demander des *Portraits*. La société de la comtesse de Soissons, dont le vaste et somptueux palais a fait place à notre lourde et hideuse halle aux blés, fit le bonheur de la jeunesse de Louis XIV. C'est là qu'il est devenu un *homme à femmes*. Il aima toute sa vie, depuis lors, les petits cercles familiers, où l'on causoit de toute chose, librement, simplement, sans employer d'autre esprit que le sien; et, dans ces intimités, quoi qu'on dise, il ne se montra ni changeant ni léger.

Si la touchante et malheureuse la Vallière avoit eu autant d'esprit que d'amour, elle auroit retenu plus longtemps son royal adorateur. C'est par l'esprit, autant que par la beauté, que Mme de Montespan l'a séduit. La conversation incomparable de l'orgueilleuse marquise le charmoit. Il a eu d'elle sept enfants. Quel bourgeois eut plus de constance! et quelle peine eut Mme de Maintenon, pour se glisser entre eux deux! Mme de Montespan s'est perdue par la violence de son caractère. Elle étoit plus gentilhomme que Louis XIV, qu'elle n'auroit jamais cru capable de s'*encanailler*, comme disoit Mme de

de la Trémouille. Cette noble famille avoit depuis longtemps quitté la rue des Bourdonnais, où elle demeura, pendant cent ans, vis-à-vis l'abominable rue de la Limace, qu'on peut voir encore aujourd'hui, à titre de curiosité, dans son aspect antique.

Mauny. Mais la bonne d'enfants qu'elle avoit introduite, sans méfiance, dans son ménage, fut plus habile qu'elle. La solidité d'esprit de Mme de Maintenon, et ses complaisances secrètes, dont il est curieux de lire la confession dans sa correspondance authentique avec Godet Des Marais, son directeur, ont assuré son règne.

L'esprit du salon de Mme de Soissons étoit un esprit particulier, sur lequel il fallut que tout le monde se moulât, si l'on peut ainsi dire, pour plaire au roi, dans le privé. On s'est accoutumé à regarder Louis XIV comme le grand et suprême consécrateur de l'esprit de l'hôtel de Rambouillet au dix-septième siècle. Rien n'est moins vrai. Il n'avoit point été élevé dans ces goûts-là par sa mère, qui conserva tant d'ascendant sur ses opinions et sur son cœur jusqu'à sa mort. Mme de Caylus accuse juste, en ce point, quand elle écrit : « Le roi, dans les premiers temps, « eut plus d'éloignement que d'inclination pour « Mme de Maintenon ; mais cet éloignement n'étoit « fondé que sur une espèce de crainte de son mérite, « et sur ce qu'il la soupçonnoit d'avoir, dans l'esprit, « le précieux de l'*hôtel de Rambouillet, dont les hô-* « *tels d'Albret et de Richelieu, où elle avoit brillé,* « *étoient une suite et une imitation.* On se moquoit « à la cour de ces sociétés de gens oisifs, unique- « ment occupés à développer un sentiment, et à ju- « ger d'un ouvrage d'esprit ; *Mme de Montespan,* « *elle-même, malgré le plaisir qu'elle avoit trouvé* « *autrefois dans ces conversations,* les tourna plus « tard en ridicule, pour divertir le roi. »

Ce fut surtout lorsque Mme de Soissons, en qualité de surintendante de la maison de la reine, eut logement aux Tuileries, où résidoit la cour, que Louis XIV prit plaisir à ce salon où elle régnoit, dit Saint-Simon, « par un reste de la splendeur du feu cardinal Mazarin, son oncle, et plus encore par son esprit et son adresse, et qui étoit devenu un centre fort choisi. C'étoit où se rendoit tous les jours ce qu'il y avoit de plus distingué en hommes et en femmes, qui rendoit cette maison le centre de la galanterie de la cour, et des intrigues et des menées de l'ambition.... Ce fut dans cet important et brillant tourbillon, où le roi se jeta d'abord, et où il prit cet air de politesse et de galanterie qu'il a toujours su conserver toute sa vie, et qu'il a si bien allié avec la décence et la majesté. On peut dire qu'il étoit fait pour elle, et qu'au milieu de tous les autres hommes, sa taille, son port, ses grâces, sa beauté, et la grande mine qui succéda à la beauté : jusqu'au son de sa voix, et à l'adresse et la grâce naturelle et majestueuse de toute sa personne, le faisoient distinguer jusqu'à sa mort;... et que s'il ne fut né que particulier, il auroit eu également le talent des fêtes, des plaisirs, de la galanterie, et de faire les plus grands désordres d'amour. » Et en effet, on voit par les *Mémoires* de Mademoiselle combien Louis XIV étoit, dans le commerce du monde, adorable avec les femmes. Il aimoit à voir sa cour très-fréquentée ; et une fois connu de lui, c'étoit lui déplaire que de ne pas le visiter. Il y en a des détails curieux dans le *Journal* de Dangeau.

Le salon de Mademoiselle, au Luxembourg, fut donc comme un renouvellement, une fusion de la société françoise après la Fronde. Il eut une autre importance, et bien supérieure, pour la postérité :

l'importance littéraire. Pascal y avoit été présenté ; c'est là qu'il vit le grand monde et qu'il y eut du succès. C'est de là qu'est partie, grâce à Mademoiselle et à Mme de la Fayette, une direction nouvelle du goût littéraire, dans le genre, déjà si accrédité, du roman de mœurs et d'amour. De là une réaction définitive contre la préciosité de d'Urfé et de Mlle de Scudéry. De là, enfin, l'étude des sentiments vrais et naturels, leur expression en un style correct mais simple ; et, comme l'a dit un célèbre écrivain, « la peinture et l'analyse des sentiments tendres, leur naissance, leur progrès, leur charme suprême, les luttes touchantes, et les vertueux sacrifices. » Il resta pourtant encore quelque teinture de *l'Astrée* au Luxembourg. Segrais étoit l'homme des bergeries. Mme de Brégy a fait le *Portrait* du roi, qu'elle nomme Tircis ; il cache son sceptre sous la houlette, et il paît son troupeau sur les bords du Lignon ; c'est là qu'une maladie redoutable (1658) l'atteint, et menace de ravir ce berger, l'*honneur de nos hameaux*. Mais le courant général de la société de Mademoiselle emporte les esprits vers une littérature plus sérieuse, et sinon plus délicate, du moins de meilleur goût, et plus durable. Mademoiselle en donna l'exemple dans la rédaction de ses *Mémoires*, commencée dès 1652, et dans des opuscules d'imagination que Mme de la Fayette n'auroit pas désavoués. L'influence des lettres sur la société avoit en 1658 un autre caractère qu'au temps où brilloit le salon de Rambouillet. Les dix années écoulées depuis la Fronde jusqu'au gouvernement personnel de Louis XIV compteront parmi les plus remarquables dans l'histoire de l'esprit françois. Je ne veux citer, entre ses produits de cette époque, que les *Provinciales*, et la *Conversation du maréchal d'Hocquincourt*. La Fronde avoit fortifié les esprits, malgré sa ridicule issue; l'égalité de droits, fondée sur l'intelligence et la politesse, étoit déjà une loi de la société moderne.

Les nièces de Mazarin firent, un jour, demander à Mme Scarron de leur rendre visite à Brouage, où il y avoit compagnie, et où l'on étoit simplement curieux de voir une femme en réputation, pour se divertir. Scarron répondit, avec dignité, probablement par la plume de sa femme, à M. de Villette, intermédiaire de la politesse (1659) : « Mme Scarron est bien malheureuse de n'avoir pas assez de bien et d'équipage, pour aller où elle voudroit, quand un si grand honneur lui est offert, que celui d'être souhaitée à Brouage par une demoiselle de Mancini,

Riche présent du Tibre et gloire de la France.

J'espère qu'elle se racquittera d'une si grande perte, quand la cour sera retournée à Paris, et qu'aussitôt qu'elle aura l'honneur d'être connue de cette incomparable Romaine, elle aura quelque part à sa bienveillance. » A une autre époque, Mme Scarron n'auroit pas cru pouvoir se dispenser de se rendre à Brouage dans la première voiture venue.

Les *Portraits* avoient été mis à la mode par Mlle de Scudéry. Le *Grand Cyrus*, qui parut en 1656, est, comme on sait, rempli de *Portraits* contemporains, ainsi que les autres romans de cette fille célèbre. C'étoit la société françoise de son temps que

Mlle de Scudéry avoit l'intention de peindre sous des noms grecs et romains. Le *Portrait* y entroit donc comme un élément nécessaire. D'autres romanciers avoient précédé Mlle de Scudéry dans cette voie [1], sans faire autant de bruit ; d'autres l'y suivirent avec moins de succès. L'honneur d'avoir son *Portrait* dans un roman fut un des plus ambitionnés de la haute société contemporaine.

La vogue primitive du *Portrait* ou *Caractère* est donc l'ouvrage, à coup sûr, de Mlle de Scudéry ; mais son point de vue n'a pas été celui du Luxembourg. Si l'on en croit même Segrais, la manière spontanée dont le goût en est venu, chez Mademoiselle [2], écarteroit l'influence de Mlle de Scudéry. Du salon de Mademoiselle cette fantaisie littéraire a rayonné dans Paris ; elle y a fait fureur, et partout, même dans les couvents, pendant plu-

---

1. Voyez seulement *Les heureuses infortunes de Céliante et Marilinde vefves pucelles, par le sieur* D. F. (Des Fontaines), Paris, 1636, in-8°. C'est l'histoire de plusieurs personnes illustres de ce temps, sous des noms supposés. Les deux *Vefves pucelles* sont Mme de Charny et Mme de Marigny. Louis XIII est désigné sous le nom de *Cambises* ; M. le Prince, sous celui de *Protosilas*. Une 2e édition, de 1662, contient la clef des noms.

2. « Mademoiselle étant à Champigny, en 1657, Mme la princesse de Tarente et Mlle de la Trémouille la vinrent visiter. Elles lui parlèrent de certains portraits qu'elles avoient vus en Hollande, et sur lesquels elles avoient fait les leurs. Mademoiselle eut la curiosité de les voir..., ce qui lui donna aussi envie de faire le sien.... Plusieurs ayant suivi son exemple, elle eut la fantaisie d'en faire un *Recueil*.... On a jugé à propos de mettre les noms de ceux qui les ont écrits,... pour instruire ceux qui, dans cent ans, trouveront ce livre, dans les armoires de Saint-Fargeau. » (Préface de Segrais, en tête de la 2e édition des *Divers portraits*, de 1659.)

sieurs années. Les *Portraits* couroient le monde, en manuscrit; et les portefeuilles de Conrart en sont encore remplis. Dans la chaire même, des prédicateurs qui ne s'appeloient ni Bossuet, ni Bourdaloue, ni Massillon, cherchèrent, alors, dans ce caprice littéraire, mis à la mode par la vanité, la bonne fortune d'un succès d'éloquence peu chrétienne. Un déluge de *Portraits* inonda les salons et les ruelles. L'un de ceux qu'on trouve chez Conrart commence par ces mots : *Puisque c'est la mode que chacun fasse son portrait*, etc. Descartes demandoit à sa fille de lui envoyer le sien. Tallemant, incapable d'y appliquer son esprit trop décousu, laisse échapper, vers 1658, cette boutade ridicule : « La mode des *Portraits* commence à ennuyer furieusement les gens. »

La littérature des *Portraits*, qui a occupé tout le monde, à Paris, après l'exemple donné au Luxembourg, demeure ainsi, dans l'histoire des lettres et des mœurs françoises, une curiosité d'assez grande conséquence. Elle n'a point envoyé, sans doute, de chefs-d'œuvre au salon de Mademoiselle; mais cependant la langue du monde et de la conversation, fine, piquante, originale, libre, y apparoît avec un charme digne de remarque.

Quoi qu'en ait dit Segrais, le collecteur par commission de ces bluettes de palais, Mademoiselle et ses amies avoient pris le goût des *Portraits* dans les romans en crédit de ce temps-là : sans le croire assurément, et c'est peut-être un trait de hauteur princière ; de si grandes dames ne devoient copier personne. Au fond, elles suivoient, ou continuoient, un mouvement donné, en se l'appropriant, et en l'appliquant à leur intention particulière, qui n'est plus, certainement, celle de Mlle de Scudéry. Les *Portraits du Luxembourg* sont comme un goût de photographie du dix-septième siècle; chacun fait la sienne, de sa main, avec une impartialité affectée, ou emploie la main de son ami, pour avoir la peinture complaisante de sa figure embellie. C'est un jeu de société, un divertissement d'esprit, dont l'objet est surtout d'amuser le salon.

Par conséquent, on ne sauroit, à mon avis, admettre que ce caprice a ouvert la route à la Bruyère. Trente années séparent la Bruyère de l'époque des *Divers portraits*; et le but, pas plus que la forme du livre de notre grand moraliste, n'ont rien de commun avec ces exercices récréatifs du salon du Luxembourg. L'influence littéraire de la société de Mademoiselle se manifeste plutôt par d'autres ouvrages que par les *Divers portraits*. Le goût des *Contes de Fée* ne s'étoit pas produit encore[1]. Mais, dès 1656, Segrais avoit été le rédacteur des *Nouvelles françoyses ou les divertissements de la princesse Aurélie*, laquelle n'est autre que Mademoiselle; cette princesse publioit elle-même, directement, en 1659, la *Relation de l'isle imaginaire et l'histoire de la princesse de Paphlagonie*. L'année d'après, Mme de la Fayette imprimoit le premier et l'un des plus intéressants de ses romans, *la Princesse de Montpensier*[2]. Dès lors, l'impulsion étoit donnée; Mme de la Fayette n'a fait que s'y conformer dans *Zaïde*, dans *la Princesse de Clèves*, et

---

1. Voy. ma *Lettre critique* sur les *Contes* de Perrault.
2. Voy. la belle étude de M. Sainte-Beuve sur Mme de la Fayette.

dans ses autres livres, qui eux-mêmes ont été les modèles de Mme de Fontaines, de Mlle de la Force et de Mme de Tencin. Il est à remarquer que Mme de la Fayette n'a donné qu'un *Portrait* à la collection de 1659 : celui de Mme de Sévigné.

La connoissance de ces petites compositions, ou confessions, si diverses, si élégantes, si sincères, n'en est pas moins d'un intérêt véritable. On l'a trop négligée, peut-être. Les femmes en ont fait les frais principaux. Le droit du cœur d'aimer et de haïr, la légitimité de l'indépendance individuelle, voilà les opinions proclamées par tous ces auteurs de bonne société ! Voilà ce qu'adora, du reste, de tout temps, l'esprit françois ! Toutefois, le *Portrait*, même quand il est l'ouvrage d'un ami, tourne avec trop de facilité au raffinement. C'est ce qui arrive à Saint-Evremond dans le *Portrait* de Mme Mazarin, où il finit par tomber dans la subtilité italienne. Jamais rien de pareil n'advient à la Bruyère.

La Bruyère se rattache directement à Théophraste, plutôt qu'à la *Portraiture* du dix-septième siècle. Cureau de la Chambre avoit disserté (1640-62) des *Caractères des passions*, à un point de vue d'histoire naturelle ; la Bruyère a observé les *Caractères*, au point de vue de l'histoire humaine. Il a intitulé son livre : *les Caractères et les mœurs de ce siècle.* Par une élégante traduction des *Caractères* de Théophraste, il a, d'abord, initié ses lecteurs à la connoissance de la société grecque ; et dans une seconde partie de son livre, il oppose à ce premier tableau, le tableau plus coloré, plus saisissant, plus varié, de la société françoise : nous montrant l'homme de son temps, sous toutes les formes, et sous toutes les faces, d'après les types qu'il avoit sous les yeux. Il n'a point étudié l'humanité comme une abstraction : c'est l'*être ondoyant et divers* de Montaigne, dont il dessine la figure sous mille aspects et avec un admirable talent; car ce n'est point un grand moraliste, seulement, que la Bruyère : c'est un écrivain de premier ordre. Il n'y a pas, dans notre langue, d'œuvre d'art plus travaillée, et qui soit supérieure à la sienne. Les auteurs des *Portraits* du Luxembourg étoient bien loin d'une vue si profonde et d'une telle ambition littéraire. Ils étoient surtout bien éloignés de l'intention satirique, qu'on saisit quelquefois dans la Bruyère, et qui servit si bien à la fortune de son livre.

De ces divers *Caractères*, de tous ces *Portraits*, tracés par des gens du grand monde, avec l'allure alerte, et la plume facile de la haute société du temps, il ressort cependant quelque trait général de la physionomie de l'époque. Chacun alors avoit le monde devant soi, vouloit en être considéré, et en suivoit les pratiques, comme la règle suprême des actions. Ces pratiques autorisoient à vivre selon son goût, à jouir de toutes ses facultés, à donner à sa pensée un libre champ; mais elles commandoient de respecter un certain ordre de convenances. La philosophie étoit la science à la mode. L'abbesse de Fontevrault, sœur de Mme de Montespan, lisoit bien plus Platon que son missel; et l'abbesse de Malnoue, sœur de Mme de Chevreuse, avoit passé, avec Huet, par tous les états de l'esprit. De la morale religieuse, le monde des *Divers portraits* sembloit moins s'en inquiéter que de la morale du siècle. Ni Bossuet, ni Bourdaloue n'avoient encore pris l'ascendant que l'on connoît sur la société françoise. La division du pays entre deux grandes sections du christianisme, de force égale, à peu près, alors, dans les classes polies : la communion catholique et la communion réformée avoit, en quelque sorte, fait surgir cette loi supérieure et laïque, la loi du monde, au travers de la croyance religieuse de chacun. Le protestantisme, quoique réduit à l'obéissance par Richelieu, étoit encore une force considérable, dans l'État, et tenoit en échec le catholicisme. La philosophie sceptique ou épicurienne s'étoit coulée au milieu d'eux, propagée à l'abri du principe de la liberté de conscience. Les protestants étoient des demi-philosophes. On a trop perdu de vue, aujourd'hui, l'influence que devoit exercer, sur le mouvement social : d'une part, ce christianisme mi-parti, dont nous n'avons plus le tableau sous les yeux, depuis l'ordonnance de 1685 ; et, d'un autre côté, cette philosophie sceptique, qui a gardé tant de crédit dans la société cultivée, même après Descartes.

C'est celle que Saint-Evremond représentoit au salon du Luxembourg. Les mœurs civilisées de la cour et de la ville ne laissoient pas d'être mêlées encore, comme nous l'avons déjà remarqué, de singuliers contrastes de grossièreté, qui se sont produits, même dans une période plus avancée du siècle[1]. A cet égard, le salon de Mademoiselle a été, après le salon de

---

1. Loret, en sa gazette du 21 mai 1651, indique deux grandes dames qui s'enivroient d'habitude. En 1699, Dangeau nous montre un duc d'Elbeuf, sanglant d'une épaule de mouton sur la joue d'un officier supérieur, dans un souper.

Rambouillet, une autre institution de politesse publique. Saint-Evremond y professa l'urbanité que respirent ses ouvrages. Le souvenir de cette influence étoit vivant encore dans le salon de Mme de Lambert, où le nom de notre auteur fut constamment si honoré. Quoique Mme de Lambert, née en 1647, eût à peine connu Saint-Evremond, elle conserva toujours une sorte de culte pour sa mémoire. Quelque parenté l'unissoit à la famille de Saint-Denis ; le marquis de Lambert, son beau-père, avoit fait glorieusement les campagnes de Flandre avec Saint-Evremond. Enfin l'esprit délicat de la marquise s'exerça sur des sujets où Saint-Evremond passoit pour maître. Elle s'appliqua aussi aux *Portraits*, dont le goût survécut à Mademoiselle. Celui que Saint-Evremond apporta, comme son contingent littéraire, chez Mlle de Montpensier, est sans contredit l'un des plus remarquables de la collection. Il ne porte pas le nom de *Portrait*, il porte le titre de *Caractère* ; et, en effet, ce n'est point une description de tête, de bras, ou de peau, qu'on y remarque : c'est un vrai *Caractère*, mais dans une acception plus spéciale que celle de la Bruyère ; et c'est la célèbre Mme d'Olonne qui en est l'objet. Elle n'avoit point encore été diffamée par Bussy. Sa passion romanesque pour le duc de Candale inspiroit même une complaisante indulgence. Sa beauté, son esprit original, le nom illustre de son époux la plaçoient aux premiers rangs des plus grandes compagnies. Près d'elle figuroit aussi, au Luxembourg, Mme de Gouville, aux magnifiques cheveux : prude tendre, que Candale d'abord et Bussy plus tard ont livrée aux traits malins de la société parisienne.

Bussy-Rabutin et Saint-Simon ont ruiné la réputation de Mme d'Olonne, et sans lui laisser devant la postérité la moindre compensation. Si je ne craignois de me donner le rôle singulier de défenseur officieux de toutes les femmes compromises du dix-septième siècle, j'entreprendrois de plaider, pour Mme d'Olonne, au moins les circonstances atténuantes. Il y en a une, pour moi, qui a quelque valeur : c'est l'attachement de Saint-Evremond. Les premières amours de la comtesse d'Olonne ont été racontées par Bussy ; et nous savons par Hamilton, ainsi que par une lettre de Ninon de Lenclos, la jalousie du comte d'Olonne, qui faisoit suivre et surveiller Saint-Evremond par ses *grisons*, et dont la sollicitude, hélas! bien inutile, donnoit à rire aux esprits gaillards, comme le chevalier de Grammont, et autres bonnes âmes de la rue des Tournelles, ou de la rue des Francs-Bourgeois. Saint-Evremond n'a pardonné que tard à Bussy, son cousin, de l'avoir mis en scène dans l'*Histoire amoureuse des Gaules*, et d'avoir livré cette intrigue passagère, avec Mme d'Olonne, à une publicité scandaleuse, qui lui suscita des embarras envers son ancien et fidèle ami, l'époux de la comtesse, fort galant homme d'ailleurs, très-spirituel, et digne d'un meilleur destin. Lorsque Saint-Evremond prépara, pour Des Maizeaux, la collection épurée de ses œuvres authentiques, il en retrancha une lettre, sur Bussy-Rabutin, qu'on lui avoit attribuée. Mais Des Maizeaux, tout en respectant la volonté du vieillard, a maintenu, dans les volumes réservés aux OEuvres supposées, ces pages, qu'on a trop facilement restituées, de nos jours, à Saint-Evremond, et que nous transcrivons ici, quoique apocryphes, comme une curieuse expression de l'opinion générale du temps, touchant l'historien des galanteries de Mme d'Olonne [1].

LETTRE TOUCHANT LA DESTINÉE DU COMTE DE BUSSY-RABUTIN.

« Que peut-on penser, sur le chapitre de M. de
« Bussy, que ce que tout le monde en a pensé? Il
« est homme de qualité ; il a toujours eu beaucoup
« d'esprit, et je l'ai vu autrefois en état de pouvoir
« espérer une haute fortune, à laquelle sont par-
« venus beaucoup de gens qui lui étoient infé-
« rieurs.

« Il a préféré à son avancement le plaisir de
« faire un livre [2], et de donner à rire au public.
« Il a voulu se faire un mérite de sa liberté; il a
« affecté de parler franchement et à découvert, et
« il n'a pas soutenu jusqu'au bout ce caractère.

« Après plus de vingt ans d'exil, il est revenu
« dans un état humilié, sans charge, sans emploi,
« sans considération, parmi les courtisans, et sans
« aucun sujet raisonnable de rien espérer.

« Quand on a renoncé à sa fortune, par sa faute,
« et quand on a bien voulu faire tout ce que M. de
« Bussy a fait, de propos délibéré, on doit passer le
« reste de ses jours dans la retraite, et soutenir,

---

1. Voyez une bonne notice sur Bussy, dans les *Études d'histoire et de biographie*, de M. Bazin, Paris, 1845, in-8°.
2. L'*Histoire amoureuse des Gaules*. Nous devons à MM. Poitevin et Boiteau deux excellentes éditions de ce livre curieux. Malheureusement l'édition de M. Boiteau n'a pas été complétée.

« avec quelque sorte de dignité, un rôle fâcheux
« dont on s'est chargé mal à propos.

« On s'expose au mépris, quand on revient dans
« le grand monde, après un certain âge, sans y
« apporter qu'un mérite inconnu à la plupart,
« avec la réputation d'un esprit aigre et mordant,
« dont chacun se défie et que tout le monde ap-
« préhende; sans parler qu'on ne manque guère
« d'avoir des manières usées, et hors de mode, qui
« rendent un homme désagréable, incommode, et
« souvent ridicule.

« On doit avouer que M. de Bussy avoit un
« esprit merveilleux. Les premiers ouvrages que
« nous avons de lui nous en donnent une idée très-
« avantageuse; et il y auroit tout sujet d'en être
« content, s'ils lui avoient coûté un peu moins
« cher. Son élocution est pure, et ses expressions
« sont naturelles, nobles et concises. Ses portraits,
« surtout, ont une grâce négligée, libre et origi-
« nale, qu'on ne sauroit imiter. Il étoit d'ailleurs
« médisant jusqu'à l'excès. Ses meilleurs amis, et
« les personnes de la cour les plus irréprochables,
« ne furent pas exempts des traits perçants de sa
« médisance. Il a donné le démenti à toute l'Eu-
« rope, pour ternir la bravoure d'un homme qui a
« toujours passé pour téméraire[1]; et il a dit du mal
« de certaines femmes, dont il n'a pas pu même
« inventer les désordres.

« On ne sauroit mieux traduire qu'il n'a fait quel-
« ques endroits de Pétrone[2]; on demeura pourtant

---

1. Le maréchal de Créqui.
2. Dans l'*Histoire amoureuse des Gaules.*

« quelque temps à reconnoître qu'il n'en étoit que
« le traducteur.

« On trouve, dans ses derniers écrits, beaucoup
« moins de cette finesse et de ce sel, qui piquoit
« agréablement dans les premiers; ses pensées y
« sont moins nobles, et ses expressions moins natu-
« relles. Soit que son génie ne fût propre qu'à la sa-
« tire, ou que, dans un âge plus avancé, il ait perdu
« ses plus belles idées, il est sûr que ses ouvrages
« sérieux plaisent fort peu.

« On dit que l'on verra un jour l'Histoire du
« Roi, de sa façon : j'ai de la peine à croire qu'il
« y réussisse [1]. Les grandes actions de ce prince et
« les victoires sans nombre qu'il a remportées
« pourront mal aisément être bien décrites par un
« homme à qui il faudroit, pour l'occuper heureu-
« sement et selon son goût, des fautes et des pertes
« continuelles.

« Voilà, Monsieur, quel est mon sentiment tou-
« chant M. de Bussy. Je l'ai connu autrefois, très-
« particulièrement : il n'aimoit personne, et par-
« vint enfin à n'être aimé de qui que ce soit. Peu
« de gens s'intéressèrent à sa disgrâce ; on dit que
« moins encore se sont intéressés à son retour. Le
« bon cœur est une qualité qui sera toujours pré-
« férée au bel esprit, dans la société civile. »

Il y a beaucoup de sévérité dans ce jugement
sur Bussy-Rabutin, lequel n'a, au bout du compte,
dans sa vie, aucun trait aussi noir que celui qui fit

---

1. On a imprimé, en effet, après sa mort, ce qu'il
avoit composé de cette Histoire, et c'est fort médiocre.
Voyez la bonne édition des *OEuvres* de Bussy-Rabutin
qui a été publiée par M. L. Lalanne en 9 vol. in-12.

exiler M. de Vardes. Parce qu'il eut plus d'esprit, falloit-il être inexorable? Il fut coupable, sans doute; mais pourquoi lui refuser d'aller laver sa faute dans son sang, à la frontière, comme il le demandoit? Sa correspondance est l'une des plus spirituelles et des plus intéressantes qu'on puisse lire. Quant aux mauvais bruits qui ont couru sur sa fille, c'est une infamie, sans preuve, à laquelle le salon de Mme du Deffand a trop facilement ajouté foi, cent ans après. Quoi qu'il en soit, Saint-Evremond ne peut être l'auteur des pages qu'on vient de lire. On ne sauroit y reconnoître son style; et l'on peut montrer que l'exil l'avoit reconcilié avec son parent, exilé comme lui. Le 29 mai 1673, le comte de Limoges envoyoit à Bussy les tendres compliments de Saint-Evremond; et Bussy répondoit par un retour de saluts affectueux. En 1677, et le 3 novembre, Bussy écrivant au comte de Grammont, l'entretenoit de *notre ami* Saint-Evremond; et, la veille, il en avoit parlé dans les mêmes termes à Mme de Gouville. Le 1er janvier 1686, Bussy tenoit le même langage à Mlle de Ragny, au sujet d'une *Histoire de François de Lorraine*, duc de Guise, alors attribuée à Saint-Evremond. Le 30 septembre, même année, Mme de Scudéry ayant envoyé au comte de Rabutin une lettre, qui circuloit aussi sous le nom de Saint-Evremond, le comte répondoit, le 9 octobre : « Cette « lettre n'est pas de Saint-Evremond. Je connois « le style de mon cousin, comme je connois le « mien, etc. » Enfin, en 1689, Saint-Evremond écrivoit à Ninon : « Si vous connoissez Barbin, faites-lui « demander pourquoi il imprime tant de choses sous « mon nom, qui ne sont point de moi. J'ai assez de

« mes sottises, sans me charger de celles des autres.
« On me donne une pièce, contre le P. Bou-
« hours, où je ne pensai jamais. Il n'y a pas d'écri-
« vain que j'estime plus que lui, etc. » Ce passage
fut communiqué au P. Bouhours par Mlle de Lenclos, sa voisine; et le P. Bouhours en envoya copie
à Mme de Coligny, fille de Bussy, qui étoit au château de Chaseu, près de son père; et Mme de Coligny répondant au spirituel jésuite, lui dit, au sujet
de Saint-Evremond : « La manière dont il pense et
« dont il s'exprime plaît toujours, et surtout quand
« il loue un de nos amis. » En l'état de ces relations entre la famille de Rabutin et Saint-Evremond,
on ne peut supposer que celui-ci soit l'auteur de
la lettre dont il s'agit, laquelle n'apparut dans les
salons qu'en 1693. Il étoit incapable d'une telle
perfidie.

Quoique Saint-Evremond n'ait pas divulgué le
secret de Mme d'Olonne, Bussy-Rabutin s'en étant
chargé, cette indiscrète obligeance, jointe aux railleries de Grammont, et aux brutalités de Saint-Simon,
envers les filles de Mme de la Loupe, qu'il détestoit, ne permettent guère de douter de la vérité
de l'aventure. Mais Saint-Evremond avoit évité
l'éclat, et s'étoit prudemment retiré de la mêlée,
lorsque la légende de Bussy est venue tout remettre en lumière, et précipiter cette femme charmante, sensible, accorte, qui valoit mieux que
d'être abandonnée à la chronique scandaleuse jusqu'à la fin des siècles.

Saint-Evremond est resté l'ami de Mme d'Olonne
et de son époux; et le *Caractère* qu'il a tracé d'elle
pour la société de Mademoiselle, à une époque où

l'on parloit de son attachement pour le duc de Candale, attachement que Saint-Evremond a voulu ennoblir dans un autre écrit, ce *Caractère* est un monument de l'exquise courtoisie et de l'affection délicate qu'il a conservée pour la comtesse. Quant aux dépravations et aux vénalités enregistrées dans l'Histoire de Bussy, on reste, à vrai dire, dans le doute, en voyant la considération dont jouit encore, à cette époque de 1659 [1], au Luxembourg, et chez Mme de Longueville, la femme étourdie et facile, dont Bussy avoue « qu'elle avoit trouvé « le secret de perdre sa réputation avant de perdre « son innocence. » Dans les actes mêmes qui ont affiché sa passion, il y a de touchantes délicatesses. Lorsqu'on la détournoit de parler de M. de Candale, dont le nom seul provoquoit ses sanglots, elle répondoit : *Cela me fait pleurer, mais cela me fait souvenir de lui.* Il n'est que trop vrai, cependant, que cette femme aimante a été perdue dans l'esprit de ses contemporains. Les pamphlets, les chansons, les satires l'ont livrée en pâture à l'opinion qu'elle a trop bravée, tandis que d'autres ont franchi le pas, avec impunité, sans être moins imprudentes, ni moins répréhensibles. Elle étoit fauve comme une louve, ce qui prête aux chansonniers des jeux de mots de moins bon goût que ceux dont les contemporains avoient poursuivi Mlle Paulet, pour laquelle le nom de Lionne a été

---

1. C'est en 1659 ou en 1660 que Bussy a composé l'*Histoire amoureuse des Gaules*, qu'il a remaniée ou amplifiée deux ou trois ans après. Elle n'a été livrée à la publicité, par les copies, que plus tard, et puis imprimée en Hollande vers 1665.

inventé[1]. Ainsi que Mlle Paulet, Mme d'Olonne avoit débuté par être *précieuse* et même prude ; toutes les séductions du coadjuteur de Retz, alors son voisin de la rue d'Angoumois, plus tard rue Charlot[2], n'avoient pu réussir à la *mettre à mal*, pendant qu'elle étoit Mlle d'Angennes de la Loupe : « Ce qui doit étonner, dit le caustique prélat, ceux « qui n'ont connu que la comtesse d'Olonne[3]. »

1. « Elle avoit beaucoup de vivacité, dit Tallemant ; « elle étoit jolie, avoit le teint admirable, la taille fine, « dansoit bien, etc. Mais elle avoit les cheveux si blonds « qu'ils pouvoient passer pour roux, etc. L'ardeur avec « laquelle elle aimoit, son courage, sa fierté, ses yeux « vifs et ses cheveux trop dorés lui firent donner le nom « de LIONNE. » Voiture revient souvent sur cette plaisanterie. Sarrasin qualifie aussi Mlle Paulet d'*adorable lionne*.

2. Un héritier du comte d'Olonne a bâti l'hôtel de Noirmoutier, rue de Grenelle-Saint-Germain ; c'est l'archevêché aujourd'hui.

3. Le *Portrait*, ou *Caractère*, de Mme d'Olonne n'a point été imprimé dans la première édition in-4° des *Divers portraits*, datée de 1659 par anticipation. Il n'est pas non plus dans l'édition du 25 janvier 1659, en 325 pages, postérieure de quelques semaines à la véritable édition originale, qui fut tirée, dit-on, à trente exemplaires seulement. Mais on trouve l'opuscule de Saint-Evremond dans une nouvelle édition de 1659, en 912 pages : il n'y porte pas de nom d'auteur. Le texte en a probablement été retouché par Segrais. M. de Barthélemy, en publiant une édition fort utile des *Divers portraits*, n'a malheureusement pas indiqué les additions successives des éditions de 1659, ni leurs divergences. Quant au *Caractère* de Mme d'Olonne, M. de Barthélemy a négligé aussi le texte corrigé par Saint-Evremond, qui se trouve dans ses *OEuvres* publiées par Des Maizeaux, et que nous avons reproduit. A l'époque où s'imprimoit le volume de 912 pages, Saint-Evremond étoit probablement aux Pyrénées avec le cardinal Mazarin.

On trouve aussi, dans la collection de Mademoiselle, le portrait de Mme de la Ferté[1], sœur de Mme d'Olonne, et plus tard aussi compromise qu'elle. Le public fut sévère pour Mme d'Olonne, dont l'époux, très-justement estimé, avoit si longtemps eu pour elle des égards et même de l'attachement, quoiqu'il fût un peu coureur, de son côté. Mme d'Olonne n'avoit pas l'excuse de Mme de Courcelles[2], qui eût paru justificative, peut-être, à un grand pape lui-même[3]. Indépendamment du *Caractère* qu'on connoît, et du souvenir inséré dans la *Conversation du duc de Candale*, Saint-Evremond a aussi composé des Stances, où il introduit Mme d'Olonne, sans la nommer, pleurant sur le tombeau

---

1. L'hôtel de Mme de la Ferté-Senneterre occupoit la surface de la place actuelle des Victoires ; il fut acheté et démoli par le maréchal de la Feuillade.

2. La célèbre Sidonia de Lénoncourt, marquise de Courcelles, habita l'un des premiers hôtels qui furent bâtis, rue Jacob, alors rue du Colombier. Voy. le tome IV des *Variétés littéraires*, édit. Jannet. Voy. aussi la notice qui précède la bonne édition des curieux *Mémoires* de Mme de Courcelles, comprise dans la collection *Elzev.* de Jannet.

3. Le pape Pie II, n'étant encore qu'Æneas Sylvius, avoit composé un roman assez agréable, intitulé : *De duobus amantibus Eurialo et Lucretia*, dont la première édition, sans lieu ni date, a été imprimée par U. Zell (1470-72), in-4° goth. Ce livre eut de la vogue, et fut traduit en italien et en françois dès le quinzième siècle. La traduction françoise a été imprimée par Vérard, en 1493, à Paris, in-fol. goth. Le bon pape dit de son héroïne qu'elle étoit *prædiviti viro nupta, indigno tamen cui tantum decus domi serviret: sed digno quem uxor deciperet, et, sicut nos dicimus, cornutum quasi cervum redderet*.

du fils du duc d'Épernon. Cette pièce est médiocre, et nous ne l'avons pas recueillie.

Saint-Evremond n'a pas plus laissé soupçonner son intimité avec Mme d'Olonne, qu'il n'a révélé des noms qu'on regrette de ne pas trouver à la place des *étoiles* qui nous dérobent les objets de quelques autres flammes légères de notre auteur. Nous soupçonnons Mme de Brancas, dont l'hôtel étoit rue de Braque, Mme de Salins et Mlle Cornuel; mais nous ne pousserons pas plus loin l'indiscrétion ou la curiosité.

Au sujet de Mme d'Olonne, pauvre coquette, prise dans ses filets, comme il arrive toujours, on se demande comment M. de Vineuil, secrétaire inconsistant de la Rochefoucauld, a-t-il pu être le concurrent de Saint-Evremond dans la composition du *Caractère* et du *Portrait* de Mme d'Olonne, pour la collection de Mlle de Montpensier? Mme d'Olonne avoit-elle connu Vineuil pendant la Fronde, où la comtesse avoit suivi le parti des princes? C'est probable; et telle est peut-être aussi la cause de l'indulgence toute particulière qu'elle a trouvée dans le grand monde du Luxembourg ou de la rue Saint-Thomas-du-Louvre. Du reste, au Palais-Royal même, chez la reine mère, on étoit bon pour elle; et il falloit bien que cette bonté fût justifiée par un charme et quelque mérite! Le journal déjà cité des deux Hollandais nous révèle, à cet égard, une anecdote curieuse. Mme d'Olonne avoit reçu, aux eaux de Bourbon (1658), et en public, un soufflet de son mari, pour quelque étourderie qui fit perdre patience à cet excellent homme, moins ferme que Saint-Evremond, dans sa philosophie. L'hiver suivant, comme elle étoit dans la chambre de la reine, elle s'y éprit avec passion d'un joli soufflet d'ébène, garni d'argent, qui, par un mécanisme caché, parfumoit l'appartement d'une suave odeur de frangipane, en même temps qu'il souffloit et ravivoit le feu. Elle avoit toujours ce soufflet à la main, et son désir de le posséder devint si ardent qu'elle engagea M. de Vardes à l'escamoter pour elle : ce qui fut fait. Mais on découvrit le vol et la voleuse. La reine en rit et pardonna, tout en exigeant la restitution; et depuis lors, on appeloit notre comtesse *la souffleuse de la reine* et *la souffletée de son mari*, ou bien, simplement, *la dame au soufflet*[1]; ce qui ne l'empêchoit pas d'être de toutes les parties à la cour. Son grand nom couvroit tout [2].

CHAPITRE XII.

CATASTROPHE DE FOUQUET. — DISGRACE DE SAINT-EVREMOND. — SON EXIL.

J'ai déjà parlé du séjour de la reine Christine de Suède à Paris, en 1656. Elle y fut l'objet de toutes les curiosités, et le sujet de toutes les conversations. On ne tarissoit pas sur son abdication, sur son savoir, et sur

---

1. Voy. le *Journal* publié par M. Faugère, et déjà indiqué au chapitre précédent (1862, in-8°, p. 159, 163, 359 et 402).
2. Nous avons dit que le comte d'Olonne étoit de la maison de la Trémouille, branche de Noirmoutier.

l'étrangeté de ses habitudes, si opposées à celles de la société françoise : et les jugements qu'en portoient les salons étoient fort divergents. Les entretiens, à ce sujet, étoient partout très-animés, et donnoient lieu, quelquefois, à des scènes singulières. De ce genre fut une dispute, née probablement chez le commandeur de Souvré, entre le comte de Bautru[1], un précieux qui visoit à l'érudition, et le commandeur de Jars[2], un bourru qui avoit le piquant esprit des Vivonne : l'évêque du Mans, ce scandaleux Lavardin que l'on connoît, tenta d'apaiser la querelle. Saint-Evremond, qui étoit présent, trouva l'affaire si plaisante, qu'il en fit une relation intitulée : *de l'Éducation et de l'ignorance*, et l'envoya au comte d'Olonne, alors éloigné de Paris. On la peut voir dans notre second volume. C'est un petit drame récité, charmant, et d'un goût achevé. Bautru y fait l'éloge de la science, en général, et de Christine, en particulier, comme un vrai précurseur du philosophe Citophile de Voltaire. Le commandeur, avec sa brusquerie spirituelle, prend le parti de l'ignorance, et en fait un éloge qui a été cent fois amplifié, sans qu'on y ait rien ajouté de nouveau. Survient le prélat conciliateur qui, voulant accorder

---

1. L'hôtel du comte de Bautru étoit rue Neuve-des-Petits-Champs, entre la rue Vivienne et la rue Richelieu. Il a été fondu dans les bâtiments de la Bibliothèque impériale. Bautru étoit un ami de Ruvigny, et sceptique comme Saint-Evremond. Il a son *Historiette* dans Tallemant, tome II de l'édit. citée.

2. Le commandeur de Jars, de la maison de Mortemart, habitoit, rue Richelieu, un hôtel, qui a été connu, jusqu'à ces derniers temps, sous le nom d'hôtel de Malte, et qui avoit été bâti par Mansart l'ancien.

tout le monde, et ravi de trouver une occasion d'étaler sa faconde, tousse trois fois avec méthode, commence un discours qui met en fuite l'assemblée, et se retire avec un profond mépris des autres et une intime satisfaction de lui-même.

Peu après, eut lieu le combat à l'épée de Saint-Evremond avec le marquis de Fores, ou de Fors, frère de Mlle de Vigean[1], qui avoit commandé un corps de cavalerie à la bataille de Lens, et qui tenoit un rang dans la société parisienne. Nous n'avons aucun détail, sur l'origine et sur les circonstances de cette rencontre, restée secrète, à raison de la sévérité des ordonnances, laquelle, malgré le mystère observé, obligea Saint-Evremond à se retirer momentanément en lieu sûr, par mesure de prudence, et pour avoir le temps d'obtenir son pardon. Cette rigueur des lois n'étoit qu'un frein léger contre la fureur des duels, toujours persistante, parmi la noblesse. L'éducation elle-même y préparoit; car, le principal exercice des Académies étoit celui de l'escrime. Saint-Evremond, sans être bretteur, comme M. de Lenclos, excelloit cependant à manier l'épée. Tout jeune encore, il avoit inventé cette passe d'armes, qu'on appeloit *la Botte de Saint-Evremond.* Aucune répression ne put arrêter la frénésie des duels, dont l'habitude s'identifioit, dans l'opinion, avec le point d'honneur. L'échafaud de Boutteville[2]

---

1. Saint-Evremond avoit vu mourir, à Arras, un autre frère de Mlle de Vigean, dont la sœur aînée avoit épousé le frère aîné de Miossens. Il a dû connoître particulièrement la jeune et sensible amie du grand Condé, à laquelle l'hôtel de Sully, rue Saint-Antoine, a donné l'hospitalité avant qu'elle prit le voile aux Carmélites.

2. L'hôtel de Montmorency-Boutteville se voyoit rue

ne détourna point son fils ni son petit-fils de se battre, et l'exemple du baron de Chantal n'empêcha pas le duel du marquis de Sévigné.

L'audace et la fréquence des rencontres, à cette époque, passe toute croyance. On ne comptoit pas de semaine où il n'y eût d'événements de ce genre. En plein jour, en plein Pont-Neuf, dans le jardin du Palais-Royal, au jardin de Renard, à la place Royale, quelquefois au sortir d'un salon, les duellistes ensanglantoient le sol. Les curieux s'écartoient pour laisser le champ libre aux combattants, et les protégeoient souvent contre les officiers du roi. On estime que plus de 4000 nobles périrent par les duels sous la minorité de Louis XIV. Quelquefois ces duels étoient des batailles, comme celui de 1652, et le duel des six. Parfois, c'étoient des scènes dramatiques, comme le duel de Laboulaye et de Choisy, au milieu desquels la duchesse de Châtillon vint se jeter, avec une intrépidité qui fit poser les armes aux combattants. On sait que sous le règne de Louis XIV, plusieurs fois de grandes dames se battirent en duel pour un amant. Ce fut pendant la retraite de Saint-Evremond, à la suite de son affaire avec M. de Fors, qu'il composa le gracieux *Discours sur les plaisirs*, adressé au comte d'Olonne, dont il s'attachoit ainsi à cultiver l'amitié, afin de

du Jour, près Saint-Eustache. C'est le numéro 21-23 d'aujourd'hui. Le maréchal de Luxembourg y étoit né. Ce dernier a transporté son logement, en 1673, dans un vaste hôtel, construit sur les jardins des Capucines, et qui, du boulevard, alloit jusqu'à la rue Saint-Honoré, en face de l'Assomption. Sur son emplacement a été percée, en 1719, la rue actuelle de Luxembourg. Voy. Jaillot, 5e Quartier, p. 60.

dissiper peut-être les soupçons jaloux que nous connoissons. La mort du duc de Candale, et la *Conversation* que Saint-Evremond a consacrée à sa mémoire, sont de ce même temps (1658).

Délivré de crainte au sujet du duel, Saint-Evremond servit en Flandre jusqu'aux premiers jours du mois de mai 1659, où fut conclue la suspension d'armes, qui a été suivie de la signature de la paix des Pyrénées, le 7 novembre de la même année. On sait qu'après que les articles préliminaires furent réglés, le cardinal Mazarin partit de Paris, en superbe équipage, pour aller terminer lui-même les négociations qu'avoient ébauchées M. de Lionne[1] pour la France, et don Louis de Haro pour l'Espagne. Le cardinal se fit un cortége des principaux personnages de la cour; et de ce nombre fut Saint-Evremond, qui ne partit point sans promettre au marquis de Créqui[2], son ami, alors lieutenant général, maréchal en 1668, de lui rendre compte de ce qu'il verroit et entendroit de ces fameuses conférences qui ont précédé le traité de 1659, et le mariage de Louis XIV, objet tant désiré de la politique de Mazarin. C'est ce fatal engagement de l'amitié qui a dicté l'un des plus hardis pamphlets de Saint-Evremond, amené sa disgrâce, et provoqué un exil qui a duré jusqu'à sa mort. En effet, après la signature de la paix,

---

1. L'hôtel de Lionne occupoit, près du passage Choiseul, l'espace compris entre la rue Neuve-des-Petits-Champs et la rue Neuve-Saint-Augustin, du côté de la rue Sainte-Anne.
2. L'hôtel du maréchal de Créqui étoit rue de l'Oratoire-du-Louvre, à la hauteur du chevet de l'église de ce nom. Voy. Jaillot, Quartier du Louvre, p. 55.

Saint-Evremond, mémoratif de sa promesse, écrivit à M. de Créqui cette *Lettre sur la paix des Pyrénées*, qui nous est restée : monument remarquable de la diversité des appréciations humaines à l'égard des grands événements de l'histoire.

Le traité des Pyrénées a été jugé, par nous, modernes, comme habile et avantageux, parce qu'il a eu pour résultat immédiat un agrandissement de territoire, qui a fortifié et complété, vers les Pyrénées, la frontière de la France; et parce qu'on y a conclu le mariage du roi, qui promettoit, dans l'avenir, un accroissement de puissance à la monarchie françoise. Mais les contemporains, ou du moins la bonne part d'entre eux, ne l'ont pas jugé du même point de vue. La noblesse françoise, accoutumée à guerroyer, a reçu la paix avec un sentiment de regret très-prononcé; elle ne voyoit pas de raison nationale de finir la guerre. La France étoit victorieuse en Flandre et en Catalogne; l'Espagne étoit ruinée et avoit perdu tout prestige militaire; l'opinion générale étoit qu'il falloit aller jusqu'au bout, et profiter d'une si grande supériorité, pour s'assurer au moins les Pays-Bas espagnols, qu'on avoit manqué d'acquérir à la paix de Westphalie. La nation, remise de ses misères du temps de la Fronde, ne désiroit donc pas la paix, et des hommes aussi considérables que M. de Turenne partageoient ce sentiment. Telle étoit aussi l'opinion de Saint-Evremond. Mais le cardinal Mazarin voyoit les choses autrement. On lui avoit reproché d'avoir perdu la partie, par une inflexible exigence, à Munster; et il craignit de s'attirer une seconde fois la même accusation. Avec onze ans de plus qu'à Munster, il sentoit décliner une santé délabrée. L'acquisition pacifique et prochaine des Pays-Bas espagnols, par la voie d'un mariage, lui parut préférable à leur possession violente et actuelle, par la seule force des armes.

L'espérance de Mazarin ne s'est point, à ce sujet, réalisée, et le prétendu droit de Dévolution n'a pas produit ce qu'on avoit attendu. La dynastie de Louis XIV a gagné plus tard une couronne, à cette affaire, après une guerre désastreuse; mais la France y a perdu, pour toujours peut-être, la conquête des Pays-Bas, que l'Angleterre des Stuarts n'auroit pas songé à contester, et que la Hollande isolée étoit alors incapable d'empêcher. L'opinion de la France militaire, en 1659, étoit peut-être la meilleure; mais le jugement général de la postérité ne l'a pas confirmée. Quoi qu'il en soit, la signature de la paix froissa un sentiment public, mal éclairé si l'on veut, très-manifeste, à coup sûr. Saint-Evremond s'en fit l'organe jusqu'à la passion; il voulut croire qu'il y avoit de l'intérêt et du mystère dans la conduite du cardinal; il adressa donc au marquis de Créqui une satire aussi ingénieuse que mordante; non destinée, sans doute, à la publicité, mais qui faisoit voir que Mazarin avoit sacrifié l'honneur et les intérêts de la France à de vaines appréhensions de troubles intérieurs, et à de solides considérations d'avantage personnel. La conservation et l'accroissement de sa fortune avoient été les principaux mobiles de sa résolution. D'habileté, Saint-Evremond n'en voyoit nulle part; il exagéroit, avec esprit, ce thème du cardinal de Retz, que *le fort de M. le cardinal Mazarin avoit toujours été de* RAVAUDER. Tout cela étoit assaisonné d'une raillerie acérée, et de cette ironie voisine du mépris, moins délicate, peut-être, que celle qu'on admire dans la *Retraite du duc de Longueville*, mais plus caustique et plus blessante; et les conjectures de l'auteur sembloient d'autant plus vraisemblables, que Mazarin étoit plus décrié, à l'endroit de l'argent, et qu'à la paix de Munster, on lui avoit fait des reproches non moins bruyants, ainsi qu'on le peut voir dans les *Mémoires* de Guy-Joly[1].

Le marquis de Créqui n'avoit montré qu'à quelques amis sûrs, tels que le maréchal de Clérambaut[2], les confidences de son correspondant; mais, peu de temps après le traité des Pyrénées, un autre grand événement vint surprendre les contemporains, et entraîna la perte de Saint-Evremond: je veux parler de la disgrâce de Fouquet. Comment Saint-Evremond a-t-il été compromis dans la catastrophe du surintendant? Le voici.

Saint-Evremond avoit jadis connu Fouquet, en Flandre et en Guienne, ainsi que nous l'avons fait remarquer[3]; et ces premières relations de fourni-

---

1. Voy. aussi une lettre de Guy-Patin, du 13 décembre 1659, où se trouvent des détails sur l'exécution du marquis de Bonnesson, un des chefs de la conspiration des Sabotiers, dont le cardinal eut une crainte si ridicule, et dont il est parlé dans la *Lettre* de Saint-Evremond *sur la paix des Pyrénées.*

2. L'hôtel de ce vieux ami de Saint-Evremond étoit rue du Bouloi, n° 11. C'est l'*hôtel des Empires* d'aujourd'hui. On y voit encore une rampe ouvragée, qu'on dit dater du temps du maréchal. Les n°s 8 et 10, de la même rue, étoient l'hôtel du Lude, en face de celui de Clérambaut. Au n° 24, l'*hôtel des Fermes* d'autrefois, étoit la magnifique demeure du chancelier Séguier.

3. Fouquet, étant procureur général, habitoit un bel

tures militaires s'étoient converties en une affection personnelle, dont il reste le témoignage touchant dans une page d'exquise amitié, que nous avons aussi rappelée, et dont on a vainement contesté l'application à Fouquet. Mais un lien plus étroit, et d'un autre genre, unissoit Saint-Evremond le philosophe et Fouquet le financier. Celui-ci avoit une amie intime, dévouée et connue dans Mme du Plessis-Bellière, mère de la marquise de Créqui. Par les Créqui, Saint-Evremond étoit entré dans l'amitié de Mme du Plessis, presque aussi avant que Fouquet lui-même. C'étoit, au jugement de l'annotateur de Dangeau (Saint-Simon), « une des femmes de France qui,
« avec de l'esprit et de l'agrément, avoit le plus
« de tête, le courage le plus mâle, le secret le plus
« profond, la fidélité la plus complète, et l'amitié
« la plus persévérante. Elle souffrit la prison la
« plus rigoureuse, les menaces les plus effrayantes,
« et enfin l'exil le plus fâcheux, à l'occasion de la
« chute de M. Fouquet, et acquit une estime, même
« de leurs communs persécuteurs, qui se tourna à
« la fin en considération, sans avoir cessé d'être,
« jusqu'au bout, la plus ardente et la plus persévé-
« rante amie de M. Fouquet, à travers les rochers
« de Pignerol, et à la connoissance du public, et
« de leurs communs amis. » En outre de ces relations, Saint-Evremond voyoit beaucoup Mme Fouquet, l'épouse du surintendant: autre femme d'un esprit charmant et d'un commerce fort aimable; honorée, en tout temps, de Mme de Sévigné, alors

hôtel, indiqué sur le plan de Gomboust, et aujourd'hui divisé en deux, rue du Temple, n°s 101 et 103.

sa voisine de la rue Saint-Anastase; affectionnée surtout de Mme Scarron, qui avoit inspiré, à la surintendante, un goût très-vif, au sujet duquel le cynique époux de Françoise d'Aubigné a même écrit à Mme Fouquet des impertinences, qu'on étoit convenu de passer au licencieux paralytique.

Or, le cardinal Mazarin étoit mort dans les premiers mois de l'année 1661; et non-seulement le roi avoit résolu de ne pas lui donner Fouquet pour successeur, comme l'avoit rêvé ce dernier, et un sot public avec lui, mais encore le roi avoit, dans son âme, décidé la ruine du surintendant, dont les prévarications le révoltoient, et dont certaines prétentions personnelles l'avoient secrètement mais très-vivement offensé. Donc, vers la fin du mois d'août, le roi prit le prétexte d'un voyage en Bretagne, pour mieux assurer, loin de Paris, l'exécution de ses desseins sur Fouquet, lesquels devoient se réaliser à Nantes. Saint-Evremond fut nommé pour accompagner le roi; et, avant de partir, il porta chez Mme du Plessis-Bellière, qui n'étoit pas du voyage, une cassette qu'il lui remit en dépôt, et où il y avoit de l'argent, des billets, et ses papiers les plus importants. Fouquet ayant été, comme on sait, arrêté le 5 septembre, fut conduit d'abord au château d'Angers, plus tard à la Bastille; et l'on ne se borna pas, après son arrestation, à enlever chez lui les papiers qu'on put trouver : on mit encore les scellés chez toutes les personnes qu'on croyoit avoir été dans ses confidences. Mme du Plessis-Bellière n'y fut pas oubliée.

On découvrit chez elle, ce qu'on ne cherchoit pas, la cassette de Saint-Evremond, qui fut ouverte, comme pouvant intéresser Fouquet, et dans laquelle étoit, en manuscrit original, la *Lettre sur la paix des Pyrénées*. Ni Colbert ni le Tellier n'étoient amis de Saint-Evremond : la tournure de leur esprit ne pouvoit s'accorder avec le sien. Il étoit gentilhomme, ils étoient gens d'affaires ; il étoit bel esprit épicurien, ils étoient pédants ou dévots, et de plus les élèves et les héritiers politiques de Mazarin ; et ils affectoient pour sa mémoire un profond respect, qu'ils n'avoient pas toujours montré pour sa personne en son vivant. Ils mirent sous les yeux du roi cette lettre maldisante[1], qui lui fut lue et commentée, de telle sorte que la chose parut un crime d'État. Le roi dut facilement, en effet, se laisser aller à la colère en voyant un écrit où il se pouvoit croire outragé, puisque son mariage y étoit présenté comme une trahison des intérêts nationaux ; et qui, en outre, lui rappeloit les pamphlets de la Fronde contre sa mère et *le Sicilien*. Que Colbert y ait mis de la passion, on n'en sauroit douter, car il opposa, de tout temps, une résistance opiniâtre à l'amnistie de Saint-Evremond, sollicitée à plusieurs reprises par MM. de Lionne, par les Grammont et autres amis

1. Cette lettre a été imprimée pour la première fois en Hollande, à la suite de l'*Histoire de la paix conclue sur les frontières de France et d'Espagne entre les deux couronnes*, *l'an* 1659 (traduit de l'italien de Gualdo Galeazzo Priorato par H. Courtin), *avec les traités, et un Recueil de diverses matières concernant le duc de Lorraine; augmentée du plan de l'Isle de la Conférence*. Cologne, P. de la Place (Holl. Elzevir), 1667, deux part. en 1 vol. petit in-12. Elle n'a pas été comprise, comme on le devine aisément, dans les Recueils publiés par Barbin ; mais elle est insérée dans l'édition hollandaise, de 1699, des *OEuvres meslées de Saint-Evremond*.

illustres de notre auteur. La trop habile Mme de Maintenon ne s'en inquiéta jamais, pas plus que de Mme Fouquet. Colbert étoit, aux yeux du public, un grand ministre; mais, dans le privé, une petite vertu. Sa fortune, pour être moins scandaleuse que celle de Fouquet, n'en est pas moins fort reprochable; et ce soin dont il se chargeoit, en compagnie de Mme Colbert, son épouse, de faire accoucher, en secret, les maîtresses du roi : la tendre la Vallière d'abord, puis l'altière Montespan, est peu digne d'un homme honnête et délicat. Mais l'abaissement des caractères est un des plus fâcheux effets du pouvoir absolu; et un jour arrive où nul ne sait plus résister au maître, quoi qu'il demande.

Saint-Evremond, après le désastre de Fouquet, avoit quitté la cour, et, sans se douter des visites domiciliaires pratiquées à Paris, il s'étoit retiré dans une terre du maréchal de Clérambaut, pour se livrer librement à ses regrets. Il fut averti que l'ordre étoit donné de l'arrêter, par Gourville, qui lui envoya un homme de confiance, lequel le rencontra dans la forêt d'Orléans, revenant à Paris en toute sécurité, avec le maréchal. L'avertissement lui fit rebrousser chemin : c'est Gourville qui nous apprend ces détails dans ses *Mémoires*; et il paroît même que ce fut sur les conseils réitérés de cet ami que Saint-Evremond se mit en sûreté, d'abord en Normandie, où il resta caché pendant quelque temps; puis, ayant acquis la certitude qu'on avoit résolu de l'enfermer à la Bastille, il se rapprocha secrètement de la frontière, sur la fin de l'année 1661, et préférant l'exil à la prison, il prit refuge à l'étranger. A ce sujet, Voltaire nous dit que de mille écrits faits contre le cardinal, le moins mordant fut le seul puni, et le fut après sa mort. La première partie de la remarque n'est pas juste; car pour être exempte de violence et de grossièreté, la *Lettre* de Saint-Evremond n'en est pas moins vive et piquante. Mais il est vrai que les mazarinades impudentes de Scarron et de Marigny furent pardonnées, et que la mazarinade élégante et polie de Saint-Evremond ne le fut pas.

Saint-Evremond s'est souvenu avec une douce mélancolie, dans son fragment *sur la Retraite*, de ce dernier mois qu'il a passé dans la société intime du maréchal de Clérambaut, son ami. « A la prison de « M. Fouquet, dit-il, M. le maréchal de Cléram- « baut avoit la tête remplie de ces imaginations de « retraite. *Que l'on vivroit heureux, me disoit-il,* « *en quelque société où l'on ôteroit à la fortune la* « *juridiction qu'elle a sur nous! Nous lui sacrifions,* « *à cette fortune, nos biens, notre repos, nos an-* « *nées, peut-être inutilement; et, si nous venons à* « *posséder ses faveurs, nous en payons une courte* « *jouissance, quelquefois de notre liberté, quel-* « *quefois de notre vie. Mais quand nos grandeurs* « *dureroient autant que nous, elles finiront du* « *moins avec nous-même. Et qu'ont fait des leurs* « *ces grands favoris qui n'ont jamais vu interrom-* « *pre le cours de leur fortune? Ne semblent-ils pas* « *n'avoir acquis tant de gloire et amassé tant de* « *biens que pour se préparer le tourment de ne sa-* « *voir ni les quitter ni les retenir?* C'étoient là ses « entretiens ordinaires, un mois durant que je fus « avec lui; et ce courtisan agréable, dont la con-

« versation faisoit la joie la plus délicate de ses
« amis, se laissoit posséder entièrement à ces sortes
« de pensées, quelquefois judicieuses, et toujours
« tristes. »

Saint-Evremond chercha premièrement un asile
en Hollande, ensuite en Angleterre. Nous savons l'inutilité des efforts tentés pour obtenir sa
grâce. Le roi fut inflexible pendant plus d'un quart
de siècle; et lorsque, à la veille de la guerre de
1689, on fit savoir au banni qu'il pouvoit retourner
dans sa patrie, le philosophe, déjà vieux, répondit
qu'il étoit un peu tard, et préféra finir ses jours
sur la terre hospitalière, où il avoit trouvé sa sûreté,
entouré d'honneurs et d'affections. Voltaire, dans
le Siècle de Louis XIV, a rendu hommage au noble
caractère déployé alors par Saint-Evremond. Mais
il laisse soupçonner une cause secrète de disgrâce
autre que celle de la *Lettre sur la paix des Pyrénées*. Cette conjecture n'a aucun fondement plausible, à moins qu'on ne veuille croire que Saint-Evremond a été poursuivi, en outre de sa fameuse
Lettre, comme auteur présumé de quelque écrit
apologétique en faveur de Fouquet[1]. Il en parut
beaucoup, sans nom d'auteur, à cette époque, et
l'on en peut voir bon nombre dans les papiers de
Conrart. Mais aucun d'eux n'a jamais été, sérieusement du moins, attribué à Saint-Evremond. Il

---

1. Voy. Feuillet de Conches, *Causeries d'un curieux*,
tome II, p. 516. L'histoire de l'administration et de
la disgrâce de Fouquet nous est aujourd'hui parfaitement connue, grâce aux recherches de M. Walckenaer
et de M. Chéruel. Je renvoie mes lecteurs à leurs ouvrages, qui sont dans les mains de tout le monde.

n'y en a trace nulle part, et c'est une erreur de quelques biographes d'avoir avancé que Saint-Evremond avoit écrit en faveur de Fouquet : il auroit craint, très-justement, de le compromettre davantage. Un sonnet médiocre, mais violent, contre Colbert, et composé par Hesnault, a cependant passé, un moment, pour être de notre auteur [1].

La disgrâce a grandi et honoré Saint-Evremond, car il n'a maudit ni son pays, ni son roi, comme Saurin, et il ne s'est point humilié comme Bussy ; mais la triste réalité de l'exil n'en a pas moins été, pour lui, douloureuse et funeste. La proscription n'en a pas moins privé Saint-Evremond du libre commerce avec le public françois, qui lui étoit si sympathique, et auquel seul son esprit pouvoit s'adresser naturellement. A la cour de Charles II, il a sans doute retrouvé des mœurs, des goûts et une politesse qui lui rappeloient la cour de France ; et l'aristocratie émigrée à la suite des Stuarts, qui revenoit de l'exil, avec son prince, au moment même où Saint-Evremond y étoit condamné, lui a rendu, en Angleterre, la généreuse hospitalité qu'elle avoit reçue, en France, de la société parisienne, dont notre fugitif étoit l'ornement. Mais, malgré ces hasards réparateurs, et ces chevaleresques procédés, la vérité des choses ne changeoit point pour Saint-Evremond : il étoit proscrit. A la cour de Louis XIV, il fut tenu pour mort, et ceux qui voulurent plaire ne prononcèrent plus son nom. Parmi les hommes de lettres en faveur, il se trouva de bas courtisans

---

1. Il a été recueilli par Des Maizeaux, dans les OEuvres supposées de Saint-Evremond.

de la fortune, qui s'appliquèrent, pendant long-temps, à effacer le souvenir de notre auteur de la publicité, ou du moins à l'amoindrir. Corneille et la Fontaine furent fidèles. Mais Racine s'est borné à une froide lettre de remercîment, au sujet de l'*Alexandre*; et Boileau n'a pas épargné à Saint-Evremond une rudesse peu magnanime.

En 1668, Barbin put laisser deviner le nom de Saint-Evremond, en tête d'un volume, et dix ans plus tard, y mettre son nom tout entier; mais on diroit que ce fut à la charge d'altérer certains textes, et d'en supposer d'autres. Un abbé Pic a exercé l'industrie de ces manipulations. Jusque-là, ces ouvrages ne se vendoient qu'à la dérobée, toujours imprimés à l'étranger. La liberté des salons, et le retentissement de la renommée, en Angleterre et en Hollande, les deux seuls pays libres de l'Europe, sauvèrent Saint-Evremond d'un oubli complet, dans sa patrie. L'esprit est le plus difficile des révoltés à réduire; aussi Louis XIV n'aimoit-il que l'esprit soumis. Or, l'esprit avoit pris parti pour l'exilé, contre le roi. La société polie fut la sauvegarde, la forteresse imprenable du banni. Autour du roi lui-même, des amis s'honorèrent par leur constance. Le comte de Grammont fut admirable, Créqui noble et ferme, la Rochefoucauld convenable, le comte d'Olonne parfait, et du meilleur goût. Quelques femmes, parmi les plus spirituelles et les plus belles: une entre autres, et la plus célèbre, donnèrent l'exemple d'un inviolable dévouement à Saint-Evremond. Mais tout cela n'étoit point la France; et, au long aller de l'absence, Saint-Evremond s'est trouvé comme privé de participation active à l'évolution littéraire qui s'accomplit dans son pays. Il est facile de voir, en le lisant, qu'il a gardé la couleur et le cachet d'une autre époque. La colère royale, en l'éloignant de la France, l'a exclu de tout un règne glorieux. Son esprit est donc resté celui de la régence d'Anne d'Autriche : la postérité ne s'en plaint pas aujourd'hui; mais, l'épicuréisme n'étant plus à la mode, sous le gouvernement personnel de Louis XIV, Saint-Evremond est apparu, pour ainsi dire, comme un rêveur du temps passé, à la foule toujours si nombreuse qu'entraîne le mouvement du flot contemporain. On distingue bien, à travers une allusion de la Bruyère lui-même, que Saint-Evremond est, à ses yeux, un esprit singulier, et presque suranné. Quant au langage, il avoit pris, de son côté, un autre tour, une autre forme, une autre allure, pas toujours meilleure peut-être, mais saisissable à tout connoisseur; Saint-Evremond a dû attendre d'une réaction tardive, qui date presque de la fin du siècle, de la paix de Riswyck, le retour de faveur, et de liberté de relations, dont il a joui de son vivant, en France.

Aussi, malgré la réputation de leur auteur, les ouvrages de Saint-Evremond n'ont point eu de véritable popularité françoise. Les éditions en ont été multipliées à l'étranger, noyées dans un mélange incroyable d'œuvres apocryphes; et un petit nombre de lecteurs françois a été familier avec elles. On se les passoit, comme une rareté, comme une curiosité; mais le vrai public y avoit peu de part. On lit, en tête de l'édition hollandaise de 1699, ces paroles que l'éditeur emprunte, en partie, aux préfaces précédentes de Barbin : « Voici une nouvelle impression

« des OEuvres de M. de Saint-Evremond, augmentée
« de plusieurs pièces curieuses, que le public n'a
« point encore vues, et que j'ai retirées des mains de
« quelques personnes de qualité, à qui il les avoit
« lui-même données.... Tout le monde connoît la
« beauté du génie de M. de Saint-Evremond. Son
« nom suffit pour donner de la réputation aux ou-
« vrages d'esprit ; et ceux-ci le portent à plus juste
« titre que plusieurs autres qu'on lui a attribués, et
« qui ont eu cependant beaucoup de cours, par
« cette heureuse prévention. *Ceux qui savent com-*
« *bien les curieux ont de peine à se dessaisir des*
« *moindres ouvrages qui sont partis de sa plume,*
« *demeureront d'accord qu'il n'a pas fallu peu de*
« *soin pour en ramasser un aussi gros volume que*
« *celui-ci*.... Je ne dissimulerai point que, parmi
« le grand nombre de pièces qu'on m'a données,
« comme véritablement de lui, il y en a quelques-
« unes qui m'ont paru douteuses, etc. »

L'universalité de la langue françoise a procuré plus de succès, à ces ouvrages, hors de France, qu'à Paris même, où l'auteur, ne pouvant ni jouir ni profiter de la faveur populaire, ne l'a ni recherchée, ni cultivée. L'estime qu'il a obtenue, dans les régions élevées de l'esprit françois, n'est point descendue dans la zone inférieure du public proprement dit; il faut reconnoître, d'ailleurs, que la nature des ouvrages de Saint-Evremond s'y prêtoit peu. Il est donc demeuré, pour la masse de ses compatriotes, et surtout pendant la guerre de dix ans qui a suivi l'avénement de Guillaume d'Orange au trône d'Angleterre, presque à l'état d'écrivain étranger; et comme, par des raisons que nous avons indiquées, la philosophie du dix-huitième siècle ne lui a pas été très-sympathique, bien que Saint-Evremond lui eût frayé la voie : les suffrages d'admiration que lui donnoient, à cette époque, ceux qui l'avoient connu, entendu et lu, n'ont eu qu'un foible écho dans les générations qui leur ont succédé. Les Anglois l'ont enseveli à Westminster, au milieu de leurs grands hommes ; Bayle l'a préconisé avec un enthousiasme qui a eu Voltaire pour censeur ; Saint-Evremond étoit encore un personnage pour la Bruyère ; Vauvenargues ne se doute plus de son existence.

En s'éloignant de la scène mouvante de son pays, Saint-Evremond avoit laissé la place libre à des écrivains qui s'exerçoient déjà dans les genres divers de littérature, dont le règne de Louis XIV a fait sa gloire. La *Lettre sur la paix des Pyrénées* annonçoit l'esprit politique auquel on a dû, plus tard, les *Réflexions sur les divers génies du peuple romain*. Mais la place d'un homme éminent, qui disparoît du monde, est plutôt prise qu'on ne pense : mal, il est vrai, très-souvent, mais enfin elle est prise, et le monde poursuit son chemin. Ainsi, par son exil de France, et malgré l'éclat dont son talent a brillé dans un pays voisin ; malgré la renommée qu'il conserva, dans un certain cercle de personnes distinguées, à Paris ; Saint-Evremond, il est triste de l'avouer, a pour ainsi dire cessé de compter, pour un temps, dans la société françoise qu'il avoit honorée ; il n'a plus joué de rôle actif dans son pays, dont il a été séparé par toutes sortes d'événements et d'accidents, et à tout le moins par des difficultés de communications, alors bien autres qu'aujourd'hui. Son honnêteté même a contribué à compléter l'effet de son bannissement. On ne le trouve mêlé à aucune des intrigues ourdies par les réfugiés, soit en Hollande, soit en Angleterre. A la révocation de l'édit de Nantes, il revoit de vieux amis, tels que les Ruvigny [1], fugitifs comme lui, mais il demeure étranger à leurs ressentiments. Il est donc resté un émigré très-regretté, objet de quelques attachements, objet de beaucoup plus d'oublis.

Et cependant loin de se laisser abattre, son esprit s'est élevé davantage. En butte à la colère d'un roi, il est demeuré calme, résigné, respectueux. Il écrit au marquis de Créqui, qu'*après avoir vécu dans la contrainte des cours, il se console d'achever sa vie dans la liberté d'une république, où s'il n'y a rien à espérer, il n'y a du moins rien à craindre.* Il étoit alors en Hollande. Ses sentiments ne changèrent pas, en Angleterre. Son talent, soutenu par sa sérénité naturelle, a pris même, au sein de la civilisation britannique, où il a passé le reste de ses jours, une indépendance et une direction, qui sans rien avoir jamais de ce qu'on est convenu de nommer l'*esprit* ou le *style réfugié*, se ressent tout à la fois, pourtant, de la liberté politique qui lui sert de refuge, et du caractère particulier de la littérature angloise, au dix-septième siècle. Il sera le précurseur de Montesquieu, dans l'histoire politique des Romains; et dans le domaine de la littérature, dans la poétique théâtrale spécialement, il prendra les devants sur la critique françoise de

---

[1]. Sur l'émigration des Ruvigny, voy. Saint-Simon. M. H. Martin a confondu le père et les enfants, notamment dans la relation de la bataille de Nerwinde.

son temps. Voilà des qualités nouvelles d'intelligence et de goût, que l'exil a développées chez Saint-Evremond, et qui en ont fait, de plus en plus, un esprit à part, dans notre histoire littéraire. Aussi, quoique perdu pour le commun, il a excité peut-être une plus grande admiration auprès du petit monde d'hommes indépendants et délicats qui ont pu l'apprécier. Il régnera toujours dans le salon de la rue des Tournelles ; et vers la fin du long règne de Louis XIV, au crépuscule de la réaction du dix-huitième siècle, on s'arrachera de nouveau les petits ouvrages de Saint-Evremond. La correspondance de Mathieu Marais nous est témoin de cette recrudescence de faveur : « J'ai lu, dit cet « avocat chroniqueur à Mme de Mérignac, la *Vie* « *de Saint-Evremond,* par Des Maizeaux (1709), « qui m'a paru mauvaise, froide, allongée. Ce « n'est pas là l'homme qu'il nous faut, *pour parler* « *du plus grand homme du monde.* »

A ce petit nombre de lecteurs, Saint-Evremond offroit le charme d'une liberté de manière et de pensée qui sembloit avoir disparu de la prose françoise depuis 1660, pour faire place, sans doute, à d'autres grandes qualités, mais qui accusoient trop, peut-être, la règle et la contrainte. Cette liberté, restée au fond des cœurs d'élite, n'avoit plus alors que Saint-Evremond pour interprète. Puis, quand elle fut dépassée; quand l'esprit eut porté plus loin sa passion, ses efforts, ses facultés, une sorte de nouvel exil est venu frapper Saint-Evremond, dont la modération ne répondoit plus à l'entraînement général. C'est surtout la poésie légère de notre auteur que Voltaire poursuit ; c'est là ce qui le blesse le plus, en apparence, dans la réputation de Saint-Evremond; mais au fond, ce qu'il veut frapper, c'est le philosophe calme, bienséant, réservé, dont tous les écrits contrastoient avec les emportements sans limite du nouveau chef de la philosophie.

Voltaire qualifie justement l'abbé de Chaulieu, en l'appelant le premier des poëtes négligés. Mais cependant, en lui donnant le pas sur Saint-Evremond, dans *le Temple du goût*, Voltaire manque d'équité. Quelle pièce de vers a survécu à cet abbé si souvent en goguette, et si voisin de Grécourt: aimable et spirituel, sans doute, mais d'un goût si souvent hasardé! Quel ouvrage de Chaulieu peut entrer en parallèle avec cette épître charmante de Saint-Evremond, dont tout esprit orné connoît les rimes agréables:

J'ai vu le temps de la bonne régence, etc.

Voltaire lui-même a-t-il rien de plus fin que ces vers à *l'Homme sur le retour*:

Qu'il te faut d'art avec des belles
Que tu veux tendres et cruelles!
Que d'art à vaincre les rigueurs!
Que d'art à borner les faveurs!

Saint-Evremond, négligé comme Chaulieu, demeure le maître de ce dernier, qui du reste lui fait hommage, en toute occasion. C'est pourtant dans cette partie des œuvres complètes de notre auteur que nous avons le plus sacrifié au choix. En général ces bluettes auxquelles Saint-Evremond n'attachoit aucune importance, n'avoient pas été composées pour la publicité. Elles n'avoient qu'une valeur de salon, qui est perdue pour nous.

Ce n'est pas là qu'est la gloire de Saint-Evremond. Ce qui le distingue éminemment, c'est sa prose; c'est l'admirable équilibre de son jugement dans le choc des opinions; c'est le tour constamment spirituel, quoique un peu travaillé, de sa pensée; c'est son langage, qui, malgré l'art qu'il révèle, n'emprunte jamais qu'une expression simple; c'est la délicatesse de son goût, qui tire son charme de la délicatesse du sentiment; c'est la finesse de sa critique, laquelle arrive mainte fois à une raison supérieure; c'est enfin une certaine qualité d'esprit politique, qu'on ne trouve que chez lui au dix-septième siècle. Il y a tel chapitre de ses *Réflexions sur les divers génies du peuple romain*, que Bossuet ou Montesquieu n'ont point surpassé. Quelle impartialité profonde, dans sa lettre à M. Justel, sur les affaires religieuses du temps! Voyez encore un ouvrage de lui presque inconnu: Son *Discours sur les historiens françois*. Quelle précision d'analyse! quel sens profond! quelle sûreté de trait quand il dessine les caractères des capitaines contemporains, et qu'il expose le rôle de la passion dans les affaires humaines! Il y a là des pages qui rappellent la manière du cardinal de Retz, auquel il n'est pas inférieur; sans parler de ce vrai chef-d'œuvre de la *Retraite de M. de Longueville*, qui, pas plus que la *Conversation du maréchal d'Hocquincourt*, n'a rien de plus élégant dans notre langue.

Saint-Evremond, en partant pour l'exil, a laissé la réputation d'un gentilhomme indépendant, que son éducation et son esprit avoient fait *homme de lettres*. Mais quelle différence entre Saint-Evremond et l'*homme de lettres*, proprement dit, du dix-septième siècle! et l'*homme de lettres* que le grand seigneur courtise au siècle suivant!

Le gentilhomme, élève de Montaigne, tient la plume de l'écrivain, chez Saint-Evremond, comme chez la Rochefoucauld. Au moment où il quittoit la France, un ami lui demanda *son opinion sur les sciences où peut s'appliquer un honnête homme:* on aimoit, en ce temps-là, à traiter un sujet philosophique ou littéraire, en forme de lettre; Saint-Evremond répond à son ami, par un petit *factum* exquis, sur la question posée : « Je n'ai jamais eu « de grands attachements à la lecture; si j'y emploie « quelques heures, ce sont les plus inutiles, sans « dessein, sans ordre, quand je ne puis avoir la « conversation des honnêtes gens, et que je me « trouve éloigné du commerce des plaisirs. Ne vous « imaginez donc pas que je vous parle profondé- « ment de choses que je n'ai étudiées qu'en pas- « sant, etc. » Et après quelques lignes de critique générale, sur la théologie, la philosophie et les mathématiques, il ne trouve point de connoissances qui intéressent plus particulièrement l'honnête homme, que la morale, la politique et les belles-lettres. « La première, dit-il, regarde la « raison; la seconde, la société; la troisième, la « conversation. L'une vous apprendra à gouverner « vos passions; par l'autre, vous vous instruisez « des affaires de l'État, et réglez votre conduite « dans la fortune; la dernière polit l'esprit, in- « spire la délicatesse et l'agrément. » Voilà les conclusions de l'épicuréisme. Il les développe avec plus de complaisance et plus d'ampleur dans cette autre lettre célèbre au maréchal de Créqui, laquelle est une sorte de revue encyclopédique de toutes les sciences humaines, considérées au point de vue de l'homme du monde et du philosophe.

« Un choix délicat, dit-il au maréchal, me réduit
« à peu de livres, où je cherche beaucoup plus le
« bon esprit que le bel esprit; et le bon goût, pour
« me servir de la façon de parler des Espagnols,
« se rencontre ordinairement dans les écrits des
« personnes considérables. J'aime à connoître, dans
« les ÉPÎTRES de Cicéron, et son caractère, et celui
« des gens de qualité qui lui écrivent. Pour lui, il
« ne se défait jamais de son art de rhétorique; et
« la moindre recommandation qu'il fait au meil-
« leur de ses amis, s'insinue aussi artificieusement
« que s'il vouloit gagner l'esprit d'un inconnu,
« pour la plus grande affaire du monde. Les LET-
« TRES des autres n'ont pas la finesse de ces dé-
« tours : mais à mon avis, il y a plus de bon sens
« que dans les siennes; et c'est ce qui me fait juger
« le plus avantageusement de la grande et générale
« capacité des Romains de ce temps-là.

« Nos auteurs font toujours valoir le siècle d'Au-
« guste, par la considération de Virgile et d'Ho-
« race; et peut-être plus par celle de Mécénas
« qui faisoit du bien aux gens de lettres, que par
« les gens de lettres même. Il est certain néanmoins
« que les esprits commençoient alors à s'affoiblir,
« aussi bien que les courages. La grandeur d'âme
« se tournoit en circonspection à se conduire; et le
« bon discours, en politesse de conversation; en-
« core ne sais-je, à considérer ce qui nous reste de
« Mécénas, s'il n'avoit pas quelque chose de mou,
« qu'on faisoit passer pour délicat. Mécénas étoit

« le grand favori d'Auguste, l'homme qui plaisoit,
« et à qui les gens polis et spirituels tâchoient de
« plaire. N'y a-t-il pas apparence que son goût ré-
« gloit celui des autres? qu'on affectoit de se donner
« son tour, et de prendre autant qu'on pouvoit
« son caractère?

« Auguste lui-même ne nous laisse pas une
« grande opinion de sa latinité. Ce que nous voyons
« de Térence, ce qu'on disoit à Rome de la poli-
« tesse de Scipion et de Lélius, ce que nous avons
« de César, ce que nous avons de Cicéron : la plainte
« que fait ce dernier sur la perte de ce qu'il ap-
« pelle *sales, lepores, venustas, urbanitas, amœ-*
« *nitas, festivitas, jucunditas :* tout cela me fait
« croire, après y avoir mieux pensé, qu'il faut
« chercher en d'autres temps que celui d'Auguste,
« le bon et agréable esprit des Romains, aussi bien
« que les grâces pures et naturelles de leur langue. »

Tout est traité, par Saint-Evremond, de ce grand air qu'on vient de voir : la philosophie, la religion, la morale, la littérature. Il n'est point d'écrivain du dix-septième siècle chez qui l'esprit critique se montre avec cette liberté, cette hauteur, cette universalité. Ce grand seigneur écrivant pour son plaisir est le premier critique de profession qui se produise en notre histoire littéraire : j'entends le critique tel qu'on le rencontre dans le siècle suivant et dans le nôtre. Saint-Evremond devoit cette heureuse disposition de son talent au scepticisme même qu'il professoit, et qui l'avoit sollicité à scruter la raison des choses, sur toute l'échelle des connoissances. Moins téméraire que Bayle, il lui ressemble par les qualités critiques, autant du moins qu'un philosophe de salon peut ressembler à un philosophe d'école. Si donc l'exil isole Saint-Evremond du royaume de Louis XIV, il sera redevable à son infortune même d'une étendue d'esprit, d'une fermeté de vue, et d'une émancipation de jugement, dont ses amis, restés sur le sol natal, n'oseront faire montre, tout en pensant comme lui. Saint-Evremond réfléchit, en effet, les idées qui furent comprimées, en France, pendant les cinquante dernières années du règne de Louis XIV.

Il y a du païen Horace dans le chrétien Saint-Evremond : tous deux épicuriens de bonne compagnie, ils ont profondément exercé leur esprit à la philosophie des choses de la vie; et leur réflexion tourne constamment à la grâce, à l'indulgence, à la bonté : avec plus de verve chez Horace, avec plus de politesse chez Saint-Evremond. Chez l'un, comme chez l'autre, la pensée philosophique s'échappe et s'exprime en cette langue délicate qui la rend digne des honnêtes gens. Quel esprit aimable que celui de l'homme qui a écrit ces lignes ! « Dans un faux
« sujet d'aimer, les sentiments d'amitié peuvent
« s'entretenir, par la seule douceur de leur agré-
« ment; dans un vrai sujet de haïr, on doit se
« défaire de ceux de la haine, par le seul intérêt
« de son repos.... L'état de la vertu n'est pas un
« état sans peine. On y souffre une contestation
« éternelle de l'inclination et du devoir. Je puis
« dire de moi une chose extraordinaire, c'est que
« je n'ai presque jamais senti ce combat intérieur
« de la passion et de la raison : la passion ne s'op-
« posoit point à ce que j'avois envie de faire par
« devoir; et la raison consentoit volontiers à ce que

« j'avois envie de faire par plaisir. Je ne prétends
« pas que cet accommodement si aisé me doive
« attirer de la louange; je confesse, au contraire,
« que j'en ai été souvent plus vicieux : ce qui ne
« venoit point d'une perversion d'intention, qui
« allât au mal, mais de ce que le vice se fesoit
« agréer comme une douceur, au lieu de se laisser
« connoître comme un crime. »

Il étoit supérieur dans la conversation; et l'on peut voir comme il en montre habilement les ressorts et les triomphes, dans la même *Lettre* au maréchal de Créqui. Comme il connoît bien ce qui fait réussir auprès des femmes! Comme il apprécie les conditions plus difficiles du succès, dans la conversation des hommes! Aussi se montre-t-il accommodant, quand il s'agit de ce talent si rare. « J'ai été autre-
« fois, dit-il, plus difficile qu'aujourd'huy; et je
« pense y avoir moins perdu du côté de la délicatesse,
« que je n'ai gagné du côté de la raison. Je cher-
« chois alors des personnes qui me plussent, en toute
« chose; je cherche aujourd'hui, dans les per-
« sonnes, quelque chose qui me plaise. C'est une
« rareté trop grande, que la conversation d'un
« homme en qui vous trouviez un agrément uni-
« versel, et le bon sens ne souffre pas une re-
« cherche curieuse, de ce qu'on ne rencontre
« presque jamais.... Ce n'est pas, à dire vrai, qu'il
« soit impossible de trouver des sujets si précieux;
« mais il est rare que la nature les forme, et
« que la fortune nous en favorise.... Dans les
« mesures que vous prendrez pour la société, faites
« état de ne trouver les bonnes choses que sépa-
« rément, etc. Ce grand maître du théâtre, à qui

« les Romains sont plus redevables de la beauté de
« leurs sentiments, qu'à leur esprit et à leur vertu,
« Corneille, devient un homme commun, lorsqu'il
« s'exprime pour lui-même. Il ose tout penser pour
« un Grec ou pour un Romain; un François ou un
« Espagnol diminue sa confiance; et quand il parle
« pour lui-même, elle se trouve tout à fait ruinée. Il
« prête à ses vieux héros tout ce qu'il a de noble
« dans l'imagination; et vous diriez qu'il se défend
« l'usage de son propre bien, comme s'il n'étoit
« pas digne de s'en servir. »

Les ouvrages de Saint-Evremond ont donc été, dans l'ancienne société françoise, comme le Manuel de l'homme du monde. Aujourd'hui même, ce Manuel n'est pas suranné, parce que la nature ne l'est jamais, et que d'ailleurs le grand art d'écrire a dans Saint-Evremond un interprète admirable. Il possède le don heureux de la composition et du langage élégant: ce soin assidu, cette coquetterie de la forme, qui sans être la condition du succès, y conduit presque toujours, et assure au livre le suffrage de la postérité. Le naturel simple n'est pas, si l'on veut, la qualité dominante de son style; c'est le naturel orné. La grâce y est constante : quelquefois négligée, toujours piquante et délicate; de la finesse, en toute occasion, souvent de la profondeur, beaucoup d'esprit, mais aussi, parfois, quelque reste des manières de Voiture, avec le désir de produire un effet. Cependant, l'auteur n'absorbe jamais l'homme lui-même. L'homme de sens, l'homme de raison, l'homme d'esprit, respire à toutes les pages de ses œuvres. Mais cet homme qui ne vouloit écouter que la nature, dans son vivre, court volontiers après l'art, dans l'écriture, même dans l'intimité épistolaire : différent en cela de Chapelle, qui étant inégal et négligé par caractère, l'est sans aucune gêne, en ses écrits, tout comme Chaulieu. Saint-Evremond a beaucoup critiqué les Précieuses ; et, pour les avoir trop connues, il lui reste quelque chose de leurs habitudes. Il est facile de juger qu'il exerçoit son esprit, comme on exerce son corps, pour lui maintenir la souplesse et la santé. Jamais il ne s'emporte ; il fuit même l'élévation : elle lui sembleroit de la passion. Mais le fin, le délicat, le recherché, voilà ce qui l'occupe, et c'est là qu'il excelle. Il le poursuit en toutes choses, parce qu'il applique son esprit à toutes choses ; l'histoire, la poésie légère, la philosophie morale, la musique, l'art épistolaire, la critique, la poétique. C'est le premier type du polygraphe, que nous ayons dans notre langue [1], avant Voltaire. Avec lui est partie pour l'exil l'école épicurienne, et l'on s'en ressent, désormais, dans notre littérature ; mais la société épicurienne est restée, qui n'ayant plus de régulateur, a laissé perdre insensiblement la bienséance que recommandoit Saint-Evremond, et dont il donnoit l'exemple. Il n'est pas sorti de livre, proprement dit, de cette école épicurienne. Le livre est un effort, et l'épicurien s'en abstient ; mais ces riens charmants, ces productions légères, dont l'agrément et le trait font le mérite principal, et qui sont l'expression agréable et vraie de l'esprit du monde, on ne les trouve nulle autre

---

1. Pascal avoit dit : « Puisqu'on ne peut être universel « et savoir tout ce qui se peut savoir sur tout, il faut « savoir un peu de tout.... Cette universalité est la plus « belle. »

part aussi polis, aussi gracieux, que dans l'école de Saint-Evremond, lequel, pour son compte personnel, a écrit cependant, après des badinages pleins de goût, et sous la rude épreuve de l'exil, les *Réflexions sur les divers génies du peuple romain*. L'auteur de l'*Esprit des loix* y préludoit aussi par les *Lettres persanes*, et s'en délassoit par le *Temple de Cnide*.

Déjà fort connu de tous les beaux esprits de l'Europe, lorsqu'il quitta la France, la considération qu'il acquit en Angleterre le mit encore plus en évidence. Les philosophes de tous les pays y vinrent se grouper autour de lui. Alors commence à se former, à Londres, et bien avant de se montrer à Paris, une bonne compagnie, en quelque sorte européenne, qui s'élève au-dessus des préjugés et des caractères nationaux : véritable tribunal d'opinion publique, absorbant les opinions particulières, et visant au gouvernement de l'humanité civilisée; le salon de la duchesse Mazarin en a été la métropole momentanée. Saint-Evremond écrivoit au maréchal de Créqui :

« Depuis dix ans que je suis en pays étranger,
« je me trouve aussi sensible au plaisir de la conver-
« sation, et aussi heureux à le goûter, que si j'avois
« été en France. J'ai rencontré des personnes d'au-
« tant de mérite que de considération, dont le com-
« merce a su faire le plus doux agrément de ma
« vie. J'ai connu des hommes aussi spirituels que
« j'en aie jamais vu, qui ont joint la douceur de
« leur amitié à celle de leur entretien. J'ai connu
« quelques ambassadeurs si délicats, qu'ils me pa-
« roissoient faire une perte considérable, autant de

« fois que les fonctions de leur emploi suspendoient
« l'usage de leur mérite particulier.

« J'avois cru autrefois qu'il n'y avoit d'honnêtes
« gens qu'en notre cour; que la mollesse des pays
« chauds, et une espèce de barbarie des pays froids,
« n'en laissoient former, dans les uns et dans les
« autres, que fort rarement; mais, à la fin, j'ai connu
« par expérience qu'il y en avoit partout; et si je
« ne les ai pas goûtés assez tôt, c'est qu'il est assez
« difficile à un François de pouvoir goûter ceux
« d'un autre pays que le sien. Chaque nation a son
« mérite, avec un certain tour qui est propre et
« singulier à son génie. Mon discernement, trop
« accoutumé à l'air du nôtre, rejetoit comme mau-
« vais ce qui lui étoit étranger. Pour voir toujours
« imiter nos modes, dans les choses extérieures,
« nous voudrions attirer l'imitation, jusques aux
« manières que nous donnons à notre vertu. »

Reconnoissons, dans ces paroles, un esprit d'universalité, dont le dix-septième siècle françois, en dehors de Bossuet, offre bien peu d'exemples. L'exil n'a point éteint les sentiments françois de Saint-Evremond; mais il a haussé son entendement à l'idée d'une société humaine, d'une politesse supérieure, d'un art universel, d'une raison générale des choses. Du cercle brillant de la duchesse Mazarin ou de lady Sandwich, à Londres, ou bien du fond de la taverne fameuse de Wyl, où on le voyoit souvent, en compagnie de Waller et du vieux Dryden, il prêtoit l'oreille à tout bruit littéraire ou philosophique, parti de France. Les intérêts de la langue françoise lui étoient aussi chers à Londres qu'à Paris. Lisez sa dissertation si exacte sur l'acception du mot vaste. Ni Vaugelas ni Bouhours ont-ils jamais eu plus de sollicitude pour la précision du langage, ni rien écrit d'aussi délié, que ce petit chef-d'œuvre de critique grammaticale? Son opinion sur le genre faux de l'Oraison funèbre ne l'empêchera point d'admirer Bossuet. Mais l'immolation de Corneille à Racine lui arrache des cris. Le premier, parmi les François, il signale à son pays, et au continent européen, les beautés et les défauts du théâtre anglois. Si une polémique s'engage à Paris, à l'occasion du débat célèbre de la prééminence des anciens sur les modernes, il prendra feu dans la querelle, élèvera la polémique, et s'élancera en avant, dans la discussion d'une question si mal posée et si sottement controversée.

Il n'y a qu'une chose venant de France que Saint-Evremond semble oublier: c'est lui-même. Il ne lui échappe ni aigreur, ni plainte, ni importunité, ni désaveu de son prétendu crime. Son seul chagrin semble avoir été que sa disgrâce fût contraire au bon sens. « Un jour, dit-il, on me louera d'être bon « François, par ce même écrit qui m'attire des re- « proches; et si M. le Cardinal vivoit encore, j'au- « rois le plaisir de me savoir justifié dans sa cons- « cience, car je n'ai rien dit de lui qu'il ne se soit « dit intérieurement cent fois lui-même. Jaloux de « l'honneur du Roi et de la gloire de son règne, je « voulus laisser une image de l'état où nous étions « avant la paix, afin que toutes les nations con- « nussent la supériorité de la nôtre, et, rejetant le « mauvais succès de la négociation sur un étranger, « ne s'attachassent qu'à considérer les avantages « que nous avions eus dans la guerre. »

Le maréchal de Grammont lui ayant écrit, en 1664, une lettre affectueuse, où il le blâmoit de ne pas mettre ses amis en mouvement, pour faire sa paix avec la cour, Saint-Evremond lui répond par la lettre suivante, que tout esprit délicat appréciera.

« Vous me reprochez de ne point donner de mes
« nouvelles à mes amis, et je vous réponds qu'il
« faut les connoître avant de leur écrire. On se
« méprend dans la mauvaise fortune si on compte
« sur de vieilles habitudes, qu'on nomme assez
« légèrement amitiés. Bien souvent nous voulons
« faire souvenir de nous des gens qui veulent nous
« oublier, et dont nous excitons plutôt le chagrin
« que les offices. En effet, ceux qui veulent bien
« nous servir dans nos disgrâces sont impatients de
« faire connoître l'envie qu'ils en ont, et leur gé-
« nérosité épargne à un homme la peine secrète
« qu'on sent toujours à expliquer ses besoins. Pour
« ceux qui se laissent rechercher, ils ont déjà
« comme un dessein formé de nous fuir : nos prières
« les plus raisonnables sont pour eux des importu-
« nités assez fâcheuses. Je ferai une application
« particulière de ce sentiment général, et vous dirai
« que je pense avoir reçu des nouvelles de toutes
« les personnes qui voudroient s'employer en ma
« faveur ; je fatiguerois inutilement des miennes
« ceux qui ne m'ont pas donné des leurs jusques
« ici.

« Parmi les amis que la mauvaise fortune m'a
« fait éprouver, j'en ai vu qui étoient tout pleins
« de chaleur et de tendresse ; j'en ai vu d'autres
« qui ne manquoient pas d'amitié, mais qui avoient
« une lumière fort présente à connoître leur inu-

« tilité à me servir; qui, peu touchés de se voir
« sans crédit en cette occasion, ont remis aisément
« tous mes malheurs à ma patience. Je leur suis
« obligé de la bonne opinion qu'ils en ont; c'est une
« qualité dont on s'accommode le mieux qu'il est
« possible, et dont on laisseroit pourtant volontiers
« l'usage à ses ennemis. Cependant il faut nous
« louer du service qu'on nous rend, sans nous
« plaindre de celui qu'on ne nous rend pas, et
« rejeter autant qu'on peut certains sentiments
« d'amour-propre qui nous représentent les per-
« sonnes plus obligées à nous servir qu'elles ne le
« sont. La mauvaise fortune ne se contente pas de
« nous apporter les malheurs, elle nous rend plus
« délicats à être blessés de toutes choses; et la na-
« ture, qui devroit lui résister, est d'intelligence
« avec elle, nous prêtant un sentiment plus tendre
« pour souffrir tous les maux qu'elle nous fait.

« Dans la condition où je suis, mon plus grand
« soin est de me défendre de ces sortes d'attendris-
« sements. Quoique je montre un air assez doulou-
« reux, je me suis rendu en effet presque insensible :
« mon âme, indifférente aux plus fâcheux accidents,
« ne se laisse toucher aujourd'hui qu'aux offices
« de quelques amis et à la bonté qu'ils m'ont con-
« servée. Depuis quatre ans que je suis sorti du
« royaume, j'ai éprouvé de six mois en six mois de
« nouvelles rigueurs, que je rends aussi légères
« que je puis, par la facilité de la patience. Je
« n'aime point ces résistances inutiles, qui, au lieu
« de nous garantir du mal, retardent l'habitude
« que nous avons à faire avec lui. . . . .

« Je finis un si fâcheux entretien : c'est un ridi-

« cule ordinaire aux disgraciés d'infecter toutes
« choses de leurs disgrâces, et possédés qu'ils en
« sont, d'en vouloir toujours infecter les autres.
« La conversation de M. d'Aubigny, que je vais
« avoir présentement, me sauve d'une plus longue
« impertinence, et vous de la fatigue que vous en
« auriez. . . . . . . »

Il fut un jour où la Hollande, la Grande-Bretagne, l'Espagne, l'Italie, le consultèrent comme un oracle de bon goût et de raison; et la fin du siècle n'arriva pas, sans que la France pût lui montrer, par les plus éclatants témoignages, quel souvenir profond on avoit gardé dans sa patrie, de son cœur et de son esprit.

Telles ont été les conséquences de la disgrâce de Saint-Evremond, au point de vue de sa destinée littéraire et du succès populaire de ses ouvrages. Il nous reste à voir, en détail, comment il a lutté, sur la terre étrangère, contre la mauvaise fortune; comment il en a triomphé; quelle est l'influence qu'il a exercée sur la société angloise, ou qu'il en a reçue; et quelles sont les compositions qui l'ont illustré, dans cette dernière période de sa vie.

Saint-Evremond en Angleterre, à la cour de Charles II et de Guillaume d'Orange, sera l'objet d'une dernière partie de cette *Histoire* qui se rattachera plus particulièrement aux relations avec la duchesse Mazarin. Quelques documents nouveaux lui donneront, sans doute, un intérêt particulier.

PREMIÈRE PARTIE

IDÉES ET MAXIMES

DE SAINT-EVREMOND

SUR

LA RELIGION, LA PHILOSOPHIE
LA MORALE ET LES AUTRES SCIENCES

OEUVRES MÊLÉES
DE
SAINT-EVREMOND.

PREMIÈRE PARTIE.

IDÉES ET MAXIMES
SUR LA RELIGION, LA PHILOSOPHIE, LA MORALE
ET LES AUTRES SCIENCES.

I

MAXIME : QU'ON NE DOIT JAMAIS MANQUER A SES AMIS[1].

(1647)

Cette maxime est généralement approuvée : l'ami le plus foible et le plus ferme, l'ingrat et le reconnoissant, tiennent le même langage. Néanmoins il en est peu qui pratiquent ce qu'ils

---

1. Quoique la pièce suivante ait été défigurée dans les anciennes éditions françoises des œuvres de Saint-Evremond, de 1668, 1670, 1688, etc., à ce point que

disent. S'agit-il de raisonner de la reconnoissance d'un bienfait? mille gens raffinent sur les discours de Sénèque. Est-il question de s'acquitter envers le bienfaiteur? personne n'avoue franchement la dette, et ne convient du prix du bienfait. Celui qui a donné grossit les objets; celui qui a reçu, les diminue. Le monde est plein de fanfarons et d'hypocrites en amitié....

Cependant il est certain que l'amitié est un commerce; le trafic en doit être honnête: mais enfin c'est un trafic[1]. Celui qui y a mis le plus,

l'auteur a marqué qu'il ne s'y reconnoissoit plus, et que Des Maizeaux l'a retranchée des œuvres authentiques de Saint-Evremond (il suffit de la lire, en effet, pour juger des altérations qui ont dû s'y glisser); cependant, puisque Saint-Evremond n'a pas voulu se donner la peine de la refaire, j'ai cru devoir la reproduire ici, honorée qu'elle a été d'ailleurs du suffrage d'un juge tel que M. Cousin, *Madame de Sablé*, chap. III. Mais, en la reportant à 1647, il faudroit tenir Saint-Evremond pour créateur, plutôt que pour imitateur, du genre de littérature dans lequel La Rochefoucauld a excellé. Des Maizeaux, si bien instruit et si exact, est, à l'égard de cette date, une grande autorité. La date est, du reste, indiquée par Saint-Evremond lui-même, *infra*, p. 19 et 25.

1. Les personnes qui ont étudié la langue du dix-septième siècle, et qui connoissent la controverse, agitée parmi les moralistes de ce temps, et dans le grand monde des salons, au sujet de la nature de l'amitié: si c'est une vertu ou un échange; ne seront pas étonnées de voir un esprit délicat, comme Saint-Evremond, employer le mot *trafic*, pour indiquer l'échange, le commerce, et la réciprocité des affections. Voy. M. Cousin, *Madame de Sablé*, p. 115 et suiv. Il est évident que La Rochefoucauld

en doit le plus retirer : il n'est pas permis de le rompre, sans venir à compte. Mais où trouve-t-on des gens qui comptent de bonne foi, et qui ne mettent dans la balance le plus léger déplaisir, pour contre-peser le service du plus grand poids ?

Chacun vante son cœur ; c'est une vanité à la mode : vous n'entendez plus dire autre chose ; on n'en rougit point. Après cela, chacun se fait une règle de reconnoissance, toujours commode pour lui, toujours incommode pour ses amis. Tacite nous en dit la raison ; c'est que *notre reconnoissance s'exerce à nos dépens, et celle d'autrui à notre profit.*

Celui qui fait du bien, parce qu'il se croit obligé d'en faire, le fait presque toujours de mauvaise grâce ; il regarde son devoir comme un maître fâcheux ; il cherche les occasions de s'affranchir, et de secouer un joug qu'il ne porte qu'à regret.

De là vient que les offices de ces gens-là ont je ne sais quoi de languissant, qui ôte toute la fleur du bien qu'ils nous font. En dussiez-vous mourir de honte, il faut leur expliquer tous vos

---

n'a fait que donner le tour qui lui est propre à une théorie dont le fonds appartient à Saint-Evremond, et à laquelle ce dernier avoit même attaché l'expression qui la caractérise dans le livre des *Maximes*, celle de *trafic*. La date de 1647 est, comme on voit, d'une extrême importance.

besoins, et les expliquer plus d'une fois, si vous voulez qu'ils vous entendent. Il faut les pousser continuellement par l'intérêt de leur propre gloire et leur aplanir tous les chemins. Leur cœur est toujours dans une espèce de léthargie : secouez-les, ils se réveillent pour un moment, et donnent quelques signes de vie : ne leur dites plus rien, ils retombent dans leur premier état.

Au contraire, les offices des vrais amis ont je ne sais quoi de vif et d'animé, qui va toujours au-devant de nos besoins, et qui prévient même jusqu'à nos désirs[1]. Ils trouvent tout facile : on est quelquefois contraint de les retenir et de tempérer cette ardeur qui les porte au bien. C'est d'eux qu'on peut dire véritablement qu'ils croient avoir perdu leur journée, où ils n'ont rien fait pour ce qu'ils aiment....

Mais l'honneur qui se déguise sous le nom d'amitié n'est qu'un amour propre, qui se sert lui-même dans la personne qu'il fait semblant de servir. L'ami qui n'agit que par ce motif va seulement au bien, à mesure que le soin de sa

---

1. La Fontaine a dit, longtemps après Saint-Evremond, dans la fable des *Deux Amis* :

> Qu'un ami véritable est une douce chose !
> Il cherche vos besoins au fond de votre cœur,
>   Et vous épargne la pudeur
>   De les lui découvrir vous-même.

réputation l'entraîne. Il s'arrête tout court, dès qu'il n'a plus de témoins ; c'est un faux brave qui tourne les yeux pour voir si on le regarde ; c'est un hypocrite qui donne l'aumône à regret, et qui ne paye ce tribut à Dieu que pour tromper les hommes.

Il est encore d'autres amis qui n'ont pour but que de se contenter. Cette loi intérieure qu'ils s'imposent à eux-mêmes les rend fidèles et bienfaisants : mais il y a dans toutes leurs actions une régularité gênée qui embarrasse ceux qu'ils obligent. Tout se fait chez eux par poids et par mesure. Malheur à celui qui a besoin de leur service, quand ils croient avoir rempli leurs devoirs !

Pourvu qu'ils n'aient rien à se reprocher, l'infortune d'autrui ne les touche point ; au contraire, ils seroient marris qu'elle finît sitôt. Ils la font durer quelquefois, pour faire durer leur gloire. Ils s'applaudissent, ils triomphent en secret d'une disgrâce qui leur donne occasion de se signaler. Au lieu de chercher les moyens les plus prompts pour vous secourir, ils cherchent les plus éclatants pour se faire honneur : ils marchent toujours à grand bruit ; et enfin, ils regardent leurs amis comme des victimes dévouées à leur réputation. A dire vrai, ces gens-là n'aiment qu'eux ; et, s'ils croient ne point mériter de reproche, on peut croire aussi qu'ils ne méritent pas de reconnoissance.

Vous en voyez d'autres passer leur vie en formalités et en bienséances; ils ne vous pardonnent[1] pas une cérémonie. Ce sont les premiers hommes du monde, pour consoler sur la mort d'un père, ou pour faire des offres de service, après qu'on a tiré l'épée. Le péril est-il passé? ils se mettent en garnison chez vous, et ne vous quittent non plus que votre ombre.... Ils sont toujours esclaves de la circonspection : grands admirateurs de leur propre vertu, tyrans d'eux-mêmes et de ceux qui leur doivent....

Il faut avouer que ces contraintes gênent extrêmement une âme libre. Il n'est point de bienfait qu'on n'achète trop cher à ce prix; il n'est point de malheur pire que celui d'être servi de la sorte. *Aimer parce qu'on le doit, n'est pas aimer....*

Cependant, si les amitiés qui ne sont animées que par l'honneur, ou par le devoir, ont je ne sais quoi de languissant ou de fâcheux, celles qui se font par la ressemblance des humeurs, et par la communication des plaisirs, sont fort sujettes au changement.

Puisqu'on se dégoûte quelquefois de soi-

---

[1]. *Pardonner* est pris ici pour *faire grâce, épargner*. Il étoit souvent employé, dans le sens de Saint-Evremond, au dix-septième siècle.

même, il est encore plus aisé de se dégoûter des autres. La fin de l'amitié dépend moins de notre volonté que le commencement. Il n'y a point de sympathie si parfaite, qui ne soit mêlée de quelque contrariété; point d'agrément, à l'épreuve d'une familiarité continuelle. Les plus belles passions se rendent ridicules en vieillissant : les plus fortes amitiés s'affoiblissent avec le temps; chaque jour y fait quelque brèche. On veut d'abord aller si vite, qu'on manque d'haleine à moitié chemin. On se lasse soi-même, et on lasse les autres....

Après tout, dit un ami léger, c'est une chose bien lassante que de dire toute sa vie à une même personne : Je vous aime. Rien n'approche de l'ennui que donne une passion qui dure trop. On a beau s'évertuer pour cacher son dégoût et jouer d'industrie pour entretenir le commerce, les lettres deviennent sèches, les conversations languissent, l'amant bâille, la dame compte toutes les heures; chacun enfin se voit réduit à parler de la pluie ou du beau temps. Il n'y a si bel esprit, en amour, qui ne s'épuise; il n'y a si bon cœur, en amitié, qui ne se rebute. Le goût des meilleures choses change, avant qu'elles aient changé....

Quand le seul intérêt de nos divertissements forme le nœud de l'amitié, l'absence, les occupations, les chagrins de la vie peuvent aisément le rompre, ou du moins ils peuvent le dénouer. De nouvelles douceurs qu'on goûte avec de nouveaux amis effacent le souvenir des contentements passés. Les premiers plaisirs de chaque engagement ont je ne sais-quoi de piquant, qui excite le désir de s'engager davantage : dès qu'ils deviennent plus solides, ils rassasient.

C'est pourquoi il n'y a pas de raison de reprocher le changement, comme un fort grand mal : il ne dépend guère plus de certaines gens d'aimer ou de n'aimer pas, que de se porter bien ou d'être malades. Tout ce qu'on peut demander raisonnablement aux personnes légères, c'est d'avouer de bonne foi leur légèreté, et de ne pas ajouter la trahison à l'inconstance.... Car il n'arrive que trop souvent que les amitiés les mieux établies, que les confidences les plus étroites, se relâchent insensiblement.

Nous avons tort de nous récrier contre l'ingratitude, et de blâmer ceux qui nous quittent : nous sommes quelquefois bien aises qu'ils nous donnent l'exemple de changer. Nous cherchons querelle, nous faisons semblant d'être bien fâchés, afin d'avoir quelque prétexte pour nous mettre en liberté. Mais, quand ce seroit une vraie colère, peut-être n'est-ce point leur faute ; peut-être est-ce la nôtre. Qui de nous a droit d'en juger? Ce que nous appelons un crime du cœur, est bien souvent un défaut de la nature. Dieu n'a pas voulu que nous fussions assez parfaits pour être toujours aimables; pourquoi voulons-nous être toujours aimés?...

Nous prenions sans doute plus de soin, au commencement, de cacher nos imperfections : nos complaisances tenoient lieu d'un plus grand mérite. Nous avions les grâces de la nouveauté : ces grâces ressemblent à une certaine fleur que la rosée répand sur les fruits : il est peu de mains assez adroites pour les cueillir sans la gâter.

Il faut donc avouer que les honnêtes gens même trouvent, dans les plus fortes liaisons, des intervalles d'assoupissement et de langueur, dont ils ne connoissent pas toujours la cause. Cette langueur, quand elle n'est pas soutenue, passe enfin jusqu'à la mort de l'amitié, si l'honneur ne vient à son secours.

C'est l'honneur qui s'efforce quelquefois de cacher les défauts du cœur, qui joue le personnage de la tendresse, qui sauve les apparences, pour quelque temps, jusqu'à ce que l'inclination se réveille et qu'elle reprenne sa première vigueur.

Je n'entends pas cet honneur formaliste et façonnier, qui nous est à charge, par des règles et par des mines ridicules; qui ôte tout aux malheureux, jusqu'au prétexte de se plaindre, et dont la tyrannie devient quelquefois plus insupportable que l'infidélité même.

Je parle d'une droite raison, qui s'accorde avec les imperfections de notre nature, qui les redresse du mieux qu'elle peut, qui est ennemie de l'affectation, qui va au bien pour le bien seul, et loin de tous les détours de l'amour-propre; qui est toujours prête à faire plaisir, et qui croit n'en avoir jamais assez fait; qui ne s'applaudit point, et qui ne cherche point aussi l'applaudissement du monde.

Il est donc vrai que ces deux qualités ont besoin l'une de l'autre, et que si l'honneur sans l'amitié manque d'agrément, l'amitié qui n'est pas soutenue de l'honneur est toujours mal assurée.

II

L'HOMME QUI VEUT CONNOÎTRE TOUTES CHOSES
NE SE CONNOÎT PAS LUI-MÊME[1].

A Monsieur ***.

(1647)

Vous n'êtes plus si sociable que vous l'étiez. L'étude a je ne sais quoi de sombre qui gâte vos agréments naturels : qui vous ôte la facilité du génie, la liberté d'esprit que demande la conversation des honnêtes gens. La méditation produit encore de plus méchants effets pour le commerce ; et il est à craindre que vous ne perdiez, avec vos amis, en méditant, ce que vous pensez gagner avec vous-même.

Je sais que votre occupation est importante et sérieuse. Vous voulez savoir ce que vous êtes et ce que vous serez un jour, quand vous cesserez d'être ici. Mais, dites-moi, je vous prie, vous peut-il tomber dans l'esprit que ces philosophes, dont vous lisez les écrits avec tant

---

[1]. Le texte de ce fragment est bien plus altéré que le précédent, dans les anciennes éditions françoises. Je suis, ici, la leçon de Des Maizeaux, fixée par Saint-Evremond même. Pour le précédent, j'ai suivi le texte de Barbin.

de soin, aient trouvé ce que vous cherchez? Ils l'ont cherché comme vous, Monsieur, et ils l'ont cherché vainement. Votre curiosité a été de tous les siècles, aussi bien que vos réflexions et l'incertitude de vos connoissances. Le plus dévot ne peut venir à bout de croire toujours, ni le plus impie de ne croire jamais; et c'est un des malheurs de notre vie de ne pouvoir naturellement nous assurer s'il y en a une autre, ou s'il n'y en a point.

L'auteur de la nature n'a pas voulu que nous pussions bien connoître ce que nous sommes; et parmi des désirs trop curieux de savoir tout, il nous a réduits à la nécessité de nous ignorer nous-mêmes. Il anime les ressorts de notre âme, mais il nous cache le secret admirable qui les fait mouvoir; et ce savant ouvrier se réserve à lui seul l'intelligence de son ouvrage. Il nous a mis au milieu d'une infinité d'objets, avec des sens capables d'en être touchés : il nous a donné un esprit qui fait des efforts continuels pour les connoître. Les cieux, le soleil, les astres, les éléments, toute la nature, celui même dont elle dépend, tout est assujetti à sa spéculation, s'il ne l'est pas à sa connoissance. Mais avons-nous les moindres douleurs? Nos belles spéculations s'évanouissent. Sommes-nous en danger de mourir? il y a peu de gens qui ne donnassent les avantages et les prétentions de l'esprit, pour conserver cette partie basse et grossière, ce corps terrestre, dont les spéculatifs font si peu de cas.

Je reviens à l'opinion que vous n'approuverez point, et que je crois pourtant assez véritable : c'est que *jamais homme n'a été bien persuadé par sa raison, ou que l'âme fût certainement immortelle, ou qu'elle s'anéantît effectivement avec le corps.*

On ne doute point que Socrate n'ait cru l'immortalité de l'âme : son histoire le dit ; et les sentiments que Platon lui attribue, semblent nous en assurer. Mais Socrate ne nous en assure pas lui-même ; car, quand il est devant ses juges, il en parle comme un homme qui la souhaite, et traite l'anéantissement comme un philosophe qui ne le craint point.

Voilà, Monsieur, la belle assurance que nous donne Socrate de l'éternité de nos esprits. Voyons quelle certitude nous donnera Épicure de leur anéantissement.

Tout est corps pour Épicure : âme, esprit, intelligence, tout est matière, tout se corrompt, tout finit. Mais ne dément-il pas, à sa mort, les maximes qu'il a enseignées durant sa vie? La postérité le touche ; sa mémoire lui devient chère ; il se flatte de la réputation de ses écrits, qu'il recommande à son disciple Hermachus. Son esprit, qui s'étoit si fort engagé dans l'opinion de l'anéantissement, est touché de quelque tendresse pour lui-même, se réservant des honneurs et des plaisirs, pour un autre état que pour celui qu'il va quitter.

D'où pensez-vous que viennent les contradictions d'Aristote et de Sénèque, sur ce sujet, que de l'incertitude d'une opinion qu'ils ne pouvoient fixer, dans la matière la plus importante pour l'intérêt, et la plus obscure pour la connoissance? D'où vient cette variation ordinaire? C'est qu'ils sont troublés par les différentes idées de la mort présente et de la vie future. Leur âme, incertaine d'elle-même, établit ou renverse ses opinions, à mesure qu'elle est séduite par les diverses apparences de la vérité.

Salomon, qui fut le plus grand des rois et le plus sage des hommes, fournit aux impies de quoi soutenir leurs erreurs, et instruit les gens de bien à demeurer fermes dans l'amour de la vérité. Si quelqu'un a dû être exempt d'erreur, de doute, de changement, ç'a été Salomon. Cependant nous voyons, dans l'inégalité de sa conduite, qu'il s'est lassé de sa sagesse, qu'il s'est lassé de sa folie; que ses vertus et ses vices lui ont donné tour à tour de nouveaux dégoûts; qu'il a pensé, quelquefois, que toutes choses alloient à l'aventure; qu'il a tout rapporté, quelquefois, à la Providence.

Que les philosophes, que les savants s'étudient; ils trouveront non-seulement de l'altération, mais de la contrariété même, dans leurs sentiments. A moins que la foi n'assujettisse notre raison, nous passons la vie à croire, et à ne croire point : à nous vouloir persuader, et à ne pouvoir nous convaincre.

Je sais bien qu'on peut apporter des exemples, qui paroissent contraires à ce que je dis. Un discours de l'immortalité de l'âme a poussé des hommes à chercher la mort, pour jouir plus tôt des félicités dont on leur parloit [1]. Mais quand on en vient à ces termes, ce n'est plus la raison qui nous conduit, c'est la passion qui nous entraîne : ce n'est plus le discours qui agit en nous, c'est la vanité d'une belle mort, qu'on aime sottement plus que la vie; c'est la lassitude des maux présents, c'est l'espérance des biens futurs, c'est un amour aveugle de la gloire; une maladie, enfin, une fureur qui vio-

---

1. Le philosophe Cléombrote se précipita dans la mer, après la lecture du *Phédon* de Platon : ce qui a fourni à Callimaque le sujet de sa 24ᵉ *Épigramme*; — et Cicéron nous apprend que le roi Ptolémée défendit à Hégésias le Cyrénaïque de traiter cette matière, dans ses leçons publiques, parce que ce philosophe y faisoit une peinture si vive des misères de la vie, qu'il avoit porté plusieurs personnes à se donner la mort; d'où lui étoit venu le surnom de *Pisithanate*. Valère Maxime rapporte l'histoire d'Hégésias, liv. VIII, ch. ix, § 3.

lente l'instinct naturel, et qui nous transporte hors de nous-mêmes.

Croyez-moi, Monsieur, une âme qui est bien tranquillement dans son assiette, n'en sort guère par la lecture de Platon.

Il n'appartient qu'à Dieu de faire des martyrs, et de nous obliger, sur sa parole, à quitter la vie dont nous jouissons, pour en trouver une que nous ne connoissons point. Vouloir se persuader l'immortalité de l'âme, par la raison, c'est entrer en défiance de la parole que Dieu nous a donnée, et renoncer, en quelque façon, à la seule chose par qui nous pouvons en être assurés [1].

Qu'a fait Descartes, par sa démonstration prétendue d'une substance purement spirituelle, d'une substance qui doit penser éternellement? Qu'a-t-il fait par des spéculations si épurées? Il a fait croire que la religion ne le persuadoit pas, sans pouvoir persuader ni lui, ni les autres, par ses raisons.

Lisez, Monsieur, pensez, méditez : vous trouverez au bout de votre lecture, de vos pensées, de vos méditations, que c'est à la reli-

---

1. Voy. l'analyse que donne Bayle de la controverse ouverte, entre Locke et Stillingfleet, sur cette question, dans les *Nouvelles de la répub. des lettres*, octobre et novembre 1699 (*OEuvres diverses* de Bayle, La Haye, 1727, 4 vol. in-fol.).

gion d'en décider, et à la raison de se soumettre.

III

OBSERVATIONS SUR LA MAXIME, QU'IL FAUT MÉPRISER LA FORTUNE, ET NE SE POINT SOUCIER DE LA COUR.

(1647[1])

IL est plus difficile de persuader cette maxime-ci, que les autres[2]. Ceux qui reçoivent des grâces, ceux même qui n'ont que de simples prétentions, se moquent d'un sentiment si contraire au leur.

1. Quand nous ne saurions pas la date de ce fragment, par le témoignage de Des Maizeaux, nous la trouverions dans le fragment lui-même, lequel, à l'endroit des favoris, nous révèle la préoccupation dominante de cette époque, le prétexte d'opposition d'où est née la Fronde, et l'opinion personnelle de notre auteur qui suivit le parti de la cour. On étoit las du *favoritisme*; on ne voyoit, dans Mazarin, qu'un nouveau Concini; et cette vue passionnée ôtoit aux meilleurs esprits le jugement de la situation et le respect de l'autorité. La haine des favoris et du *ministériat* a survécu à la Fronde, et a favorisé singulièrement Louis XIV dans l'établissement de son gouvernement personnel et absolu. Voyez la préface de M. Moreau, en tête de sa bibliographie des *Mazarinades*, M. Cousin, dans ses derniers articles sur le connétable de Luynes, *Journal des Savants*, octobre et novembre 1862, et M. Feillet, *la Misère au temps de la Fronde*, p. 80 et suiv.

2. C'est-à-dire, la maxime qui a fait le sujet du dis-

J'avoue qu'il y a de la peine à se persuader que des gens raisonnables aient voulu rendre cette opinion-là universelle. Je pense qu'ils n'ont eu d'autre dessein que de parler aux malheureux, pour guérir des esprits malades d'une inquiétude qui ne sert de rien. En ce cas-là, je ne saurois les condamner. S'il est permis d'appeler une maîtresse ingrate et cruelle, quand on l'a servie sans aucun fruit; à plus forte raison, ceux qui croient avoir reçu des outrages de la fortune, ont droit de la quitter, et de chercher loin d'elle un repos qui leur tienne lieu des biens qu'elle leur refuse. Quel tort lui fait-on de lui rendre mépris pour mépris? Je ne trouve donc pas étrange qu'un honnête homme méprise la cour; mais je trouve ridicule qu'il veuille se faire honneur de la mépriser.

Il y en a d'autres qui ne me déplaisent pas moins : des gens qui ne peuvent quitter la cour, et se chagrinent de tout ce qui s'y passe ; qui s'intéressent dans la disgrâce des personnes les plus indifférentes, et qui trouvent à redire à l'élévation de leurs propres amis. Ils regardent comme une injustice tout le bien et le mal qu'on fait aux autres. La grâce la mieux

---

cours précédent; et celle-ci : *qu'il ne faut jamais manquer à ses amis.*

méritée, la punition la plus juste, les irritent également. Cependant, si vous les écoutez, ils ne vous parleront que de *constance*, que de *générosité*, que d'*honneur*. Dans tout ce qu'ils vous diront, il y aura toujours un air lugubre qui vous attriste, au lieu de vous consoler. Ils rencontrent une certaine volupté dans les plaintes, qui fait qu'on ne leur est jamais obligé d'en être plaint.

En quelque lieu qu'on aille, on trouve le monde composé de deux sortes de gens : les uns pensent à leurs affaires, les autres songent à leurs plaisirs.

Les premiers fuient l'abord des misérables : craignant de devenir malheureux par contagion. Pour entrer dans leur commerce, il faut cacher son malheur, et tâcher de leur être bon à quelque chose.

Les autres, pour se donner tout entiers à leur divertissement, ont je ne sais quoi de plus humain : ils sont accessibles par plus d'endroits. Leurs maîtresses, leurs confidents, profitent des folies qui les occupent. Leur âme est plus ouverte; mais leur conduite est plus incertaine. La passion l'emporte toujours sur l'amitié : ils regardent les devoirs de la vie comme des gênes. Ainsi, pour vivre avec eux, il faut suivre le cours de leurs plaisirs, leur confier peu de chose, et en tirer ce qu'on peut.

La grande habileté consiste à bien connaître ces deux sortes de gens. Tant qu'on est engagé dans le monde, il faut s'assujettir à ses maximes, parce qu'il n'y a rien de plus inutile que la sagesse de ces gens qui s'érigent d'eux-mêmes en réformateurs. C'est un personnage qu'on ne peut soutenir longtemps, sans offenser ses amis et se rendre ridicule.

Cependant, la plupart de ces réformateurs ont leurs vues, leurs intérêts, leurs cabales. On a beau les décrier : tout ce qu'on en dit à la cour et sur les théâtres, ne les rebute point. Écoutez leurs remontrances, vous les aurez bientôt pour maîtres : ne les écoutez pas, vous les aurez pour ennemis. Tant que la fortune leur a été favorable, ils ont joui de ses faveurs. Sont-ils tombés dans quelque disgrâce, ils cherchent à s'en relever, et à se faire valoir par une réputation d'intégrité. A quoi bon haïr en autrui la fortune, qu'ils ne négligent pas pour eux-mêmes? Leur aversion s'attache à ceux qui prétendent des grâces, leur envie à ceux qui les obtiennent, leur animosité aux personnes qui les distribuent. Pour avoir leur estime ou leur amitié, il faut être mort, ou pour le moins misérable.

Je sais qu'un honnête homme est à plaindre dans le malheur, et qu'un fat est à mépriser, quelque fortune qu'il ait : mais haïr les favoris par la seule haine de la faveur, et aimer les malheureux par la seule considération de la disgrâce, c'est une conduite, à mon avis, fort bizarre, incommode à soi-même, et insupportable à ses amis. Néanmoins, la diversité des esprits fait voir tous ces différents effets dans la vie des courtisans.

Nous avons dit qu'il se trouve assez de gens à la cour qui rompent avec leurs amis, du moment qu'il leur arrive quelque désordre; qui n'ont ni amitié ni aversion qui ne soit mesurée par l'intérêt. Quiconque leur est inutile ne manque jamais de défauts; et qui est en état de les servir a toutes les perfections. Il s'en trouve d'autres qui ne se contentent pas d'abandonner les malheureux : ils les insultent, même dans le malheur. Plus ils témoignent de bassesse à flatter les favoris, plus ils montrent de chaleur à outrager ceux qui sont tombés dans l'infortune.

A dire vrai, si le chagrin de ceux qui pestent toujours contre la cour est extravagant, la prostitution de ceux qui lui sacrifient jusqu'à leurs amis est infâme. Il y a une juste situation entre la bassesse et la fausse générosité : il y a un véritable honneur qui règle la conduite des personnes raisonnables. Il n'est pas défendu à un honnête homme d'avoir son ambition et son intérêt; mais il ne lui est permis de les suivre que par des voies légitimes. Il peut avoir de l'habileté sans finesse, de la dextérité sans fourberie, et de la complaisance sans flatterie.

Quand il se trouve ami des favoris, il entre agréablement dans leurs plaisirs et fidèlement dans leurs secrets. S'ils viennent à tomber, il prend part à leur malheur, selon qu'il en a pris à leur fortune. Le même esprit qui savoit leur plaire sait les consoler : il rend leurs maux moins fâcheux, comme il rendoit leurs plaisirs plus agréables : il ménage ses offices avec adresse, sans blesser sa fidélité, ni nuire à sa fortune : il sert plus commodément pour lui, et plus utilement pour ses amis. Bien souvent il se rebute moins que ceux qui cherchent leur propre gloire, en secourant les autres; qui ne songent qu'à se rendre recommandables par des marques de fermeté, et qui préfèrent l'éclat d'une belle action au bien de ceux qu'ils veulent obliger.

De ces deux sortes de gens, les uns font semblant de s'éloigner des malheureux, afin de les mieux servir; les autres courent après, pour les gouverner. Tandis que ceux-là se cachent et ne pensent qu'à soulager les affligés, ceux-ci n'aiment rien tant qu'à exercer une générosité farouche et impérieuse, qu'à gourmander les misérables qui ont besoin de leur crédit.

C'est trop pousser ce discours : je vais le

finir par le sentiment qu'on doit avoir pour les favoris.

Il me semble que leur grandeur ne doit jamais éblouir; qu'en son âme on peut juger d'eux comme du reste des hommes; les estimer ou les mépriser, selon leur mérite ou leurs défauts; les aimer ou les haïr, selon le bien ou le mal qu'ils nous font; ne manquer, en aucun temps, à la reconnoissance qu'on leur doit, cacher soigneusement les déplaisirs qu'ils nous donnent; et, quand l'honneur ou l'intérêt nous veulent porter à la vengeance, respecter l'inclination du maître, dans la personne de l'ennemi; ne confondre pas le bien public avec le nôtre, et ne faire jamais une guerre civile d'une querelle particulière.

Qu'on les méprise, qu'on les haïsse, ce sont des mouvements libres, tant qu'ils sont secrets : mais du moment qu'ils nous portent à des choses où l'État se trouve intéressé, nous lui devons compte de nos actions, et sa justice a ses droits sur des entreprises si criminelles.

IV

LAQUELLE VAUT LE MIEUX, D'UNE CATHOLIQUE OU D'UNE PROTESTANTE, POUR LE MARIAGE.

Lettre à Monsieur ***.

(1656[1])

ous m'écrivez que vous êtes amoureux d'une demoiselle protestante, et que, sans la différence de religion, vous pourriez vous résoudre à l'épouser. Si vous êtes d'humeur à ne pouvoir souffrir l'imagination d'être séparés en l'autre monde, votre femme et vous, je vous conseille d'épouser une catholique : mais, si j'avois à me marier, j'épouserois volontiers une personne d'une autre religion que la mienne. Je craindrois qu'une catholique, se croyant sûre de posséder son mari en l'autre vie, ne s'avisât de vouloir jouir d'un galant en celle-ci.

D'ailleurs, j'ai une opinion qui n'est pas commune, et que je crois pourtant véritable :

---

1. Personne ne s'avisera de prendre au sérieux ce badinage voltairien, qu'on est étonné de rencontrer, au dix-septième siècle, en l'année même où couroient les *petites Lettres* de Pascal.

c'est que la religion réformée est aussi avantageuse aux maris, que la catholique est favorable aux amants.

Cette liberté chrétienne, dont on voit la protestante se vanter, forme un certain esprit de résistance qui défend mieux les femmes des insinuations de ceux qui les aiment. La soumission qu'exige la catholicité les dispose en quelque façon à se laisser vaincre ; et, en effet, une âme qui peut se soumettre à ce qu'on lui ordonne de fâcheux, ne doit pas être fort difficile à se laisser persuader ce qui lui plaît.

La religion réformée ne cherche qu'à établir de la régularité dans la vie ; et de la régularité, il se fait sans peine de la vertu. La religion catholique rend les femmes beaucoup plus dévotes ; et la dévotion se convertit facilement en amour.

L'une va seulement à s'abstenir de ce qui est défendu ; l'autre, qui admet le mérite des bonnes œuvres, se permet de faire un peu de mal qu'on lui défend, sur ce qu'elle fait beaucoup de bien qu'on ne lui commande pas.

Dans celle-là, les temples sont la sûreté des maris. Dans celle-ci, leur plus grand danger est aux églises. En effet, les objets de mortification, en nos églises, inspirent assez souvent de l'amour. Dans un tableau de la Madeleine, l'expression de sa pénitence sera pour les vieilles une image de l'austérité de sa vie. Les jeunes la prendront pour une langueur de sa passion ; et tandis qu'une bonne mère veut imiter la sainte dans ses souffrances, la jeune fille songe à la pécheresse, et médite amoureusement sur le sujet de son repentir.

Ces pénitentes, qui pleurent dans le couvent les péchés qu'elles ont fait dans le monde, servent d'exemple pour la joie, aussi bien que pour les larmes ; peut-être même qu'elles donnent la confiance de pécher, pour laisser en vue la ressource de la pénitence. Une femme ne regarde point séparement quelque partie de leurs jours; elle s'attache à l'imitation de la vie entière; et, se donnant à l'amour quand elle est jeune, elle se réserve à pleurer, pour la consolation de sa vieillesse. Dans cet âge triste et si sujet aux douleurs, c'est un plaisir de pleurer ses péchés, ou pour le moins une diversion des larmes que l'on donneroit à ses maux.

Je suis donc à couvert de tout, me direz-vous, *avec une protestante*. Je vous répondrai ce que dit le bon P. Hippothadée à Panurge : *Oui, si à Dieu plaît*[1]. Le plus sage s'en remet à la Providence : il attend d'elle sa sûreté, et de lui-même le repos de son esprit.

---

1. Voy. Rabelais, *Pantagruel*, liv. III, chap. xxx.

V

SUR LES PLAISIRS.

A Monsieur le comte d'Olonne[1].

(1656[2])

Vous me demandez ce que je fais à la campagne? Je parle à toutes sortes de gens, je pense sur toutes sortes de sujets, je ne médite sur aucun. Les vérités que je cherche n'ont pas besoin d'être approfondies. D'ailleurs, je ne veux avoir rien, sur un commerce trop long et trop sérieux avec moi-même. La solitude nous imprime je ne sais quoi de funeste, par la pensée ordinaire de notre condition, où elle nous fait tomber.

Pour vivre heureux, il faut faire peu de ré-

---

1. Louis de La Trémouille, mort en 1686, époux de la belle et trop célèbre comtesse d'Olonne, née d'Angennes, dont Bussy, La Bruyère et Saint-Simon ont tant compromis la réputation. Voy. l'*Hist. am. des Gaules*, édit. de Boiteau, t. I, p. 4 et suiv., et Saint-Simon, sur 1714, VII, p. 34 (édit. Hachette, 13 vol. in-18).

2. Saint-Evremond composa cette pièce à l'époque où, pour s'être battu en duel contre le marquis de Fore, il fut obligé de se retirer à la campagne, et de disparoître du monde, en attendant son pardon.

flexions sur la vie; mais sortir souvent comme hors de soi, et, parmi les plaisirs que fournissent les choses étrangères, se dérober la connoissance de ses propres maux. Les *divertissements* ont tiré leur nom de la *diversion* qu'ils font faire des objets fâcheux et tristes, sur les choses plaisantes et agréables : ce qui montre assez qu'il est difficile de venir à bout de la dureté de notre condition, par aucune force d'esprit; mais que, par adresse, on peut ingénieusement s'en détourner.

Il n'appartient qu'à Dieu de se considérer, et trouver en lui-même et sa félicité et son repos. A peine saurions-nous jeter les yeux sur nous, sans rencontrer mille défauts qui nous obligent à chercher ailleurs ce qui nous manque.

La gloire, les fortunes, les amours, les voluptés bien entendues et bien ménagées, sont de grands secours contre les rigueurs de la nature, contre les misères attachées à notre vie. Aussi la sagesse nous a été donnée principalement pour ménager nos plaisirs. Toute considérable qu'est la sagesse, on la trouve d'un faible usage parmi les douleurs, et dans les approches de la mort.

La philosophie de Posidonius lui fit dire, au fort de sa goutte, que la goutte n'étoit pas un mal; mais il n'en souffroit pas moins. La sagesse de Socrate le fit raisonner beaucoup, à sa mort; mais ses raisonnements incertains ne persuadèrent ni ses amis, ni lui-même, de ce qu'il disoit.

Je connois des gens qui troublent la joie de leurs plus beaux jours, par la méditation d'une mort concertée; et, comme s'ils n'étoient pas nés pour vivre au monde, ils ne songent qu'à la manière d'en sortir. Cependant il arrive que la douleur renverse leurs belles résolutions au besoin; qu'une fièvre les jette dans l'extravagance, ou que, faisant toutes choses hors de saison, ils ont des tendresses pour la lumière, quand il faut se résoudre à la quitter :

Oculisque errantibus, alto Quæsivit cœlo lucem, ingemuitque repertâ[1].

Pour moi, qui ai toujours vécu à l'aventure, il me suffira de mourir de même. Puisque la prudence a eu si peu de part aux actions de ma vie, il me fâcheroit qu'elle se mêlât d'en régler la fin.

A parler de bon sens, toutes les circonstances de la mort ne regardent que ceux qui restent. La foiblesse, la résolution, tout est égal au dernier moment; et il est ridicule de penser

---

1. Virgile au IVe livre de l'*Énéide*, vers 691 et 692, parlant de Didon expirante sur le bûcher.

que cela doive être quelque chose à des gens qui vont n'être plus. Il n'y a rien qui puisse effacer l'horreur du passage, que la persuasion d'une autre vie attendue avec confiance, dans une assiette à tout espérer et à ne rien craindre. Du reste, il faut aller insensiblement où tant d'honnêtes gens sont allés devant nous, et où nous serons suivis de tant d'autres.

Si je fais un long discours sur la mort, après avoir dit que la méditation en étoit fâcheuse, c'est qu'il est comme impossible de ne faire pas quelque réflexion sur une chose si naturelle : il y auroit même de la mollesse à n'oser jamais y penser. Mais, quoi qu'on dise, je ne puis en approuver l'étude particulière ; c'est une occupation trop contraire à l'usage de la vie. Il en est ainsi de la tristesse et de toutes sortes de chagrins : on ne sauroit s'en défaire absolument. D'ailleurs, ils sont quelquefois légitimes. Je trouve raisonnable qu'on s'y laisse aller, en certaines occasions. L'indifférence est honteuse, en quelques disgrâces. La douleur sied bien, dans les malheurs de nos vrais amis ; mais l'affliction doit être rare et bientôt finie : la joie fréquente, et curieusement entretenue.

On ne sauroit donc avoir trop d'adresse à ménager ses plaisirs. Encore les plus entendus ont-ils de la peine à les bien goûter. La longue préparation, en nous ôtant la surprise, nous ôte ce qu'ils ont de plus vif. Si nous n'en avons aucun soin, nous les prendrons mal à propos, dans un désordre ennemi de la politesse, ennemi des goûts véritablement délicats.

Une jouissance imparfaite laisse du regret. Quand elle est trop poussée, elle apporte le dégoût. Il y a un certain temps à prendre, une justesse à garder, qui n'est pas connue de tout le monde. Il faut jouir des plaisirs présents, sans intéresser les voluptés à venir [1].

Il ne faut pas, aussi, que l'imagination des biens souhaités fasse tort à l'usage de ceux qu'on possède. C'est ce qui obligeoit les plus honnêtes gens de l'antiquité à faire tant de cas d'une modération qu'on pouvoit nommer économie, dans les choses désirées ou obtenues.

Comme vous n'exigez pas de vos amis une régularité qui les contraigne, je vous dis les réflexions que j'ai faites, sans aucun ordre, selon qu'elles viennent dans mon esprit.

La nature porte tous les hommes à rechercher leurs plaisirs; mais ils les recherchent différemment, selon la différence des humeurs et des génies. Les sensuels s'abandonnent gros-

---

1. Voy., *infra*, au § XVIII, les réflexions de Saint-Evremond, sur la morale d'Épicure, et p. 62.

sièrement à leurs appétits, ne se refusant rien de ce que les animaux demandent à la nature.

Les voluptueux reçoivent une impression, sur les sens, qui va jusqu'à l'âme. Je ne parle pas de cette âme purement intelligente, d'où viennent les lumières les plus exquises de la raison; je parle d'une âme plus mêlée avec le corps, qui entre dans toutes les choses sensibles, qui connoît et goûte les voluptés.

L'esprit a plus de part au goût des délicats qu'à celui des autres. Sans les délicats, la galanterie seroit inconnue, la musique rude, les repas malpropres et grossiers. C'est à eux qu'on doit l'*erudito luxu* de Pétrone, et tout ce que le raffinement de notre siècle a trouvé de plus curieux, dans les plaisirs.

J'ai fait d'autres observations, sur les objets qui nous plaisent, et il me semble avoir remarqué des différences assez particulières, dans les impressions qu'ils font sur nous.

Il y a des impressions légères, qui ne font qu'effleurer l'âme, pour le dire ainsi : éveiller son sentiment, la tenir présente aux objets agréables, où elle s'arrête avec complaisance, sans soin, sans beaucoup d'attention.

Il y en a de molles et voluptueuses, qui viennent comme à se fondre et à se répandre délicieusement sur l'âme, d'où naît cette douce et dangereuse nonchalance qui fait perdre à l'esprit sa vivacité et sa vigueur.

Il y a des objets touchants, qui font leur impression sur le cœur et y remuent ce qu'il a de sensible. Il y en a qui par un charme secret, difficile à exprimer, tiennent l'âme dans une espèce d'enchantement. Il y en a de piquants, dont elle reçoit une atteinte qui lui plaît, une blessure qui lui est chère. Au delà, ce sont les transports et les défaillances qui arrivent, manque de proportion entre le sentiment de l'âme et l'impression de l'objet. Aux premiers, l'âme est enlevée, par une espèce de ravissement. Aux autres, elle succombe sous le poids de son plaisir, si on peut parler de la sorte.

Voilà ce que j'avois à vous dire sur les plaisirs : il me reste à toucher quelque chose de l'esprit revenu chez soi, et remis, comme on dit, dans son assiette.

Comme il n'y a que les personnes légères et dissipées qui ne le possèdent jamais, il n'y a que les rêveurs, les esprits sombres, qui demeurent toujours avec eux-mêmes; et il est à craindre qu'au lieu de goûter la douceur d'un véritable repos, l'inutilité de ce grand attachement ne les jette dans l'ennui. Cependant, le temps qu'on se rend ennuyeux, par son chagrin, ne se compte pas moins que le plus doux de la vie. Ces heures tristes, que nous voudrions passer avec précipitation, contribuent autant à remplir le nombre de nos jours, que celles qui nous échappent à regret. Je ne suis point de ceux qui s'amusent à se plaindre de leur condition, au lieu de songer à l'adoucir.

Fâcheux entendement, tu nous fais toujours craindre !
Malheureux sentiment, tu nous fais toujours plaindre !
Funeste souvenir dont je me sens blessé,
Pourquoi rappelles-tu le mal déjà passé ?
Faut-il rendre aux malheurs ce pitoyable hommage,
De sentir leur atteinte, ou garder leur image ?
De nourrir ses douleurs, et toujours se punir
D'une peine passée, ou d'un mal à venir ?

Je laisse volontiers ces messieurs dans leurs murmures, et tâche à tirer quelque douceur des mêmes choses dont ils se plaignent. Je cherche dans le passé des souvenirs agréables, et des idées plaisantes dans l'avenir.

Si je suis obligé de regretter quelque chose, mes regrets sont plutôt des sentiments de tendresse que de douleur. Si, pour éviter le mal, il faut le prévoir, ma prévoyance ne va point jusqu'à la crainte. Je veux que la connaissance de ne rien sentir m'importune ; que la réflexion de me voir libre et maître de moi, me donne la volupté spirituelle du bon Épicure : j'entends cette agréable indolence qui n'est pas un état sans douleur et sans plaisir ; c'est le sentiment délicat d'une joie pure, qui vient du repos de la conscience et de la tranquillité de l'esprit.

Après tout, quelque douceur que nous trouvions chez nous-mêmes, prenons garde d'y demeurer trop longtemps. Nous passons aisément de ces joies secrètes à des chagrins intérieurs ; ce qui fait que nous avons besoin d'économie, dans la jouissance de nos propres biens, comme dans l'usage des étrangers.

Qui ne sait que l'âme s'ennuie d'être toujours dans la même assiette, et qu'elle perdroit à la fin toute sa force, si elle n'étoit réveillée par les passions ?

Pour vivre heureux, il faut faire peu de réflexion sur la vie, mais sortir souvent comme hors de soi ; et, parmi les plaisirs que fournissent les choses étrangères, se dérober la connoissance de ses propres maux.

Voilà ce que la philosophie d'Épicure et celle d'Aristippe peuvent donner à leurs sectateurs : mais

> Les vrais chrétiens, plus heureux mille fois,
> Dans la pureté de leurs lois,
> Goûteront les douceurs d'une innocente vie,
> Qui d'une plus heureuse encor sera suivie.

VI

CONVERSATION DU MARÉCHAL D'HOCQUINCOURT AVEC LE P. CANAYE.

(1656. — Retouché en 1662?)

Comme je dînois un jour [1] chez M. le maréchal d'Hocquincourt, le P. Canaye, qui y dînoit aussi, fit tomber le discours, insensiblement, sur la soumission d'esprit que la religion exige de nous; et, après nous avoir conté plusieurs miracles nouveaux et quelques révélations modernes, il conclut qu'il falloit éviter, plus que la peste, ces esprits forts qui veulent examiner toutes choses par la raison.

« A qui parlez-vous des esprits forts, dit le « maréchal, et qui les a connus mieux que moi? « Bardouville [2] et Saint-Ibal [3] ont été les meil- « leurs de mes amis. Ce furent eux qui m'en-

---

1. En 1654, à Péronne, dont le maréchal était gouverneur. Voy. Sainte-Beuve, *Port-Royal*, II, 545.
2. Ami de Desbarreaux. Voy. Tallemant, IV, 44-56.
3. Henri d'Escars, sieur de Saint-Ibars, ou Saint-Hibal, parent du cardinal de Retz, ami de Bardouville, incrédule comme ce dernier, et mêlé à toutes les conspirations de 1639 et années suivantes, contre le cardi-

« gagèrent dans le parti de M. le comte [1],
« contre le cardinal de Richelieu. Si j'ai connu
« les esprits forts? Je ferois un livre de tout ce
« qu'ils ont dit. Bardouville mort, et Saint-Ibal
« retiré en Hollande, je fis amitié avec La Frette
« et Sauvebœuf. Ce n'étoient pas des esprits,
« mais de braves gens. La Frette[2] étoit un brave
« homme et fort mon ami. Je pense avoir assez
« témoigné que j'étois le sien, dans la maladie
« dont il mourut. Je le voyois mourir d'une
« petite fièvre, comme auroit pu faire une
« femme, et j'enrageois de voir La Frette, ce
« La Frette qui s'étoit battu contre Bouteville,
« s'éteindre ni plus ni moins qu'une chandelle.
« Nous étions en peine, Sauvebœuf et moi, de
« sauver l'honneur à notre ami; ce qui me fit
« prendre la résolution de le tuer d'un coup de
« pistolet pour le faire périr en homme de
« cœur. Je lui appuyois le pistolet sur la tête,

---

nal de Richelieu. Il en est souvent question dans les *Mémoires* de Retz et dans les *Historiettes* de Tallemant des Réaux. Voy. aussi M. P. Clément, *Correspondance de Colbert*, t. I, p. 5.

1. Le comte de Soissons, 1640-41.

2. Voy., sur ce personnage, Tallemant, t. IV, p. 245, 289 (éd. de P. Paris), et surtout Saint-Simon, 1708, t. IV, p. 138-39 (édit. en 13 vol. in-18). Saint-Simon indique aussi Sauvebœuf, colonel de Blésois, tué en 1714; sans doute le fils de celui dont il est ici question et dont parle Loret, M. H. 19 juillet 1653.

« quand un b.... de jésuite, qui étoit dans la
« chambre, me poussa le bras et détourna le
« coup. Cela me mit en si grande colère, contre
« lui, que je me fis janséniste. »

« *Remarquez-vous, Monseigneur*, dit le
P. Canaye, *remarquez-vous comme Satan est
toujours aux aguets* : circuit quærens quem
devoret. *Vous concevez un petit dépit contre
nos Pères : il se sert de l'occasion pour vous
surprendre, pour vous dévorer; pis que dévorer, pour vous faire janséniste.* Vigilate, vigilate : *on ne sauroit être trop sur ses gardes,
contre l'ennemi du genre humain.* »

« Le Père a raison, dit le maréchal. J'ai ouï
« dire que le diable ne dort jamais. Il faut
« faire de même : bonne garde, bon pied,
« bon œil. Mais quittons le diable, et parlons
« de mes amitiés. J'ai aimé la guerre, devant
« toutes choses; madame de Montbazon, après
« la guerre; et, tel que vous me voyez, la phi-
« losophie, après madame de Montbazon. »

« *Vous avez raison*, reprit le Père, *d'aimer la guerre, Monseigneur : la guerre vous
aime bien aussi; elle vous a comblé d'honneurs.
Savez-vous que je suis homme de guerre aussi,
moi? Le roi m'a donné la direction de l'hôpital de son armée de Flandre : n'est-ce pas être
homme de guerre? Qui eût jamais cru que le
P. Canaye eût dû devenir soldat? Je le suis,*

Monseigneur, et ne rends pas moins de services à Dieu, dans le camp, que je ne lui en rendrois, au collège de Clermont. Vous pouvez donc aimer la guerre innocemment. Aller à la guerre, est servir son prince; et servir son prince, est servir Dieu. Mais pour ce qui regarde madame de Montbazon, si vous l'avez convoitée, vous me permettrez de vous dire que vos désirs étoient criminels. Vous ne la convoitiez pas, Monseigneur, vous l'aimiez d'une amitié innocente !... »

« Quoi! mon Père, vous voudriez que j'ai-
« masse comme un sot? Le maréchal d'Hoc-
« quincourt n'a pas appris, dans les ruelles, à
« ne faire que soupirer. Je voulois, mon Père,
« je voulois.... vous m'entendez bien ! »

« *Je voulois! Quels je voulois! En vérité, Monseigneur, vous raillez de bonne grâce. Nos Pères de Saint-Louis seroient bien étonnés de ces je voulois! Quand on a été longtemps dans les armées, on a appris à tout écouter. Passons, passons : vous dites cela, Monseigneur, pour vous divertir.* »

« Il n'y a point là de divertissement, mon
« Père : savez-vous à quel point je l'aimois? »

« *Usque ad aras*, Monseigneur. »

« Point d'*aras*, mon Père. Voyez-vous, dit le maréchal, en prenant un couteau dont il serroit le manche, voyez-vous, si elle m'avoit

« commandé de vous tuer, je vous aurois en-
« foncé ce couteau dans le cœur. »

Le Père, surpris du discours, et plus effrayé du transport, eut recours à l'oraison mentale, et pria Dieu secrètement qu'il le délivrât du danger où il se trouvoit; mais ne se fiant pas tout à fait à la prière, il s'éloignoit insensiblement du maréchal, par un mouvement de fesses imperceptible. Le maréchal le suivoit par un autre tout semblable; et, à lui voir le couteau toujours levé, on eût dit qu'il alloit mettre son ordre à exécution.

La malignité de la nature me fit prendre plaisir, quelque temps, aux frayeurs de la Révérence : mais, craignant à la fin que le maréchal, dans son transport, ne rendît funeste ce qui n'avoit été que plaisant, je le fis souvenir que madame de Montbazon étoit morte [1], et lui dis qu'heureusement le P. Canaye n'avoit rien à craindre d'une personne qui n'étoit plus.

« Dieu fait tout pour le mieux, reprit le ma-

---

1. La célèbre et belle duchesse de Montbazon étoit encore en vie en 1654; elle ne mourut qu'en 1657. Saint-Evremond ne l'ignoroit pas; mais il a cru, dit Des Maizeaux, qu'on lui pardonneroit aisément cet anachronisme, si on pensoit qu'il étoit difficile de tirer autrement le P. Canaye de la frayeur qui l'avoit saisi. Bayle avoit déjà fait cette remarque, dans les *Nouvelles de la république des lettres*, décembre 1686, art. IV. Je croirois plutôt que ce morceau piquant a été ajouté en 1662.

« réchal. La plus belle du monde¹ commençoit
« à me lanterner, lorsqu'elle mourut. Il y avoit
« toujours auprès d'elle un certain abbé de
« Rancé², un petit janséniste, qui lui parloit de
« la grâce, devant le monde, et l'entretenoit de
« toute autre chose, en particulier. Cela me fit
« quitter le parti des jansénistes. Auparavant,
« je ne perdois pas un sermon du P. Des-
« mares³, et je ne jurois que par MM. de Port-

---

1. C'est ainsi que le maréchal d'Hocquincourt appeloit madame de Montbazon. Il lui écrivait, en 1649, au temps de la Fronde : *Péronne est à la belle des belles.* Voy. les *Mém.* de Retz, t. I, p. 317. Édit. Champoll.

2. Armand-Jean Le Bouthillier de Rancé, si connu depuis comme réformateur de la Trappe, avoit été, avant sa conversion, l'amant de la duchesse de Montbazon ; et il paroît certain que la mort prompte et inopinée de la duchesse décida la conversion de l'abbé de Rancé. Madame de Montbazon mourut de la petite vérole, dans une maison de campagne. On prétend que Rancé, qui étoit parti de Paris, sur la première nouvelle de la maladie, arrivant dans cette maison, et ne trouvant personne à l'entrée, monta dans l'appartement de la duchesse, par un escalier dérobé qu'il connoissoit ; et que le premier objet qui s'offrit à sa vue, ce fut la tête de madame de Montbazon qu'on avoit coupée, parce que le cercueil s'étoit trouvé trop court, et à côté de la tête ses yeux sur une assiette. Cette vue fit, dit-on, une impression si vive sur Rancé, qu'il renonça au monde, et qu'il établit dans son abbaye de la Trappe la réforme qu'on connoît. Il y mourut le 26 octobre 1702. Voy. Tallemant, t. IV, p. 461 et suiv. Édit. de P. Paris, et Sainte-Beuve, *Port-Royal*, III, IV et V, *passim*, 2ᵉ édit.

3. Le P. Desmares, prédicateur renommé, de l'Ora-

« Royal. J'ai toujours été à confesse aux jé-
« suites, depuis ce temps-là ; et, si mon fils a
« jamais des enfants, je veux qu'ils étudient
« au collége de Clermont, sur peine d'être dés-
« hérités. »

« *Oh! que les voies de Dieu sont admirables!* s'écria le P. Canaye. *Que le secret de
sa justice est profond! Un petit coquet de janséniste poursuit une dame à qui Monseigneur
vouloit du bien : le Seigneur miséricordieux se
sert de la jalousie, pour mettre la conscience de
Monseigneur entre nos mains.* Mirabilia judi-
cia tua, Domine ! »

Après que le bon Père eut fini ses pieuses
réflexions, je crus qu'il m'étoit permis d'entrer
en discours, et je demandai à M. le maréchal
si l'amour de la philosophie n'avoit pas succédé à la passion qu'il avoit eue pour madame
de Montbazon.

« Je ne l'ai que trop aimée la philosophie,
« dit le maréchal, je ne l'ai que trop aimée ;
« mais j'en suis revenu, et je n'y retourne pas.
« Un diable de philosophe m'avoit tellement
« embrouillé la cervelle de *premiers parents*,
« de *pomme*, de *serpent*, de *paradis terrestre*
« et de *chérubins*, que j'étois sur le point de
« ne rien croire. Le diable m'emporte si je

toire. Boileau l'a célébré. Voy. Sainte-Beuve, *loc. cit.*,
I, 471-74 ; IV, 445-41, et ailleurs.

« croyois rien. Depuis ce temps-là, je me fe-
« rois crucifier pour la religion. Ce n'est pas
« que j'y voie plus de raison; au contraire,
« moins que jamais : mais je ne saurois que
« vous dire, je me ferois crucifier, sans savoir
« pourquoi. »

« *Tant mieux, Monseigneur,* reprit le Père d'un ton de nez fort dévot, *tant mieux; ce ne sont point mouvements humains, cela vient de Dieu.* POINT DE RAISON! *C'est la vraie religion, cela.* POINT DE RAISON! *Que Dieu vous a fait, Monseigneur, une belle grâce!* Estote sicut infantes; *soyez comme des enfants. Les enfants ont encore leur innocence; et pourquoi? Parce qu'ils n'ont point de raison.* Beati pauperes spiritu! *bienheureux les pauvres d'esprit! ils ne pèchent point. La raison? C'est qu'ils n'ont point de raison.* POINT DE RAISON; JE NE SAUROIS QUE VOUS DIRE; JE NE SAIS POURQUOI! *Les beaux mots! Ils devroient être écrits en lettres d'or.* CE N'EST PAS QUE J'Y VOIE PLUS DE RAISON; AU CONTRAIRE, MOINS QUE JAMAIS. *En vérité, cela est divin, pour ceux qui ont le goût des choses du ciel.* POINT DE RAISON! *Que Dieu vous a fait, Monseigneur, une belle grâce*[1] !

---

1. Voy. Bayle, dans le troisième Éclaircissement mis à la fin de son Dictionnaire; et la satire de Voltaire, intitulée : *le Père Nicodème et Jeannot.*

Le Père eût poussé plus loin la sainte haine qu'il avoit contre la raison : mais on apporta des lettres de la cour à M. le maréchal; ce qui rompit un si pieux entretien. Le maréchal les lut tout bas, et, après les avoir lues, il voulut bien dire à la compagnie ce qu'elles contenoient : « Si je voulois faire le politique, comme
« les autres, je me retirerois dans mon cabi-
« net, pour lire les dépêches de la cour; mais
« j'agis et je parle toujours à cœur ouvert.
« M. le cardinal me mande que Stenay est
« pris[1], que la cour sera ici dans huit jours, et
« qu'on me donne le commandement de l'ar-
« mée qui a fait le siége, pour aller secourir
« Arras, avec Turenne et La Ferté. Je me sou-
« viens bien que Turenne me laissa battre par
« M. le Prince[2], lorsque la cour étoit à Gien :
« peut-être que je trouverai l'occasion de lui
« rendre la pareille. Si Arras étoit sauvé, et
« Turenne battu, je serois content : j'y ferai ce
« que je pourrai : je n'en dis pas davantage[3]. »

Il nous eût conté toutes les particularités de

---

1. Stenay fut pris le 6 d'août 1654.
2. Le maréchal veut parler du combat de Bléneau, livré le 7 d'avril 1652, et où d'Hocquincourt fut battu, parce qu'il fut surpris par un capitaine plus habile que lui, et non parce que Turenne le laissa battre.
3. Turenne ne fut pas battu, mais les trois maréchaux, ayant forcé les lignes espagnoles, entrèrent dans Arras, et obligèrent le prince de Condé à se retirer.

son combat, et le sujet de plainte qu'il pensoit avoir contre M. de Turenne ; mais on nous avertit que le convoi étoit déjà assez loin de la ville : ce qui nous fit prendre congé, plus tôt que nous n'aurions fait.

Le P. Canaye, qui se trouvoit sans monture, en demanda une qui le pût porter au camp. « Et quel cheval voulez-vous, mon Père? dit le maréchal. — *Je vous répondrai, Monseigneur, ce que répondit le bon P. Suarez au duc de Medina Sidonia, dans une pareille rencontre :* qualem me decet esse, mansuetum ; *tel qu'il faut que je sois : doux, paisible.* Qualem me decet esse, mansuetum. »

« J'entends un peu de latin, dit le maréchal : « *mansuetum* seroit meilleur pour des brebis « que pour des chevaux. Qu'on donne mon « cheval au Père ! j'aime son ordre, je suis son « ami : qu'on lui donne mon bon cheval ! »

J'allai dépêcher mes petites affaires, et ne demeurai pas longtemps, sans rejoindre le convoi. Nous passâmes heureusement, mais ce ne fut pas sans fatigue pour le pauvre P. Canaye. Je le rencontrai, dans la marche, sur le bon cheval de M. d'Hocquincourt : c'étoit un cheval entier, ardent, inquiet, toujours en action ; il mâchoit éternellement son mors, alloit toujours de côté, hennissoit de moment en moment ; et, ce qui choquoit fort la modestie du

Père, il prenoit indécemment tous les chevaux qui approchoient de lui pour des cavales. « Et que vois-je, mon Père, lui dis-je en l'abordant; quel cheval vous a-t-on donné là? Où est la monture du bon P. Suarez, que vous avez tant demandée? »

« *Ah! monsieur, je n'en puis plus, je suis roué!...* »

Il alloit continuer ses plaintes, lorsqu'il part un lièvre : cent cavaliers se débandent pour courir après, et on entend plus de coups de pistolet qu'à une escarmouche. Le cheval du Père, accoutumé au feu, sous le maréchal, emporte son homme, et lui fait passer, en moins de rien, tous ces débandés. C'étoit une chose plaisante de voir le jésuite à la tête de tous, malgré lui. Heureusement le lièvre fut tué, et je trouvai le Père au milieu de trente cavaliers qui lui donnoient l'honneur d'une chasse qu'on eût pu nommer une Occasion.

Le Père recevoit la louange avec une modestie apparente, mais, en son âme, il méprisoit fort le *mansuetum* du bon P. Suarez, et se savoit le meilleur gré du monde des merveilles qu'il pensoit avoir faites sur le barbe de M. le maréchal. Il ne fut pas longtemps sans se souvenir du beau dit de Salomon : *Vanitas vanitatum, et omnia vanitas.* A mesure qu'il se refroidissoit, il sentoit un mal que la chaleur lui avoit rendu insensible; et la fausse gloire cédant à de véritables douleurs, il regrettoit le repos de la société, et la douceur de la vie paisible qu'il avoit quittée. Mais toutes ses réflexions ne servoient de rien. Il falloit aller au camp; et il étoit si fatigué du cheval, que je le vis tout prêt d'abandonner Bucéphale, pour marcher à pied, à la tête des fantassins.

Je le consolai de sa première peine, et l'exemptai de la seconde, en lui donnant la monture la plus douce qu'il auroit pû souhaiter. Il me remercia mille fois, et fut si sensible à ma courtoisie, qu'oubliant tous les égards de sa profession, il me parla moins en jésuite réservé, qu'en homme libre et sincère[1]. Je lui demandai quel sentiment il avoit de M. d'Hocquincourt. « *C'est un bon seigneur*, me dit-il, *c'est une bonne âme; il a quitté les jansénistes: nos Pères lui sont fort obligés; mais, pour mon particulier, je ne me trouverai jamais à table, auprès de lui, et ne lui emprunterai jamais de cheval.* »

Content de cette première franchise, je voulois m'en attirer encore une autre. « D'où vient, continuai-je, la grande animosité qu'on voit entre les jansénistes et vos Pères? Vient-elle

---

1. M. de Saint-Evremond avoit fait sa rhétorique, sous le P. Canaye, au collége de Clermont, et l'on voit qu'il lui avoit conservé un reconnoissant souvenir.

de la diversité des sentiments sur la doctrine de la GRACE? — *Quelle folie! Quelle folie*, me dit-il, *de croire que nous nous haïssons, pour ne penser pas la même chose sur la* GRACE! *Ce n'est ni la* GRACE, *ni les* CINQ PROPOSITIONS, *qui nous ont mis mal ensemble : la jalousie de gouverner les consciences a tout fait. Les jansénistes nous ont trouvé en possession du gouvernement, et ils ont voulu nous en tirer. Pour parvenir à leurs fins, ils se sont servis de moyens tout contraires aux nôtres. Nous employons la douceur et l'indulgence; ils affectent l'austérité et la rigueur. Nous consolons les âmes par des exemples de la miséricorde de Dieu; ils effrayent par ceux de sa justice. Ils portent la crainte où nous portons l'espérance, et veulent s'assujettir ceux que nous voulons nous attirer. Ce n'est pas que les uns et les autres n'aient dessein de sauver les hommes, mais chacun veut se donner du crédit en les sauvant; et, à vous parler franchement, l'intérêt du directeur va presque toujours devant le salut de celui qui est sous la direction. Je vous parle tout autrement que je ne parlois à M. le maréchal. J'étois purement jésuite avec lui, et j'ai la franchise d'un homme de guerre avec vous.* »

Je le louai fort du nouvel esprit que sa dernière profession lui avoit fait prendre, et il me sembloit que la louange lui plaisoit assez.

Je l'eusse continuée plus longtemps ; mais, comme la nuit approchoit, il fallut nous séparer l'un de l'autre : le Père aussi content de mon procédé, que j'étois satisfait de sa confidence.

VII

CONVERSATION DE M. D'AUBIGNY AVEC M. DE SAINT-EVREMOND.

(1662)

AYANT raconté un jour à M. d'Aubigny[1] la conversation que j'avois eue avec le P. Canaye : « Il n'est pas raisonnable, me dit-il, que vous rencontriez plus de franchise parmi les jésuites que parmi nous : prenez la peine de m'écouter, et je m'assure que vous ne me trouverez pas moins d'honneur qu'au révérend Père dont vous me parlez.

« Je vous dirai que nous avons de fort beaux

---

1. Louis Stuart d'Aubigny, fils du duc de Richemond et de Lennox, avoit été élevé, en France, à Port-Royal, et il étoit resté fort attaché aux jansénistes. Voy. sur ce personnage, et sur son amitié avec Saint-Evremond, Sainte-Beuve, *Port-Royal*, III, 488, 507 à 515, et *alibi*.

esprits, qui font valoir le jansénisme par leurs ouvrages; de vains discoureurs qui, pour se faire honneur d'être jansénistes, entretiennent une dispute continuelle, dans les maisons; des gens sages et habiles, qui gouvernent prudemment les uns et les autres. Vous trouverez, dans les premiers, de grandes lumières, assez de bonne foi, souvent trop de chaleur, quelquefois un peu d'animosité. Il y a, dans les seconds, beaucoup d'entêtement et de fantaisie : les moins utiles fortifient le parti par le nombre; les plus considérables lui donnent de l'éclat par leur qualité. Pour les politiques, ils s'emploient, chacun selon son talent, et gouvernent la machine, par des moyens inconnus aux personnes qu'ils font agir.

« Ceux qui prêchent ou qui écrivent sur la GRACE, qui traitent cette question si célèbre et si souvent agitée; ceux qui mettent le concile au-dessus du pape, qui s'opposent à son infaillibilité, qui choquent les grandes prétentions de la cour de Rome, sont persuadés de ce qu'ils disent : capables toutefois de changer de sentiment, s'il arrive un jour que les jésuites trouvent à propos de changer d'opinion. Nos directeurs se mettent peu en peine de la doctrine; leur but est d'opposer société à société, de se faire un parti dans l'Église, et, du parti dans l'Église, une cabale dans la cour. Ils font mettre la réforme dans un couvent sans se réformer : ils exaltent la pénitence sans la faire : ils font manger des herbes à des gens qui cherchent à se distinguer par des singularités, tandis qu'on leur voit manger tout ce que mangent les personnes de bon goût. Cependant nos directeurs, tels que je les dépeins, servent mieux le jansénisme par leur direction, que ne font nos meilleurs écrivains, par leurs beaux livres.

« C'est une conduite sage et prudente qui nous maintient : et, si jamais M. de Bellièvre[1], M. de Lègue[2] et M. du Gué-Bagnols[3] viennent à nous manquer, je me trompe, ou l'on verra un grand changement dans le jansénisme. La raison est, que nos opinions auront de la peine à subsister d'elles-mêmes : elles sont une violence éternelle à la nature[4]; elles ôtent de la religion ce qui nous console : elles y mettent la crainte, la douleur, le désespoir. Les jansénistes, vou-

1. Le premier président de Bellièvre. Voy. Sainte-Beuve, *loc. cit.*, t. II et III, *passim;* Tallemant des Réaux et les *Mém.* de Retz.
2. Sainte-Beuve, *ibid.*, t. III, p. 511. Il écrit : *de Laigues.* On ne sait rien de particulier sur ce meneur du jansénisme.
3. Il a joui d'une grande réputation, en son temps. Voy. Sainte-Beuve, *ibid.*, t. II et III, *passim*, et Feillet, *la Misère au temps de la Fronde*, p. 228.
4. Voy. M. Cousin, *Études sur Pascal*, et *Jacqueline Pascal.* Il est, en ce point, de l'avis de Saint-Evremond.

lant faire des saints de tous les hommes, n'en trouvent pas dix, dans un royaume, pour faire des chrétiens tels qu'ils les veulent. Le christianisme est divin, mais ce sont des hommes qui le reçoivent; et, quoi qu'on fasse, il faut s'accommoder à l'humanité. Une philosophie trop austère fait peu de sages; une politique trop rigoureuse peu de bons sujets; une religion trop dure peu d'âmes religieuses qui le soient longtemps. Rien n'est durable, qui ne s'accommode à la nature : la GRACE dont nous parlons tant, s'y accommode elle-même. Dieu se sert de la docilité de notre esprit et de la tendresse de notre cœur, pour se faire aimer. Il est certain que les docteurs trop rigides donnent plus d'aversion pour eux que pour les péchés : la pénitence qu'ils prêchent, fait préférer la facilité qu'il y a de demeurer dans le vice, aux difficultés qu'il y a d'en sortir.

« L'autre extrémité me paroît également vicieuse. Si je hais les esprits chagrins qui mettent du péché en toutes choses, je ne hais pas moins les docteurs faciles et complaisants qui n'en mettent à rien, qui favorisent le dérèglement de la nature, et se rendent partisans secrets des méchantes mœurs. L'Évangile, entre leurs mains, a plus d'indulgence que la morale : la religion ménagée par eux, s'oppose plus foiblement au crime que la raison. J'aime les gens de bien éclairés, qui jugent sainement de nos actions, qui nous exhortent sérieusement aux bonnes, et nous détournent, autant qu'il leur est possible, des mauvaises. Je veux qu'un discernement juste et délicat leur fasse connoître la véritable différence des choses ; qu'ils distinguent l'effet d'une passion et l'exécution d'un dessein ; qu'ils distinguent le vice du crime, les plaisirs du vice ; qu'ils excusent nos foiblesses, condamnent nos désordres ; qu'ils ne confondent pas des appétits légers, simples et naturels, avec de méchantes et perverses inclinations. Je veux, en un mot, une morale chrétienne, ni austère, ni relâchée. »

VIII

JUGEMENT SUR LES SCIENCES OU PEUT S'APPLIQUER UN HONNÊTE HOMME[1].

A un de ses amis.

(1662)

Vous me demandez mon opinion sur les sciences où peut s'appliquer un honnête homme; je vous le dirai de bonne foi, sans prétendre que personne y doive assujettir son jugement. Je n'ai jamais eu de grands attachements à la lecture. Si j'y emploie quelques heures, ce sont les plus inutiles : sans dessein, sans ordre, quand je ne puis avoir la conversation des honnêtes gens, et que je me trouve éloigné du commerce des plaisirs. Ne vous imaginez donc pas que je vous parle profondément de choses que je n'ai étudiées qu'en passant, et sur lesquelles j'ai fait seulement de légères réflexions.

---

1. Cette pièce fut imprimée, en 1666, à Paris, sans nom d'auteur, avec quelques satires de Boileau, mais à l'insu de Saint-Evremond, et du poëte, qui donna lui-même, la même année, une édition plus correcte de ses satires, sans y reproduire le morceau de Saint-Evremond, auquel Boileau en voulut, quoique Saint-Evremond exilé fût fort innocent de la contrefaçon des libraires de Paris.

La *théologie* me semble fort considérable, comme une science qui regarde le salut; mais, à mon avis, elle devient trop commune, et il est ridicule que les femmes même osent agiter des questions qu'on devroit traiter, avec beaucoup de mystère et de secret. Ce seroit assez pour nous d'avoir de la docilité et de la soumission. Laissons cette doctrine tout entière à nos supérieurs, et suivons, avec respect, ceux qui ont le soin de nous conduire. Ce n'est pas que nos docteurs ne soient les premiers à ruiner cette déférence, et qu'ils ne contribuent à donner des curiosités qui mènent insensiblement à l'erreur. Il n'y a rien de si bien établi chez les nations, qu'ils ne soumettent à l'extravagance du raisonnement. On brûle un homme assez malheureux pour ne pas croire en Dieu ; et cependant on demande publiquement, dans les écoles, *s'il y en a un*. Par là, vous ébranlez les esprits faibles, vous jetez le soupçon dans les défiants : par là, vous armez les furieux, et leur permettez de chercher des raisons pernicieuses, dont ils combattent leurs propres sentiments, et les véritables impressions de la nature.

Hobbes, le plus grand génie d'Angleterre[1], depuis Bacon, ne sauroit souffrir qu'Aristote

---

1. Voy. dans le Dictionnaire de Bayle, l'article de Hobbes, que Saint-Evremond voyoit souvent, à Londres.

ait tant de crédit dans la théologie : il se prend à ses subtilités de la division de l'Église.

C'est, peut-être, par ces sortes de raisonnements que les théologiens ne sont pas quelquefois les plus dociles; d'où est venu le proverbe, que *le médecin et le théologal croient rarement aux remèdes et à la religion*. Je n'en dirai pas davantage. Je souhaiterois seulement que nos docteurs traitassent les matières de religion avec plus de retenue, et que ceux qui doivent y être assujettis, eussent moins de curiosité.

Comme la *philosophie* laisse plus de liberté à l'esprit, je l'ai cultivée un peu plus. Dans ce temps, où l'entendement s'ouvre aux connoissances, j'eus un désir curieux de comprendre la nature des choses, et la présomption me persuada bientôt que je l'avois connue : la moindre preuve me sembloit une certitude; une vraisemblance m'étoit une vérité, et je ne vous saurois dire avec quel mépris je regardois ceux que je croyois ignorer ce que je pensois bien savoir. A la fin, quand l'âge et l'expérience, qui malheureusement ne vient qu'avec lui, m'eurent fait faire de sérieuses réflexions, je commençai à me défaire d'une science toujours contestée, et sur laquelle les plus grands hommes avoient eu de différents sentiments. Je savois, par le consentement universel des nations, que Platon, Aristote, Zénon, Épicure, avoient été les lumières de leur siècle. Cependant, on ne voyoit rien de si contraire que leurs opinions. Trois mille ans après, je les trouvois également disputées : des partisans de tous les côtés, de certitude et de sûreté nulle part. Au milieu de ces méditations, qui me désabusoient insensiblement, j'eus la curiosité de voir Gassendi[1], le plus éclairé des philosophes, et le moins présomptueux. Après de longs entretiens, où il me fit voir tout ce que peut inspirer la raison, il se plaignit « que la nature eût donné tant d'étendue à la curiosité et des bornes si étroites à la connoissance ; qu'il ne le disoit point pour mortifier la présomption des autres, ou par une fausse humilité de soi-même, qui sent tout à fait l'hypocrisie; que peut-être il n'ignoroit pas ce que l'on pouvoit penser sur beaucoup de choses, mais de bien connoître les moindres, qu'il n'osoit s'en assurer. » Alors une science qui m'étoit déjà suspecte, me parut trop vaine pour m'y assujettir plus longtemps ; je rompis tout commerce avec

---

1. Pierre Gassendi, né à Champtercier, près de Digne, en 1592, mort en 1656, professeur au collége de France. L'édition la plus estimée de ses œuvres, est celle de Lyon, 1658, 6 vol. in-fol., reproduite à Florence, en 1728. Bernier a donné un *Abrégé de la Philosophie de Gassendi*, à Paris, 1678, 7 vol. in-12.

elle, et commençai d'admirer comme il étoit possible à un homme sage de passer sa vie à des recherches inutiles.

Les *mathématiques*, à la vérité, ont beaucoup plus de certitude ; mais, quand je songe aux profondes méditations qu'elles exigent, comme elles vous tirent de l'action et des plaisirs, pour vous occuper tout entier : ses démonstrations me semblent bien chères, et il faut être fort amoureux d'une vérité, pour la chercher à ce prix-là. Vous me direz que nous avons peu de commodités dans la vie, peu d'embellissements, dont nous ne leur soyons obligés. Je vous l'avouerai ingénument, il n'y a point de louanges que je ne donne aux grands mathématiciens, pourvu que je ne le sois pas. J'admire leurs inventions, et les ouvrages qu'ils produisent : mais je pense que c'est assez aux personnes de bon sens de les savoir bien employer ; car, à parler sagement, nous avons plus d'intérêt à jouir du monde, qu'à le connoître.

Je ne trouve point de sciences qui touchent plus particulièrement les honnêtes gens, que la *morale*, la *politique*, et la connoissance des *belles-lettres*.

La première regarde la raison, la seconde la société, la troisième la conversation. L'une vous apprend à gouverner vos passions. Par l'autre, vous vous instruisez des affaires de l'État, et réglez votre conduite dans la fortune. La dernière polit l'esprit, inspire la délicatesse et l'agrément.

Les gens de qualité, chez les anciens, avoient un soin particulier de s'instruire de toutes ces choses. Chacun sait que la Grèce a donné au monde les plus grands philosophes et les plus grands législateurs; et l'on ne sauroit nier que les autres nations n'aient tiré d'elle toute la politesse qu'elles ont eue.

Rome a eu des commencements rudes et sauvages; et cette vertu farouche, qui ne pardonnoit pas à ses enfants, fut avantageuse à la république, pour se former. Comme les esprits se rendirent plus raisonnables, ils trouvèrent moyen d'accommoder les mouvements de la nature avec l'amour de la patrie. A la fin, ils joignirent les grâces et l'ornement à la justice et à la raison. On a donc vu, dans les derniers temps, qu'il n'y avoit personne de considération qui ne fût attaché à quelque secte de philosophie, non pas à dessein de comprendre les principes et la nature des choses, mais pour se fortifier l'esprit par l'étude de la sagesse.

Touchant la politique, il n'est pas croyable combien les Romains s'instruisoient de bonne heure de tous les intérêts de l'État, comme ils s'appliquoient à la connoissance de la police et des lois, jusqu'à se rendre capables des affaires de la paix et de la guerre, sans expérience.

Les moins curieux savent de quelle sorte ils étoient touchés des belles-lettres. Il est certain qu'on voyoit peu de grands, à Rome, qui n'eussent, chez eux, quelques Grecs spirituels, pour s'entretenir des choses qui regardent l'agrément. Parmi cent exemples que je pourrois apporter, je me contenterai de celui de César, et ce sera assez faire, pour mon opinion, que de l'appuyer de son autorité.

De toutes les sectes qui étoient alors en réputation, il choisit celle d'Épicure, comme la plus douce et la plus conforme à son naturel et à ses plaisirs : car il y avoit de deux sortes d'épicuriens. Les uns, philosophant à l'ombre et *cachant leur vie*, selon le précepte[1] : les autres, qui, ne pouvant approuver l'austérité des philosophes, se laissoient aller à des opinions plus naturelles. De ces derniers ont été la plupart des honnêtes gens de ce temps-là, qui savoient séparer la personne du magistrat, et

---

1. CACHE TA VIE : Λάθε βιώσας. Plutarque a fait un traité contre cette maxime. *C'étoit*, dit Amyot, à la tête de ce traité, *un précepte fort commun, et fort estimé entre les épicuriens, mis en avant par Neocles, le frère d'Epicurus, ainsi que dit Suidas, par lequel il conseilloit à qui vouloit être heureux, de ne s'entremettre d'affaire quelconque publicque.*

donner leurs soins à la république, en telle sorte qu'il leur en restoit, et pour leurs amis et pour eux-mêmes. Il seroit inutile de vous expliquer la connoissance qu'avoit César des affaires de l'État, non plus que la politesse et la netteté de son esprit : je vous dirai seulement qu'il pouvoit disputer de l'éloquence avec Cicéron ; et, s'il n'en affecta pas la réputation, personne ne sauroit nier qu'il n'écrivît et ne parlât, beaucoup plus en homme de qualité qu'en orateur.

IX

SUR LA COMPLAISANCE QUE LES FEMMES ONT EN LEUR BEAUTÉ.

(1663)

Il n'y a rien de si naturel aux belles personnes, que la complaisance qu'elles ont en leur beauté : elles se plaisent, avant qu'on leur puisse plaire; elles sont les premières à se trouver aimables et à s'aimer. Mais les mouvements de cet amour sont plus doux qu'ils ne sont sensibles : car l'amour-propre flatte seulement, et celui qui est inspiré se fait sentir.

Le premier amour se forme naturellement

en elles, et n'a qu'elles pour objet : le second vient du dehors, ou attiré par une secrète sympathie, ou reçu par la violence d'une amoureuse impression. L'un est un bien qui ne fait que plaire, mais toujours un bien, et qui dure autant que la beauté; l'autre sait toucher davantage, mais il est plus sujet au changement.

A cet avantage de la durée, qu'a la complaisance de la beauté sur le mouvement de la passion, vous pouvez ajouter encore qu'une belle femme se portera plutôt à la conservation de sa beauté, qu'à celle de son amant : moins tendre qu'elle est pour un cœur assujetti, que vaine et glorieuse de ce qui peut lui donner la conquête de tous les autres. Ce n'est pas qu'elle ne puisse être sensible pour cet amant; mais, avec raison, elle se résoudra plutôt à souffrir la perte de ce qu'elle aime, que la ruine de ce qui la fait aimer.

Il y a je ne sais quelle douceur à pleurer la mort de celui qu'on a aimé. Votre amour vous tient lieu de votre amant, dans la douleur; et de là vient l'attachement à un deuil qui a des charmes :

> Qui me console excite ma colère :
> Et le repos est un bien que je crains.
> Mon deuil me plaît et me doit toujours plaire;
> Il me tient lieu de celle que je plains[1].

[1]. Maynard, dans l'*Ode*, sur la mort de sa fille.

Il n'en est pas ainsi de la perte de la beauté. Cette perte met une pleine amertume dans vos pleurs, et vous ôte l'espérance d'aucun plaisir, pour le reste de votre vie.

Avec votre beauté, il n'y avoit point d'infortune dont vous ne pussiez vous consoler : sans votre beauté, il n'y a point de bonheur dont vous puissiez vous satisfaire. Partout, le souvenir de ce que vous avez été fera vos regrets ; partout, la vue de ce que vous êtes fera vos chagrins.

Le remède seroit de vous accommoder sagement au malheureux état où vous vous trouvez ; et quel remède, pour une femme qui a été adorée, de revenir d'une vanité si chère à la raison ! Nouvelle et fâcheuse expérience, après l'habitude d'un sentiment si doux et si agréable !

Les dernières larmes que se réservent de beaux yeux, c'est pour se pleurer eux-mêmes, quand ils seront effacés. De tous les cœurs, le seul qui soupire encore pour une beauté perdue, c'est celui d'une misérable qui la possédoit.

Le plus excellent de nos poëtes, pour consoler une grande reine de la perte d'un plus grand roi, son époux, veut lui faire honte de l'excès de son affliction, par l'exemple d'une reine désespérée qui se prit au sort, dit aux astres des injures, et accusa les dieux, de la mort de son mari [1] :

> Et dit aux astres innocents
> Tout ce que fait dire la rage,
> Quand elle est maîtresse des sens [2].

Mais, ne trouvant pas que l'horreur de l'impiété pût être assez forte, dans une âme outrée de douleur, il garde pour sa dernière raison à lui représenter l'intérêt de ses appas; comme s'il n'y avoit plus aucun remède à son mal, que la considération du tort qu'elle fait à sa beauté :

> Que vous ont fait ces beaux cheveux,
> Dignes objets de tant de vœux,
> Pour endurer votre colère ?
> Et devenus vos ennemis,
> Recevoir l'injuste salaire
> D'un crime qu'ils n'ont point commis ?

Il pardonnoit aux femmes d'être impies, d'être insensées; il ne leur pardonnoit pas de s'être rendues moins aimables. C'est le crime

---

1. Artémise, qui avoit perdu Mausole, roi de Carie, son époux.
2. Ces vers sont de Malherbe, dans l'ODE qui a pour titre : CONSOLATION à CARITÉE sur la mort de son mari. Ménage, dans ses OBSERVATIONS sur les poésies de Malherbe, dit que cette CARITÉE étoit une dame de Provence de grand mérite et d'une beauté extraordinaire. Mais M. de Saint-Evremond nous apprend ici, que Malherbe composa cette ode pour Marie de Médicis, après la mort

dont il prétendoit, avec moins de peine, leur faire horreur. Les vouloir rappeler à la religion, c'est peu de chose : leur mettre devant les yeux l'intérêt de leur beauté, c'est tout ce qu'il s'imagine de plus fort, contre l'opiniâtreté de leur deuil ; il ne connoît rien au delà qui soit capable de les guérir.

Pour connoître jusqu'où va cet attachement des femmes à leur beauté, il le faut considérer dans les plus retirées et les plus dévotes. Il y en a qui ont renoncé à tous les plaisirs, qui se sont détachées de tous les intérêts du monde, qui ne cherchent à plaire à personne, et à qui personne ne plaît : mais, dans une indifférence de toutes choses, elles se flattent secrètement de se trouver encore aimables. Il y en a d'autres qui s'abandonnent à toutes sortes d'austérités ; et si, par hasard, elles se regardent dans un miroir, vous les entendez soupirer de se

---

de Henry IV. Cependant, comme il me sembloit que cette pièce, quoique très-belle, étoit d'un style trop simple, et, pour ainsi dire, trop familier, pour une personne d'un si haut rang ; je lui montrai la remarque que j'avois faite sur cet endroit, à la marge de mon exemplaire, où je rapportois l'observation de Ménage, et les raisons qui me la faisoient paroître vraisemblable : mais il m'assura que, *de son temps, personne ne doutoit, à la cour, que Malherbe n'eût en vue Marie de Médicis.* (Note de Des Maizeaux.) Ce fait est peu connu. Voy. le *Malherbe* de M. Hachette, I, p. 32, où la tradition, attestée par Ménage, est reproduite, sans observation du savant éditeur.

voir changées. Elles font avec la dernière ferveur ce qui défigure leur visage, et ne peuvent souffrir la vue de leur visage défiguré.

La nature, qui peut consentir à se laisser détruire elle-même, par un sentiment d'amour pour Dieu, s'oppose en secret au moindre changement de la beauté, par un mouvement d'amour-propre, dont elle ne se défait point. En quelque lieu qu'une belle personne soit retirée, en quelque état qu'elle soit, ses appas lui seront chers. Ils lui seront chers dans la maladie; et, si la maladie va jusqu'à la mort, le dernier soupir est moins pour la perte de la vie, que pour celle de la beauté.

X

LE PROPHÈTE IRLANDOIS[1], NOUVELLE.

(1666)

Dans le temps que M. de Comminges étoit ambassadeur, pour le Roi Très-Chrétien, auprès du roi de la Grande-Bretagne (1665), il vint à Londres un prophète irlandois qui passoit pour un grand

---

1. Il s'appeloit Valentin Gréatérick ou Gréatraks. Après avoir assez longtemps abusé l'Irlande, il passa en

faiseur de miracles, selon l'opinion des crédules, et peut-être selon sa propre persuasion. Quelques personnes de qualité ayant prié M. de Comminges de le faire venir chez lui, pour voir quelqu'un de ses miracles, il voulut bien leur accorder cette satisfaction, tant par sa curiosité naturelle, que par complaisance pour eux; et il fit avertir le prétendu prophète de venir à sa maison.

Au bruit qui se répandit partout de cette nouvelle, l'hôtel de M. de Comminges fut bientôt rempli de malades qui venoient chercher, dans une pleine confiance, leur guérison. L'Irlandois se fit attendre quelque temps; et, après avoir été impatiemment attendu, les malades et les curieux le virent arriver, avec une contenance grave, mais simple, et qui n'avoit rien de composé à la fourberie. M. de Comminges se préparoit à l'examiner profondément, espérant bien qu'il pourroit s'étendre avec plaisir sur tout ce qu'il avoit lu dans Helmont[1] et dans

---

Angleterre où il joua le même rôle. Le bruit qu'avoit fait l'imposteur engagea M. de Saint-Evremond à écrire cette nouvelle. Peu d'années après, en 1692, Jacques Aymar acquérait le même genre de célébrité, en Dauphiné, par sa baguette divinatoire. La réputation de l'un ne se soutint pas plus longtemps que celle de l'autre.

1. J. B. Van Helmont, fameux médecin alchimiste, et précurseur de Mesmer; né en 1577, mort en 1644.

Bodin[1] ; mais il ne le put faire, à son grand regret : car la foule devint si grosse, et les infirmes se pressèrent si fort, pour être guéris les premiers, qu'avec les menaces et la force même, on eut de la peine à venir à bout de régler leurs rangs.

Le prophète rapportoit toutes les maladies aux esprits : toutes les infirmités étoient pour lui des possessions. Le premier qu'on lui présenta étoit un homme accablé de gouttes et de certains rhumatismes, dont il lui avoit été impossible de guérir. Ce que voyant notre faiseur de miracles : « J'ai vu, dit-il, de cette sorte d'esprits en Irlande, il y a longtemps ; ce sont esprits aquatiques, qui apportent des froidures et excitent des débordements d'humeur, en ces pauvres corps. ESPRIT MALIN, QUI AS QUITTÉ LE SÉJOUR DES EAUX, POUR VENIR AFFLIGER CE CORPS MISÉRABLE, JE TE COMMANDE D'ABANDONNER TA DEMEURE NOUVELLE ET DE T'EN RETOURNER A TON ANCIENNE HABITATION. » Cela dit, le malade se retira ; et il en vint un autre, à sa place, qui se disoit tourmenté de vapeurs mélancoliques. A la vérité, il étoit de ceux qu'on appelle ordinairement hypocondriaques, et malades d'imagination, quoiqu'ils ne le soient

1. Le célèbre publiciste Jean Bodin avoit eu la foiblesse de croire à la magie et aux sorciers. Né en 1530, mort en 1596.

que trop en effet. « Esprit aérien, dit l'Irlandois, retourne dans l'air exercer ton métier pour les tempêtes, et n'excite plus de vents dans ce triste et malheureux corps. »

Ce malade fit place à un autre qui, selon l'opinion du prophète, n'avoit qu'un simple lutin, incapable de résister un moment à sa parole. Il s'imaginoit l'avoir bien reconnu à des marques qui ne nous paroissoient pas; et, faisant un souris à l'assemblée : « Cette sorte d'esprits, dit-il, afflige peu souvent, et divertit presque toujours. » A l'entendre, il n'ignoroit rien en matière d'esprits : il savoit leur nombre, leurs rangs, leurs noms, leurs emplois, toutes les fonctions auxquelles ils étoient destinés; et il se vantoit familièrement d'entendre beaucoup mieux les intrigues des démons, que les affaires des hommes.

Vous ne sauriez croire à quelle réputation il parvint en peu de temps. Catholiques et protestants venoient le trouver de toutes parts : et vous eussiez dit que la puissance du ciel étoit entre les mains de cet homme-là, lorsqu'une aventure, où l'on ne s'attendoit point, fit perdre au public la merveilleuse opinion qu'il en avoit.

Un homme et une femme de la contrée[1],

1. *Of the country :* Expression angloise, pour dire : *de la campagne,* ou *de province.*

mariés ensemble, vinrent chercher du secours dans sa vertu, contre certains esprits de discorde, disoient-ils, qui troubloient leur mariage, et ruinoient la paix de la maison. C'étoit un gentilhomme âgé de quarante-cinq ans, qui sentoit assez et sa naissance et son bien. Il me semble que j'ai la demoiselle[1] devant les yeux : elle avoit environ trente-cinq ans, et paroissoit bien faite de sa personne; mais on pouvoit déjà voir qu'il y avoit eu autrefois plus de délicatesse dans ses traits. J'ai nommé l'époux le premier pour la dignité du rang : la femme voulut néanmoins parler la première, soit parce qu'elle se crut plus tourmentée de son esprit, ou qu'elle fût seulement pressée de l'envie naturelle à son sexe de parler.

« J'ai un mari, dit-elle, le plus honnête homme du monde, à qui je donne mille chagrins, et qui ne m'en donne pas moins à son tour. Mon intention seroit de bien vivre avec lui, et je le ferois toujours, si un esprit étranger, dont je me sens saisir, à certains moments, ne me rendoit si fière et si insupportable, qu'il n'est pas possible de me souffrir. Mes agitations cessées, je reviens à ma douceur naturelle, et je n'oublie alors aucun soin, ni aucun agré-

---

1. Dans le langage du dix-septième siècle, on qualifioit de *demoiselles* les femmes mariées qui étoient de naissance noble.

ment, pour tâcher de plaire à mon époux ; mais son démon le vient posséder, quand le mien me laisse : et ce mari, qui a tant de patience pour mes transports, n'a que de la fureur pour ma raison. » Là se tut une femme, en apparence assez sincère ; et le mari, qui ne l'étoit pas moins, commença son discours de cette sorte :

« Quelque sujet que j'aie de me plaindre du diable de ma femme, je lui ai du moins l'obligation de ne lui avoir pas appris à mentir ; et il me faut avouer qu'elle n'a rien dit qui ne soit très-véritable. Tout le temps qu'elle me paroît agitée, je suis patient ; mais aussitôt que son esprit la laisse en repos, le mien m'agite à son tour ; et, avec un nouveau courage et de nouvelles forces, dont je me trouve animé, je lui fais sentir, le plus fortement qu'il m'est possible, la dépendance d'une femme et la supériorité d'un mari. Ainsi, notre vie se passe à faire le mal, ou à l'endurer, ce qui nous rend de pire condition que les plus misérables. Voilà nos tourments, monsieur ; et, s'il est possible d'y apporter quelque remède, je vous conjure de nous le donner : la cure d'un mal aussi étrange que le nôtre, ne sera pas celle qui vous fera le moins d'honneur. »

« Ce ne sont ici, ni lutins, ni farfadets, dit l'Irlandois ; ce sont esprits du premier ordre, de la légion de Lucifer : démons orgueilleux, grands ennemis de l'obéissance, et fort difficiles à chasser. Vous ne trouverez pas mauvais, messieurs, poursuivit-il, en se tournant vers l'assemblée, que je regarde un peu dans mes livres, car j'ai besoin de paroles extraordinaires. » Là-dessus, il se retira dans un cabinet, pour y feuilleter ses papiers; et, après avoir rejeté cent formules, comme trop foibles, contre de si grands ennemis, il tomba sur une, à la fin, capable, à son avis, de confondre tous les diables de l'enfer.

Le premier effet de la conjuration se fit sur lui-même; car les yeux commencèrent à lui rouler en la tête, avec tant de grimaces et de contorsions, qu'il pouvoit paroître le possédé, à ceux qui venoient chercher du remède contre la possession. Après avoir tourné ses yeux égarés de toutes parts, il les fixa sur ces bonnes gens, et les frappant tous deux d'une baguette qui ne devoit pas être sans vertu : « ALLEZ, DÉMONS, dit-il, ALLEZ, ESPRITS DE DISSENSSION, EXERCER LA DISCORDE DANS L'ENFER, ET LAISSEZ RÉTABLIR, PAR VOTRE DÉPART, L'HEUREUSE UNION QUE, MÉCHAMMENT, VOUS AVEZ ROMPUE. » Alors, il s'approcha doucement de l'oreille des prétendus possédés, et haussant un peu le ton de la voix : « Je vous entends murmurer, démons, de l'obéissance que vous êtes forcés de me rendre; mais, dussiez-vous en crever, il faut partir : Partez. Et vous, mes amis, allez goûter, avec joie, le repos dont vous êtes privés depuis longtemps. C'en est assez, messieurs; je vous jure que je suis tout en sueur, du travail que m'a fait la résistance de ces diables obstinés. Je pense bien avoir eu affaire à deux mille esprits, en ma vie, qui, tous ensemble, ne m'ont pas donné tant de peine que ceux-ci. »

Les démons expédiés, le bon Irlandois se retira : tout le monde sortit, et nos bonnes gens retournèrent à leur logis, avec une satisfaction plus merveilleuse que le prodige qui s'étoit fait en leur faveur. Étant de retour en leur maison, tout leur parut agréable, par un changement d'esprit, qui mit une nouvelle disposition dans leurs sens. Ils trouvèrent un air riant en toutes choses : ils se regardoient eux-mêmes avec agrément; et les paroles douces et tendres ne leur manquèrent pas, pour exprimer leur amour. Mais, vains plaisirs, qu'il faut peu se fier à votre durée! et que les personnes nées pour l'infortune se réjouissent mal à propos, quand il leur arrive un petit bonheur!

Telle étoit la douceur de nos mariés, lorsqu'une dame de leurs amies vint leur témoigner sa joie de celle qu'ils recevoient de leur guérison. Ils répondirent à cette civilité, avec toute la discrétion du monde; et les compliments ordinaires, en ces occasions, faits et rendus, le mari commença une conversation fort raisonnable, sur l'heureux état où ils se trouvoient, après le misérable où ils avoient été. Notre épouse, ou pour faire admirer des choses merveilleuses, ou pour se plaire aux malignes, s'étendit, avec agrément, sur les tours que son démon lui avoit inspirés, pour tourmenter son mari : sur quoi, le mari jaloux de l'honneur du sien, ou de sa propre autorité, lui fit entendre que c'étoit trop parler des choses passées, dont le souvenir lui étoit fâcheux. Il ajouta, qu'au bon état où ils se trouvoient rétablis, elle ne devoit plus songer qu'à l'obéissance qu'une femme doit à son époux ; comme il ne songeroit, de son côté, qu'à user légitimement de ses droits, pour rendre leur condition aussi heureuse, à l'avenir, qu'elle avoit été, jusque-là, infortunée.

La femme, offensée du mot d'obéir, et, plus encore, de l'ordre de se taire, n'oublia rien pour établir l'égalité, dans le mariage, disant que les diables n'étoient pas si loin, qu'ils ne pussent être rappelés, en cas que cette égalité fût violée.

Cette amie, dont j'ai parlé, discrète et judicieuse, autant que personne de son sexe, lui représentoit sagement le devoir des femmes, sans oublier la conduite et les ménagements où les maris étoient obligés. Mais sa raison, au lieu de l'adoucir, ne faisoit que l'irriter ; en sorte qu'elle devint plus insupportable qu'auparavant. « Vous aviez raison, ma femme, reprit le mari, les diables n'étoient pas si loin, qu'ils n'aient pu être rappelés : ou plutôt, vous avez été si chère au vôtre, qu'il a voulu demeurer avec vous, malgré le commandement qu'on lui a fait de vous quitter. Je suis trop foible pour avoir affaire, moi seul, contre vous deux : ce qui m'oblige à me retirer, exposé que je suis à des forces si dangereuses. » « Et moi, je me retire, dit-elle, avec cet esprit qui ne me veut pas quitter. Il sera de bien méchante humeur, s'il n'est plus traitable qu'un mari si fâcheux et si violent. » Puis se tournant vers son amie : « Avant que de me retirer, lui dit-elle, je suis bien aise de vous dire, madame, que j'attendois toute autre chose de votre amitié, et de l'intérêt que vous deviez prendre en celui d'une femme, contre la violence d'un mari. C'est une chose bien étrange de me voir insulter par celle qui me devroit soutenir. Adieu, madame, adieu : vos visites font beaucoup d'honneur ; mais on s'en passera bien, si elles sont aussi peu favorables que celle-ci. »

Qui fut bien étonné ? Ce fut la bonne et trop sage dame, instruite par sa propre expérience, que la sagesse même a son excès, et qu'on fait d'ordinaire un usage indiscret de la raison, avec les personnes qui n'en ont point. Vous pouvez juger qu'elle ne demeura pas longtemps dans un logis, où l'on ne parloit que de démons, et où l'on ne faisoit rien qui ne fût de la dernière extravagance.

Le mari passa le reste du jour, et toute la nuit, dans sa chambre, honteux de la joie qu'il avoit eue, chagrin du présent, et livré à de fâcheuses imaginations, pour l'avenir. Comme l'agitation de la femme avoit été beaucoup plus grande, elle dura moins aussi; et, revenue assez tôt à son bon sens, elle fit de tristes réflexions sur la perte des douceurs dont elle se voyoit privée.

Certaine nature d'esprit laissoit écouler peu de moments, sans demander raison à celui de discorde, de la ruine de ses intérêts et de ses plaisirs. Cet esprit, qui règne plus encore chez les femmes, et particulièrement les nuits qu'elles passent sans dormir, prévalut sur toutes choses; en sorte que la bonne épouse, rendue purement à la nature, alla trouver son époux, dès qu'il fut jour, pour rejeter tous les désordres passés sur une puissance étrangère, qui n'avoit rien de naturel ni d'humain. « Je connois, disoit-elle, dans le bon intervalle où je suis présentement, que nos esprits ne se sont point rendus au commandement de l'Irlandois; et, si vous m'en croyez, mon cher, mais trop malheureux mari, nous retournerons lui demander une plus forte et plus efficace conjuration. »

Le pauvre mari, abattu de chagrin, comme il étoit, n'eût pas résisté à une injure : jugez s'il ne fut pas bien aise de se rendre à une douceur. Devenu tendre et sensible à cet amoureux retour : « Pleurons, mon cœur, lui dit-il, pleurons nos communs malheurs, et allons chercher, une seconde fois, le remède que la première n'a su nous donner. »

La femme fut surprise agréablement de ce discours ; car, au lieu d'un fâcheux démon, dont elle attendoit les insultes, elle trouva heureusement un homme attendri, qui la consola du mal qu'elle avoit su faire, et qu'il avoit eu à souffrir. Ils passèrent une heure ou deux à s'inspirer de mutuelles confiances ; et, après avoir mis ensemble tout leur espoir en la vertu du prophète, ils retournèrent à l'hôtel de M. de Comminges, chercher un plus puissant secours que celui qu'ils avoient essayé auparavant.

A peine étoient-ils entrés dans la chapelle, que l'Irlandois les aperçut ; et, les appelant assez haut pour être entendu de tout le monde : « Venez, leur dit-il, venez publier les merveilles qui se sont opérées en vous, et rendre témoignage à la vertu toute-puissante qui vous a délivrés de l'esclavage malheureux dans lequel vous gémissiez. » La femme répondit aussitôt, sans consulter : « que, pour le témoignage qu'il demandoit, ils étoient obligés de le rendre à l'opiniâtreté des démons, et non pas à sa vertu ; car, en vérité, vénérable père, ajouta-t-elle, depuis votre belle opération, ils nous ont tourmentés, comme par dépit, plus violemment que jamais. » « Vous êtes des incrédules, s'écria le bon Irlandois, animé d'un grand courroux, ou des ingrats, pour le moins, qui taisez malicieusement le bien qu'on vous a fait. Venez, approchez, que je vous convainque d'incrédulité ou de malice ! »

Quand ils se furent approchés, il examina exactement tous les traits de leur visage. Il observa particulièrement leurs regards; et, comme s'il eût découvert, dans la prunelle de leurs yeux, quelques impressions de ces esprits : « Vous avez raison, dit-il, tout confus, vous avez raison ; ils ne sont pas délogés encore. Ils étoient trop enracinés dans vos corps ; mais ils y tiendront bien, si je ne les en arrache, par la vertu des paroles que je vais proférer : QUITTEZ, RACE MAUDITE, UN SÉJOUR DE REPOS, TROP DOUX POUR VOUS, ET ALLEZ FRÉMIR, POUR JAMAIS, EN DES LIEUX OU HABITENT L'HORREUR, LA RAGE ET LE DÉSESPOIR. C'en est fait, mes amis, vous êtes assurément délivrés : mais ne revenez pas, je vous prie. Je dois mon temps à tout le monde, et vous en avez eu ce que vous devez en avoir. »

Ce fut là que nos patients crurent être à la fin de tous leurs maux. Ce jour leur parut comme le premier de leur mariage, et la nuit fut attendue avec la même impatience que celle de leurs noces l'avoit été autrefois. Elle vint cette nuit tant désirée; mais, hélas! qu'elle répondit mal à leurs désirs!... Je laisse à l'imagination du lecteur la confusion *de leur* aventure....

Heureusement, pour le mari, la femme accusa les démons innocents; et le prophète fameux ne fut plus, à son égard, qu'un pauvre Hibernois, qui n'avoit pas la vertu de venir à bout d'un feu follet....

« Il y a longtemps, dit-elle brusquement, et comme si elle avoit été inspirée, il y a longtemps que la simplicité de l'Irlandois amuse la nôtre, et je crois bien que nous attendrions vainement de lui notre guérison; mais, ce n'est pas assez d'être détrompés, la charité nous oblige à détromper les autres, aussi bien que nous, et à faire connoître sa vanité ou sa sottise. »

« Ma mie, reprit le mari, il n'y a rien de si vrai, que le malheur de cette nuit est un pur ouvrage de nos démons. L'Irlandois s'étoit voulu moquer d'eux, ils ont voulu se moquer de lui, et de nous, à leur tour. Vous me connoissez et je me connois; et voilà ce que les conjurations nous ont valu. Au reste, ma mie, quand vous ferez vos reproches à ce beau prophète, prenez garde de ne pas descendre à aucune particularité de cette nature; qu'il ne vous échappe rien, je vous prie, qui nous soit honteux. Tous secrets de famille doivent être cachés; mais celui-ci doit se révéler, moins que pas un autre. »

La femme étoit prête à s'offenser de se voir soupçonnée d'une telle indiscrétion; mais, pour ne pas rebrouiller les choses qui alloient à un bon accommodement, elle promit de parler et de se taire si à propos, que l'Irlandois seul auroit à se plaindre de son procédé.

Après un petit déjeuné, et un peu de conversation, pour fortifier les corps, et concilier les esprits, ils marchèrent en paix, vers la maison où ils avoient été deux fois, avec confiance, et d'où ils étoient revenus deux fois, sans aucun fruit. Ils apprirent que l'Irlandois étoit allé à Saint-James, pour y faire quelques prodiges, à la prière de M. d'Aubigny. C'étoit ce M. d'Aubigny, si connu de tout le monde pour le plus agréable homme qui fut jamais. Voici donc quelques-uns des miracles que je remarquai à Saint-James, avec moins de crédulité que la multitude, et moins de prévention que M. d'Aubigny.

Déjà les aveugles pensoient voir la lumière qu'ils ne voyoient pas : déjà les sourds s'imaginoient entendre, et n'entendoient point : déjà les boiteux croyoient aller droit, et les perclus pensoient retrouver le premier usage de leurs membres. Une forte idée de la santé avoit fait oublier aux malades leurs maladies; et l'imagination, qui n'agissoit pas moins dans les curieux que dans les malades, faisoit aux uns une fausse vue de l'envie de voir, comme aux autres une fausse guérison de l'envie de guérir. Tel étoit le pouvoir de l'Irlandois sur les esprits; telle étoit la force des esprits sur les sens. Ainsi l'on ne parloit que de prodiges, et ces prodiges étoient appuyés d'une si grande autorité, que la multitude étonnée les recevoit avec soumission, pendant que quelques gens éclairés n'osoient les rejetter par connoissance. La connoissance timide et assujettie respectoit l'erreur impérieuse et autorisée : l'âme étoit faible, où l'entendement étoit sain; et ceux qui voyoient le mieux, en ces cures imaginaires, n'osoient déclarer leurs sentiments, parmi un peuple prévenu ou enchanté.

Tel étoit le triomphe de l'Irlandois, quand notre couple fendit la presse, courageusement, pour lui venir faire insulte, dans toute sa majesté. « N'as-tu point de honte, lui dit la femme, d'abuser le peuple simple et crédule, comme tu fais, par l'ostentation d'un pouvoir que tu n'eus jamais? Tu avois ordonné à nos démons de nous laisser en repos, et ils n'ont fait que nous tourmenter encore davantage. Tu leur avois commandé de sortir, et ils s'opiniâtrent à demeurer, en dépit de tes ordres, se moquant également de notre crédulité et de ton imbécile puissance. » Le mari continua les mêmes reproches, avec les mêmes mépris, jusqu'à lui refuser le nom d'*imposteur*, parce qu'il falloit de l'esprit, disoit-il, pour l'imposture, et que ce misérable n'en avoit point.

Le prophète perdit la parole, en perdant l'autorité qui le rendoit vénérable; et ce redoutable pouvoir, établi dans un assujettissement superstitieux des esprits, devint à rien, aussitôt qu'il y eut des gens assez hardis pour ne le pas reconnoître. Alors, l'Irlandois surpris, étonné, sortit promptement, par la porte de derrière; moins confus toutefois, moins mortifié que le peuple : n'y ayant rien que l'esprit humain reçoive, avec tant de plaisir, que l'opinion des choses merveilleuses, ni qu'il laisse avec plus de peine et de regret. Pour M. d'Aubigny, il mit bientôt le prophète au rang de cent autres qu'il avoit essayés inutilement.

Tout le monde se retira honteux de s'être laissé abuser de la sorte, et chagrin néanmoins d'avoir perdu son erreur. Nos mariés, glorieux et triomphants, jouissoient des douceurs de la victoire ; et M. d'Aubigny, qui passoit d'un esprit à un autre, avec une facilité incroyable, quitta le merveilleux, à l'instant, pour se donner le plaisir du ridicule, avec moi, sur ce qui étoit arrivé. Il n'en demeura pas là ; sa curiosité le porta à faire plus particulièrement connoissance avec la dame, qui lui apprit toutes les aventures de leur imaginaire possession.

XI

A MONSIEUR LE MARÉCHAL DE CRÉQUI, QUI M'AVOIT DEMANDÉ EN QUELLE SITUATION ÉTOIT MON ESPRIT, ET CE QUE JE PENSOIS SUR TOUTES CHOSES, DANS MA VIEILLESSE[1].

(1671)

Quand nous sommes jeunes, l'opinion du monde nous gouverne, et nous nous étudions plus à être bien avec les autres qu'avec nous-mêmes. Arrivés à la vieillesse, nous trouvons moins précieux ce qui nous est étranger : rien ne nous occupe tant

---

1. De tous les ouvrages de Saint-Evremond, il n'y en a point où il se soit mieux dépeint, que dans celui-

que nous-mêmes, qui sommes sur le point de nous manquer. Il en est de la vie comme de nos autres biens; tout se dissipe, quand on pense en avoir un grand fond : l'économie ne devient exacte que pour ménager le peu qui nous reste. C'est par là qu'on voit faire aux jeunes gens comme une profusion de leur être, quand ils croient avoir longtemps à le posséder. Nous nous devenons plus chers, à mesure que nous sommes plus prêts de nous perdre. Autrefois, mon imagination errante et vagabonde se portoit à toutes les choses étrangères : aujourd'hui, mon esprit se ramène au corps, et s'y unit davantage. A la vérité, ce n'est point par le plaisir d'une douce liaison ; c'est par la nécessité du secours et de l'appui mutuel qu'ils cherchent à se donner l'un à l'autre.

En cet état languissant, je ne laisse pas de me conserver encore quelques plaisirs ; mais j'ai perdu tous les sentiments du vice, sans savoir si je dois ce changement à la foiblesse d'un corps abattu, ou à la modération d'un esprit devenu plus sage qu'il n'étoit auparavant. Je crains de le devoir aux infirmités de la vieillesse, plus qu'aux avantages de ma vertu ;

ci. La délicatesse du courtisan, l'esprit fin de l'homme de lettres, le bon sens du philosophe, s'y montrent dans leur jour le plus aimable.

et d'avoir plus à me plaindre de la docilité de mes mouvements, qu'à m'en réjouir. En effet, j'attribuerois mal à propos à ma raison la force de les soumettre, s'ils n'ont pas celle de se soulever. Quelque sagesse dont on se vante, en l'âge où je suis, il est malaisé de connoître si les passions qu'on ne ressent plus sont éteintes ou assujetties.

Quoi qu'il en soit, dès lors que nos sens ne sont plus touchés des objets, et que l'âme n'est plus émue par l'impression qu'ils font sur elle, ce n'est proprement chez nous qu'indolence : mais l'indolence n'est pas sans douceur, et songer qu'on ne souffre point de mal, est assez à un homme raisonnable, pour se faire de la joie. Il n'est pas toujours besoin de la jouissance des plaisirs. Si on fait un bon usage de la privation des douleurs, on rend sa condition assez heureuse.

Quand il m'est arrivé des malheurs, je m'y suis trouvé naturellement assez peu sensible, sans mêler à cette heureuse disposition le dessein d'être constant; car la constance n'est qu'une plus longue attention à nos maux. Elle paroît la plus belle vertu du monde, à ceux qui n'ont rien à souffrir; et elle est véritablement comme une nouvelle gêne, à ceux qui souffrent. Les esprits s'aigrissent à résister; et, au lieu de se défaire de leur première douleur, ils en forment eux-mêmes une seconde. Sans la résistance, ils n'auroient que le mal qu'on leur fait : par elle, ils ont encore celui qu'ils se font. C'est ce qui m'oblige à remettre tout à la nature, dans les maux présents : je garde ma sagesse, pour le temps où je n'ai rien à endurer. Alors, par des réflexions sur mon indolence, je me fais un plaisir du tourment que je n'ai pas, et trouve le secret de rendre heureux l'état le plus ordinaire de la vie.

L'expérience se forme avec l'âge, et la sagesse est communément le fruit de l'expérience; mais, qu'on attribue cette vertu aux vieilles gens, ce n'est pas à dire qu'ils la possèdent toujours. Ce qui est certain, c'est qu'ils ont toujours la liberté d'être sages, et de pouvoir s'exempter, avec bienséance, de toutes les gênes que l'opinion a su introduire dans le monde. C'est à eux, seulement, qu'il est permis de prendre les choses, pour ce qu'elles sont. La raison a presque tout fait, dans les premières institutions : la fantaisie a presque tout gagné sur elle, dans la suite. Or, la vieillesse seule a le droit de rappeler ce que l'une a perdu, et de se dégager de ce qu'a gagné l'autre.

Pour moi, je tiens scrupuleusement aux véritables devoirs. Je rebute ou admets les imaginaires, selon qu'ils me choquent, ou qu'ils me plaisent; car, en ce que je ne dois pas, je me fais une sagesse, également, de rejeter ce qui me déplaît et de recevoir ce qui me contente. Chaque jour je me défais de quelque chaîne, avec autant d'intérêt pour ceux dont je me détache, que pour moi qui reprends ma liberté. Ils ne gagnent pas moins, dans la perte d'un homme inutile, que je perdrois à me dévouer plus longtemps à eux, inutilement.

De tous les liens, celui de l'amitié est le seul qui me soit doux ; et, n'étoit la honte qu'on ne répondît pas à la mienne, j'aimerois, par le plaisir d'aimer, quand on ne m'aimeroit pas. Dans un faux sujet d'aimer, les sentiments d'amitié peuvent s'entretenir, par la seule douceur de leur agrément. Dans un vrai sujet de haïr, on doit se défaire de ceux de la haine, par le seul intérêt de son repos. Une âme seroit heureuse qui pourroit se refuser tout entière à certaines passions, et ne feroit seulement que se permettre à quelques autres. Elle seroit sans crainte, sans tristesse, sans haine, sans jalousie ; elle désireroit sans ardeur, espéreroit sans inquiétude, et jouiroit sans transport.

L'état de la vertu n'est pas un état sans peine. On y souffre une contestation éternelle de l'inclination et du devoir. Tantôt on reçoit ce qui choque, tantôt on s'oppose à ce qui plaît : sentant, presque toujours, de la gêne à faire ce que l'on fait, et de la contrainte à s'abstenir de ce que l'on ne fait pas. Celui de la sagesse est doux et tranquille. La sagesse règne en paix sur nos mouvements, et n'a qu'à bien gouverner des sujets, au lieu que la vertu avoit à combattre des ennemis.

Je puis dire de moi une chose assez extraordinaire, et assez vraie; c'est que je n'ai presque jamais senti, en moi-même, ce combat intérieur de la passion et de la raison. La passion ne s'opposoit point à ce que j'avois résolu de faire par devoir; et la raison consentoit volontiers à ce que j'avois envie de faire, par un sentiment de plaisir. Je ne prétends pas que cet accommodement si aisé me doive attirer de la louange : je confesse, au contraire, que j'en ai été plus vicieux ; ce qui ne venoit point d'une perversion d'intention qui allât au mal, mais de ce que le vice se faisoit agréer, comme une douceur, au lieu de se laisser connoître, comme un crime.

Il est certain qu'on connoît beaucoup mieux la nature des choses, par la réflexion, quand elles sont passées, que par leur impression, quand on les sent. D'ailleurs, le grand commerce du monde empêche toute attention, lorsqu'on est jeune. Ce que nous voyons en autrui, ne nous laisse pas bien examiner ce que nous sentons en nous-mêmes. La foule plaît, dans un certain âge où l'on aime, pour ainsi parler, à se répandre : la multitude importune, dans un autre, où l'on revient naturellement à soi, ou pour le plus, à un petit nombre d'amis, qui s'unissent à nous davantage.

C'est cette humeur-là qui nous retire insensiblement des cours. Nous commençons, par elle, à chercher un milieu, entre l'assiduité et l'éloignement. Il nous vient ensuite quelque honte de montrer un vieux visage, parmi des jeunes gens, qui, loin de prendre pour sagesse notre sérieux, se moquent de nous, de vouloir paroître encore en des lieux publics, où il n'y a que de la galanterie et de la gaieté. Ne nous flattons pas de notre bon sens : une folie enjouée le saura confondre; et le faux d'une imagination qui brille, dans la jeunesse, fera trouver ridicules nos plus délicates conversations. Si nous avons de l'esprit, allons en faire un meilleur usage, dans les entretiens particuliers; car on se soutient mal, dans la foule, par les qualités de l'esprit, contre les avantages du corps.

Cette justice que nous sommes obligés de nous faire, ne nous doit pas rendre injustes à l'égard des jeunes gens. Il ne faut ni louer, avec importunité, le temps dont nous étions, ni accuser sans cesse, avec chagrin, celui qui leur est favorable. Ne crions point contre les plaisirs que nous n'avons plus : ne condamnons point des choses agréables, qui n'ont que le crime de nous manquer.

Notre jugement doit toujours être le même. Il nous est permis de vivre, et non pas de juger, selon notre humeur. Il se forme dans la mienne je ne sais quoi de particulier, qui me fait moins considérer les magnificences, par l'éclat qu'elles ont, que par l'embarras qu'elles donnent. Les spectacles, les fêtes, les assemblées ne m'attirent plus aux plaisirs qui se trouvent en les voyant : elles me rebutent des incommodités qu'il faut essuyer pour les voir. Je n'aime pas tant les concerts, par la beauté de leur harmonie, que je les crains, par la peine qu'il y a de les ajuster. L'abondance me dégoûte, dans les repas ; et ce qui est fort recherché me paroît une curiosité affectée. Mon imagination n'aide pas mon goût à trouver plus délicat ce qui est plus rare : mais je veux du choix, dans les choses qui se rencontrent aisément, pour conserver une délicatesse, séparée de tout agrément de fantaisie.

DE LA LECTURE ET DU CHOIX DES LIVRES.

J'aime le plaisir de la lecture, autant que jamais, pour dépendre plus particulièrement de l'esprit, qui ne s'affoiblit pas comme les sens. A la vérité, je cherche plus dans les livres ce qui me plaît, que ce qui m'instruit. A mesure que j'ai moins de temps à pratiquer les choses, j'ai moins de curiosité pour les apprendre. J'ai plus de besoin du fond de la vie que de la manière de vivre ; et le peu que j'en ai s'entretient mieux par des agréments que par des instructions. Les livres latins m'en fournissent le plus, et je relis mille fois ce que j'y trouve de beau, sans m'en dégoûter.

Un choix délicat me réduit à peu de livres, où je cherche beaucoup plus le bon esprit que le bel esprit ; et le bon goût, pour me servir de la façon de parler des Espagnols, se rencontre ordinairement dans les écrits des personnes considérables. J'aime à connoître, dans les ÉPÎTRES de Cicéron, et son caractère, et celui des gens de qualité qui lui écrivent. Pour lui, il ne se défait jamais de son art de rhétorique ; et la moindre recommandation qu'il fait au meilleur de ses amis, s'insinue aussi artificieusement que s'il vouloit gagner l'esprit d'un inconnu, pour la plus grande affaire du monde. Les LETTRES des autres n'ont pas la finesse de ces détours : mais, à mon avis, il y a plus de bon sens que dans les siennes ; et c'est ce qui me fait juger le plus avantageusement de la grande et générale capacité des Romains de ce temps-là.

Nos auteurs font toujours valoir le siècle d'Auguste, par la considération de Virgile et d'Horace ; et peut-être plus par celle de Mécénas, qui faisoit du bien aux gens de lettres, que par les gens de lettres mêmes. Il est certain, néanmoins, que les esprits commençoient alors à s'affoiblir, aussi bien que les courages. La grandeur d'âme se tournoit en circonspection à se conduire; et le bon discours, en politesse de conversation : encore ne sais-je, à considérer ce qui nous reste de Mécénas, s'il n'avoit pas quelque chose de mou, qu'on faisoit passer pour délicat. Mécénas étoit le grand favori d'Auguste, l'homme qui plaisoit, et à qui les gens polis et spirituels tâchoient de plaire. N'y a-t-il pas apparence que son goût régloit celui des autres; qu'on affectoit de se donner son tour, et de prendre autant qu'on pouvoit son caractère?

Auguste lui-même ne nous laisse pas une grande opinion de sa latinité. Ce que nous voyons de Térence, ce qu'on disoit à Rome de la politesse de Scipion et de Lélius, ce que nous avons de César, ce que nous avons de Cicéron; la plainte que fait ce dernier, sur la perte de ce qu'il appelle *sales, lepores, venustas, urbanitas, amœnitas, festivitas, jucunditas* : tout cela me fait croire, après y avoir mieux pensé, qu'il faut chercher en d'autres temps que celui d'Auguste, le bon et agréable esprit des Romains, aussi bien que les grâces pures et naturelles de leur langue.

On me dira qu'Horace avoit très-bon goût, en toute chose ; c'est ce qui me fait croire que ceux de son temps ne l'avoient pas : car son goût consistoit principalement à trouver le ridicule des autres. Sans les impertinences, les affectations, les fausses manières dont il se moquoit, la justesse de son sens ne nous paroîtroit pas aujourd'hui si grande.

DE LA POÉSIE.

Le siècle d'Auguste a été celui des excellents poëtes, je l'avoue ; mais il ne s'ensuit pas que c'ait été celui des esprits bien faits. La poésie demande un génie particulier, qui ne s'accommode pas trop avec le bon sens. Tantôt, c'est le langage des dieux ; tantôt c'est le langage des fous, rarement celui d'un honnête homme. Elle se plaît dans les fictions, dans les figures : toujours hors de la réalité des choses ; et c'est cette réalité qui peut satisfaire un entendement bien sain.

Ce n'est pas qu'il n'y ait quelque chose de galant, à faire agréablement des vers ; mais il faut que nous soyons bien maîtres de notre génie, autrement l'esprit est possédé de je ne sais quoi d'étranger, qui ne lui permet pas de disposer assez facilement de lui-même. *Il faut être sot*, disent les Espagnols, *pour ne pas faire deux vers : il faut être fou pour en faire qua-*

tre. A la vérité, si tout le monde s'en tenoit a cette maxime, nous n'aurions pas mille beaux ouvrages, dont la lecture nous donne un plaisir fort délicat ; mais la maxime regarde bien plus les gens du monde, que les poëtes de profession. D'ailleurs, ceux qui sont capables de ces grandes productions ne résisteront pas à la force de leur génie, pour ce que je dis ; et il est certain que, parmi les auteurs, ceux-là s'abstiendront seulement de faire beaucoup de vers, qui se sentiront plus gênés de leur stérilité, que de mes raisons.

Il faut qu'il y ait d'excellents poëtes, pour notre plaisir, comme de grands mathématiciens, pour notre utilité : mais il suffit, pour nous, de nous bien connoître à leurs ouvrages ; et nous n'avons que faire de rêver solitairement, comme les uns, ni d'épuiser nos esprits à méditer toujours, comme les autres.

De tous les poëtes, ceux qui font des comédies devroient être les plus propres pour le commerce du monde ; car ils s'attachent à dépeindre naïvement tout ce qui s'y fait, et à bien exprimer les sentiments et les passions des hommes. Quelque nouveau tour qu'on donne à de vieilles pensées, on se lasse d'une poésie qui ramène toujours les comparaisons de l'*aurore*, du *soleil*, de la *lune*, des *étoiles*. Nos descriptions d'une mer calme et d'une mer agitée, ne représentent rien que celles des anciens n'aient beaucoup mieux représenté. Aujourd'hui, ce ne sont pas seulement les mêmes idées que nous donnons, ce sont les mêmes expressions et les mêmes rimes. Je ne trouve jamais le *chant des oiseaux*, que je ne me prépare au *bruit des ruisseaux* : les *bergères* sont toujours couchées sur des *fougères*; et on voit moins les *bocages*, sans les *ombrages*, dans nos vers, qu'au véritable lieu où ils sont. Or, il est impossible que cela ne devienne, à la fin, fort ennuyeux; ce qui n'arrive pas dans les comédies, où nous voyons représenter, avec plaisir, les mêmes choses que nous pouvons faire, et où nous sentons des mouvements semblables à ceux que nous voyons exprimer.

Un discours où l'on ne parle que de bois, de rivières, de prés, de campagnes, de jardins, fait sur nous une impression bien languissante, à moins qu'il n'ait des agrémens tout nouveaux; mais ce qui est de l'humanité, les penchants, les tendresses, les affections, trouvent naturellement au fond de notre âme à se faire sentir : la même nature les produit et les reçoit; ils passent aisément, des hommes qu'on représente, en des hommes qui voient représenter.

DE QUELQUES LIVRES ESPAGNOLS, ITALIENS ET FRANÇOIS.

Ce que l'amour a de délicat me flatte ; ce qu'il a de tendre me sait toucher : et, comme l'Espagne est le pays du monde où l'on aime le mieux, je ne me lasse jamais de lire, dans les auteurs espagnols, des aventures amoureuses. Je suis plus touché de la passion d'un de leurs amants, que je ne serois sensible à la mienne, si j'étois capable d'en avoir encore : l'imagination de ses amours me fait trouver des mouvements pour lui, que je ne trouverois pas pour moi-même.

Il y a peut-être autant d'esprit, dans les autres ouvrages des auteurs de cette nation, que dans les nôtres ; mais c'est un esprit qui ne me satisfait pas, à la réserve de celui de Cervantès, en Don Quichotte, que je puis lire toute ma vie, sans en être dégoûté un seul moment. De tous les livres que j'ai lus, Don Quichotte est celui que j'aimerois mieux avoir fait : il n'y en a point, à mon avis, qui puisse contribuer davantage à nous former un bon goût, sur toutes choses. J'admire comme, dans la bouche du plus grand fou de la terre, Cervantès a trouvé le moyen de se faire connoître l'homme le plus entendu, et le plus grand connoisseur qu'on se puisse imaginer : j'admire la diversité de ses caractères, qui sont les plus recherchés du monde, pour les espèces, et dans leurs espèces les plus naturels. Quevedo paroît un auteur fort ingénieux ; mais je l'estime plus d'avoir voulu brûler tous ses livres, quand il lisoit Don Quichotte, que de les avoir su faire.

Je ne me connois pas assez aux vers italiens, pour en goûter la délicatesse, ou en admirer la force et la beauté. Je trouve quelques Histoires, en cette langue, au-dessus de toutes les modernes, et quelques traités de politique au-dessus même de ce que les anciens en ont écrit. Pour la Morale des Italiens, elle est pleine de *concetti*, qui sentent plus une imagination qui cherche à briller, qu'un bon sens formé par de profondes réflexions.

J'ai une curiosité fort grande pour tout ce qu'on fait de beau en françois, et un grand dégoût de mille auteurs, qui semblent n'écrire que pour se donner la réputation d'avoir écrit. Je n'aime pas seulement à lire, pour me donner celle d'avoir beaucoup lu ; et c'est ce qui me fait tenir particulièrement à certains livres, où je puis trouver une satisfaction assurée.

Les ESSAIS de Montagne, les POÉSIES de Malherbe, les TRAGÉDIES de Corneille et les OEUVRES de Voiture, se sont établi comme un droit de me plaire toute ma vie. Montagne ne fait pas le même effet, dans tout le cours de celle des autres. Comme il nous explique particulièrement l'homme, les jeunes et les vieux aiment à se trouver en lui, par la ressemblance des sentiments. L'espace qui sépare ces deux âges, nous éloigne de la nature, pour nous donner aux professions; et alors nous trouvons, dans Montagne, moins de choses qui nous conviennent. La science de la guerre fait l'occupation du général; la politique, du ministre; la théologie, du prélat; la jurisprudence, du juge. Montagne revient à nous, quand la nature nous y ramène, et qu'un âge avancé, où l'on sent véritablement ce qu'on est, rappelle le prince, comme ses sujets, de l'attachement au personnage, à un intérêt plus proche et plus sensible de la personne.

Je n'écris point ceci par un esprit de vanité, qui porte les hommes à donner au public leurs fantaisies. Je me sens, en ce que je dis, et me connois mieux par l'expression du sentiment que je forme de moi-même, que je ne ferois par des pensées secrètes, et des réflexions intérieures. L'idée qu'on a de soi, par la simple attention à se considérer au dedans, est toujours un peu confuse : l'image qui s'en exprime au dehors est beaucoup plus nette, et fait juger de nous plus sainement, quand elle repasse à l'examen de l'esprit, après s'être présentée à nos yeux. D'ailleurs, l'opinion flatteuse de notre mérite perd la moitié de son charme, sitôt qu'elle se produit. Les complaisances de l'amour-propre venant à s'évanouir insensiblement, il ne nous reste qu'un dégoût de sa douceur, et de la honte pour une vanité aussi follement conçue que judicieusement quittée.

Pour égaler Malherbe aux anciens, je ne veux rien de plus beau que ce qu'il a fait. Je voudrois seulement retrancher de ses ouvrages ce qui n'est pas digne de lui. Nous lui ferions injustice de le faire céder à qui que ce fût; mais il souffrira, pour l'honneur de notre jugement, que nous le fassions céder à lui-même.

On peut dire la même chose de Corneille. Il seroit au-dessus de tous les tragiques de l'antiquité, s'il n'avoit été fort au-dessous de lui en quelques-unes de ses pièces : il est si admirable dans les belles, qu'il ne se laisse pas souffrir ailleurs médiocre. Ce qui n'est pas excellent en lui me semble mauvais; moins pour être mal, que pour n'avoir pas la perfection qu'il a su donner à d'autres choses. Ce n'est pas assez à Corneille de nous plaire légèrement; il est obligé de nous toucher. S'il ne ravit nos esprits, ils emploieront leurs lumières à connoître, avec dégoût, la différence qu'il y a de lui à lui-même. Il est permis à quelques auteurs de nous émouvoir simplement. Ces émotions inspirées par eux, sont de petites douceurs assez agréables, quand on ne cherche qu'à s'attendrir. Avec Corneille, nos âmes se préparent à des transports; et, si elles ne sont pas enlevées, il les laisse dans un état plus difficile à souffrir que la langueur. Il est malaisé de charmer éternellement, je l'avoue; il est malaisé de tirer un esprit de sa situation, quand il nous plaît; d'enlever une âme hors de son assiette : mais Corneille, pour l'avoir fait trop souvent, s'est imposé la loi de le faire toujours. Qu'il supprime ce qui n'est pas assez noble pour lui; il laissera admirer des beautés qui ne lui sont communes avec personne.

Je pardonnerois aussi peu à Voiture un grand nombre de LETTRES qu'il devroit avoir supprimées, si lui-même les avoit fait mettre au jour[1]; mais il étoit comme ces pères, également bons et discrets, à qui la nature laisse de la tendresse pour leurs enfants, et qui aiment, en secret, ceux qui n'ont point de mérite, pour n'exposer pas au public, par cette amitié, la réputation de leur jugement. Il pouvoit donner tout son amour à quelques-uns de ses ou-

---

1. Les OEuvres de Voiture ont été publiées, après sa mort, en 1650, in-4, par son neveu Pinchêne, assisté de Conrart et de Chapelain. Nous devons à M. Ubicini une des meilleures et des plus complètes éditions de Voiture; Paris, 1856, 2 vol. in-18.

vrages; car ils ont je ne sais quoi de si ingénieux et de si poli, de si fin et de si délicat, qu'ils font perdre le goût des *sels attiques*, et des *urbanités romaines;* qu'ils effacent tout ce que nous voyons de plus spirituel chez les Italiens, et de plus galant chez les Espagnols.

Nous avons quelques pièces particulières, en françois, d'une beauté admirable : telles sont les oraisons funèbres de la Reine d'Angleterre, et de Madame, par M. de Condom[1]. Il y a, dans ces discours, un certain esprit répandu partout, qui fait admirer l'auteur, sans le connoître, autant que les ouvrages, après les avoir lus. Il imprime son caractère en tout ce qu'il dit; de sorte que, sans l'avoir jamais vu, je passe aisément de l'admiration de son discours à celle de sa personne.

DE LA CONVERSATION.

Quelque plaisir que je prenne à la lecture, celui de la conversation me sera toujours le plus sensible. Le commerce des femmes me fourniroit le plus doux, si l'agrément qu'on

---

[1]. J. B. Bossuet, premièrement évêque de Condom, et ensuite évêque de Meaux. Ces deux oraisons funèbres, prononcées, l'une en 1669, et l'autre en 1670, étoient les seules connues, lorsque Saint-Evremond écrivoit ces pages, en 1671. Bossuet est mort en 1704, un an après Saint-Evremond, qui ne l'avoit pas remarqué, dans des salons où pourtant il avoit dû le rencontrer jadis.

trouve à en voir d'aimables, ne laissoit la peine de se défendre de les aimer : je souffre néanmoins rarement cette violence. A mesure que mon âge leur donne du dégoût pour moi, la connoissance me rend délicat pour elles; et, si elles ne trouvent pas, en ma personne, de quoi leur plaire, par une espèce de compensation, je me satisfais d'elles malaisément. Il y en a quelques-unes dont le mérite fait assez d'impression sur mon esprit; mais leur beauté se donne peu de pouvoir sur mon âme; et, si j'en suis touché, par surprise, je réduis bientôt ce que je sens à une amitié douce et raisonnable, qui n'a rien des inquiétudes de l'amour.

Le premier mérite, auprès des dames, c'est d'aimer; le second, est d'entrer dans la confidence de leurs inclinations; le troisième, de faire valoir ingénieusement tout ce qu'elles ont d'aimable. Si rien ne nous mène au secret du cœur, il faut gagner au moins leur esprit par des louanges; car, au défaut des amants à qui tout cède, celui-là plaît le mieux, qui leur donne le moyen de se plaire davantage. Dans leur conversation, songez bien à ne les tenir jamais indifférentes : leur âme est ennemie de cette langueur. Ou faites-vous aimer, ou flattez-les sur ce qu'elles aiment, ou faites-leur trouver en elles de quoi s'aimer mieux; car, enfin, il leur faut de l'amour, de quelque nature qu'il puisse être : leur cœur n'est jamais vide de cette passion. Aidez un pauvre cœur à en faire quelque usage.

On en trouve, à la vérité, qui peuvent avoir de l'estime et de la tendresse, même sans amour; on en trouve qui sont aussi capables de secret et de confiance, que les plus fidèles de nos amis. J'en connois qui n'ont pas moins d'esprit et de discrétion que de charme et de beauté; mais ce sont des singularités que la nature, par dessein ou par caprice, se plaît quelquefois à nous donner : et il ne faut rien conclure, en faveur du général, par des endroits si particuliers, et des qualités si détachées. Ces femmes extraordinaires semblent avoir emprunté le mérite des hommes; et peut-être qu'elles font une espèce d'infidélité à leur sexe, de passer ainsi de leur naturelle condition aux vrais avantages de la nôtre.

Pour la conversation des hommes, j'avoue que j'y ai été autrefois plus difficile que je ne suis; et je pense y avoir moins perdu du côté de la délicatesse, que je n'ai gagné du côté de la raison. Je cherchois alors des personnes qui me plussent, en toutes choses : je cherche aujourd'hui, dans les personnes, quelque chose qui me plaise. C'est une rareté trop grande que la conversation d'un homme en qui vous trouviez un agrément universel; et le bon sens ne souffre pas une recherche curieuse de ce qu'on ne rencontre presque jamais. Pour un plaisir délicieux qu'on imagine toujours, et dont on jouit trop rarement, l'esprit, malade de délicatesse, se fait un dégoût de ceux qu'il pourroit avoir toute la vie. Ce n'est pas, à dire vrai, qu'il soit impossible de trouver des sujets si précieux, mais il est rare que la nature les forme, et que la fortune nous en favorise. Mon bonheur m'en a fait connoître, en France, et m'en avoit donné un, aux pays étrangers, qui faisoit toute ma joie. La mort m'en a ravi la douceur : et, parlant du jour que mourut M. d'Aubigny, je dirai toute ma vie, avec une vérité funeste et sensible :

Quem semper acerbum,
Semper honoratum, sic Dii voluistis, habebo[1].

Dans les mesures que vous prendrez, pour la société, faites état de ne trouver les bonnes choses que séparément ; faites état même de démêler le solide et l'ennuyeux, l'agrément et le peu de sens, la science et le ridicule. Vous verrez ensemble ces qualités, non-seulement en des gens que vous puissiez choisir ou éviter, mais en des personnes avec qui vous aurez des liaisons d'intérêt, ou d'autres habitudes aussi

---

1. VIRG. *Æneid.*, lib. V, v. 49-50.

nécessaires. J'ai pratiqué un homme du plus beau naturel du monde, qui, lassé quelquefois de l'heureuse facilité de son génie, se jetoit sur des matières de science et de religion, où il faisoit voir une ignorance ridicule. Je connois un des savants hommes de l'Europe[1], de qui vous pouvez apprendre mille choses curieuses ou profondes, en qui vous trouverez une crédulité imbécile pour tout ce qui est extraordinaire, fabuleux, éloigné de toute créance.

Ce grand maître du théâtre, à qui les Romains sont plus redevables de la beauté de leurs sentiments, qu'à leur esprit et à leur vertu; Corneille, qui se faisoit assez entendre sans le nommer, devient un homme commun, lorsqu'il s'exprime pour lui-même. Il ose tout penser pour un Grec, ou pour un Romain : un François ou un Espagnol diminue sa confiance; et quand il parle pour lui, elle se trouve tout à fait ruinée. Il prête à ses vieux héros tout ce qu'il a de noble dans l'imagination, et vous diriez qu'il se défend l'usage de son propre bien, comme s'il n'étoit pas digne de s'en servir.

Si vous connoissiez le monde parfaitement, vous y trouveriez une infinité de personnes re-

---

1. Isaac Vossius, fils de Gérard-Jean et moins savant que lui. Isaac étoit né à Leyde, en 1618; il fut attiré en Angleterre, par Charles II, qui le nomma chanoine de Windsor, où il mourut en 1689.

commandables par leurs talents, et aussi méprisables par leurs foibles. N'attendez pas qu'ils fassent toujours un bon usage de leur mérite, et qu'ils aient la discrétion de vous cacher leurs défauts. Vous leur verrez souvent un dégoût pour leurs bonnes qualités, et une complaisance fort naturelle pour ce qu'ils ont de mauvais. C'est à votre discernement à faire le choix qu'ils ne font pas, et il dépendra plus de votre adresse de tirer le bien qui se trouve en eux, qu'il ne leur sera facile de vous le donner.

Depuis dix ans que je suis en pays étranger, je me trouve aussi sensible au plaisir de la conversation, et aussi heureux à le goûter, que si j'avois été en France. J'ai rencontré des personnes d'autant de mérite que de considération, dont le commerce a su faire le plus doux agrément de ma vie. J'ai connu des hommes aussi spirituels que j'en aie jamais vu, qui ont joint la douceur de leur amitié à celle de leur entretien. J'ai connu quelques ambassadeurs si délicats, qu'ils me paroissoient faire une perte considérable. autant de fois que les fonctions de leur emploi suspendoient l'usage de leur mérite particulier[1].

1. Lorsque Saint-Évremond quitta la France, en 1661, il s'arrêta d'abord à la Haye, et il y trouva, dans la Légation, une brillante compagnie, par laquelle il fut

J'avois cru, autrefois, qu'il n'y avoit d'honnêtes gens qu'en notre cour; que la mollesse des pays chauds, et une espèce de barbarie des pays froids, n'en laissoient former, dans les uns et dans les autres, que fort rarement. Mais, à la fin, j'ai connu, par expérience, qu'il y en avoit partout; et, si je ne les ai pas goûtés assez tôt, c'est qu'il est difficile, à un François, de pouvoir goûter ceux d'un autre pays que le sien. Chaque nation a son mérite, avec un certain tour qui est propre et singulier à son génie. Mon discernement trop accoutumé à l'air du nôtre, rejettoit comme mauvais ce qui lui étoit étranger. Pour voir toujours imiter nos modes, dans les choses extérieures, nous voudrions attirer l'imitation, jusqu'aux manières que nous donnons à notre vertu. A la vérité, le fond d'une qualité essentielle est par tout le même : mais nous cherchons des dehors qui nous conviennent; et ceux, parmi nous, qui donnent le plus à la raison, y veulent encore des agréments pour la fantaisie. La différence

---

très-bien accueilli. Ce trait de la lettre au duc de Créqui est un souvenir de ce temps là, où Saint-Evremond se lia étroitement d'amitié avec le baron de Lisola, ambassadeur de l'empereur, avec le comte d'Estrades, ambassadeur de France et ancienne connoissance de la Fronde, avec le comte de Melos, Portugais, et surtout avec le comte de Lionne, qui s'employa souvent, et fort infructueusement, pour son rappel en France.

que je trouve, de nous aux autres, dans ce tour qui distingue les nations, c'est qu'à parler véritablement nous nous le faisons nous-mêmes, et la nature l'imprime en eux, comme un caractère dont ils ne se défont presque jamais.

Je n'ai guère connu que deux personnes, en ma vie, qui pussent bien réussir partout, mais diversement. L'un, avoit toute sorte d'agréments : il en avoit pour les gens ordinaires, pour les gens singuliers, pour les bizarres même ; et il sembloit avoir, dans son naturel, de quoi plaire à tous les hommes. L'autre, avoit tant de belles qualités, qu'il pouvoit s'assurer d'avoir de l'approbation, dans tous les lieux où l'on fait quelque cas de la vertu. Le premier, étoit insinuant, et ne manquoit jamais de s'attirer les inclinations. Le second, avoit quelque fierté, mais on ne pouvoit pas lui refuser son estime. Pour achever cette différence : on se rendoit avec plaisir aux insinuations de celui-là, et on avoit quelquefois du chagrin de ne pouvoir résister à l'impression du mérite de celui-ci. J'ai eu avec tous les deux une amitié fort étroite ; et je puis dire que je n'ai jamais rien vu en l'un que d'agréable, et rien en l'autre que l'on ne dût estimer[1].

---

[1]. Il est probable que Saint-Evremond veut désigner ici le comte de Grammont, et le maréchal de Créqui lui-même : ce furent ses deux meilleurs amis.

DES BELLES LETTRES ET DE LA JURISPRUDENCE.

Quand je suis privé du commerce des gens du monde, j'ai recours à celui des savants ; et, si j'en rencontre qui sachent les belles-lettres, je ne crois pas beaucoup perdre de passer de la délicatesse de notre temps à celle des autres siècles. Mais, rarement on trouve des personnes de bon goût : ce qui fait que la connoissance des belles-lettres devient, en plusieurs savants, une érudition fort ennuyeuse. Je n'ai point connu d'homme à qui l'antiquité soit si obligée qu'à M. Waller. Il lui prête sa belle imagination, aussi bien que son intelligence fine et délicate ; en sorte qu'il entre dans l'esprit des anciens, non-seulement pour bien entendre ce qu'ils ont pensé, mais pour embellir encore leurs pensées [1].

J'ai vu, depuis quelques années, un grand nombre de critiques et peu de bon juges. Or,

1. Edmond Waller joignoit à une grande délicatesse d'esprit, soutenue de beaucoup d'érudition, un talent particulier pour la poésie. On l'estime surtout comme poëte lyrique. Il est le premier qui ait su donner de l'harmonie et de la douceur aux vers anglois : Saint Evremond le regardoit comme le *Malherbe d'Angleterre*. Il étoit cousin de Cromwell et neveu de Hampden, ce qui ne l'empêcha pas de vivre beaucoup à la cour de Charles II. Il mourut en 1687, âgé de quatre-vingt-deux ans. C'étoit un habitué de la société françoise de Londres.

je n'aime pas ces gens doctes, qui emploient toute leur étude à restituer un passage, dont la restitution ne nous plaît en rien. Ils font un mystère de savoir ce qu'on pourroit bien ignorer, et n'entendent pas ce qui mérite véritablement d'être entendu. Pour ne rien sentir, pour ne rien penser délicatement, ils ne peuvent entrer dans la délicatesse du sentiment, ni dans la finesse de la pensée. Ils réussiront à expliquer un grammairien : ce grammairien s'appliquoit à leur même étude, et avoit leur même esprit ; mais ils ne prendront jamais celui d'un honnête homme des anciens, car le leur y est tout à fait contraire. Dans les histoires, ils ne connoissent, ni les hommes, ni les affaires : ils rapportent tout à la chronologie ; et, pour nous pouvoir dire quelle année est mort un consul, ils négligeront de connoître son génie, et d'apprendre ce qui s'est fait, sous son consulat. Cicéron ne sera jamais pour eux qu'un faiseur d'ORAISONS, César qu'un faiseur de COMMENTAIRES. Le consul, le général leur échappent : le génie qui anime leurs ouvrages n'est point aperçu, et les choses essentielles qu'on y traite ne sont point connues.

Il est vrai que j'estime infiniment une *Critique du sens*, si on peut parler de la sorte. Tel est l'excellent ouvrage de Machiavel, sur les DÉCADES de Tite-Live ; et telles seroient les

réflexions de M. de Rohan sur les Commentaires de César, s'il avoit pénétré plus avant
dans ses desseins, et mieux expliqué les ressorts
de sa conduite[1]. J'avouerai, pourtant, qu'il a
égalé la pénétration de Machiavel, dans les remarques qu'il a faites, sur la clémence de César,
aux guerres civiles. Mais, on voit que sa propre
expérience, en ces sortes de guerres, lui a fourni
beaucoup de lumières, pour ces judicieuses observations.

Après l'étude des belles-lettres, qui me touche particulièrement, j'aime la science de ces
grands jurisconsultes, qui pourroient être des
législateurs eux-mêmes; qui remontent à cette
première justice qui régla la société humaine;
qui connoissent ce que la nature nous laisse de
liberté, dans les gouvernements établis, et ce
qu'en ôte aux particuliers, pour le bien public,
la nécessité de la politique. C'est dans l'entre-

---

[1]. Henri de Rohan, habile général, et célèbre chef du parti calviniste, en France, né en 1579, mort en 1638; auteur de divers ouvrages, et entr'autres du *Parfait capitaine*, imprimé à Paris, 1636, in-4° et reproduit, en 1641, par les Elzeviers, 1 vol. in-12. C'est une étude comparée de la Tactique ancienne et moderne, à l'occasion des Commentaires de César. Il a écrit aussi des *Discours politiques sur les affaires d'État*, qu'on trouve à la suite de ses *mémoires*; 1646, Elzev., 2ᵉ édit. augm., 3 part. in-12. M. Cousin l'appelle notre plus grand écrivain militaire, avant Napoléon.

tien de M. Sluse[1], qu'on pourroit trouver ces instructions, avec autant de plaisir que d'utilité; c'est de Hobbes, ce grand génie d'Angleterre, qu'on pourroit recevoir ces belles lumières, mais avec moins de justesse : pour être un peu outré, en quelques endroits, et extrême, en d'autres.

Que si Grotius vivoit présentement, on pourroit apprendre toutes choses, de ce savant universel, plus recommandable encore par sa raison que par sa doctrine. Ses livres, à son défaut, éclaircissent aujourd'hui les difficultés les plus importantes ; et, si la justice seule étoit écoutée, ils pourroient régler toutes les nations, dans les droits de la paix et de la guerre. Celui *De Jure Belli et Pacis* devroit faire la principale étude des souverains, des ministres, de tous ceux, généralement, qui ont part au gouvernement des peuples.

Mais cette science du droit, qui descend aux affaires des particuliers, n'en devroit pas être ignorée. On la laisse pour l'instruction des gens de robe, et on la rejette de celle des princes, comme honteuse, quoiqu'ils aient à donner des arrêts, à chaque moment de leur règne, sur la fortune, sur la liberté, sur la vie

---

[1]. Ce savant homme étoit chanoine de Saint-Lambert, à Liége, et frère d'un cardinal, de ce nom. Il n'a laissé aucun ouvrage qui ait perpétué sa réputation.

de leurs sujets. On parle toujours aux princes de la valeur, qui ne fait que détruire, et de la libéralité, qui ne fait que dissiper, si la justice ne les a réglées. Il est vrai qu'il faut appliquer, pour ainsi dire, l'enseignement de chaque vertu au besoin de chaque naturel ; inspirer la libéralité aux avares, animer du désir de la gloire ceux qui aiment le repos, et retenir, autant qu'on peut, les ambitieux dans la règle de la justice. Mais, quelque diversité qui se trouve dans leurs génies, la justice est toujours la plus nécessaire ; car elle maintient l'ordre, en celui qui la fait, aussi bien qu'en ceux à qui elle est rendue. Ce n'est point une contrainte, qui limite le pouvoir du prince, puisqu'en la rendant à autrui, il apprend à se la rendre à lui-même, et qu'il se la fait volontairement, quand nous la recevons de lui nécessairement, par sa puissance.

Je ne vois point de prince, dans l'histoire, qui ait été mieux instruit que le grand Cyrus. On ne se contentoit pas de lui enseigner exactement tout ce qui regardoit la justice ; on lui en faisoit pratiquer les leçons, sur chaque chose qui se présentoit. De sorte qu'en même temps on imprimoit, dans son esprit, la science de la justice, et on formoit, dans son âme, l'habitude d'être juste. L'institution d'Alexandre eut quelque chose de trop vaste : on lui fit tout connoître, dans la nature, excepté lui seulement. Son ambition, ensuite, alla aussi loin que sa connoissance. Après avoir voulu tout savoir, il voulut tout conquérir : mais il eut peu de règle, dans ses conquêtes, et beaucoup de désordre, dans sa vie, pour n'avoir pas appris ce qu'il devoit au public, aux particuliers, et à lui-même.

Tous les hommes, en général, ne sauroient se donner trop de préceptes, pour être justes; car ils ont, naturellement, trop de penchant à ne l'être pas. C'est la justice qui a établi la société, et qui la conserve. Sans la justice, nous serions encore errants et vagabonds; et, sans elle, nos impétuosités nous rejetteroient bientôt dans la première confusion dont nous sommes heureusement sortis. Cependant, au lieu de reconnoître avec agrément cet avantage, nous nous sentons gênés de l'heureuse sujétion où elle nous tient, et soupirons encore pour une liberté funeste, qui produiroit le malheur de notre vie.

Quand l'Écriture nous parle du petit nombre des *justes*, elle n'entend pas, à mon avis, qu'on ne se porte encore à faire de bonnes œuvres. Elle nous veut faire comprendre le peu d'inclination qu'ont les hommes à agir, comme ils devroient, par un principe de justice. En effet, si vous examinez tout le bien qui se pratique, parmi les hommes, vous trouverez qu'il est fait, presque toujours, par le sentiment d'une autre vertu. La bonté, l'amitié, la bienveillance en font faire ; la charité court au besoin du prochain, la libéralité donne, la générosité fait obliger. La justice, qui devroit entrer en tout, est rejetée comme une fâcheuse; et la nécessité, seulement, lui fait donner quelque part, en nos actions. La nature cherche à se complaire, dans ces premières vertus, où nous agissons par un mouvement agréable : mais elle trouve une secrète violence, en celle-ci, où le droit des autres exige ce que nous devons, et où nous nous acquittons plutôt de nos obligations, qu'ils ne demeurent redevables à nos bienfaits.

C'est par une aversion secrète pour la justice, qu'on aime mieux donner que de rendre, et obliger que de reconnoître : aussi voyons-nous que les personnes libérales et généreuses ne sont pas ordinairement les plus justes. La justice a une régularité qui les gêne, pour être fondée sur un ordre constant de la raison, opposé aux impulsions naturelles, dont la libéralité se ressent presque toujours. Il y a je ne sais quoi d'héroïque, dans la grande libéralité, aussi bien que dans la grande valeur; et ces deux vertus ont de la conformité, en ce que la première élève l'âme, au-dessus de la considération du bien, comme la seconde pousse le courage, au delà du ménagement de la vie. Mais, avec ces beaux et généreux mouvements, si elles ne sont toutes deux bien conduites, l'une deviendra ruineuse, et l'autre funeste.

Ceux qui se trouvent ruinés, par quelque accident de la fortune, sont plaints d'ordinaire de tout le monde, parce que c'est un malheur, dans la condition humaine, à quoi tout le monde est sujet. Mais ceux qui tombent dans la misère, par une vaine dissipation, s'attirent plus de mépris que de pitié, pour être l'effet d'une sottise particulière, dont chacun se tient exempt, par la bonne opinion qu'il a de lui-même. Ajoutez que la nature souffre toujours un peu, dans la compassion; et, pour se délivrer d'un sentiment douloureux, elle envisage la folie du dissipateur, au lieu de s'arrêter à la vue du misérable. Toutes choses considérées, c'est assez aux particuliers d'être bienfaisants; encore, ne faut-il pas que ce soit par une facilité de naturel, qui laisse aller nonchalamment ce qu'on n'a pas la force de retenir. Je méprise une foiblesse, que l'on appelle mal à propos *libéralité*, et ne hais pas moins ces humeurs vaines, qui ne font jamais aucun plaisir, que pour avoir celui de le dire.

SUR LES INGRATS.

Il y a beaucoup moins d'ingrats qu'on ne croit, car il y a bien moins de généreux.

qu'on ne pense. Celui qui tait la grâce qu'il a reçue, est un ingrat qui ne la méritoit pas; celui qui publie celle qu'il a faite, la tourne en injure : montrant le besoin que vous avez eu de lui, à votre honte, et le secours qu'il vous a donné, par ostentation. J'aime qu'un honnête homme soit un peu délicat à recevoir, et sensible à l'obligation qu'il a reçue : j'aime que celui qui oblige soit satisfait de la générosité de son action, sans songer à la reconnoissance de ceux qui sont obligés. Quand il attend quelque retour vers lui, du bien qu'il fait, ce n'est plus une libéralité; c'est un espèce de trafic que l'esprit d'intérêt a voulu introduire dans les grâces.

Il est vrai qu'il y a des hommes que la nature a formés purement ingrats. L'ingratitude fait le fond de leur naturel : tout est ingrat en eux; le cœur ingrat, l'âme ingrate. On les aime, et ils n'aiment point, moins pour être durs et insensibles, que pour être ingrats.

C'est l'*ingratitude du cœur*, qui, de toutes les ingratitudes, est la plus contraire à l'humanité : car il arrive à des personnes généreuses de se défaire quelquefois du souvenir d'un bienfait, pour ne plus sentir la gêne importune que leur donnent certaines obligations. Mais l'amitié a des nœuds qui unissent, et non pas des chaînes qui lient; et, sans avoir quelque chose de fort opposé à la nature, il n'est pas possible de résister à ce qu'elle a de plus engageant et de plus doux.

Je croirois qu'il n'est pas permis aux femmes de résister à un si légitime sentiment, quelque prétexte que leur donnent les égards de la vertu. En effet, elles pensent être vertueuses, et ne sont qu'ingrates, lorsqu'elles refusent leur affection, à des gens passionnés, qui leur sacrifient toutes choses. Se rendre trop favorables, seroit aller contre les droits de l'honneur ; se rendre trop peu sensibles, c'est aller contre la nature du cœur, qu'elles doivent garantir du trouble, s'il est possible, et non pas défendre de l'impression.

L'*ingratitude de l'âme* est une disposition naturelle à ne reconnoître aucun bienfait, et cela, sans considération de l'intérêt : car l'esprit d'avarice empêche quelquefois la reconnoissance, pour ne pas laisser aller un bien que l'on veut garder. Mais l'âme purement ingrate est portée d'elle-même, sans aucun motif, à ne pas répondre aux grâces qu'elle reçoit.

Il y a une autre espèce d'ingratitude, fondée sur l'opinion de notre mérite, où l'amour propre représente une grâce que l'on nous fait, comme une justice que l'on nous rend.

L'amour de la liberté a ses ingrats, comme l'amour propre a les siens. Toute la sujétion que cet esprit de liberté fait permettre, est seulement pour les lois. Ennemi, d'ailleurs, de la dépendance, il hait à se souvenir des obligations qui lui font sentir la supériorité du bienfaiteur. De là vient que les républicains sont ingrats : il leur semble qu'on ôte à la liberté ce qu'on donne à la gratitude. Brutus se fit un mérite de sacrifier le sentiment de la reconnoissance à celui de la liberté ; les bienfaits lui devinrent des injures, lorsqu'il commença à les regarder comme des chaînes. Pour tout dire, il put tuer un bienfaiteur[1] qui alloit devenir un maître. Crime horrible, à l'égard des partisans de la reconnoissance ! Vertu admirable, au gré des défenseurs de la liberté !

Comme il y a des hommes, purement ingrats, par les véritables sentiments de l'ingratitude, il y en a de purement reconnoissants, par un plein sentiment de reconnoissance. Leur cœur est sensible, non-seulement au bien qu'on leur fait, mais à celui qu'on leur veut ; et leur âme est portée, d'elle-même, à reconnoître toutes sortes d'obligations.

Suivant les diversités qui se trouvent, dans la reconnoissance, aussi bien que dans l'ingratitude, il y a des âmes basses, qui se tiennent obligées de tout, comme il y a des humeurs vaines, qui ne se tiennent obligées de rien.

1. César.

Si l'amour propre a ses ingrats présomptueux, la défiance de mérite a d'imbéciles reconnoissants, qui reçoivent, pour une faveur particulière, la pure justice qu'on leur rend. Cette défiance de mérite fait le penchant à la sujétion ; et ce penchant à la sujétion, fait cette sorte de reconnoissants. Ceux-ci, embarrassés de la liberté, et honteux de la servitude, se font des obligations qu'ils n'ont pas, pour se donner un prétexte honnête de dépendance.

Je ne mettrai pas, au nombre des reconnoissants, certains misérables qui s'obligent du mal qu'on ne leur fait pas. Non-seulement ils servent, mais, dans la servitude, ils n'osent envisager aucun bien. Tout ce qui n'est pas rigueur, est pour eux un traitement favorable : ce qui n'est pas une injure, leur semble un bienfait.

Il me reste à dire un mot, d'une certaine reconnoissance des gens de la cour, où il y a moins d'égard pour le passé, que de dessein pour l'avenir. Ils se tiennent obligés, à ceux que la fortune a mis dans un poste où ils peuvent les obliger. Par une gratitude affectée, de grâces qu'ils n'ont point reçues, ils gagnent l'esprit des personnes qui en peuvent faire, et se mettent industrieusement en état d'en recevoir. Cet art de reconnoissance n'est pas, bien assurément, une vertu ; mais c'est moins un vice qu'une adresse, dont il n'est pas défendu de se servir, et dont il est permis de se défendre.

Les grands, à leur tour, se servent d'un art aussi délicat, pour s'empêcher de faire les grâces, que peut être celui des courtisans, pour s'en attirer. Ils reprochent des biens qu'ils n'ont pas faits; et, se plaignant toujours des ingrats, sans avoir presque jamais obligé personne, ils se donnent un prétexte spécieux de n'obliger qui que ce soit.

Mais laissons ces affectations de reconnoissance, et ces plaintes mystérieuses, sur les ingrats, pour vous dire ce qu'il y auroit à désirer, dans la prétention, et dans la distribution des bienfaits. Je désirerois, en ceux qui les prétendent, moins d'adresse que de mérite; et, en ceux qui les distribuent, moins d'éclat que de générosité.

La justice a des égards, surtout dans la distribution des grâces : elle sait régler la libéralité de celui qui donne ; elle considère le mérite de celui qui reçoit. La générosité, avec toutes ces circonstances, est une vertu admirable. Sans la justice, c'est le mouvement d'une âme véritablement noble, mais mal réglée, ou une fantaisie libre et glorieuse, qui se fait une gêne de la dépendance qu'elle doit avoir de la raison.

Il y a tant de choses à examiner, touchant la

distribution des bienfaits, que le plus sûr est de s'en tenir toujours à la justice, consultant la raison, également sur les gens à qui l'on donne, et sur ce que l'on peut donner. Mais, parmi ceux qui ont dessein même d'être justes, combien y en a-t-il qui ne suivent que l'erreur d'un faux naturel, à récompenser et à punir? Quand on se rend aux insinuations, quand on se laisse gagner aux complaisances, l'amour propre nous fait voir, comme une justice, la profusion que nous faisons, envers ceux qui nous flattent; et nous récompensons les mesures artificieuses dont on se sert, pour tromper notre jugement, et surprendre le faible de notre volonté.

Ceux-là se trompent, plus facilement encore, qui font, de l'austérité de leur naturel, une inclination à la justice. L'envie de punir est ingénieuse en eux, à trouver du mal, en toutes choses. Les plaisirs leur sont des vices, les erreurs des crimes. Il faudroit se défaire de l'humanité, pour se mettre à couvert de leur rigueur. Trompés par une fausse opinion de vertu, ils croient châtier un criminel, quand ils se plaisent à tourmenter un misérable.

Si la justice ordonne un grand châtiment (ce qui est nécessaire quelquefois), elle le proportionne à un grand crime; mais elle n'est ni sévère, ni rigoureuse. La sévérité et la rigueur

ne sont jamais d'elle, à le bien prendre; elles
sont de l'humeur de ceux qui pensent la pratiquer. Comme ces sortes de punition sont de la
justice, sans rigueur, le pardon en est aussi, en
certaines occasions, plutôt que de la clémence.
Dans une faute d'erreur, pardonner est une
justice, à notre nature défectueuse. L'indulgence qu'on a pour les femmes qui font l'amour, est moins une grâce à leur péché, qu'une
justice à leur faiblesse.

SUR LA RELIGION.

Je pourrois descendre à beaucoup d'autres
singularités, qui regardent la justice; mais il
est temps de venir à la religion, dont le soin
nous doit occuper, avant toutes choses. C'est
affaire aux insensés, de compter sur une vie
qui doit finir et qui peut finir à toute heure.

La simple curiosité nous feroit chercher, avec
soin, ce que nous deviendrons après la mort.
Nous nous sommes trop chers, pour consentir
à notre perte tout entière. L'amour propre
résiste, en secret, à l'opinion de notre anéantissement. La volonté nous fournit, sans cesse, le
désir d'être toujours; et l'esprit, intéressé en
sa propre conservation, aide ce désir de quelque lumière, dans une chose d'elle-même fort
obscure. Cependant le corps, qui se voit mourir sûrement, comme s'il ne vouloit pas mourir

seul, prête des raisons, pour envelopper l'esprit dans sa ruine; tandis que l'âme s'en fait une, pour croire qu'elle peut subsister toujours.

Pour pénétrer dans une chose si cachée, j'ai appelé au secours de mes réflexions les lumières des anciens et des modernes : j'ai voulu lire tout ce qui s'est écrit de l'*Immortalité de l'Ame* ; et, après l'avoir lu avec attention, la preuve la plus sensible que j'aie trouvée de l'éternité de mon esprit, c'est le désir que j'ai de toujours être.

Je voudrois n'avoir jamais lu les MÉDITATIONS de M. Descartes. L'estime où est, parmi nous, cet excellent homme, m'auroit laissé quelque créance de la démonstration qu'il nous promet : mais il m'a paru plus de vanité, dans l'assurance qu'il en donne, que de solidité, dans les preuves qu'il en apporte ; et, quelque envie que j'aie d'être convaincu de ses raisons, tout ce que je puis faire, en sa faveur et en la mienne, c'est de demeurer dans l'incertitude où j'étois auparavant.

J'ai passé d'une étude de métaphysique à l'examen des religions; et, retournant à cette antiquité qui m'est si chère, je n'ai vu, chez les Grecs et chez les Romains, qu'un culte superstitieux d'idolâtres, ou une invention humaine, politiquement établie, pour bien gouverner les hommes. Il ne m'a pas été difficile de reconnoître l'avantage de la religion chrétienne, sur les autres; et, tirant de moi tout ce que je puis, pour me soumettre respectueusement à la foi de ses mystères, j'ai laissé goûter à ma raison, avec plaisir, la plus pure et la plus parfaite morale qui fût jamais.

Dans la diversité des créances, qui partage le christianisme, la vraie catholicité me tient, à elle seule, autant par mon élection, si j'avois encore à choisir, que par habitude, et par les impressions que j'en ai reçues. Mais cet attachement à ma créance ne m'anime point, contre celle des autres, et je n'eus jamais ce zèle indiscret qui nous fait haïr les personnes, parce qu'elles ne conviennent pas de sentiment avec nous. L'amour propre forme ce faux zèle, et une séduction secrète nous fait voir de la charité, pour le prochain, où il n'y a rien qu'un excès de complaisance, pour notre opinion.

Ce que nous appelons aujourd'hui LES RELIGIONS, n'est, à le bien prendre, que *différence dans la Religion* et non pas *Religion différente*. Je me réjouis de croire plus sainement qu'un huguenot : cependant, au lieu de le haïr, pour la différence d'opinion, il m'est cher de ce qu'il convient de mon principe. Le moyen de convenir à la fin en tout, c'est de se communiquer toujours par quelque chose. Vous n'inspirerez jamais l'amour de la réunion, si vous n'ôtez la haine de la division auparavant. On peut se rechercher, comme sociables, mais ou ne revient point à des ennemis. La feinte, l'hypocrisie dans la religion, sont les seules choses qui doivent être odieuses; car qui croit de bonne foi, quand il croiroit mal, se rend digne d'être plaint, au lieu de mériter qu'on le persécute. L'aveuglement du corps attire la compassion. Que peut avoir celui de l'esprit, pour exciter de la haine? Dans la plus grande tyrannie des anciens, on laissoit à l'entendement une pleine liberté de ses lumières; et il y a des nations, aujourd'hui, parmi les chrétiens, où l'on impose la loi de se persuader ce qu'on ne peut croire. Selon mon sentiment, chacun doit être libre dans sa créance, pourvu qu'elle n'aille pas à exciter des factions, qui puissent troubler la tranquillité publique. Les temples sont du droit des souverains : ils s'ouvrent et se ferment, comme il leur plaît; mais notre cœur en est un secret, où il nous est permis d'adorer leur maître.

Outre la différence de doctrine, en certains points, affectée à chaque religion, je trouve qu'elles ont toutes comme un esprit particulier qui les distingue. Celui de la catholicité va singulièrement à aimer Dieu, et à faire de bonnes œuvres. Nous regardons ce premier être, comme un objet souverainement aimable, et les âmes tendres sont touchées des douces et agréables impressions qu'il fait sur elles. Les bonnes œuvres suivent nécessairement ce principe : car si l'amour se forme, au dedans, il fait agir au dehors, et nous oblige à mettre tout en usage, pour plaire à ce que nous aimons. Ce qu'il y a seulement à craindre, c'est que la source de cet amour, qui est dans le cœur, ne soit altérée, par le mélange de quelque passion toute humaine. Il est à craindre aussi qu'au lieu d'obéir à Dieu, en ce qu'il ordonne, nous ne tirions, de notre fantaisie, des manières de le servir, qui nous plaisent. Mais si cet amour, a une pureté véritable, rien au monde ne fait goûter une plus véritable douceur. La joie intérieure des âmes dévotes, vient d'une assurance secrète, qu'elles pensent avoir, d'être agréables à Dieu; et les vraies mortifications, les saintes austérités, sont d'amoureux sacrifices d'elles-mêmes.

La religion réformée dépouille les hommes de toute confiance au mérite. Le sentiment de la prédestination, dont elle se dégoûte, et qu'elle n'oseroit quitter, pour ne se démentir pas, laisse une âme languissante, sans affection et sans mouvement; sous prétexte de tout attendre du ciel, avec soumission, elle ne cherche pas à plaire, elle se contente d'obéir; et, dans un culte exact et commun, elle fait Dieu l'objet de sa régularité, plutôt que de son amour. Pour tenir la religion dans sa pureté, les Calvinistes veulent réformer tout ce qui paroît humain ; mais souvent ils retranchent trop de ce qui s'adresse à Dieu, pour vouloir trop retrancher de ce qui part de l'homme. Le dégoût de nos cérémonies les fait travailler à se rendre plus purs que nous. Il est vrai qu'étant arrivés à cette pureté, trop sèche et trop nue, ils ne se trouvent pas eux-mêmes assez dévots, et les personnes pieuses, parmi eux, se font un esprit particulier, qui leur semble surnaturel, dégoûtées qu'elles sont d'une régularité qui leur paroît trop commune.

Il y a deux sortes d'esprits, en matière de religion : les uns, vont à augmenter les choses établies; les autres, à en retrancher toujours. Si l'on suit les premiers, il y a danger de donner à la religion trop d'extérieur, et de la couvrir de certains dehors, qui n'en laissent pas voir le fond véritable. Si on s'attache aux derniers, le péril est, qu'après avoir retranché tout ce qui est superflu, on ne vienne à retrancher la religion elle-même. La catholique pourroit avoir un peu moins de choses extérieures; mais rien n'empêche les gens éclairés de la connoître, telle qu'elle est, sous ces dehors. La réformée n'en a pas assez; et son culte, trop ordinaire, ne se distingue pas, autant qu'il faut, des autres occupations de la vie. Aux lieux où elle n'est pas tout à fait permise, la difficulté empêche le dégoût; la dispute forme une chaleur qui l'anime. Où elle est la maîtresse, elle produit, seulement, l'exactitude du devoir, comme feroit le gouvernement politique, ou quelque autre obligation.

Pour les bonnes mœurs, elles ne sont, chez les huguenots, que des effets de leur foi, et des suites de leur créance. Nous demeurons d'accord que tous les chrétiens sont obligés à bien croire, à bien vivre : mais la manière de nous exprimer, sur ce point, est différente; et, quand ils disent que *les bonnes œuvres sont des œuvres mortes sans la foi*, nous disons que *la foi sans les bonnes œuvres est une foi morte*.

Le ministre Morus[1] avoit accoutumé de dire, parmi ses amis : « Que son Église avoit quelque chose de trop dur, dans son opinion, et qu'il conseilloit de ne lire jamais les ÉPITRES de saint Paul, sans finir par celle de saint Jacques, de peur, disoit-il, que la chaleur de saint Paul,

---

1. Il ne s'agit point ici de Thomas Morus qui fut décapité, en 1535, pour avoir refusé le serment de suprématie, à Henri VIII; mais d'Alexandre Morus, l'un des plus célèbres ministres et prédicateurs protestants du dix-septième siècle, né à Castres, en 1616, de race écossaise, et mort, à Paris, en 1670, après avoir brillé, tour à tour, dans les chaires de Genève, d'Amsterdam, et de Charenton. Voyez Bayle, et Moréri.

contre le mérite des bonnes œuvres, ne nous inspirât insensiblement quelque langueur à les pratiquer. »

On pourroit dire, à mon avis, que saint Pierre et saint Jacques avoient eu raison de prêcher, à des gens aussi corrompus qu'étoient les Juifs, la nécessité des bonnes œuvres; car, c'étoit leur prescrire ce qui leur manquoit, et dont ils pouvoient se sentir convaincus eux-mêmes. Mais ces apôtres auroient peu avancé leur ministère, par le discours de la grâce, avec un peuple qui avoit vu les miracles faits en sa faveur, et qui avoit éprouvé, mille fois, les assistances visibles d'un Dieu.

Saint Paul n'agissoit pas moins sagement, avec les Gentils, étant certain qu'il eût converti peu de gens à Jésus-Christ, par le discours des bonnes œuvres. Les Gentils étoient justes et tempérants : ils avoient de l'intégrité et de l'innocence : ils étoient fermes et constants, jusqu'à mourir pour la patrie. Leur prêcher les bonnes œuvres, c'étoit faire, comme les philosophes, qui leur enseignoient à bien vivre. La morale de Jésus-Christ étoit plus pure, je l'avoue; mais elle n'avoit rien qui pût faire assez d'impression, sur leurs esprits. Il falloit leur prêcher la nécessité de la grâce, et anéantir, autant qu'on pouvoit, la confiance qu'ils avoient en leur vertu.

Il me semble que, depuis la réformation, dont le désordre des gens d'église a été le prétexte, ou le sujet : il me semble, dis-je, que depuis ce temps-là, on a voulu faire rouler le christianisme, sur la doctrine des créances. Ceux qui ont établi la réformation, ont accusé nos scandales et nos vices, et, aujourd'hui, nous faisons valoir, contre eux, les bonnes œuvres. Les mêmes qui nous reprochoient de vivre mal, ne veulent tirer avantage, présentement, que de l'imagination qu'ils ont de bien croire. Nous confessons la nécessité de la créance; mais la charité a été ordonnée par Jésus-Christ, et la doctrine des mystères n'a été bien établie que longtemps après sa mort. Lui-même n'a pas expliqué si nettement ce qu'il étoit, que ce qu'il a voulu; d'où l'on peut conclure qu'il a mieux aimé se faire obéir, que de se laisser connoître. La foi est obscure; la loi est nettement exprimée. Ce que nous sommes obligés de croire est au-dessus de notre intelligence : ce que nous avons à faire est de la portée de tout le monde. En un mot, Dieu nous donne assez de lumière, pour bien agir : nous en voulons, pour savoir trop ; et, au lieu de nous en tenir à ce qu'il nous découvre, nous voulons pénétrer dans ce qu'il nous cache.

Je sais que la contemplation des choses divines fait, quelquefois, un heureux détachement de celles du monde; mais souvent ce n'est que pure spéculation, et l'effet d'un vice, fort naturel et fort humain. L'esprit, intempérant dans le désir de savoir, se porte à ce qui est au-dessus de la nature, et cherche ce qu'il y a de plus secret, en son auteur, moins pour l'adorer, que par une vaine curiosité de tout connoître. Ce vice est bientôt suivi d'un autre : la curiosité fait naître la présomption; et, aussi hardis à définir, qu'indiscrets à rechercher, nous établissons une science, comme assurée, de choses qu'il nous est impossible même de concevoir. Tel est le méchant usage de l'entendement et de la volonté. Nous aspirons ambitieusement à tout comprendre, et nous ne le pouvons pas. Nous pouvons religieusement tout observer, et nous ne le voulons point. Soyons justes, charitables, patients, par le principe de notre religion; nous connoîtrons et nous obéirons tout ensemble.

Je laisse à nos savants à confondre les erreurs des calvinistes, et il me suffit d'être persuadé que nous avons les sentiments les plus sains. Mais, à le bien prendre, j'ose dire que l'esprit des deux religions est fondé différemment sur de bons principes, selon que l'une envisage la pratique du bien plus étendue, et que l'autre se fait une règle plus précise d'éviter le mal. La catholique a, pour Dieu, une volonté agissante et une industrie amoureuse, qui cherche éternellement quelque secret de lui plaire. La huguenote, toute en circonspection et en respect, n'ose passer au delà du précepte qui lui est connu, de peur que des nouveautés imaginées ne viennent à donner trop de crédit à la fantaisie.

Le moyen de nous réunir n'est pas de disputer toujours sur la doctrine. Comme les raisonnements sont infinis, les controverses dureront, autant que le genre humain qui les fait : mais si, laissant toutes les disputes qui entretiennent l'aigreur, nous remontons, sans passion, à cet esprit particulier qui nous distingue, il ne sera pas impossible d'en former un général, qui nous réunisse.

Que nos catholiques fixent ce zèle inquiet, qui les fait un peu trop agir d'eux-mêmes : que les huguenots sortent de leur régularité paresseuse, et animent leur langueur, sans rien perdre de leur soumission à la Providence. Faisons quelque chose de moins, en leur faveur ; qu'ils fassent quelque chose de plus, pour l'amour de nous. Alors, sans songer au *Libre arbitre*, ni à la *Prédestination*, il se formera insensiblement une véritable règle, pour nos actions, qui sera suivie de celle de nos sentiments.

Quand nous serons parvenus à la réconciliation de la volonté, sur le bon usage de la vie, elle produira bientôt celle de l'entendement, sur l'intelligence de la doctrine. Faisons tant que de bien agir ensemble, et nous ne croirons pas longtemps séparément.

Je conclus de ce petit discours, que c'est un mauvais moyen pour convertir les hommes, que de les attaquer par la jalousie de l'esprit. Un homme défend ses lumières, ou comme vraies, ou comme siennes; et, de quelque façon que ce soit, il forme cent oppositions, contre celui qui le veut convaincre. La nature, donnant à chacun son propre sens, paroît l'y avoir attaché, avec une secrète et amoureuse complaisance. L'homme peut se soumettre à la volonté d'autrui, tout libre qu'il est : il peut s'avouer inférieur, en courage et en vertu; mais il a honte de se confesser assujetti au sens d'un autre. Sa répugnance la plus naturelle est de reconnoître, en qui que ce soit, une supériorité de raison.

Notre premier avantage, c'est d'être nés raisonnables : notre première jalousie, c'est de voir que d'autres veuillent l'être plus que nous. Si nous prenons garde aux anciennes conversions qui se sont faites, nous trouverons que les âmes ont été touchées, et les entendements peu convaincus. C'est dans le cœur que se forme la première disposition à recevoir les vérités chrétiennes. Aux choses qui sont purement de la nature, c'est à l'esprit de concevoir, et sa connoissance précède l'attachement aux objets. Aux surnaturels, l'âme s'y prend, s'y affectionne, s'y attache, s'y unit, sans que nous les puissions comprendre.

Dieu a mieux préparé nos cœurs à l'impression de sa grâce, que nos entendements à celle de sa lumière. Son immensité confond notre petite intelligence : sa bonté a plus de rapport à notre amour. Il y a je ne sais quoi, au fond de notre âme, qui se meut secrètement, pour un Dieu que nous ne pouvons connoître ; et de là vient que, pour travailler à la conversion des hommes, il nous faut établir, avec eux, la douceur de quelque commerce, où nous puissions leur inspirer nos mouvements : car, dans une dispute de religion, l'esprit s'efforce en vain de faire voir ce qu'il ne voit pas : mais, dans une habitude douce et pieuse, il est aisé à l'âme de faire sentir ce qu'elle sent.

A bien considérer la religion chrétienne, on diroit que Dieu a voulu la dérober aux lumières de notre esprit, pour la tourner sur les mouvements de notre cœur. *Aimer Dieu et son prochain*, la comprend toute, selon saint Paul. Et qu'est-ce autre chose, que nous demander la disposition de notre cœur, tant à l'égard de Dieu, qu'à celui des hommes ? C'est nous obliger, proprement, à vouloir faire par les tendresses de l'amour, ce que la politique nous ordonne, avec la rigueur des lois, et ce que la morale nous prescrit, par un ordre austère de la raison.

La charité nous fait assister et secourir, quand la justice nous défend de faire injure; et celle-ci empêche l'oppression, avec peine, quand celle-là procure, avec plaisir, le soulagement. Avec les vrais sentiments que notre religion nous inspire, il n'y a point d'infidèles, dans l'amitié : il n'y a point d'ingrats, dans les bienfaits. Avec ces bons sentiments, un cœur aime innocemment les objets que Dieu a rendus aimables; et ce qu'il y a d'innocent, en nos amours, est ce qu'il y a de plus doux et de plus tendre.

Que les personnes grossières et sensuelles se plaignent de notre religion, pour la contrainte qu'elle leur donne; les gens délicats ont à se louer de ce qu'elle leur épargne les dégoûts et les repentirs. Plus entendue que la philosophie voluptueuse, dans la science des plaisirs; plus sage que la philosophie austère, dans la science des mœurs : elle épure notre goût pour la délicatesse, et nos sentiments pour l'innocence. Regardez l'homme, dans la société civile; si la justice lui est nécessaire, vous verrez qu'elle lui est rigoureuse. Dans le pur état de la nature, sa liberté aura quelque chose de farouche; et, s'il se gouverne par la morale, sa propre raison aura de l'austérité. Toutes les autres religions remuent, dans le fond de son âme, des sentiments qui l'agitent, et des passions qui le troublent. Elles soulèvent contre la nature des craintes superstitieuses, ou des zèles furieux, tantôt pour sacrifier ses enfants, comme Agamemnon, tantôt pour se dévouer soi-même, comme Décie[1]. La seule religion chrétienne appaise ce qu'il y a d'inquiet : elle adoucit ce qu'il y a de féroce; elle emploie ce que nous avons de tendre, en nos mouvements, non-seulement avec nos amis et avec nos proches, mais avec les indifférents, et en faveur même de nos ennemis.

Voilà quelle est la fin de la religion chrétienne, et quel en étoit autrefois l'usage. Si on en voit d'autres effets aujourd'hui, c'est que nous lui avons fait perdre les droits qu'elle avoit sur notre cœur, pour en faire usurper à nos imaginations sur elle. De là est venue la division des esprits, sur la créance, au lieu de l'union des volontés, sur les bonnes œuvres; en sorte que ce qui devoit être un lien de charité, entre les hommes, n'est plus que la matière de leurs contestations, de leurs jalousies, et de leurs aigreurs.

1. Pub. Decius Mus, qui se dévoua aux dieux infernaux, en 340, avant Jésus-Christ, pour assurer la victoire aux Romains, contre les latins. Son fils renouvela le même dévouement, contre les Gaulois ombriens, et son petit-fils, contre Pyrrhus, en 279.

De la diversité des opinions, on a vu naître celle des partis; et l'attachement des partis a produit les persécutions et les guerres. Des millions d'hommes ont péri, à contester de quelle manière on prenoit, au sacrement, ce qu'on demeuroit d'accord d'y prendre. C'est un mal qui dure encore, et qui durera toujours, jusqu'à ce que la religion repasse, de la curiosité de nos esprits à la tendresse de nos cœurs, et que, rebutée de la folle présomption de nos lumières, elle aille retrouver les doux mouvements de notre amour.

XII

SUR L'AMITIÉ. A MADAME LA DUCHESSE MAZARIN.

(1676)[1].

DE tous ces dits des anciens, que vous avez si judicieusement remarqués, et si heureusement retenus, il n'y en a point qui me touche davantage que celui d'Agésilas, lorsqu'il recommande l'affaire d'un de ses amis à un autre. *Si Nicias n'a*

---

[1]. La duchesse de Mazarin étoit arrivée en Angleterre, en 1675; Saint-Evremond étoit au début de sa liaison avec elle. Il s'agissoit de la préserver d'une des grandes

point failli, délivre-le ; s'il a failli, délivre-le pour l'amour de moi : de quelque façon que ce soit, délivre-le. Voyez, Madame, jusqu'où va la force de l'amitié. Un roi des Lacédémoniens, si homme de bien, si vertueux, si sévère ; un roi qui devoit des exemples de justice à son peuple, ne permet pas seulement, mais ordonne d'être injuste, où il s'agit de l'affaire de son ami.

Qu'un homme privé eût fait la même chose qu'Agésilas, cela ne surprendroit pas. Les particuliers ne trouvent que trop de contrainte dans la vie civile. Une des plus grandes douceurs qu'ils puissent goûter, c'est de revenir quelquefois à la nature, et de se laisser aller à leurs propres inclinations. Ils obéissent à regret à ceux qui commandent ; ils aiment à rendre service à ceux qui leur plaisent. Mais qu'un roi, occupé de sa grandeur, renonce aux adorations publiques, renonce à son autorité, à sa puissance, pour descendre en lui-même et y sentir les mouvements les plus naturels de l'homme ; c'est ce qu'on ne comprend pas faci-

fautes qu'elle ait commises en sa vie. Pour rendre les conseils qu'il lui donnoit plus persuasifs, Saint-Evremond voulut s'attacher l'esprit de la duchesse, par la lecture de ce petit traité *de l'Amitié*, qu'on peut comparer avec le charmant ouvrage de Madame de Lambert, sur le même sujet.

lement, et ce qui mérite bien que nous y fassions réflexion.

Il est certain qu'on ne doit pas regarder son prince, comme son ami. L'éloignement qu'il y a de l'empire à la sujétion, ne laisse pas former cette union des volontés, qui est nécessaire pour bien aimer. Le pouvoir du prince et le devoir des sujets, ont quelque chose d'opposé aux tendresses que demandent les amitiés.

Exercer la domination, sans violence, c'est tout ce que peut faire le meilleur prince; obéir sans murmure, c'est tout ce que peut faire le meilleur sujet. Or, la modération et la docilité ont peu de charmes. Ces vertus sont trop peu animées, pour faire naître les inclinations, et inspirer la chaleur de l'amitié. La liaison ordinaire, qui se trouve entre les rois et leurs courtisans, est une liaison d'intérêt. Les courtisans cherchent de la fortune avec les rois : les rois exigent des services de leurs courtisans.

Cependant, il y a des occasions, où l'embarras des affaires, où le dégoût de la magnificence, oblige les princes à chercher, dans la pureté de la nature, les plaisirs qu'ils ne trouvent pas, dans leur grandeur. Ennuyés de cérémonies, de gravités affectées, de contenances, de représentations, ils cherchent les douceurs, toutes naturelles, d'une liberté que leur condition leur ôte. Travaillés de soupçons et de jalousies, ils cherchent, enfin, à se confier, à ouvrir un cœur qu'ils tiennent fermé à tout le monde. Les flatteries des adulateurs leur font souhaiter la sincérité d'un ami ; et c'est là que se font ces confidents, qu'on appelle *Favoris :* ces personnes chères aux princes, avec lesquelles ils se soulagent de la gêne de leurs secrets, avec lesquelles ils veulent goûter toutes les douceurs, que la familiarité du commerce, et la liberté de la conversation, peuvent donner aux amis particuliers.

Mais que ces amitiés sont dangereuses, à un favori qui songe plus à aimer qu'à se bien conduire ! Ce confident pense trouver son ami où il rencontre son maître ; et, par un retour imprévu, sa familiarité est punie, comme la liberté indiscrète d'un serviteur qui s'est oublié. Ces gens de cour, de qui l'intérêt règle toujours la conduite, trouvent dans leur industrie de quoi plaire, et leur prudence leur fait éviter tout ce qui choque, tout ce qui déplaît. Celui qui aime véritablement son maître, ne consulte que son cœur. Il croit être en sûreté de ce qu'il dit, et de ce qu'il fait, par ce qu'il sent ; et la chaleur d'une amitié mal réglée le fait périr, quand la précaution des personnes qui n'aiment pas lui conserveroit tous les avantages de sa fortune. C'est par là qu'on perd ordinairement les inclinations des princes, plus exacts à punir ce qui blesse leur caractère, que faciles à pardonner ce qu'on fait, par les mouvements de la nature. Heureux les sujets, dont les princes savent excuser ce que la faiblesse de la condition humaine a rendu excusable dans les hommes! Mais ne portons point d'envie à tous ceux qui se font craindre; ils perdent la douceur et d'aimer et d'être aimés. Revenons à des considérations plus particulières, sur l'amitié.

J'ai toujours admiré la morale d'Épicure, et je n'estime rien tant, de sa morale, que la préférence qu'il donne à l'amitié, sur toutes les autres vertus[1]. En effet, la justice n'est qu'une vertu, établie pour maintenir la société humaine. C'est l'ouvrage des hommes : l'amitié est l'ouvrage de la nature; l'amitié fait toute la douceur de notre vie, quand la justice, avec toutes ses rigueurs, a bien de la peine à faire notre sûreté. Si la prudence nous fait éviter quelques maux, l'amitié les soulage tous; si la prudence nous fait acquérir des biens, c'est l'amitié qui en fait goûter la jouissance. Avez-vous besoin de conseils fidèles? qui peut vous les donner qu'un ami? A qui confier vos se-

---

[1]. Saint-Evremond avoit-il donc, en 1676, changé d'opinion sur la nature de l'amitié : lui qui sembloit professer, comme on l'a vu, en 1647, que l'amitié étoit un commerce, un trafic, plutôt qu'une vertu? Voy. *Supra*, page 4.

crets, à qui ouvrir votre cœur, à qui découvrir votre âme, qu'à un ami ? Et quelle gêne seroit-ce d'être tout resserré en soi-même, de n'avoir que soi pour confident de ses affaires, et de ses plaisirs ? Les plaisirs ne sont plus plaisirs, dès qu'ils ne sont pas communiqués. *Sans la confiance d'un ami, la félicité du ciel seroit ennuyeuse*[1]. J'ai observé que les dévots les plus détachés du monde, que les dévots les plus attachés à Dieu, aiment en Dieu les dévots, pour se faire des objets visibles de leur amitié. Une des grandes douceurs qu'on trouve à aimer Dieu, c'est de pouvoir aimer ceux qui l'aiment.

Je me suis étonné, autrefois, de voir tant de confidents et de confidentes sur notre théâtre : mais j'ai trouvé, à la fin, que l'usage en avoit été introduit fort à propos ; car une passion, dont on ne fait aucune confidence à personne, produit plus souvent une contrainte fâcheuse, pour l'esprit, qu'une volupté agréable, pour les sens. On ne rend pas un commerce amoureux public, sans honte ; on ne le tient pas fort secret, sans gêne. Avec un confident, la conduite est plus sûre, les inquiétudes se rendent plus légères, les plaisirs redoublent, toutes les peines diminuent. Les poëtes, qui connoissent

---

1. Pensée d'un ancien.

bien la contrainte que nous donne une passion cachée, nous en font parler aux vents, aux ruisseaux, aux arbres; croyant qu'il vaut mieux dire ce qu'on sent, aux choses inanimées, que de le tenir trop secret, et se faire un second tourment de son silence.

Comme je n'ai aucun mérite éclatant à faire valoir, je pense qu'il me sera permis d'en dire un, qui ne fait pas la vanité ordinaire des hommes; c'est de m'être attiré, pleinement, la confiance de mes amis; et l'homme le plus secret que j'aie connu en ma vie, n'a été plus caché avec les autres, que pour s'ouvrir davantage avec moi[1]. Il ne m'a rien célé, tant que nous avons été ensemble; et peut-être qu'il eût bien voulu me pouvoir dire toutes choses, lorsque nous avons été séparés. Le souvenir d'une confidence si chère m'est bien doux; la pensée de l'état où il se trouve m'est plus douloureuse. Je me suis accoutumé à mes malheurs, je ne m'accoutumerai jamais aux siens; et puisque, je ne puis donner que de la douleur à son infortune, je ne passerai aucun jour sans m'affliger, je n'en passerai aucun sans me plaindre.

1. On a pensé que Saint-Evremond vouloit parler ici du surintendant Fouquet, dont la disgrâce fut l'occasion de celle de Saint-Evremond, et qui étoit alors prisonnier dans la citadelle de Pignerol, où il mourut, en 1680. Voy. M. Chéruel, *Mém. sur la vie de Fouquet*, 1862. 2 vol. in-8.

Dans ces confidences si entières, on ne doit avoir aucune dissimulation. *On traite mieux un ennemi qu'on hait ouvertement, qu'un ami*[1] *à qui on se cache, avec qui on dissimule*[2].

Peut-être que notre ennemi recevra plus de mal, par notre haine ; mais un ami recevra plus d'injure, par notre feinte. Dissimuler, feindre, déguiser, sont des défauts qu'on ne permet pas, dans la vie civile ; à plus forte raison ne seront-ils pas soufferts, dans les amitiés particulières.

Mais, pour conserver une chose si précieuse que l'amitié, ce n'est pas assez de se précautionner, contre les vices, il faut être en garde, même contre les vertus ; il faut être en garde contre la justice. Les sévérités de la justice ne conviennent pas avec les tendresses de l'amitié. Qui se pique d'être juste, ou se sent déjà méchant ami, ou se prépare à l'être. L'Évangile ne recommande guère la justice, qu'il ne recommande aussi la charité ; et c'est, à mon avis, pour adoucir une vertu, qui seroit austère, et presque farouche, si on n'y mêloit un peu d'amour. La justice, mêlée avec les autres vertus, est une chose admirable : toute seule, sans aucun mélange de bon naturel, de dou-

---

1. Var. *Un ami avec qui*, etc.
2. Autre pensée d'un ancien.

ceur, d'humanité, elle est plus sauvage que n'étoient les hommes qu'elle a assemblés; et on peut dire qu'elle bannit tout agrément de la société qu'elle a établie.

L'amitié n'appréhende pas seulement les rigueurs de la justice, elle craint les profondes réflexions d'une sagesse qui nous retient trop en nous, quand l'inclination veut nous mener vers un autre. L'amitié demande une chaleur qui l'anime, et ne s'accommode pas des circonspections qui l'arrêtent : elle doit toujours se rendre[1] maîtresse des biens, et quelquefois de la vie de ceux qu'elle unit.

Dans cette union des volontés, il n'est pas défendu d'avoir des opinions différentes : mais la dispute doit être une conférence pour s'éclaircir, non pas une contestation qui aille à l'aigreur. Il ne faut pas se faire de la passion, où vous ne cherchez que des lumières. Nos sentiments ne doivent avoir rien de fort opposé, sur ce qui regarde la religion. Celui qui rapporte tout à la raison, et celui qui soumet tout à l'autorité, s'accommoderont mal ensemble. Hobbes et Spinosa, qui n'admettent ni prophéties, ni miracles, qu'après un long et judicieux examen, feront peu de cas des esprits crédules, qui reçoivent les RÉVÉLATIONS de sainte

---

1. Var. *Elle doit se rendre toujours*, etc.

Brigitte[1] et la Légende des Saints[2] comme des articles de foi. Il me souvient d'avoir vu de l'aliénation parmi les dévots, dont les uns alloient à tout craindre de la justice de Dieu, et les autres à tout espérer de sa bonté.

Ce ne seroit jamais fait, si je voulois expliquer ici toutes les choses qui contribuent à établir, ou à ruiner la confiance de ces amitiés. Elles ne subsistent point, sans fidélité et sans secret. C'est ce qui les rend sûres ; mais ce n'est pas tout, pour nous les rendre agréables. Il se forme une certaine liaison, entre deux âmes, où la sûreté seule ne suffit pas : il y entre un charme secret, que je ne saurois exprimer, et qui est plus facile à sentir qu'à bien connoître. A mon avis, le commerce particulier d'une femme belle, spirituelle, raisonnable, rendroit une pareille liaison plus douce encore, si on pouvoit s'assurer de sa durée. Mais, lorsque la pas-

1. Sainte Brigitte, née en Suède, vers 1302, m. à Rome, en 1373. Ses *Révélations*, écrites en latin, par un moine Pierre, prieur d'Alvastre, furent imprimées à Rome, en 1488, souvent reproduites, depuis lors, par la presse, et traduites en plusieurs langues.

2. La *Légende dorée*, ou la vie des saints de Jacq. de Varaggio (*de Voragine*), composée vers 1260 : l'un des livres le plus anciennement et le plus souvent reproduits par la presse, aux quinzième et seizième siècles. Une traduction françoise en étoit déjà imprimée, à Lyon, en 1476, in-fol. goth. La première édition du texte latin a paru à Bâle, 1470. in-fol. goth., sans l. ni d.

sion s'y mêle, le dégoût finit la confiance, avec l'amour; et, s'il n'y a que l'amitié, les sentiments de l'amitié ne tiennent pas longtemps, contre les mouvements d'une passion.

Je me suis étonné, cent fois, de ce qu'on avoit voulu exclure les femmes du maniement des affaires; car j'en trouvois de plus éclairées, et de plus capables que les hommes. J'ai connu, à la fin, que cette exclusion ne venoit point, ni de la malignité de l'envie, ni d'un sentiment particulier d'aucun intérêt; ce n'étoit point aussi par une méchante opinion que l'on eût de leur esprit. C'étoit, (cela soit dit sans les offenser) c'étoit par le peu de sûreté que l'on trouvoit en leur cœur, foible, incertain, trop assujetti à la fragilité de leur nature. *Telle qui gouverneroit sagement un royaume aujourd'hui, se fera demain un maître, à qui on ne donneroit pas douze poules à gouverner*, pour me servir des termes de M. le cardinal Mazarin. De quoi ne seroient pas venues à bout madame de Chevreuse, la comtesse de Carlisle, la princesse Palatine[1], si elles n'avoient gâté, par leur cœur, tout ce qu'elles auroient pu faire, par leur esprit? Les erreurs du cœur sont bien plus dangereuses que les extravagances de l'imagina-

---

[1]. Anne de Gonzague, fille du duc de Nevers, épouse d'Édouard, prince palatin du Rhin; et Marie de Rohan, fille du duc de Montbazon, épouse de Claude de Lor-

tion. L'imagination n'a point de folies, que le jugement ne puisse corriger ; le cœur nous porte au mal, et nous y attache, malgré toutes les lumières du jugement :

> *Video meliora proboque,*
> *Deteriora sequor.*

Une femme fort spirituelle[1] me disoit un jour qu'elle *rendoit grâces à Dieu, tous les soirs, de son esprit, et le prioit, tous les matins, de la préserver des sottises de son cœur.* O Lot! O Lot[2] ! que vous avez peu à craindre de ces sottises ! Rendez grâces à Dieu de vos lumières, et reposez-vous sur vous-même de vos mouvements. J'en connois de peu intéressées, Lot, à remercier Dieu de votre esprit. La petite Bouffete consentiroit volontiers que vous

---

raine, duc de Chevreuse, prirent une part, que tout le monde connoît, aux cabales qui se formèrent à la cour de France, et contre le cardinal Mazarin.

La comtesse de Carlisle, fille d'un duc de Northumberland, n'eut pas moins de part aux intrigues politiques de la cour d'Angleterre, sous Charles Ier.

1. Mademoiselle de Lenclos.
2. Charlotte de Nassau, fille de Louis de Nassau, seigneur de Beverweert, ambassadeur extraordinaire des États généraux de Hollande, en Angleterre. Lot est ici l'abréviation de Charlotte. Madame de Mazarin aimoit passionnément Mademoiselle de Beverweert, pour qui Saint-Evremond eut aussi de l'attachement. Il en sera question, dans la *Correspondance.*

eussiez le cœur troublé et que vous n'eussiez pas l'esprit si libre.

Esprit du premier ordre, que vous donnez de plaisir à vos sujets, de faire admirer en vous tant de raison, et tant de beauté ! Quel plaisir de vous voir mépriser ce discours ennuyeux de beautés ; ces fades entretiens de coiffes, de manches, et d'étoffes des Indes ! Quel plaisir de vous voir laisser à la fausse galanterie des autres les *Corbeilles pleines de Rubans*, et la gentille canne de M. de Nemours[1] ! Ame élevée au-dessus de toutes âmes, quelle satisfaction de vous voir faire un si noble usage de ce que vous avez; de vous voir regretter si peu ce que vous avez eu, désirer si peu ce que vous n'avez pas !

Joignez, Madame, joignez le mérite du cœur à celui de l'âme et de l'esprit ! défendez ce cœur des *Rendeurs de petits soins*[1], de ces gens empressés à fermer une porte et une fenêtre, à relever un gant et un éventail !

L'amour ne fait pas de tort à la réputation des dames ; mais le peu de mérite des amants les déshonore. Vous m'offenseriez, Madame, si vous pensiez que je fusse ennemi de la tendresse : tout vieux que je suis, il me fâcheroit

---

1. Voyez le roman de la *Princesse de Clèves.*
2. Voyez la carte de Tendre, dans le premier tome de la *Clélie*, de mademoiselle de Scudéry.

d'en être exempt. On aime autant de temps qu'on peut respirer. Ce que je veux dans les amitiés, c'est que les lumières précèdent les mouvements, et qu'une estime justement formée dans l'esprit, aille s'animer dans le cœur, et y prendre la chaleur nécessaire, pour les amitiés comme pour l'amour. Aimez donc, Madame, mais n'aimez que des sujets dignes de vous. Je me démens ici sans y penser, et défens tout ce que je veux permettre. Vous conseiller de la sorte, c'est être plus sévère que ceux qui prêchent, et moins indulgent que les confesseurs.

Si mes souhaits avoient lieu, vous seriez ambitieuse, et gouverneriez ceux qui gouvernent les autres [1]. Devenez maîtresse du monde, ou demeurez maîtresse de vous, non pas pour passer des jours ennuyeux, dans cette inutilité sèche et triste, dont on a voulu faire de la vertu; mais pour disposer de vos sens avec empire, et ordonner vous-même de vos plaisirs.

> Que tantôt la raison sévère à vos désirs,
> Ne leur permette pas le plus secret murmure;
> Que tantôt la raison, facile à vos plaisirs,
> Hâte les mouvements qu'inspire la nature.

---

1. Charles II, roi d'Angleterre, sembloit être, alors, épris de la duchesse de Mazarin; et celle-ci, loin de répondre à ce sentiment, paroissoit disposée à favoriser la passion du prince de Monaco pour elle.

Si la confiance est un des grands bonheurs de la vie, goûtez-en la douceur avec votre chère Lot; goûtez-en la douceur avec celui dont vous devez être aussi sûre que de vous-même.

XIII

Voy. dans la correspondance de Saint-Evremond avec la duchesse de Mazarin, une lettre de 1677, contenant un discours sur la religion.

XIV

PENSÉES SUR LA DÉVOTION.

(1681)

Les dames galantes qui se donnent à Dieu, lui donnent ordinairement une âme inutile qui cherche de l'occupation; et leur dévotion se peut nommer une passion nouvelle, où un cœur tendre qui croit être repentant, ne fait que changer d'objet à son amour.

II. Quand nous entrons dans la dévotion, il nous est plus aisé d'aimer Dieu que de le bien servir. La raison en est que nous conservons un cœur accoutumé à l'amour, et une âme qui avoit beaucoup d'habitude avec les vices. Le cœur ne trouve rien de nouveau, dans ses mouvements : il y a beaucoup de nouveauté, pour une âme déréglée, dans les sentiments de la vertu. Ainsi, quelque changement qu'il paroisse, on est toujours le même qu'on a été. On aime comme on aimoit : on est injuste, glorieux et intéressé, comme on l'étoit auparavant.

III. La vraie dévotion est raisonnable et bienfaisante : plus elle nous attache à Dieu, plus elle nous porte à bien vivre avec les hommes.

IV. La vie des religieux est la même, pour la règle ; mais inégale, par l'inégalité de l'assiette où se trouvent les esprits.

V. Le doute a ses heures dans le couvent : la persuasion les siennes. Il y a des temps où l'on pleure les plaisirs perdus, des temps où l'on pleure les péchés commis.

VI. La meilleure de toutes les raisons pour se résoudre à la mort, c'est qu'on ne sauroit l'éviter. La philosophie nous donne la force d'en dissimuler le ressentiment, et ne l'ôte pas :

la religion y apporte moins de confiance que de crainte.

VII. A juger sainement des choses, la sagesse consiste plus à nous faire vivre tranquillement, qu'à nous faire mourir avec confiance.

VIII. Les belles morts fournissent de beaux discours aux vivants, et peu de consolations à ceux qui meurent.

Attendant la rigueur de ce commun destin ;
Mortel, aime la vie, et n'en crains pas la fin.

XV

RÉFLEXIONS SUR LA RELIGION[1].

(1684.)

A CONSIDÉRER purement le repos de cette vie, il seroit avantageux que la religion eût plus ou moins de pouvoir sur le genre humain. Elle contraint, et n'assujettit pas assez ; semblable à certaines politiques, qui ôtent la douceur de la liberté,

---

1. Il est probable que ces pensées furent inspirées à Saint-Evremond, ainsi que les fragments qui suivent, par la résolution où sembloit être alors la duchesse de Ma-

sans apporter le bonheur de la sujétion. La volonté nous fait aspirer foiblement aux biens qui nous sont promis, pour n'être pas assez excitée par un entendement qui n'est pas assez convaincu. Nous disons, par docilité, que *nous croyons* ce qu'on dit, avec autorité, qu'il nous faut croire : mais, sans une grâce particulière, nous sommes plus inquiétés que persuadés d'une chose qui ne tombe point sous l'évidence des sens, et qui ne fournit aucune sorte de démonstration à notre esprit.

Voilà quel est l'effet de la religion, à l'égard des hommes ordinaires; en voici les avantages, pour le véritable et parfait religieux. Le véritable dévot rompt avec la nature, si on le peut dire ainsi, pour se faire des plaisirs de l'abstinence des plaisirs; et, dans l'assujettissement du corps à l'esprit, il se rend délicieux l'usage des mortifications et des peines. La philosophie ne va pas plus loin qu'à nous apprendre à souffrir les maux. La religion chrétienne en fait jouir, et on peut dire sérieusement sur elle, ce que l'on a dit [1] galamment sur l'amour :

Tous les autres plaisirs ne valent pas ses peines.

zarin, d'entrer dans un couvent, après la mort de M. de Banier, son amant, tué en duel par le prince Philippe de Savoie, neveu de la duchesse. Voyez la *Corresp.* avec madame de Mazarin, sur l'année 1683.

1. Monsieur de Charleval.

Le vrai chrétien sait se faire des avantages, de toutes choses. Les maux qui lui viennent, sont des biens que Dieu lui envoie : les biens qui lui manquent, sont des maux dont la Providence l'a garanti. Tout lui est bienfait, tout lui est grâce, en ce monde; et, quand il en faut sortir, par la nécessité de la condition mortelle, il envisage la fin de sa vie, comme le passage à une plus heureuse, qui dure toujours.

Tel est le bonheur du vrai chrétien, tandis que l'incertitude fait une condition malheureuse à tous les autres. En effet, nous sommes presque tous incertains, peu déterminés au bien et au mal. C'est un tour et un retour continuel, de la nature à la religion, et de la religion à la nature. Si nous quittons le soin du salut, pour contenter nos inclinations, ces mêmes inclinations se soulèvent bientôt, contre leurs plaisirs; et le dégoût des objets qui les ont flattées davantage, nous renvoie aux soins de notre salut. Que si nous renonçons à nos plaisirs, par principe de conscience, la même chose nous arrive, dans l'attachement au salut, où l'habitude et l'ennui nous rejettent aux objets de nos premières inclinations.

Voilà comment nous sommes sur la religion, en nous-mêmes : voici le jugement qu'en fait le public. Quittons-nous Dieu pour le monde, nous sommes traités d'impies : quittons-nous le monde pour Dieu, on nous traite d'imbéciles; et on nous pardonne aussi peu de sacrifier la fortune à la religion, que la religion à la fortune. L'exemple du cardinal de Retz[1] suffira seul à justifier ce que je dis. Quand il s'est fait cardinal par des intrigues, des factions, des tumultes, on a crié contre un ambitieux, qui sacrifioit, disoit-on, le public, la conscience, la religion, à sa fortune. Quand il quitte les soins de la terre, pour ceux du ciel; quand la persuasion d'une autre vie lui fait envisager les grandeurs de celle-ci, comme des chimères, on dit que la tête lui a tourné, et on lui fait une foiblesse honteuse de ce qui nous est proposé, dans le christianisme, pour la plus grande vertu.

L'esprit ordinaire est peu favorable aux grandes vertus : une sagesse élevée offense une commune raison. La mienne, toute commune qu'elle est, admire une personne véritablement persuadée, et s'étonneroit beaucoup encore, que cette personne, tout à fait persuadée, pût être sensible à aucun avantage de la fortune. Je doute un peu de la persuasion de ces prêcheurs, qui, nous offrant le royaume des cieux,

---

1. Jean-François-Paul de Gondi, cardinal de Retz, et archevêque de Paris, si connu, durant les troubles de la Fronde, sous le nom de Monsieur le coadjuteur. Il mourut en 1679. L'authenticité de ses *Mémoires* fut d'abord très-contestée. Voy. les *OEuvres de Senecé*, et la *Bibliothèque historique de la France* du P. Le Long, n° 9597.

en public, sollicitent, en particulier, un petit bénéfice, avec le dernier empressement.

La seule idée des biens éternels rend la possession de tous les autres méprisable, à un homme qui a de la foi; mais, parce que peu de gens en ont, peu de gens défendent l'idée, contre les objets : l'espérance de ce que l'on nous promet cédant naturellement à la jouissance de ce qu'on nous donne. Dans la plupart des chrétiens, l'envie de croire tient lieu de créance : la volonté leur fait une espèce de foi, par les désirs, que l'entendement leur refuse, par ses lumières. J'ai connu des dévots, qui, dans une certaine contrariété entre le cœur et l'esprit, aimoient Dieu véritablement, sans le bien croire. Quand ils s'abandonnoient aux mouvements de leur cœur, ce n'étoit que zèle pour la religion : tout étoit ferveur, tout amour; quand ils se tournoient à l'intelligence de l'esprit, ils se trouvoient étonnés de ne pas comprendre ce qu'ils aimoient, et de ne savoir comment se répondre à eux-mêmes, du sujet de leur amour. Alors, *les consolations leur manquoient*, pour parler en termes de spiritualité; et ils tomboient dans ce triste état de la vie religieuse, qu'on appelle *aridité et sécheresse*, dans les couvents.

Dieu seul nous peut donner une foi sûre, ferme et véritable. Ce que nous pouvons faire de nous, est de captiver l'entendement malgré la répugnance des lumières naturelles, et de nous porter, avec soumission, à exécuter ce qu'on nous prescrit. L'humanité mêle aisément ses erreurs, en ce qui regarde la créance; elle se mécompte peu, dans la pratique des vertus, car il est moins en notre pouvoir de penser juste, sur les choses du ciel, que de bien faire. Il n'y a jamais à se méprendre, aux actions de justice et de charité. Quelquefois le ciel ordonne, et la nature s'oppose : quelquefois la nature demande ce que défend la raison. Sur la justice et la charité, tous les droits sont concertés : il y a comme un accord général, entre le ciel, la nature et la raison.

XVI

QUE LA DÉVOTION EST LE DERNIER DE NOS AMOURS.

(1684.)

La dévotion est le dernier de nos amours, où l'âme qui croit aspirer seulement à la félicité de l'autre vie, cherche, sans y penser, à se faire quelque douceur nouvelle, en celle-ci. L'habitude, dans le vice, est un vieil attachement, qui ne fournit plus que des dégoûts; d'où vient d'ordinaire qu'on se tourne à Dieu, par esprit de changement, pour former, en son âme, de nouveaux désirs, et lui faire sentir les mouvements d'une passion naissante. La dévotion fera retrouver, quelquefois, à une vieille, des délicatesses de sentiment, et des tendresses de cœur, que les plus jeunes n'auroient pas, dans le mariage, ou dans une galanterie usée. Une dévotion nouvelle plaît, en tout, jusqu'à parler des vieux péchés dont on se repent : car il y a une douceur secrète à détester ce qui en a déplu, et à rappeler ce qu'ils ont eu d'agréable.

A bien examiner un vicieux converti, on trouvera fort souvent qu'il ne s'est défait de son péché, que par l'ennui et le chagrin de sa vie passée. En effet, à qui voyons-nous quitter le vice, dans le temps qu'il flatte son imagination, dans le temps qu'il se montre avec des agréments, et qu'il fait goûter des délices? On le quitte, lorsque ses charmes sont usés, et qu'une habitude ennuyeuse nous a fait tomber insensiblement dans la langueur. Ce n'est donc point ce qui plaisoit, qu'on quitte, en changeant de vie : c'est ce qu'on ne pouvoit plus souffrir ; et alors, le sacrifice qu'on fait à Dieu, c'est de lui offrir des dégoûts, dont on cherche, à quelque prix que ce soit, à se défaire.

Il y a deux impressions du vice, sur nous, fort différentes. Ce qu'il a d'ennuyeux et de languissant, à la fin, nous fait détester l'offense envers Dieu : ce qu'il a eu de délicieux, en ses commencements, nous fait regretter le plaisir, sans y penser; et de là vient qu'il y a peu de conversions, où l'on ne sente un mélange secret de la douceur du souvenir, et de la douleur de la pénitence. On pleure, il est vrai, avec une pleine amertume, un crime odieux : mais le repentir des vices qui nous furent chers, laisse toujours un peu de tendresse, pour eux, mêlée à nos larmes. Il y a quelque chose d'amoureux, au repentir d'une passion amoureuse; et cette passion est en nous si naturelle, qu'on ne se repent point, sans amour, d'avoir aimé. En effet, s'il souvient à une âme convertie d'avoir soupiré : ou elle vient à aimer Dieu, et s'en fait un nouveau sujet de soupirs et de langueurs; ou elle arrête son souvenir, avec agrément, sur l'objet de ses tendresses passées. La peur de la damnation, l'image de l'enfer, avec tous ses feux, ne lui ôteront jamais l'idée d'un amant : car ce n'est pas à la crainte, c'est au seul amour qu'il est permis de bien effacer l'amour. Je dirai plus : une personne sérieusement touchée, ne songe plus à se sauver, mais à aimer, quand elle s'unit à Dieu. Le salut, qui faisoit le premier de ses soins, se confond dans l'amour, qui ne souffre plus de soins, dans son esprit, ni de désirs, en son âme, que les siens. Que si on pense à l'Éternité, dans cet état, ce n'est point pour appréhender les maux dont on nous menace, ou pour espérer la gloire que l'on nous promet; c'est dans la seule vue d'aimer éternellement, qu'on se plaît à envisager une éternelle durée. Où l'amour a su régner une fois, il n'y a plus d'autre passion qui subsiste d'elle-même. C'est par lui qu'on espère et que l'on craint; c'est par lui que se forment nos joies et nos douleurs : le soupçon, la jalousie, la haine même, deviennent insensiblement de son fond; et toutes ces passions, de distinctes et particulières qu'elles étoient, ne sont plus, à le bien prendre, que ses mouvements. Je hais un vieil impie, comme un méchant, et le méprise, comme un malhabile homme, qui n'entend pas ce qui lui convient. Tandis qu'il fait profession de donner tout à la nature, il combat son dernier penchant vers Dieu, et lui refuse la seule douceur qu'elle lui demande. Il s'est abandonné à ses mouvements, tant qu'ils ont été vicieux; il s'oppose à son plaisir, sitôt qu'il devient une vertu. *Toutes les vertus*, dit-on, *se perdent au ciel, à la réserve de la charité*, c'est-à-dire, l'*amour;* en sorte que Dieu, qui nous le conserve, après la mort, ne veut pas que nous nous en défassions jamais, pendant la vie.

XVII

LETTRE A UNE DAME GALANTE, QUI VOULOIT DEVENIR DÉVOTE.

(1684.)

A ce que j'apprends, Madame, vous voulez devenir dévote, et j'en rends grâces à Dieu, de tout mon cœur: ayant plus besoin, dans nos entretiens, de la pureté des sentiments que vous allez avoir, que de ceux qui pourroient vous être inspirés, dans le commerce des hommes. Je vous conjure donc, comme intéressé avec le ciel, de prendre une dévotion véritable : et, pour rendre votre conversion telle que je la veux, il sera bon de vous dépeindre celle de nos dames, telle qu'elle est, afin que vous puissiez éviter les défauts qui l'accompagnent.

Leur pénitence ordinaire, à ce que j'ai pu observer, est moins un repentir de leurs péchés, qu'un regret de leurs plaisirs : en quoi elles sont trompées elles-mêmes, pleurant amoureusement ce qu'elles n'ont plus, quand elles croient pleurer saintement ce qu'elles ont fait.

Ces beautés usées qui se donnent à Dieu,

pensent avoir éteint de vieilles ardeurs, qui cherchent secrètement à se rallumer ; et leur amour, n'ayant fait que changer d'objet, elles gardent, pour leurs dernières souffrances, les mêmes soupirs et les mêmes larmes, qui ont exprimé leurs vieux tourments. Elles n'ont rien perdu des premiers troubles du cœur amoureux : des craintes, des saisissements, des transports ; elles n'ont rien perdu de ses plus chers mouvements : des tendres désirs, des tristesses délicates et des langueurs précieuses. Quand elles étoient jeunes, elles sacrifioient des amants : n'en ayant plus à sacrifier, elles se sacrifient elles-mêmes ; la nouvelle convertie fait un sacrifice à Dieu de l'ancienne voluptueuse.

J'en ai connu qui faisoient entrer, dans leur conversion, le plaisir du changement : j'en ai connu qui, se dévouant à Dieu, goûtoient une joie malicieuse, de l'infidélité qu'elles pensoient faire aux hommes.

Il y en a qui renoncent au monde, par un esprit de vengeance, contre le monde qui les a quittées : il y en a qui mêlent à ce détachement leur vanité naturelle ; et la même gloire qui leur a fait quitter des courtisans pour le prince, les flatte secrètement de savoir mépriser le prince pour Dieu.

Pour quelques-unes, Dieu est un nouvel

amant, qui les console de celui qu'elles ont perdu : en quelques autres, la dévotion est un dessein d'intérêt, et le mystère d'une nouvelle conduite.

Vous en verrez de sombres et de retirées, qui préfèrent les Tartufes aux galants bien faits, quelquefois par le goût d'une volupté obscure. Quelquefois, elles veulent s'élever au ciel de bonne foi, et leur foiblesse les fait reposer, en chemin, avec les directeurs qui les conduisent. La dévotion a quelque chose de tendre, pour Dieu, qui peut retourner aisément à quelque chose d'amoureux, pour les hommes.

J'oubliois à vous parler de certaines femmes retirées, qui se donnent à Dieu, en apparence, pour être moins à une mère, ou à un mari. Il y en a de cent façons différentes, et fort peu où ne paroisse le caractère de la femme, soit dans leur humeur, soit dans leur amour.

Pour bien juger du mérite des dévotes, il ne faut pas tant considérer ce qu'elles veulent faire pour Dieu, que ce que Dieu veut qu'elles fassent. Car, dans la vérité, toutes les mortifications qu'elles se donnent, de leur propre mouvement, sont autant d'effets agréables de leur fantaisie; et une femme est assez bien payée, en ce monde, à qui on permet de faire ce qui lui plaît. Il faut voir comment elles se comportent, dans les choses que Dieu exige de leur soumission ; et quand elles auront de la règle dans les mœurs, de la modestie dans le commerce, de la patience dans les injures : alors, je serai satisfait de leur dévotion, par leur conduite.

Il est assez de dévotes passionnées, qui pensent avoir l'ardeur d'un beau zèle ; il en est peu qui se possèdent sagement, dans une bonne et solide piété : il en est assez qui sauroient mourir pour Dieu, par les sentiments de l'amour. Il y en a peu qui veuillent vivre selon ses lois, avec de l'ordre et de la raison. Attendez tout de leur ferveur, où il se mêle du déréglement : n'espérez presque rien d'une dévotion, où elles ont besoin d'égalité, de sagesse, et de retenue.

Profitez, Madame, de l'erreur des autres ; et, voulant aujourd'hui vous donner à Dieu, faites moins entrer dans votre dévotion ce que vous aimez, que ce qui lui plaît. Si vous n'y prenez garde, votre cœur lui portera ses mouvements, au lieu de recevoir ses impressions ; et vous serez toute à vous, quand vous penserez être toute à lui.

Ce n'est pas qu'il ne puisse y avoir un saint et heureux ajustement, entre ses volontés et les vôtres. Vous pouvez aimer ce qu'il aime : vous pouvez désirer ce qu'il désire ; mais nous faisons ordinairement, par une douce et secrète impulsion, ce que nous désirons de nous-mêmes; et c'est ce qui doit nous rendre plus attentifs, et plus appliqués, à toujours agir par la considération de ce qu'il veut.

Mais, pour cela, Madame, ne vous assujettissez pas à la conduite de ces directeurs, qui vous font entrer en certaines délicatesses de spiritualité, que vous n'entendez point, et qu'ils n'entendent pas, le plus souvent. Les volontés de Dieu ne sont pas si cachées, qu'elles ne se découvrent à ceux qui les veulent suivre. Presque en toutes, vous aurez moins besoin de lumière, que de soumission. Celles qui ont du rapport avec nos désirs, sont nettement entendues et agréablement suivies; celles qui choquent nos inclinations, s'expliquent assez : mais la nature y répugne, et l'âme indocile se défend de leur impression.

Je traite, avec vous, plus sérieusement que je n'avois pensé; et, pour finir plus salutairement encore, je désirerois deux choses de vous, dans la dévotion nouvelle où vous vous engagez présentement. La première est, que vous preniez garde de ne porter pas à Dieu votre amour, comme une passion inutile, à qui vous voulez donner de l'occupation. La seconde, que vous ne déguisiez jamais vos animosités, sous une apparence de zèle; et ne persécutiez pas ceux à qui vous voulez du mal, sous un faux prétexte de piété.

XVIII

SUR LA MORALE D'ÉPICURE, A LA MODERNE LÉONTIUM[1].

(1685.)

ous voulez savoir si j'ai fait ces RÉ-FLEXIONS SUR LA DOCTRINE D'ÉPICURE, qu'on m'attribue. Je pourrois m'en faire honneur, mais je n'aime pas à me donner un mérite que je n'ai point, et je vous dirai ingénument qu'elles ne sont pas de moi[2]. J'ai un grand désavantage, en ces petits traités qu'on imprime sous mon nom. Il y en

---

1. Mademoiselle de Lenclos. Le nom de moderne Leontium lui avoit été donné, par Saint-Évremond. On sait que cette grecque célèbre avoit été disciple et amie d'Épicure. Sur les relations de Ninon de Lenclos avec Saint-Évremond, voy. notre *Introduction*, et la *Correspondance*. Ce traité *sur la morale d'Épicure* avoit été destiné à Bernier, dont Saint-Évremond recevoit la visite, en Angleterre, vers 1685. Mais, en cette même année, Bernier étant mort, l'ouvrage fut dédié à mademoiselle de Lenclos, qui étoit l'amie des deux philosophes, qui partageoit toutes leurs opinions, et les dépassoit même en quelques points. Voy. les *Lettres de Madame de Sévigné*.

2. Ces réflexions sont de Sarazin. On les trouve dans ses *Nouvelles œuvres*. Paris, 1674, in-12.

a de bien faits que je n'avoue point, parce qu'ils ne m'appartiennent pas; et parmi les choses que j'ai faites, on a mêlé beaucoup de sottises, que je ne prends pas la peine de désavouer. A l'âge où je suis, une heure de vie bien ménagée, m'est plus considérable que l'intérêt d'une médiocre réputation. Qu'on se défait de l'amour propre difficilement! Je le quitte comme auteur, je le reprends comme philosophe: sentant une volupté secrète, à négliger ce qui fait le soin de tous les autres.

Le mot de VOLUPTÉ me rappelle Épicure; et je confesse que, de toutes les opinions des philosophes, touchant le souverain bien, il n'y en a point qui me paroisse si raisonnable que la sienne. Il seroit inutile d'apporter ici des raisons, cent fois dites par les épicuriens: que l'amour de la volupté, et la fuite de la douleur, sont les premiers et les plus naturels mouvements, qu'on remarque aux hommes; que les richesses, la puissance, l'honneur, la vertu, peuvent contribuer à notre bonheur: mais que la jouissance du plaisir, la volupté, pour tout dire, est la véritable fin où toutes nos actions se rapportent. C'est une chose assez claire d'elle-même, et j'en suis pleinement persuadé. Cependant, je ne connois pas bien quelle étoit la VOLUPTÉ d'Épicure: car je n'ai jamais vu de sentiments si divers, que ceux qu'on a eus sur les mœurs de ce philosophe. Des philosophes, et de ses disciples même, l'ont décrié comme un sensuel et un paresseux, qui ne sortoit de son oisiveté que par la débauche. Toutes les sectes se sont opposées à la sienne. Des magistrats ont considéré sa doctrine comme pernicieuse au public. Cicéron, si juste et si sage dans ses opinions; Plutarque, si estimé par ses jugements, ne lui ont pas été favorables : et, pour ce qui regarde les chrétiens, les Pères l'ont fait passer pour le plus grand et le plus dangereux de tous les impies. Voilà ses ennemis : voici ses partisans.

Métrodore, Hermacus, Ménécée, et beaucoup d'autres qui philosophoient avec lui, ont eu autant de vénération que d'amitié pour sa personne. Diogène Laërce ne pouvoit pas écrire sa vie plus avantageusement, pour sa réputation. Lucrèce a été son adorateur; Sénèque, tout ennemi de sa secte qu'il étoit, a parlé de lui avec éloge. Si des villes l'ont eu en horreur, d'autres lui ont érigé des statues; et parmi les chrétiens, si les Pères l'ont décrié, M. Gassendi et M. Bernier le justifient.

Au milieu de toutes ces autorités, opposées les unes aux autres, quel moyen y a-t-il de décider? Dirai-je qu'Épicure est un corrupteur des bonnes mœurs, sur la foi d'un philosophe jaloux, ou d'un disciple mécontent, qui aura pu se laisser aller au ressentiment de quelque injure? D'ailleurs, Épicure, ayant voulu ruiner l'opinion qu'on avoit de la Providence, et de l'immortalité de l'âme, ne puis-je pas me persuader raisonnablement que le monde s'est soulevé contre une doctrine scandaleuse, et que la vie du philosophe a été attaquée, pour décréditer plus facilement ses opinions? Mais si j'ai de la peine à croire ce que ses ennemis et ses envieux en ont publié, aussi ne croirai-je pas aisément ce qu'en osent dire ses partisans.

Je ne crois pas qu'il ait voulu introduire une volupté plus dure que la vertu des stoïques. Cette jalousie d'austérité me paroît extravagante, dans un philosophe voluptueux, de quelque manière qu'on tourne sa volupté. Beau secret de déclamer contre une vertu, qui ôte le sentiment au sage, pour établir une volupté, qui ne lui souffre point de mouvement! Le sage des stoïciens est un vertueux insensible; celui des épicuriens un voluptueux immobile. Le premier est dans les douleurs, sans douleurs; le second goûte une volupté, sans volupté. Quel sujet avoit un philosophe, qui ne croyoit pas l'immortalité de l'âme, de mortifier ses sens? Pourquoi mettre le divorce, entre deux parties composées de même matière, qui devoient trouver leur avantage dans le concert et l'union de leurs plaisirs?

Je pardonne à nos religieux la triste singularité de ne manger que des herbes, dans la vue qu'ils ont d'acquérir par là une éternelle félicité ; mais, qu'un philosophe qui ne connoît d'autres biens que ceux de ce monde : que le docteur de la volupté se fasse un ordinaire de pain et d'eau, pour arriver au souverain bonheur de la vie, c'est ce que mon peu d'intelligence ne comprend point. Je m'étonne qu'on n'établisse pas la volupté d'un tel Épicure, dans la mort ; car, à considérer la misère de sa vie, son souverain bien devoit être à la finir. Croyez-moi, si Horace et Pétrone se l'étoient figuré, comme on le dépeint, ils ne l'auroient pas pris pour leur maître, dans la science des plaisirs.

La piété qu'on lui donne pour les dieux, n'est pas moins ridicule que la mortification de ses sens. Ces dieux oisifs, dont il ne voyoit rien à espérer ni à craindre ; ces dieux impuissants, ne méritoient pas la fatigue de son culte. Et qu'on ne me dise point qu'il alloit au temple, de peur de s'attirer les magistrats, et de scandaliser les citoyens ; car, il les eût bien moins scandalisés, pour n'assister pas aux sacrifices, qu'il ne les choqua, par des écrits qui détruisoient des dieux établis dans le monde, ou ruinoient au moins la confiance qu'on avoit en leur protection.

Mais quel sentiment avez-vous d'Épicure,

me dira-t-on? Vous ne croyez ni ses amis, ni ses ennemis : ni ses adversaires, ni ses partisans ; quel peut être le jugement que vous en faites? Je pense qu'Épicure étoit un philosophe fort sage, qui, selon les temps et les occasions, aimoit la volupté en repos, ou la volupté en mouvement; et de cette différence de volupté, est venue celle de la réputation qu'il a eue. Timocrate, et ses autres ennemis, l'ont attaqué par les plaisirs sensuels : ceux qui l'ont défendu, n'ont parlé que de sa volupté spirituelle. Quand les premiers l'ont accusé de la dépense qu'il faisoit à ses repas, je me persuade que l'accusation étoit bien fondée : quand les autres ont fait valoir ce petit morceau de fromage qu'il demandoit, pour faire meilleure chère que de coutume, je crois qu'ils ne manquoient pas de raison. Lorsqu'on dit qu'il philosophoit avec Leontium, on dit vrai : lorsqu'on soutient qu'il se divertissoit avec elle, on ne ment pas. *Il y a temps de rire, et temps de pleurer*, selon Salomon : temps d'être sobre, et temps d'être sensuel, selon Épicure. Outre cela, un homme voluptueux l'est-il également toute sa vie? Dans la religion, le plus libertin devient quelquefois le plus dévot; dans l'étude de la sagesse, le plus indulgent aux plaisirs se rend quelquefois le plus austère. Pour moi, je regarde Épicure autrement, dans la jeunesse et la santé, que dans la vieillesse et la maladie.

L'indolence et la tranquillité, ce bonheur des malades, et des paresseux, ne pouvoit pas être mieux exprimé qu'il ne l'est dans ses écrits : la volupté sensuelle n'est pas moins bien expliquée, dans un passage formel qu'allègue Cicéron expressément[1]. Je sais qu'on n'oublie rien, pour le détruire, ou pour l'éluder : mais des conjectures peuvent-elles être comparées, avec le témoignage de Cicéron, qui avoit tant de connoissance des philosophes de la Grèce et de leur philosophie? Il vaudroit mieux rejeter, sur l'inconstance de la nature humaine, l'inégalité de notre esprit. Où est l'homme si uniforme qui ne laisse voir de la contrariété, dans ses discours et dans ses actions? Salomon mérite le nom de Sage, autant qu'Épicure, pour le moins, et il s'est démenti également, dans ses sentiments, et dans sa conduite. Montaigne, étant jeune encore, a cru qu'il falloit penser éternellement à la mort, pour s'y préparer : approchant de la vieillesse, *il chante*, dit-il, *la palinodie :* voulant qu'on se laisse conduire doucement à la nature, qui nous apprendra assez à mourir.

Monsieur Bernier, ce grand partisan d'Épi-

---

1. Cicéron, *Tusculan. quæst.* III. 18.

cure, avoue aujourd'hui qu'*après avoir philosophé cinquante ans, il doute des choses qu'il avoit cru les plus assurées*[1]. Tous les objets ont des faces différentes, et l'esprit, qui est dans un mouvement continuel, les envisage différemment, selon qu'il se tourne; en sorte que nous n'avons, pour ainsi parler, que de nouveaux aspects, pensant avoir de nouvelles connoissances. D'ailleurs, l'âge apporte de grands changements, dans notre humeur, et du changement de l'humeur se forme bien souvent celui des opinions. Ajoutez, que les plaisirs des sens font mépriser, quelquefois, les satisfactions de l'esprit, comme trop sèches et trop nues; et que les satisfactions de l'esprit, délicates et raffinées, font mépriser, à leur tour, les voluptés des sens, comme grossières. Ainsi, l'on ne doit pas s'étonner que, dans une si grande diversité de vues, et de mouvements, Épicure, qui a plus écrit qu'aucun philosophe, ait traité

---

1. Voyez les *Doutes* de Bernier, imprimés d'abord séparément, et ensuite insérés dans la seconde édition de l'*Abrégé de la philosophie de Gassendi*. Lyon, 1684, tome II, p. 379. Bernier dédia ces *Doutes* à madame de la Sablière, et, dans sa dédicace, on trouve ce même aveu que reproduit ici Saint-Evremond : « Il y a, dit-il, trente à quarante ans que je philosophe, fort persuadé de certaines choses, et voilà que je commence à en douter : c'est bien pis, il y en a dont je ne doute plus, désespéré de pouvoir jamais y rien comprendre. »

différemment la même chose, selon qu'il peut l'avoir différemment pensée ou sentie.

Quel besoin y a-t-il de ce raisonnement général, pour montrer qu'il a pu être sensible à toutes sortes de voluptés? Qu'on le considère dans son commerce avec les femmes, et on ne croira pas qu'il ait passé tant de temps avec Leontium, et avec Themisto[1], à ne faire que philosopher. Mais, s'il a aimé la jouissance, en voluptueux, il s'est ménagé, en homme sage. Indulgent aux mouvements de la nature, contraire aux efforts : ne prenant pas toujours la chasteté pour une vertu, comptant toujours la luxure pour un vice; il vouloit que la sobriété fût une économie de l'appétit, et que le repas qu'on faisoit ne pût jamais nuire à celui qu'on devoit faire : *Sic præsentibus voluptatibus utaris, ut futuris non noceas.* Il dégageoit les voluptés, de l'inquiétude qui les précède, et du dégoût qui les suit. Comme il tomba dans les infirmités, et dans les douleurs, il mit le souverain bien dans l'indolence : sagement, à mon avis, pour la condition où il se trouvoit; car la cessation de la douleur est la félicité de ceux qui souffrent. Pour la tranquillité de l'esprit,

---

1. Presque toutes les éditions portent *Temista* ; c'est Themisto qu'il faut lire. Elle étoit de Lampsaque, et se rendit presque aussi célèbre, que l'athénienne Leontium, par son attachement pour Épicure, et par son esprit.

qui faisoit l'autre partie de son bonheur, ce n'est qu'une simple exemption de trouble : mais, qui ne peut plus avoir de mouvements agréables, est heureux de pouvoir se garantir des impressions douloureuses.

Après tant de discours, je conclus que l'indolence et la tranquillité doivent faire le souverain bien d'Épicure infirme et languissant. Pour un homme qui est en état de pouvoir goûter les plaisirs, je crois que la santé se fait sentir elle-même, par quelque chose de plus vif que l'indolence, comme une bonne disposition de l'âme veut quelque chose de plus animé qu'un état tranquille. Nous vivons au milieu d'une infinité de biens et de maux, avec des sens capables d'être touchés des uns, et blessés des autres : sans tant de philosophie, un peu de raison nous fera goûter les biens, aussi délicieusement qu'il est possible, et nous accommoder aux maux, aussi patiemment que nous le pouvons.

XIX

DE LA RETRAITE.

(1686).

On ne voit rien de si ordinaire, aux vieilles gens, que de soupirer pour la retraite; et rien de si rare, en ceux qui se sont retirés, que de ne s'en repentir pas. Leur âme, trop assujettie à leur humeur, se dégoûte du monde, par son propre ennui : car, à peine ont-ils quitté ce faux objet de leur mal, qu'ils souffrent aussi peu la solitude que le monde : s'ennuyant d'eux-mêmes, où ils n'ont plus qu'eux dont ils se puissent ennuyer.

Une raison essentielle, qui nous oblige à nous retirer, quand nous sommes vieux, c'est qu'il faut prévenir le ridicule, où l'âge nous fait tomber, presque toujours. Si nous quittons le monde à propos, on y conservera l'idée du mérite que nous aurons eu : si nous y demeurons trop, on aura nos défauts devant les yeux; et ce que nous serons devenus effacera le souvenir de ce que nous avons été. D'ailleurs, c'est une honte à un honnête homme de traîner les infirmités de la vieillesse dans une cour, où la fin de ses services a fait celle de ses intérêts.

La nature nous redemande, pour la liberté, quand nous n'avons plus rien à espérer, pour la fortune. Voilà ce qu'un sentiment d'honnêteté, ce que le soin de notre réputation, ce que le bon sens, ce que la nature exigent de nous. Mais le monde a ses droits, encore, pour nous demander la même chose. Son commerce nous a fourni des plaisirs, tant que nous avons été capables de les goûter : il y auroit de l'ingratitude à lui être à charge, quand nous ne pouvons lui donner que du dégoût.

Pour moi, je me résoudrois à vivre dans le couvent, ou dans le désert, plutôt que de donner une espèce de compassion à mes amis ; et à ceux qui ne le sont pas, la joie malicieuse de eur raillerie. Mais le mal est, qu'on ne s'aperçoit pas quand on devient imbécile, ou ridicule. Il ne suffit point de connoître que l'on est tombé tout à fait : il faut sentir, le premier, qu'on tombe, et prévenir, en homme sage, la connoissance publique de ce changement.

Ce n'est pas que tous les changements qu'apporte l'âge nous doivent faire prendre la résolution de nous retirer. Nous perdons beaucoup, en vieillissant, je l'avoue : mais, parmi les pertes que nous faisons, il y en a qui sont compensées par d'assez grands avantages. Si, après avoir perdu mes passions, les affections me demeurent encore, il y aura moins d'inquiétude, dans mes plaisirs, et plus de discrétion, dans mon procédé, à l'égard des autres. Si mon imagination diminue, je n'en plairai pas tant, quelquefois, mais j'en importunerai moins, bien souvent. Si je quitte la foule, pour la compagnie, je serai moins dissipé ; si je reviens des grandes compagnies à la conversation de peu de gens, c'est que je saurai mieux choisir.

D'ailleurs, nous changeons, parmi des gens qui changent, aussi bien que nous : infirmes également, ou du moins sujets aux mêmes infirmités. Ainsi, je n'aurai pas honte de chercher, en leur présence, des secours contre la foiblesse de l'âge, et je ne craindrai point de suppléer, avec l'art, à ce qui commence à me manquer, par la nature. Une plus grande précaution contre l'injure du temps, un ménagement plus soigneux de la santé, ne scandaliseront point les personnes sages ; et l'on se doit peu soucier de celles qui ne le sont pas.

A la vérité, ce qui déplaît, dans les vieilles gens, n'est pas le grand soin qu'ils prennent de leur conservation. On leur pardonneroit tout ce qui les regarde, s'ils avoient la même considération pour autrui ; mais l'autorité qu'ils se donnent est pleine d'injustice et d'indiscrétion : car ils choquent, mal à propos, les inclinations de ceux qui compatissent le plus à leur foiblesse. Il semble que le long usage de la vie leur ait désappris à vivre parmi les hommes : n'ayant que de la rudesse, de l'austérité, de l'opposition, pour ceux dont ils exigent de la douceur, de la docilité, de l'obéissance. Tout ce qu'ils font leur paroît vertu : ils mettent au rang des vices, tout ce qu'ils ne sauroient faire ; et contraints de suivre la nature, en ce qu'elle a de fâcheux, ils veulent qu'on s'oppose à ce qu'elle a de doux et d'agréable.

Il n'y a point de temps où l'on doive étudier son humeur, avec plus de soin que dans la vieillesse ; car il n'y en a point où elle soit si difficilement reconnue. Un jeune homme impétueux a cent retours, où il se déplaît de sa violence : mais les vieilles gens s'attachent à leur humeur, comme à la vertu, et se plaisent en leurs défauts, par la fausse ressemblance qu'ils ont à des qualités louables. En effet, à mesure qu'ils se rendent plus difficiles, ils pensent devenir plus délicats. Ils prennent de l'aversion pour les plaisirs, croyant s'animer justement contre les vices. Le sérieux leur paroît du jugement : le flegme, de la sagesse ; et de là vient cette autorité importune qu'ils se donnent de censurer tout ; le chagrin leur tenant lieu d'indignation contre le mal, et la gravité, de suffisance.

Le seul remède, quand nous en sommes venus là, c'est de consulter notre raison, dans les intervalles où elle est dégagée de notre humeur; et de prendre la résolution de dérober nos défauts à la vue des hommes. La sagesse alors est de les cacher : ce seroit un soin superflu que de travailler à s'en défaire. C'est donc là qu'il faut mettre un temps entre la vie et la mort, et choisir un lieu propre à le passer dévotement, si on peut, sagement du moins : ou avec une dévotion qui donne de la confiance, ou avec une raison qui promette du repos. Quand la raison qui étoit propre pour le monde est usée, il s'en forme une autre pour la retraite, qui, de ridicules que nous devenions, dans le commerce des hommes, nous fait rendre véritablement sages, pour nous-mêmes.

De toutes les retraites que nous pourrions faire, quand nous sommes vieux, je n'en trouverois point de préférables à celles des couvents, si leur règle étoit moins austère. Il est certain que la vieillesse évite la foule, par une humeur délicate et retirée, qui ne peut souffrir l'importunité, ni l'embarras. Elle évite encore, avec plus de soin, la solitude, où elle est livrée à ses propres chagrins, et à de tristes, de fâcheuses imaginations. La seule douceur qui lui reste est celle d'une honnête société; et quelle société lui conviendroit mieux qu'une société religieuse, où les assistances humaines se donneroient avec plus de charité, et où les vœux seroient tous unis, pour demander à Dieu le secours qu'on ne peut attendre raisonnablement des hommes!

Il est aussi naturel, aux vieilles gens, de tomber dans la dévotion, qu'il est ordinaire, à la jeunesse, de s'abandonner aux voluptés. Ici, la nature toute pleine pousse hors d'elle ce qu'il y a de trop dans sa vigueur, pour le répandre voluptueusement sur les objets : là, une nature languissante cherche en Dieu ce qui vient à lui manquer, et s'attache plus étroitement à lui, pour se faire, comme une ressource, dans sa défaillance. Ainsi, le même esprit qui nous mène à la société, dans nos besoins, nous conduit à Dieu, dans nos langueurs; et, si les couvents étoient institués comme ils devroient l'être, nous trouverions dans les mêmes lieux, et l'appui du ciel, et l'assistance des hommes; mais, de la façon qu'ils sont établis, au lieu d'y trouver le soulagement de ses maux, on y trouve la dureté d'une obéissance aveugle, en des choses inutiles commandées, en des choses innocentes défendues. On y trouve un sacrifice ordinaire de sa raison; on y trouve des lois plus difficiles à garder, que celles de Dieu et du prince; des lois rompues scandaleusement par les libertins, et endurées impatiemment par les plus soumis.

J'avoue qu'on voit quelquefois des religieux d'un mérite inestimable. Ceux-ci connoissent les vanités du monde d'où ils sont sortis, et ce qu'il y a de grimace, dans les lieux où ils sont entrés. Ce sont de véritables gens de bien, et de véritables dévots, qui épurent les sentiments de la morale, par ceux de la piété. Ils vivent, non-seulement exempts du trouble des passions, mais dans une satisfaction d'esprit admirable : ils sont plus heureux à ne désirer rien, que les plus grands rois à posséder tout. A la vérité, ces exemples sont bien rares, et la vertu de ces religieux est plus à admirer, que leur condition à être embrassée.

Pour moi, je ne conseillerois jamais à un honnête homme de s'engager à ces sortes d'obligations, où tous les droits de la volonté, généralement, sont perdus. Les peines qu'on voudroit souffrir y sont rendues nécessaires; le péché qu'on a dessein de fuir s'évite par ordre, et le bien qu'on veut pratiquer ne se fait qu'avec contrainte. La servitude ordinaire ne va pas plus loin qu'à nous forcer à ce que nous ne voulons pas : celle des couvents nous nécessite, même en ce que nous voulons.

La feue reine de Portugal[1], aussi capable de se conduire elle-même, dans le repos, que de gouverner un État, dans l'agitation, eut envie de se faire religieuse, lorsqu'elle remit le gouvernement entre les mains de son fils[2]; mais, après avoir examiné les règles de tous les ordres, avec autant de soin que de jugement, elle n'en trouva point qui laissât au corps les commodités nécessaires, et à l'esprit une raisonnable satisfaction. Il est certain que l'idée du couvent est assez douce à qui cherche l'innocence et le repos; mais, il est difficile d'y trouver la douceur que l'on s'est imaginée. Si on l'y rencontre, quelquefois, ce qui est bien rare, on n'en jouit pas longtemps; et la meilleure précaution qu'on puisse avoir pour n'y entrer pas, c'est de songer que presque tous les religieux y demeurent à regret, et en sortent, quand il leur est possible, avec joie.

Je souhaiterois que nous eussions des so-

1. Louise de Guzman, fille du duc de Médina Sidonia, et femme de Jean duc de Bragance, proclamé, en 1640, roi de Portugal, sous le nom de Jean IV. Voy. les *Révolutions de Portugal*, de l'abbé de Vertot.

2. Jean IV mourut en 1656. Alphonse VI, son fils aîné, âgé seulement de treize ans, lui succéda, sous la régence de la reine Louise. Cette princesse, douée d'un esprit très-élevé, garda le gouvernement jusqu'en 1662, époque de la majorité de son fils. Elle mourut le 26 février 1666.

ciétés établies, où les honnêtes gens se pussent retirer commodément, après avoir rendu au public tout le service qu'ils étoient capables de lui rendre. Quand ils y seroient entrés par le soin de leur salut, par le dégoût du monde, ou par un désir de repos, qui succéderoit aux diverses agitations de la fortune, ils pourroient goûter la joie d'une retraite pieuse, et le plaisir innocent d'une honnête et agréable conversation; mais, dans ce lieu de repos, je ne voudrois d'autres règles que celles du christianisme, qui sont reçues généralement partout. En effet, nous avons assez de maux à souffrir, et de péchés à commettre, sans que de nouvelles constitutions fassent naître de nouveaux tourments et de nouveaux crimes. C'est une folie de chercher, loin des cours, une retraite où vous ayez plus de peine à vivre, et plus de facilité à vous damner, que dans le commerce des hommes.

Je hais l'austérité de ces gens, qui, pour donner au devoir plus d'étendue, ne laissent rien à la bonne volonté. Ils tournent tout à la nécessité d'obéir, sans autres raisons que d'exercer toujours notre obéissance, que de ce qu'ils se plaisent à jouir toujours de leur pouvoir. Or, je n'aime pas l'assujettissement à leur fantaisie; je voudrois seulement de la docilité, pour une bonne et sage discrétion. Il n'est pas juste que le peu de liberté que sauve la nature des lois de la politique et de celles de la religion, vienne à se perdre tout à fait, dans les constitutions de ces nouveaux législateurs ; et que des personnes qui entrent dans le couvent, par l'idée de la douceur et du repos, n'y rencontrent que de la servitude et de la douleur.

Pour moi, je m'y passerois volontiers des choses délicieuses, à un âge ou le goût des délices est presque perdu ; mais je voudrois toutes mes commodités, dans un temps où le sentiment devient plus délicat, pour ce qui nous blesse, à mesure qu'il devient moins exquis, pour ce qui nous plaît, et moins tendre, pour ce qui nous touche. Ces commodités, désirables à la vieillesse, doivent être aussi éloignées de l'abondance qui fait l'embarras, que du besoin qui fait sentir la nécessité. Et, pour vous expliquer plus nettement ma pensée, je voudrois, dans un couvent, une frugalité propre et bien entendue, où l'on ne regarderoit point Dieu comme un Dieu chagrin, qui défend les choses agréables parce qu'elles plaisent ; mais où rien ne plairoit à des esprits bien faits, que ce qui est juste ou tout à fait innocent.

A la prison de Monsieur Fouquet, Monsieur le maréchal de Clérambaut[1] avoit la tête rem-

---

1. Le comte de Palluau, homme de beaucoup de

plie de ces imaginations de retraite. « Que l'on vivroit heureux, me disoit-il, en quelque société, où l'on ôteroit à la fortune la juridiction qu'elle a sur nous! Nous lui sacrifions, à cette fortune, nos biens, notre repos, nos années, peut-être inutilement; et, si nous venons à posséder ses faveurs, nous en payons une courte jouissance, quelquefois de notre liberté, quelquefois de notre vie. Mais, quand nos grandeurs dureroient autant que nous, elles finiront, du moins, avec nous-mêmes. Et qu'ont fait des leurs ces grands favoris, qui n'ont jamais vu interrompre le cours de leur fortune? Ne semblent-ils pas n'avoir acquis tant de gloire, et amassé tant de biens, que pour se préparer le tourment de ne savoir ni les quitter, ni les retenir? » C'étoient là ses entretiens ordinaires, un mois durant que je fus avec lui; et ce courtisan agréable, dont la conversation faisoit

mérite en tout genre; maréchal de France en 1652, époque où il prit le nom de maréchal de Clérambaut; très-attaché à Fouquet, à la disgrâce duquel il fut fort sensible, comme Saint-Evremond, dont il demeura l'ami intime jusqu'en 1665, époque de sa mort : ils avoient suivi tous les deux le parti de la cour pendant la Fronde. La maréchale de Clérambaut n'est morte qu'en 1722 : « Une des femmes de son temps, dit Saint-Simon, qui avoit le plus d'esprit et le plus orné. » Voyez Tallemant, *passim*; et Saint-Simon, sur 1722, t. XIII, p. 15, édit. Hachette, in-18.

la joie la plus délicate de ses amis, se laissoit posséder entièrement à ces sortes de pensées, quelquefois judicieuses, toujours tristes.

J'avoue qu'il y a des temps où rien n'est si sage que de se retirer : mais, tout persuadé que j'en suis, je me remets de ma retraite à la nature, beaucoup plus qu'à ma raison. C'est par ses mouvements qu'au milieu du monde, je me retire aujourd'hui du monde même. J'en suis encore, pour ce qui me plaît : j'en suis dehors, pour ce qui m'incommode. Chaque jour, je me dérobe aux connoissances qui me fatiguent, et aux conversations qui m'ennuyent : chaque jour, je cherche un doux commerce avec mes amis, et fais mes délices les plus chères de la délicatesse de leur entretien.

De la façon que je vis, ce n'est ni une société pleine, ni une retraite entière : c'est me réduire innocemment à ce qui m'accommode le plus. Dégoûté du vice, comme trop grossier, et blessé de la pratique de la vertu, comme trop rude, je me fais d'innocentes douceurs qui conviennent au repos de la vieillesse, et qui sont justement sensibles, à proportion de ce que je puis encore agréablement sentir.

Lorsque nous approchons du fatal monument,
La nature se plaît à vivre innocemment;

Et la même, autrefois, qui dérégloit la vie,
D'un doux et saint repos nous inspire l'envie.
        Il n'est plus de beaux jours
        Quand il n'est plus d'amours :
Mais notre esprit, défait de son ardeur première,
Garde pour son couchant une douce lumière,
Qui nous fait oublier la plus vive saison,
Par les derniers plaisirs que donne la raison.

TABLE DES MATIÈRES
DU PREMIER VOLUME.

Pages.

HISTOIRE DE SAINT-EVREMOND..................... 1

PREMIÈRE PARTIE.
IDÉES ET MAXIMES SUR LA RELIGION, LA PHILOSOPHIE, LA MORALE ET LES AUTRES SCIENCES.

I.	Maxime : qu'on ne doit jamais manquer à ses amis....................................	3
II.	L'homme qui veut connoître toutes choses ne se connoît pas lui-même..................	13
III.	Observations sur la maxime, qu'il faut mépriser la fortune, et ne se point soucier de la cour..	19
IV.	Laquelle vaut le mieux, d'une catholique ou d'une protestante, pour le mariage..........	26
V.	Sur les plaisirs................................	29
VI.	Conversation du maréchal d'Hocquincourt avec le P. Canaye...........................	38
VII.	Conversation de M. d'Aubigny avec M. de Saint-Evremond................................	51
VIII.	Jugement sur les sciences où peut s'appliquer un honnête homme........................	56
IX.	Sur la complaisance que les femmes ont en leur beauté.................................	63
X.	Le prophète irlandais, nouvelle...............	68

TABLE DES MATIÈRES.

		Pages.
XI.	A Monsieur le maréchal de Créqui, qui m'avoit demandé en quelle situation étoit mon esprit, et ce que je pensois sur toutes choses, dans ma vieillesse.............................	85
XII.	Sur l'amitié...........................	140
XIII.	Discours sur la religion. Renvoi............	154
XIV.	Pensées sur la dévotion...................	ibid.
XV.	Réflexions sur la religion.................	156
XVI.	Que la dévotion est le dernier de nos amours..	161
XVII.	Lettre à une dame galante, qui vouloit devenir dévote................................	165
XVIII.	Sur la morale d'Épicure, à la moderne Léontium..	170
XIX.	De la retraite..........................	180

FIN DU PREMIER VOLUME.

ADDITION A LA NOTE 2 DE LA PAGE 43.

Au sujet de cette histoire, si peu croyable, de l'aventure de Rancé, cf. Bayle, *OEuvres*, tome I, p. 312; *Lettres de Guy-Patin*, édit. de Reveillé-Parise, tome II, p. 309; et, surtout, la discussion judicieuse de M. Éd. Fournier, dans son *Paris démoli*, p. 63 et suiv.

IMPRIMERIE GÉNÉRALE DE CH. LAHURE
Rue de Fleurus, 9, à Paris

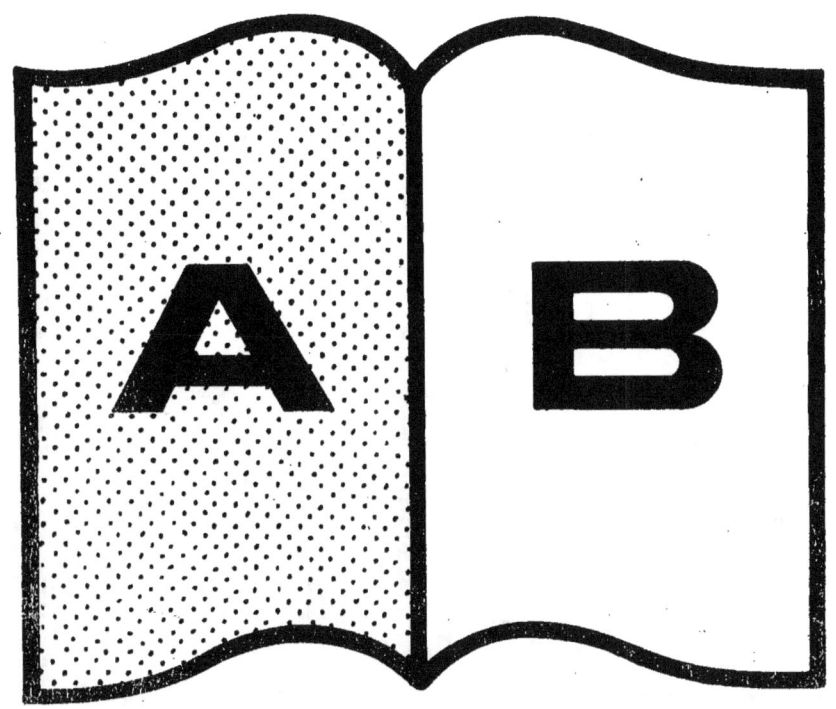

Contraste insuffisant

NF Z 43-120-14

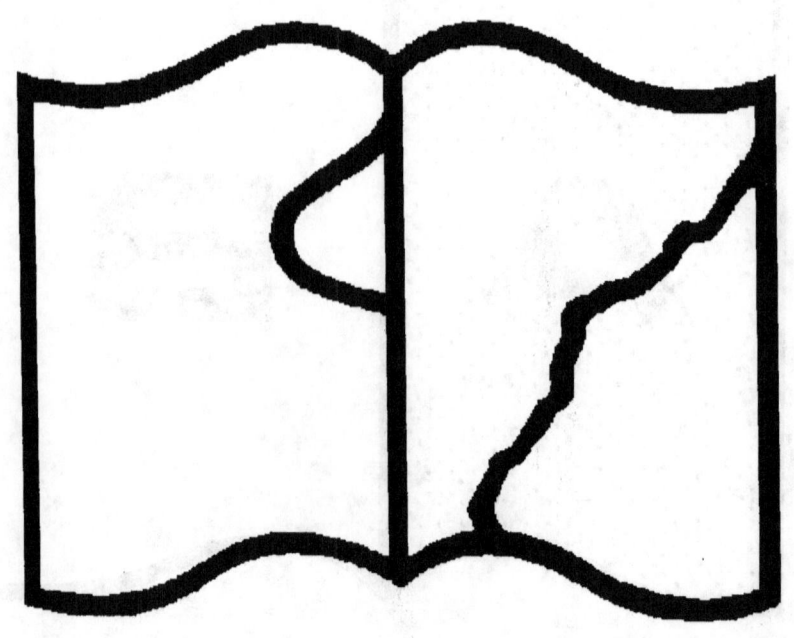

Texte détérioré - reliure défectueuse
NF Z 43-120-11

www.ingramcontent.com/pod-product-compliance
Lightning Source LLC
Chambersburg PA
CBHW060257230426
43663CB00009B/1504